电子商务及经管类专业实践教学创新系列教材

中国互联网协会
全国大学生网络商务创新应用大赛

优秀案例选辑 2

李江予　编

机 械 工 业 出 版 社

本次案例选辑分为两个部分。第一部分介绍整个大赛的理念、策略设计、组织方式。第二部分收集了19个有代表性的优秀案例，每个案例包括了参赛团队的背景及其团队成员的构成、参赛与选题的过程、参赛方案简介和详细的方案设计（包括深度的分析）、参赛方案的实施活动、竞赛结果、方案点评等内容，并尽可能保留、展示出竞赛者参赛时的状况和参赛历程，使读者感觉亲临大赛之中。

本书可作为参与新一届大赛的学生的指导用书，还可作为高校、职业院校电子商务等专业的实践教材。本书为关注大学生职业能力发展、相关专业建设和人才需求的师生、业界人士提供了有益的参考，也为企业提供了很多网络商务创新应用的启示。

图书在版编目（CIP）数据

中国互联网协会全国大学生网络商务创新应用大赛优秀案例选辑．2/李江予编．—北京：机械工业出版社，2010.3

（电子商务及经管类专业实践教学创新系列教材）

ISBN　978-7-111-29983-7

Ⅰ．①中…　Ⅱ．①李…　Ⅲ．①电子商务—案例—高等学校—教材　Ⅳ．①F713.36

中国版本图书馆CIP数据核字（2010）第036894号

机械工业出版社（北京市百万庄大街22号　邮政编码100037）

策划编辑：孔熹峻　　责任编辑：蔡　岩

封面设计：鞠　杨　　责任印制：洪汉军

三河市宏达印刷有限公司印刷

2010年4月第1版第1次印刷

184mm×260mm·20印张·491千字

0 001—4 000册

标准书号：ISBN　978-7-111-29983-7

定价：38.00元

凡购本书，如有缺页、倒页、脱页，由本社发行部调换

电话服务

社服务中心：（010）88361066

销售一部：（010）68326294

销售二部：（010）88379649

读者服务部：（010）68993821

网络服务

门户网：http://www.cmpbook.com

教材网：http://www.cmpedu.com

大赛寄语

大赛的特点是应合网络时代的一种学习方式，对网络实践教学是一个很好的适用性的，进步或者探索。强调了学习不是一个单向、被动、封闭的，而是一种互动的、参与的、开放的，特别是要跟企业结合起来，让学生们在校期间就可以参与企业实践，这样可以使在校大学生们在学习过程当中就会有新的体验。这一点是在网络时代学习当中的一个非常重要的新趋势。

——高新民，中国互联网协会常务副理事长　大赛组委会主席

本次大赛创造性的将企业的商务问题作为大赛的题目，由参赛的大学生对网络工具的应用学习，通过对市场进行学习，并与企业进行沟通交流，提出基于网络应用商务解决方案，并实施以促进企业商务运作的了解和网络应用能力的提升，相信大赛有助于提升学生学习网络，了解网络的热情，有助于提升学生的综合素质，有助于提高学校的教学水平，同时在引导学生正确使用互联网，培养良好的网络文明道德意识，创造和谐的网络环境方面发挥积极的作用。

——熊四皓，工业和信息化部通信保障局　副局长

近年来，大学生的就业难问题凸显，特别是全球金融危机进一步使就业的形势恶化。如何建立校企沟通的机制，帮助大学生加强职业能力的提升和综合素质的提高，从而增强大学生的就业能力，都是教育部高度关注的课题。我们非常期待有创新性的解决方式出现。

今天我们欣喜地看到，中国互联网协会作为行业的机构，中国建设银行作为业界的领头羊企业，能够组织起这样有意义的公益性活动。

通过中国互联网协会建行“e路通”杯全国大学生网络商务创新应用大赛，不仅培养大学生对互联网工具的应用能力，还帮助学生了解企业和社会的现实，提升大学生的商业分析和判断能力，化被动学习为主动学习。从互联网协会的有关领导跟我们的介绍，我们看到，这次工程的实施和大赛的活动，是正在探索出一条高校与企业合作的新模式，这就是基于互联网平台的校企合作实习实践模式，这个模式是非常有创意的，不仅可以解决学生实习难、就业难的问题，还可以减轻企业的负担，甚至在学生实习期间还能为企业创造价值。

互联网应用实训促就业工程是中国互联网协会在成功举办两届大学生网络商务创新应用大赛的基础上推出的常规工作内容，这个工程是希望高校师生利用互联网企业资源和平台帮助企业解决问题，因此对各校理解企业需求，获取到企业实习实践的机会，参与企业的生产与经营，提升学生的职业能力，推进高校与企业合作建立产学研相结合的创新教学模式，深化教学改革，探索便利畅通的大学生就业渠道，都有十分重要的意义。我希望更多的高校和企业了解并参与这项工程，切实将基于互联网平台的远程教育实习实践手段在大学中进一步得到推广和普及，提高学生就业能力和综合素质，帮助大学生就业。在此，我也代表教育部高教司感谢中国互联网协会，感谢包括中国建设银行、淘宝网、中国制造网等众多企业对这项赛事提供的大力支持。看到企业指派专人在线辅导参赛同学，让学生在学校学到的知识能学以致用，在没有走出校门之前就能了解到企业的真实商业环境，这对于提高大学生的综合素质无疑具有很大的帮助。我们非常希望中国互联网协会通过把大赛、把工程等相关工作落实得更好，实施得更好，为我们的高校与企业的合作提供更多的机会。

——刘英，教育部高教司远程教育处　处长

通过大赛的平台，对教学改革，特别是让大学生通过社会实践，通过解决和了解一些社会上现实的问题，对今后素质的提高，对今后走向社会，发挥出自己的长处非常有益。从我们建设银行来说，我们在竞赛当中也是把社会上最新的金融服务需求和我们在金融服务当中所遇到的各种各样的问题，包括网络当中的一些问题，把这些问题提出来，在竞赛当中，让师生和参赛选手共同研讨和解决、共同创新。我们感觉通过这种形式，对提高大学生的素质，对推进学校科研水平提升非常有意义，我们感觉我们的赞助和支持是有价值的，这样对我们中国今后电子银行商务发展提供大量人才的成长，提供有益的支持。

——杜亚军，中国建设银行零售业务　总监

在本次活动中有企业的参加、企业的支持才使我们的教育改革更好的和市场融合在一起，因为我们有太多的教学远离了市场的需求，大学生的就业越来越困难。明年大学毕业生 500 万，而且还有去年和今年将遗留下来的学生，今年是 500 万毕业生，去年和前几年遗留下来的有 490 万人，同学们我们的就业市场不容乐观。所以企业在这个时候能够支持教学改革，尤其是支持实践教学，一路创新。又在一个新的网络领域里面去支持，他们都是有识之士，是教育之士。在这里，希望大家用掌声表示一些欢迎和感谢。我也希望通过这次大赛把一个赛事融入我们的教学过程中，如果一个赛事仅仅为比赛而比赛，则仅是一些少数的人参与。而如果我们把这次大赛的理念、市场、工作方式和模式都融入我们的教学中来，则它的生命力会更强。

——张少刚教授，中央广播电视大学　副校长

作为教育部就业指导中心的代表，很高兴能够有机会参与咱们的大赛。张校长也讲了，大赛主要的意义是对我们就业的整个前沿，对整个高等教育人才培养的环节，起到一个非常有利的促进作用。我们都说高等教育要改革，要以社会需求为导向，我们的就业也是要以社会需求为导向。说起来容易，仅仅靠我们自身做起来却非常困难，尤其是要面对经济社会高速发展的时代。可能由于我们目前的培养方式，使高校教育改革方面和社会结合不是很紧密，因此举办一个有特别意义的大赛会产生很多成果，其中一个积极的成果就是能够促进我们学校的发展，同时在网络商务相关专业的人才培养教育教学改革方面也有很大的促进作用。只有在人才培养夯实的基础上，再加上我们在就业指导上收集好信息和企业对接，这样才能为社会输送合格有用的人才，我个人认为这是这次大赛很积极的意义所在。

——杨洪涛，教育部就业指导中心　副处长

作为一个教育者我非常感谢互联网协会以及其他政府部门的指导，也非常感谢建设银行和淘宝网等一些有远见的企业家的支持，因为他们构成了社会，他们创造了平台。在大学生们还没有完全自己进入社会的时候，把他们放在一个模拟的社会环境，让他们在这里经风雨、见世面，从这个意义上说，只要他们参与了大赛，无论将来是否获奖，在人生的道路上都是胜者。感谢所有主办方，清华大学经济管理学院也会竭尽全力支持对培养我们这些学生真正有意义的活动，不管花多少资源和精力。祝福大学生们在这次大赛中真正获得收益。

——朱恒源，清华大学经管学院　院长助理

我看了一下这次题目，觉得非常广泛，虽然说的是创意，是关于策划、产品、调研等方面，包括其他一些有关调研的报告和解决方案，但这比学校教课要好得多，因为它完全来自于实践。和我们老师出题不一样，确确实实需要解决一些问题，在这方面可能对我们学生知识的全面培养和工作能力的培养有很好的提高。

通过这次大赛要培养出我们团队合作的精神，可能有一部分题目还是带有研究性质的，有实践操作的、有研究的，还有调查研究，调查研究是一方面，还有对市场风险方面，我看建行的题有一道出现以后对我们建行这块能产生很大的影响。我前几天上阿里巴巴谈过支付宝，他们认识到了支付宝现在存在的问题和发展状况。支付宝也有许多问题，它面对一些市场的竞争和风险，将来它怎么发展。这块是企业考虑和要解决的问题，尤其现在金融危机，对我们各行各业影响比较大，对企业和网络商务这块也有影响。这块题目确实是需要我们综合从社会学到的知识，通过实践和企业互动才能找到答案。本次大赛在一定程度上推动了我们教学的改革。尤其对于优胜者大赛还提供实习和就业的机会。对于目前就业困难这一急需解决的难题来说，这无疑是提供了一条路径。

——梅绍祖教授

北京科技大学经管学院

中国电子学会电子商务专家委员会副主任

中国电子学会签名专家委员会常委

中国电子商务协会专家委员会委员

由于我们这次大赛有一个特点，它不是一个简单的大学生大赛，我们希望是把实践和它结合。我们的特点就是有非常好的企业支持，因此这次大赛从一开始就让企业把题拿出来给学校，并进行紧密的沟通和结合。我们的大赛能够挖掘更多内涵的东西，不仅是学生的能力提高的问题，也包括我们对这个产业和行业有一个更深刻的认识。我想只有企业和高校共同努力，才能使大赛更有意义一些。

——孙永革，中国互联网协会对外合作部部长　大赛组委会主任

我们非常希望通过老师们与企业之间充分的交流和沟通，了解企业需求，了解当前的产业发展现状，探讨一种学校和企业间合作教学的新模式，为整个互联网产业及网络商务人才培养模式进行探索。我也特别希望参与本次研修班的企业，特别是中国建设银行能够帮助学校共同开展学科建设，分享企业的运营过程中遇到的困难和难题，让我们的同学通过老师早日了解企业经营的专业知识和应用技巧，早做准备，加强自身的网络商务能力。

——石现升，中国互联网协会　秘书长助理

当我们整个社会的产业结构发生根本的变化，当就业人数从大多数到产业、到制造业转成大多数到服务业的时候，我们的人才培养模式，我们的教育就面临着一个彻底的改变。

我是师范大学毕业的，比如最常见的一句话，要给学生一杯水，老师要有一桶水，现在想想你有可能做到这一点吗？学生比我上网多得多，我哪儿来的一桶水，这里有一个非常深刻的道理，学校现在也是要面临这样一个彻底的改造，面临这样一个从工业化社会到信息化社会彻底的改造。在这个彻底改造中，经管专业可以说首当其冲。我跟高教司接触比较多，高教司一些领导对于实践教学是特别关注的。

这件事完全是一个新的事，和以前做的事不一样。创新性在哪儿呢？就是从教学内容、教学方法、教学手段上都是一个彻底的变革，特别是要牵扯到教学体制的变化。开始强调实践教学的时候曾经有不少单位说我买一个 ERP 或者买一个什么设备，企业拿来用就可以了，其实没有那么简单。比如我把某一个电子商务网站拿来给学生从头到尾上一遍，这叫学电子商务吗？恐怕不是，因为每一个企业有不同的特色，第二要教给学生的电子商务核心理念是什么，第三是东西不断更新，你要教的是方法和能力……我们国家非常关注这个问题，我有一个初步的想法，在这个情况下，既不是简单地让学校把东西买进来，也不是把企业培训变成一个大学，而是要有新型的第三方的机构，它在社会上要起一个桥梁作用。

中国互联网协会组织的此次活动很好，我们需要从体制上、从教学方法上、从教学内容上、人才培养上都是新的模式，这个事十年之前我们谈不上，二十年之前根本想不到，而今却做到了，为什么？因为有互联网信息技术。所以我想既然是一个全新的事，谁先做了，谁就会领先一步，所以没有问题的。

——陈禹教授，中国信息经济学会会长、中国人民大学教授

中国建设银行将继续通过实践性教学活动，为高校和大学生、为社会作出更多的贡献。希望通过大赛提高大学生对金融支持和电子商务的熟悉和掌握，带动更多的学生在网络商务领域增强学习的兴趣，打开创新的思路，作出优秀的作品，成为网络商务领域的专业人才，使建行接触到更多高校的有才之士，实现高校和企业的资源共享合作提高。

理论和实践的结合，学校的教学和社会实践的结合，这是一个永久的课题，有的国家可能结合的好一些，像欧洲和美国。虽然我国在这个方面还有一定差距，但我们也正在缩短这个距离。我们配合互联网协会和其他一些企业，共同搞这个大赛，就是为了给大家创造这样一个平台，提供这样一次机会，同时也是一种创新。我们希望能够为学校的教学和提高学生的实践能力提供一种锻炼的机会，这种锻炼机会应该说缩短了和实践的距离，可能和将来学生们走到社会的实践还有一段距离，但是毕竟缩短了距离，给我们提出了一个希望。

——马春峰，中国建设银行电子银行　副总经理

我们有了这么多优秀的学生的时候，我们招到这么多优秀的人，怎么培养成真正对国家有大用的人才，我们也是想了很多问题，其中最重要的一块就是陈老师刚才提到了我们要加强他们的实践能力。经济管理是一个实践学科，在这个学科里面我们必须要把学生推到市场当中去，让他们了解，了解我们现在时代的创新思维是什么样的，而我们现在处于这样一个转型期，就是从前 30 年改革开放发展过程转到现在我们要去不断地改变经营模式，甚至于经济规则的一个时代的时候，我们的学生怎么能够具有创新的思维能力，我想这是我们一直在思考的一个问题。

——朱岩，清华大学经管学院　副书记

前言

“建行‘e路通’杯2008全国大学生网络商务创新应用大赛”已于2009年5月落下了帷幕，但社会和众多高校对于该大赛的关注却并没有停止，它激起了人们更多的反思、期待和投入。大赛给人们树立了一个更加清晰而崭新的印象。

国务院总理温家宝于2009年初主持会议称必须把高校毕业生就业摆在就业工作的首位，并发布了《国务院办公厅关于加强普通高等学校毕业生就业工作的通知》(国办发〔2009〕3号)，其中提及的“7项措施”中就有两条是关于“鼓励和支持毕业生自主创业”和“提升毕业生就业能力”的，要求“所有高校都要确保毕业生在离校前都能参加学习实践活动”。由此可以看到，强化大学生的实习以提升大学生的就业能力成为国家上下一致的认识。就业能力不仅包括自己的专业能力，也包括对社会的认识、对企业运行现实的认识、对自己能力的认识、对网络及其商务应用对于企业竞争力意义的认识、对现实问题的分析能力的认识、与人有效沟通与协作的意识与能力、学习能力、创新意识、责任意识、坚韧等能力和品质，这正是业界的要求而目前的高校教育难以满足的地方。另一个方面，就业能力当然也包括自己的专业能力，高校的专业及其培养如何适应社会的变化及其需求是决定大学生专业能力的前提。

基于此，“建行‘e路通’杯2008全国大学生网络商务创新应用大赛”侧重于以下三个方面：

1）大学生的专业能力。电子商务、营销、工商管理、贸易、商业英语等相关专业的学生，综合利用自己的专业知识分析和解决企业商业问题方面的能力。

2）大学生的职业能力。这方面主要涉及专业能力之外的必要品质和能力，包括对社会的认识、对企业运行现实的认识、对自己能力的认识、对网络及其商务应用对于企业竞争力意义的认识、对现实问题的分析能力的认识、与人有效沟通与协作的意识与能力、学习能力、创新意识、责任意识、坚韧等。

3）高校与企业间对于人才需求的交流能力。以创造和强化高校与企业的沟通能力，促进彼此对于人才需求的理解，建立新型人才培养和流动的渠道。

本届大赛延续了首届大赛的赛制设置，但在如下方面有所改进：

1）通过邀请主流企业的网络平台、网络工具和产品作为大赛的商务创新应用的元素，鼓励和促进学生对于这些网络平台、网络工具及相关产品的认知及其创新商务应用，为学生和企业提供沟通和交流的平台。

2）通过学生的实践，发起并推进高校相关专业（如电子商务等）的研究与人才培养的创新意识。

3）提供企业与高校师生的直接交流机会。

4）以真实的企业商业问题为竞赛项目，引导和激发高校师生对于企业现实及其运作和商业问题的理解与分析。

5）通过案例实践的方式，展示大学生的能力，为企业招聘选拔人才提供参考。

6）将高校与企业协作并解决问题的过程在网上“路演”，既可以展示高校的教学实力与水平，也让更多大学生藉此了解和学习企业需求，提升自身的职业能力，设计和调整自己的职业规划方向。

7）中青网、北青网、新华网等权威媒体将对大赛予以全程的跟踪，并对优秀的案例作品予以展示、报道。

大赛的举办过程也充分体现了预期的设想，6 个月的赛期磨练了学生的坚韧意志，所有的团队都深入社会与企业作深度的交流，了解企业的需求并逐渐获得企业的认可和支持，在参赛过程中也不断调整自己的实施方案，一路走过来的团队逐渐磨合成了坚强的团队和友情，增长了对现实的经验和认识，也极大地增强了自己的职业能力和信心。大赛中的参赛团队，充分发挥自己的创新能力，展现了自己对于网络及其商业应用的理解和应用能力。有基于中国传统文化挖掘商业价值形成商业方案的，如“E@上善若水◎”团队对基于羌族的饰品商业化、“E.路前行”团队基于对广西宾阳炮龙节推广形成的当地旅游文化的商业方案；有为传统企业的国际国内市场的拓展创新网络商业方案的，如“Balance_天平”对机床企业的推广、“excellence”对于当地根雕艺术产品的推广；有拓展企业网络应用的，如“丝绸 e 路”团队为中国建设银行创新和开发的“拇指银行”策略；一些团队因为取得了很好的市场效果而逐渐获得了企业的高度认可，也直接推动了企业商业变革，如“E 路 Bravo”团队获得了潍坊蔬菜商家信任和在线商业委托、“风雨兼程”团队带动了一家香油厂家大幅调整自己的营销规划。在这个过程中，我们看到了太多的创新，也看到了太多企业的热情和惊喜，也看到了更多高校的参加和对参赛学生的支持，更是看到了众多参赛大学生脸上的兴奋、热情、坚定和信心。

总结起来，除了上届大赛中的优秀表现，本届大赛中的学生们有如下方面显得尤为突出：

1）创新和创业能力。参赛学生们能够挖掘新的商机，通过深入的实地调查和分析，形成有效的商业方案，并且在实施的过程中也能够有意识地充分应用各种方法予以拓展。

2）网络商务应用能力。其实这也是自己的商业能力的体现，他们能够基于自己对于网络的理解和应用能力，在合作的企业面前形成自己的很大优势，进而取得企业的支持和认可，如签署网上独家代理或推广协议，甚至是建立自己的公司，在实施过程所展现出来的网上工作也体现了较高水准的网络应用能力。

3）与企业的沟通能力。参赛的绝大部分团队，都能联系到一家企业并取得企业的认可，他们对于网络商务应用的创新方案也能得到合作企业的积极配合。

4）表现与表达能力。在整个参赛过程中，大部分团队都在极力地推广自己的参赛项目，吸引人们的关注和意见，在各个层次的决赛过程中，也表现了较强的表达能力和展示能力。

5）团队建设能力。与上届中表现出来的鲜明的协作能力有所不同，参赛者在组队的开始，就有意识的基于自己特征和参赛项目的特征而选择合适的人组建团队，这一点尤为重要和突出，而且在整个的参赛过程中也表现出了鲜明的角色意识与相应的配合。

6）自信心。无论商业方案大小、实施的程度如何，参赛者对于自己商业创新及其可能效果充满信心，这种自信不仅在推动着他们在参赛过程中的努力，也感染着与他们合作的企业。

大赛中，参赛大学生们的一些方面还有待改善，如：

1）创新意识。尽管本届大赛在创新方面有了很大的提高，但依然有不少团队在简单地使用网络工具，似乎为了使用而使用，没有有效地体现不同的网络工具对于特定企业及其营销目的所应该具有的创新策略和适应性，如博客应用中的简单堆砌、淘宝网上商品的简单陈放等。

2）商业分析。这一般表现在两个方面。一是直接实施，也就是在还没有对于商业问题基本的分析和整体的设想的时候，就开始了相关的实施工作，如一系列的网络工具的应用；二是必要系统的分析，既然是商业项目，就一定要对商业项目的相关关键角度予以足够的分析，如目标群体的选择与调查、商业问题的背景分析、商业项目的范围界定、所需资源及其可获得性（如资金、时间、额外的支持）、有效的计划与可执行性、自己和团队的努力、预期的效果等，不能等到在执行过程中遇到问题时再来考虑这些问题。

3）整合或完整性。这主要表现为参赛者把很多或者几乎全部的焦点都放在了基于网络的营销或者宣传方面了，不同程度地忽略了合作企业在产品设计或改变方面的可能性，忽略创新项目在产品供给及其成本方面的问题，或者忽略与企业既有发展规划的冲突等问题。

上述参赛者的优秀表现和问题，对于以后的参赛者尤为值得借鉴。我们也期望这个案例选集能为更多的大学生提供借鉴，让他们从自己的同学身上看到相关职业能力提升的策略和效果，获得启示和鼓励，也让一些高校的教师在自己的专业建设和教学中获得一些启示，引导学生们的实践意识。同时，参赛大学生们众多的创新应用，也为更多的企业带来启示，他们应该能够从中看到基于网络拓展自己商业的机会和可能的策略。在这个过程中，我们也期望大学生们能够找到自己未来职业发展的方向。

这次的案例选辑分为两个部分。第一部分介绍整个大赛的理念、策略设计、组织方式，第二部分收集了19个有代表性的优秀案例，每一个案例都包括了参赛团队的构成及其参赛的起始到选题、方案设计及其实施、实施结果到大赛结束的整个过程。为了能使每个案例具有更大程度的启示和借鉴意义，这里对每一个案例都力求保持参赛团队的原始结构和表达方式，以便能够保留参赛团队真实的状况。在每一个案例的后面，也都附上了一些专家对于该案例在参赛过程中表现的点评和参赛者的感言。这19个案例没有刻意按照某种标准排序。大赛过程中也得到了政府机构、学术专家和业界专家的高度关注和支持，特意摘取一些他们对于大赛、对于行业的发展及其对于人才的观点，以及对于广大参赛学生的期望。

作为本次大赛的策划人，在大赛的创意和策划过程中，在本案例选辑的选择和修订过程中，得到了很多领导和专家的指导和支持，梅绍祖教授和方美琪教授多次对大赛予以点评和指导，中国互联网协会的孙永革部长、刘天宇先生提供了很多互联网行业的指导和意见，中央电大的张少刚副校长提供了很多鼓励和建议，北京师范大家经济与工商管理学院副院长刘松柏教授也在我的大赛策划和大赛工作中提供了很大的支持，还有许多参与大赛的各高校的老师提供的意见和建议，中国建设银行电子银行部的徐捷总经理、马春峰副总经理一直关注并支持大赛，为大赛的策划提供了很多鼓励与宝贵建议，纪朝晖处长参与了对大赛方案的设计并提供很多创意，中国制造网的运营总经理李丽洁、淘宝大学校长家洛、培训经理万善等业界专家也一直对于大赛的设计予以关注，他们的热情和支持使得本次大赛的设计得以有效实施，对此一直心存感激。在本案例选辑过程中，大赛组委会的李媛媛、我的学生季晓丹给予了很多资料的收集和整理工作，在这里向她们表示感谢。

在大赛过程中，我们也时时为参赛者热情及其刻苦的工作所感动，祝愿他们的学业和职业辉煌和成功，他们将是我国网络商务领域的主力军。

希望能有更多的人和机构参与到大赛中来，更多的大学生参与到大赛中来，以推动未来网络商务人才的快速成长，进而推动我国网络及其商务应用的快速健康发展。

李江予

北京师范大学经济与管理学院

目 录

第一部分

大赛概述

第1章 大赛概述

1.1 大赛背景与简介

互联网已经成为社会工作与生活中不可或缺的基础设施，是否具备互联网应用能力的人才也越来越成为制约企业商务能力的关键因素，也是我国互联网蓬勃发展的关键因素。而另一方面，互联网及其商务应用能力也将成为未来人才职业发展的基础要素。然而对于高校来说，互联网的商务应用与开发能力的培养与专业建设仍然是一个新的课题，如何把专业发展与社会用人需求良好地结合起来，把互联网的商务应用与开发能力转为大学生的基础职业能力，让现有的相关专业学生顺利就业，成为国内众多高校迫在眉睫的问题。

为促进我国网络及其商务应用人才的建设和大学生的职业发展能力，在信息产业部的指导下，中国互联网协会发起并主办了"互联网应用创新高校行系列活动"，全国大学生网络商务创新应用大赛作为高校行系列活动的重要内容之一，于2007年10月在北京师范大学开始正式启动首届大赛，得到了业界领先企业的支持和积极的参与。中国建设银行是2007大赛的主协办单位，淘宝网、中国制造网、买麦网、和讯网、CCMEDIA是大赛的协办单位。

"建行'e路通'杯2007全国大学生网络商务创新应用大赛"于2008年5月21日圆满结束，在报名的7 000多支队伍中，最终有72支队伍参加了全国总决赛。选手们向现场的企业和专家评委们展示了他们过硬的能力，涌现出一批既有创意又有实战经验的网络商务案例。例如：针对中国建设银行平台的开发和应用，对情侣商机的创意整合，对我国传统的茶文化、剪纸文化、寿山石文化等的网络营销方案，还有对当地旅游市场的创新宣传，建行手机用户扩展的实际操作，对团购、快餐、龙卡、手机话费充值等的深入分析等。这些方案让企业和学术专家对大学生的实践能力和理论探索能力刮目相看。选手们不负众望，他们创新的理念，可喜的实践成绩给企业带来惊喜，也给自己带来了实践、实习乃至就业的机会。《2007大赛优秀案例选辑》已经出版发行。

2007大赛的成功举办，使大赛在高校建立了良好的影响力，引起了业界与企业的广泛关注与认可。为此2008年初，原信息产业部把大赛纳入"阳光绿色网络工程"重要工作内容；中国互联网协会把大赛作为重要工作之一，作为一年一度的常规工作持续开展下去。

在此背景下，2008 大赛于 11 月拉开战幕。中国建设银行继续作为大赛主协办单位，提供关于网络银行方面的课题支持等；淘宝网、中国制造网、买麦网、和讯网、酷 6 网等企业作为协办单位参与大赛。大赛支持企业协同为大赛的优秀参与者提供项目资助、网络商务工具、职业机会等的支持，以激励参赛者的创新实践。

大赛过程中，也邀请了更多业界领先企业机构与业内资深人士、专家、媒体、政府领导关注大赛中涌现出的典型案例与创新教学实践，通过企业、专家、媒体与高校师生的充分互动，把企业商业理念与高校日常教学更紧密地结合，引导学生掌握商务策略与分析，乃至具体操作的方法，切实提升对企业、对现实的认识，提升自身的职业能力，为高校的教学提供来自业界的信息和案例，为促进互联网产业发展、提升互联网商务应用层次、培养互联网商务人才，贡献自己的力量。

本届大赛依然延续了上届大赛的基本宗旨：

1）普及和推动大学生的网络商务应用能力与网络商务创新的教育和发展。

2）普及和推动大学生对于电子银行业务的应用程度与应用水平。

3）促进学生对社会和企业实际运作的感知和了解。

4）激发和促进学生网络创业能力的提高（把创业作为新的就业出路，或积累经验的过程），吸引企业的关注、参与和支持。

5）促进学生职业能力与企业人才需求之间的沟通和协调发展，成为学生才能展示和企业人才选拔的主力渠道之一。

6）促进我国企业应用网络解决商务问题的能力及其人才状况的改善。

1.2 大赛组织机构

1．大赛组委会领导小组

主席：中国互联网协会常务副理事长高新民

副主席：中国建设银行副行长陈佐夫、中国互联网协会副理事长、秘书长黄澄清

2．大赛组委会专家顾问

北京科技大学梅绍祖教授、中国人民大学陈禹教授、中国人民大学方美琪教授、清华大学经管学院朱岩教授、北京邮电大学吕廷杰教授、中央财经大学孙宝文教授、中国建设银行电子银行部副总经理马春峰、淘宝网副总裁程晓咚、中国制造网副总裁蔡鸿宇、中国万网副总裁周锴、和讯网策划总监杨林、酷 6 网市场总监姚建疆

3．大赛组委会办公室

组委会办公室主任：中国互联网协会综合事务部部长孙永革

组委会办公室副主任：中国建设银行电子银行部高级经理纪朝晖、中国互联网协会刘天宇、新赢家网常务副总裁刘芳

组委会成员：中国建设银行电子银行部高级经理纪朝晖、和讯网策划经理董荣明、中国制造网运营部总经理李丽洁、买麦网经理刘文斌、淘宝网市场培训经理万善、各承办院校院系负责人（见附录 B）。

4．大赛特邀策划顾问

北京师范大学电子商务研究中心副主任李江予

5．分赛区设置

1）北京赛区。

2）上海赛区。

3）广东赛区。

4）华北分赛区。

5）华东分赛区。

6）华南分赛区。

7）东北分赛区。

8）西北分赛区。

9）西南分赛区。

10）华中分赛区。

11）江西分赛区。

1.3 赛事设置

1．大赛项目设置

本次大赛设立了四个主题赛事：

1）B2B 网络贸易主题赛。该项赛事旨在鼓励学生了解 B2B 企业运作方式。中国制造网、买麦网提供该项赛事的平台支持，发动并提供数千家企业真实案例与商务任务，由学生提供解决方案并予以实施。

2）C2C/B2C 网络创业主题赛。该项赛事鼓励学生学习国内最顶尖的 B2C/C2C 网络商业模式的成功经验以及未来发展的趋势，学习利用 B2C/C2C 平台创业或企业商务创新应用，以提升其商业分析、网站策划、商品配置、采购与物流、网络营销等综合能力。淘宝网提供 2C 网络商务主题赛平台支持。

3）博客商务创新应用主题赛。该项赛事旨在探讨博客商务应用的可能性与创新方式。中国建设银行、B2B 平台和大赛协办单位均可作为博客商用的案例，数千家企业博客问题将成为学生的博客商务应用竞赛项目。大赛将邀请媒体、业界资深人士共同探讨博客商业用途的价值与可操作方式。和讯网提供博客商务应用主题赛平台支持。

4）网络营销活动策划主题赛。该项赛事旨在让学生通过完成一整套的网络广告策划，包括广告平台与广告形式选择、文案编写、设计创意等工作的计划与实施，让学生更深入地了解企业运作方式与网络营销推广的内涵。和讯网与酷 6 网将对优秀的网络广告作品予以展示和推广。

另外，电子支付和网络安全也是网络商务应用的重要基础要素，是企业和个人网络商务能力的重要构成要素。中国建设银行在这方面为大赛提供了特别支持。

2．奖项和奖励

1）奖项。

一等奖五名、二等奖十名、三等奖若干；

单项一等奖各前五名、二等奖各十名、特别奖项十名。

2）奖励。

① 工作奖励：数千个实习与就业机会。

② 证书鉴定：大赛优胜者将颁发由中国互联网协会颁发的获奖证书、相关网络商务能力证书。

③ 实物奖励（随大赛进程逐步公布）。

1.4 适宜参赛的高校及专业

鉴于大赛的竞赛主题设置和竞赛平台的特征，大赛对于参赛的高校与选手专业并无特别要求，但大赛组委会鼓励跨专业的学生结为参赛小组，每个小组不超过5人，发挥各自的专业优势。根据企业的商业问题类型，建议参赛的专业有：经管类、电子商务类、贸易类、市场营销类、工商管理类、广告设计类、计算机类、信息管理类、金融财经类等专业。

1.5 大赛日程

2008年10月：报名。

2008年11～12月：启动仪式、报名与初赛、校企交流、师资培训、入校巡讲。

2008年12月底：第一批入围复赛名单公布。

2009年2月底：第二批入围复赛名单公布。

2009年3月31日：学生参赛报名与初赛提交方案截止，最后一批入围复赛名单公布。

2009年3月中旬～4月底：复赛赛程及高校点评、校园巡讲与培训。

2009年5月中旬：决赛及颁奖典礼。

1.6 大赛流程

报名和初赛：

1）在线学习网络商务相关知识，参加在线笔试。

2)掌握主流的网络商务工具使用方法,以为企业提供网络商务解决方案为初赛的内容。

3）入校路演、宣讲，现场应用、体验网络商务服务与产品。

4）根据评委的评判确定初赛的胜出者。评委由高校专家和企业专家构成。其中，出题企业的意见比重较多。

复赛：

1）初赛胜出的团队实施方案。

2）实施过程中体现的效果、结果、企业评价、网友评价为复赛胜出的标准。

3）大赛组委会提供免费或优惠的网络资源给选手使用。

4）对参赛选手的相关网络商务能力予以认定。

决赛：

1）现场答辩，阐述方案策划与实施过程、方案实施结果。

2）现场回答评委和专家提出的实际问题。

3）现场回答选手提问。

4）终极对决。

1.7 大赛巡讲内容示例

为了拓展业界和高校对网络及其对于企业商业模式可能影响的理解，本届大赛有意在如下问题作专门思考和探讨。

1）Web 2.0 下的网络银行营销策略。

2）企业网络商务的电子支付策略选择。

3）我国网络银行的现状及其关键成功因素。

4）网络商务的安全策略分析。

5）手机银行的实现策略及其商务应用。

6）美国次贷危机下的企业贸易战略。

7）网络贸易能力与企业竞争力。

8）信息经济下我国中小企业的挑战与机遇。

9）我国经济条件下的企业竞争力建构策略。

10）我国企业网络商务能力的行业与地域特征差异。

11）我国视频网站的商业模式优势分析。

12）用户网络行为特征与视频网站的发展策略。

13）社会化网络的发展趋势与关键问题。

14）新的网络发展环境下的传统企业营销机会。

15）大学生创业的机会与策略选择。

16）企业营销的创新策略或模式。

17）信息经济下的企业竞争力特征及其建构。

18）网络用户行为的特点与企业商业模式的创新。

19）淘宝的企业文化与大学生的职业能力。

20）我国网络的发展特征及企业营销的需求。

21）我国博客的发展现状与成功的关键问题。

22）企业博客应用的典型模式分析。

23）企业博客的创新价值与实施策略。

24）博客营销的机会与营销模式。

25）财经行业的社会化网络发展战略与模式特征——以和讯网为例。

26）个人创业中的风险因素分析。

27）成功创业的关键要素分析。

28）网络创业的基本策略与模式。

29）C2C 的模式特征及其有效使用策略。

30）博客的构成要素及其发展策略。

1.8 各主题赛细化说明

1. 网络贸易主题赛

主题赛目标：

该项赛事鼓励学生学习和利用 B2B 平台为企业解决商务问题，提升其网站策划、网络营销能力，促进学生与企业的沟通与对话，通过 B2B 平台上数千家企业的实践，为就业做好铺垫。中国制造网和买麦网分别为该主题赛提供外贸平台和内贸平台的支持。

赛事流程：

（1）初赛阶段——流程安排

1）学生在线学习 B2B 平台的服务与产品功能，分析大赛官方网站列出的比赛题目，选择 3 000 家企业中的任意一家或自行联系企业递交解决方案。

2）学生在大赛官网平台参加在线笔试，并直接查看笔试成绩（最多可测试两次，取最好成绩）。在线笔试内容为知识竞赛，考察学生对 B2B 网络平台的了解、使用水平和商业价值。

3）递交方案：选手经过对比赛题目的分析与相关市场调研、企业沟通等，策划解决方案，并递交到大赛官网。

4）初赛评审：由有 B2B 平台专家参与的专家评审团审核方案，从方案的完整性与可操作性等方面考虑给方案打分，结合学生的笔试成绩，给出一个总分，并作出该学生能否进入复赛的决定。方案鼓励学生使用多个平台的工具解决商业问题。大赛的一、二、三等奖将根据对网络商务工具的综合使用能力评出。

（2）复赛阶段　实施方案的阶段。在此过程中，选手或者根据企业提供的资金或资源实施方案，或者自行筹集资源完成方案的实施。在此过程中由指导教师提供全程的帮助和指导，B2B 平台可以提供现场宣讲或在大赛官网提供的界面上在线进行优秀店铺点评等。

复赛中，根据实施过程中的关键量化指标评出进入决赛的优胜者。

（3）决赛阶段　全国复赛胜出的选手汇聚北京，接受由大赛组委会专家评审组现场考核。考核分为网络商务知识抢答、现场问题解决能力展示和赛程回顾答辩三部分。现场分为四个考场和一个等候室。比赛分批次进行。凡答完题的选手直接离开赛场，不得与现场等候的选手交流。现场等候的选手由工作人员监督，不得携带手机入场。三个部分由专家评分，最后汇总当天的总积分，直接计算出比赛成绩。总决赛评分同时参考初赛的笔试成绩（10%权重）和复赛成绩（20%权重），专家决赛现场评分占 70%权重。据此评出决赛优胜者。

（4）颁奖典礼　大赛组委会合作伙伴领导现场给优胜选手颁奖，并发表讲话。

（5）赛后实习与就业

2．B2C/C2C 网络创业主题赛介绍

主题赛目标：

该项赛事鼓励学生学习国内最顶尖的 B2C/C2C 网络商业模式的成功经验以及未来发展的趋势，学习利用 B2C/C2C 平台创业或企业商务创新应用，以提升其商业分析、网站策划、商品配置、采购与物流、网络营销等综合能力。淘宝网提供 C2C 网络商务主题赛平台支持。

赛事流程：

（1）初赛阶段——流程安排

1）参赛学生在线学习淘宝网的服务与产品功能，并尝试开设网店，以了解和体验淘宝网的商务应用价值及其运作方式。已经在淘宝网开店的学生则通过参赛，竞选淘宝校园大使，接受淘宝网提供的兼职讲师机会。

2）参赛学生在大赛官网平台参加在线笔试，并直接查看笔试成绩（最多可测试两次，取最好成绩）。

3）递交方案：参赛学生针对自己参赛店铺的商务问题，基于淘宝网的功能，设计参赛店铺的经营管理方案（方案包括经营思路以及营销策略等内容），并向大赛组委会递交。

4）初赛评审：由有淘宝网参与的专家评审团审核方案（若参赛学生的参赛店铺是为企业开设，则相关企业也将参与此方案的评审），从方案的完整性与可操作性等方面考虑给方案打分，结合学生的笔试成绩，给出一个总分，并作出该学生能否进入复赛的决定。方案鼓励学生使用多个平台的工具解决商业问题。大赛的一、二、三等奖将根据对网络商务工具的综合使用能力评出。

（2）复赛阶段　实施方案的阶段。在此过程中，参赛学生或者根据企业提供的资金或资源实施方案，或者自行筹集资源完成方案的实施。在此过程中由参赛学生的指导教师提供全程的帮助和指导。

复赛中，根据实施过程中的关键量化指标（详见“评分标准”）评出进入决赛的优胜者。

（3）决赛阶段　全国复赛胜出的选手汇聚北京，接受由大赛组委会专家评审组现场考核。考核分为网络商务知识抢答、现场问题解决能力展示和赛程回顾答辩三部分。现场分为四个考场和一个等候室。比赛分批次进行。三个部分由专家评分，最后汇总当天的总积分，直接计算出比赛成绩，评出决赛优胜者（详见“评分标准”）。

（4）颁奖典礼　大赛组委会合作伙伴领导现场给优胜选手颁奖，并发表讲话。

3．博客商务创新应用主题赛

主题赛目标：

该项赛事旨在探讨博客商务应用的可能性与创新方式。中国建设银行、B2B 平台和大赛协办单位均可作为博客商用的案例，数千家企业博客问题将成为学生的博客商务应用竞赛项目。大赛将邀请媒体、业界资深人士共同探讨博客商业用途的价值与可操作方式。和讯网提供博客商务应用主题赛平台支持。

赛事流程：

（1）初赛阶段——流程安排

1）学生在线学习和讯博客平台的服务与产品功能，分析大赛官方网站列出的比赛题目，选择 3 000 家企业中的任意一家或自行联系企业递交博客商务应用解决方案。

2）学生在大赛官网平台参加在线笔试，并直接查看笔试成绩（最多可测试两次，取最好成绩）。知识竞赛用于考察学生对博客功能的了解、使用水平和商用能力。

3）递交方案：选手基于对博客功能的了解和对企业需求的分析，策划解决方案，并递交到大赛官网。

4）初赛评审：由有和讯博客专家参与的专家评审团审核方案，从方案的完整性与可操作性等方面考虑给方案打分，结合学生的笔试成绩，给出一个总分，并作出该学生能否进入复赛的决定。方案鼓励学生使用多个平台的工具解决商业问题。大赛的一、二、三等奖将根据对网络商务工具的综合使用能力评出。

（2）复赛阶段　实施方案的阶段。在此过程中，选手或者根据企业提供的资金或资源实施方案，或自行筹集资源完成方案的实施。在此过程中由指导教师提供全程的帮助和指导，和讯博客专家可以提供现场宣讲或在大赛官网提供的界面上在线进行优秀作品点评等。

复赛中，根据实施过程中的关键量化指标评出进入决赛的优胜者。

（3）决赛阶段　全国复赛胜出的选手汇聚北京，接受由大赛组委会专家评审组现场考核。考核分为网络商务知识抢答、现场问题解决能力展示和赛程回顾答辩三部分。现场分为四个考场和一个等候室。比赛分批次进行。凡答完题的选手直接离开赛场，不得与现场等候的选手交流。现场等候的选手由工作人员监督，不得携带手机入场。三个部分由专家评分，最后汇总当天的总积分，直接计算出比赛成绩。总决赛评分同时参考初赛的笔试成绩（10%权重）和复赛成绩（20%权重），专家决赛现场评分占 70%权重。据此评出决赛优胜者。

（4）颁奖典礼　大赛组委会合作伙伴领导现场给优胜选手颁奖，并发表讲话。

（5）赛后实习与就业

4．网络营销活动策划主题赛介绍

主题赛目标：

该项赛事鼓励学生了解网络营销活动策划的全部过程，培养学生的创新与创意能力，学会分析与把握企业的商业策略，最终实现提升自身市场营销的能力。该主题赛基于酷 6 网进行。

赛事流程：

（1）初赛阶段——流程安排

1）学生在线学习网络营销活动策划的成功案例，分析大赛官方网站列出的比赛题目，选择 3 000 家企业中的任意一家或自行联系企业递交网络营销活动策划方案。

2）学生在大赛官网平台参加在线笔试，并直接查看笔试成绩（最多可测试两次，取最好成绩）。在线笔试内容为知识竞赛，考察学生对网络广告、策划流程与商业分析能力。

3）递交方案：选手基于对企业的商业分析策划网络营销活动解决方案，并递交到大赛官网，必要时可以录制为视频，在酷 6 网上展示。

4）初赛评审：由有业界专家参与的专家评审团审核方案，从方案的完整性与可操作性等方面考虑给方案打分，结合学生的笔试成绩，给出一个总分，并作出该学生能否进入复赛的决定。方案鼓励学生使用多个平台的工具解决商业问题。大赛的一、二、三等奖将根据对网络商务工具的综合使用能力评出。

（2）复赛阶段　实施方案的阶段。参赛小组各自实施网络营销活动。在此过程中由指导教师提供全程的帮助和指导、组委会还将邀请业界专家和企业对营销效果进行点评。

复赛中，根据实施过程中的关键量化指标评出进入决赛的优胜者。

（3）决赛阶段　全国复赛胜出的选手汇聚北京，接受由大赛组委会专家评审组现场考核。考核分为网络商务知识抢答、现场问题解决能力展示和赛程回顾答辩三部分。现场分为四个考场和一个等候室。比赛分批次进行。凡答完题的选手直接离开赛场，不得与现场等候的选手交流。现场等候的选手由工作人员监督，不得携带手机入场。三个部分由专家评分，最后汇总当天的总积分，直接计算出比赛成绩。总决赛评分同时参考初赛的笔试成绩（10%权重）和复赛成绩（20%权重），专家决赛现场评分占70%权重。据此评出决赛优胜者。

（4）颁奖典礼　大赛组委会合作伙伴领导现场给优胜选手颁奖，并发表讲话。

（5）赛后实习与就业

第二部分

大赛优秀案例

第2章

打造优质网店·引领创业新路

作者：上海对外贸易学院的 “E-KING”团队

2.1　团队介绍

我们是来自上海对外贸易学院的“E-KING”团队。从取名为 E-KING 的那刻起，我们便立志要做电商之王。或许有些过于高调，但这代表了我们团队力争将项目做到最好的态度。

1．成员及分工

组长：金杰，上海对外贸易学院 2006 级电子商务专业，E-KING 的 CEO，主要负责团队召集、项目规划、营销策划、各方联络等。

组员：陈奕，上海对外贸易学院 2006 级电子商务专业，E-KING 的运营总监，是一位难得的经营天才，对项目经营管理有一套自己独特的方式；同时，也以策划见长，是方案策划的总负责人。

组员：唐敬业，上海对外贸易学院 2006 级电子商务专业，E-KING 的公共关系设计。非常擅长与人沟通交流，拉近彼此关系，主要负责 E-KING 各方面的联系与合作，是 E-KING 的对外发言人。

组员：沈一，上海对外贸易学院 2006 级物流专业，E-KING 的艺术总监。在艺术上有较高的造诣，精通于时尚搭配，团队作品的艺术设计均出自她手，是团队 Blog 方面的主管。同时，她的到来也给团队带来了女性独特的感性思维方式。

组员：金玥，上海对外贸易学院 2006 级物流专业，E-KING 的财务主管。她是一名执行力见长的组员，做事效率很高，能力非常全面。平时主管团队的财务，同时也担当着“团队万金油”的职务。如果某一部门工作较多，或出现状况，一般都是由她来辅助处理。

组员：周政，上海对外贸易学院 2005 级英语专业，E-KING 的特别顾问，以其近三年的网络创业经验，为我们的方案锦上添花。

2．团队宣言

选择合适平台，利用特有资源，我们走在网络创业的最前端。

2.2 选题经过

通过对外部市场的宏观分析及大学生自身资源的挖掘，我们发现，网络创业对于大学生而言，是合适且明智的选择。

为了帮助大学生创业，缓解其就业压力，我队策划并实施了名为“打造优质网店·引领创业新路”的项目。项目旨在结合我队在网店经营上的优势和经验，从大学生实际角度出发，开拓出一种适合于大学生网络创业的多方合作模式，并在各大高校内进行宣传和推广，联合学校和社会的力量，共同引领大学生创业。

我队在整个项目中扮演着创业先锋的角色，在为大学生开拓网络创业新路的同时，引领其走上网络创业新路，从而缓解大学生就业压力，帮助大学生创业。

2.3 方案

2.3.1 简介

E-KING 开设“菁菁打折魔法屋”淘宝网店，从大学生的实际出发，选择了“零库存、低成本”的运营模式，充分发挥大学生的优势资源，以线上线下相结合的整合营销手段获得可观收益，打造大学生创业旗舰店。并进一步建立创业联盟，将代销模式以高校为据点进一步推广和延伸，为那些有意进行网上创业的大学生们提供咨询和指导，引领更多大学生创业。

2.3.2 正文

1．背景分析

（1）网络购物需求增长　2007 年是我国网络购物市场快速发展的一年，无论是 C2C 电子商务还是 B2C 电子商务市场交易，其规模都分别实现了 125.2%和 92.3%快速增长。根据艾瑞咨询公司最新推出的《2007～2008 年中国网络购物发展报告》数据显示：2007 年我国 C2C 电子商务市场交易规模达到 518 亿元。图 2-1 为 2007 年网络交易规模对比。

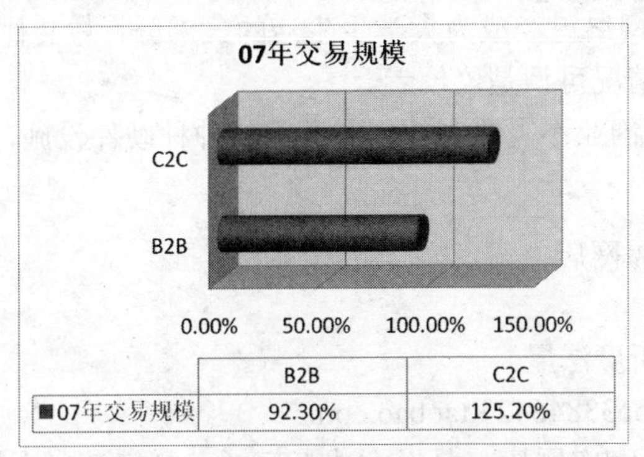

图 2-1　2007 年网络交易规模对比

我国网络购物已经开始了爆发性增长。据 CNNIC 在其发布的《中国互联网络热点调查报告》中显示：在我国有 17.9%的网民在半年内有过网络购物经历，在浏览过购物网站的网民中，有 29.6%的人在半年内有过网络购物经历，有过网络购物经历的被访者中有超过 90%的人今后会继续进行网络购物，有 63.7%没有购物经历的网民表示今后会尝试网络购物。这些数据都表明了我国网上购物市场是庞大的而且潜力巨大的。

（2）网络购物平台日渐成熟　很多人对网络购物还存在一些顾虑，例如：不信任网站、怕受骗；担心商品质量问题；质疑网络购物的安全性；担心售后服务；担心付款环节；担心商品配送有问题等。但网民的所有这些顾虑，在现在都有了完美的解决方案。

淘宝网，作为其中全国最大的网上交易平台，占 2007 年全国总交易份额的 83.6%，如图 2-2 所示。支付宝是国内领先的独立第三方支付平台，不仅从产品上确保用户在线支付的安全，同时让用户通过支付宝在网络间建立起相互的信任，为建立纯净的互联网环境迈出了重要一步，也为网络购物的爆发铺平了道路。

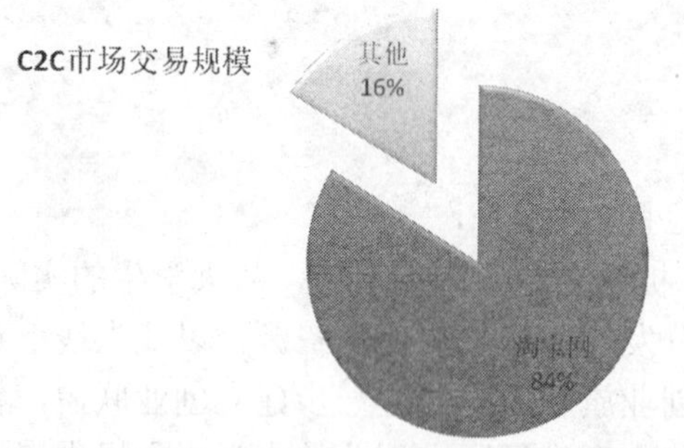

图 2-2　C2C 市场中淘宝网占据绝对主导地位

（3）大学生实体创业现状

1）社会阅历不足；理论过多，缺乏实践经验是大学生创业者无法回避的缺陷。社会阅历对于还未毕业或者是刚毕业的大学生群体而言需要一个积累的过程。

2）缺乏雄厚的资金实力；这意味着创业初期的投资会受到一定的限制，同时承受风险能力比较弱，可支配时间波动性较大。

3）除了学业，校园内外的各类活动占据了大学生的课余时间，有限的精力难以保证百分百的创业投入。

（4）大学生网络创业优势

1）网络技术娴熟；网络已经成为大学生生活的一部分，与其他群体相比，大学生的网络使用水平，知识储备情况可谓是佼佼者。

2）成本较低；网上创业不需要实体创业所需的种种硬件设施，门槛较低，上手较快。

2．项目具体实施

（1）菁菁打折魔法屋网店

1）网店简介。

网店名称：菁菁打折魔法屋。

网店地址：http://shop33846422.taobao.com

“菁菁打折魔法屋”淘宝网店，是以女式打底衫、打底裤、女鞋、配饰为主的网络店铺模式进行经营，针对年轻时尚女性，尤其是上海松江大学城的女大学生、教师等消费群体集中宣传；充分利用当地供货商货源品种及价格的优势，采用直接下单、供应商代发、自身零库存的方式合作。如图 2-3 所示。

图 2-3　菁菁打折魔法屋的 Banner

① 目标客户调查。

A．网购人群市场调查。

根据 CNNIC 对网络购物者的个人情况最新的一次抽样调查，如图 2-4 所示。

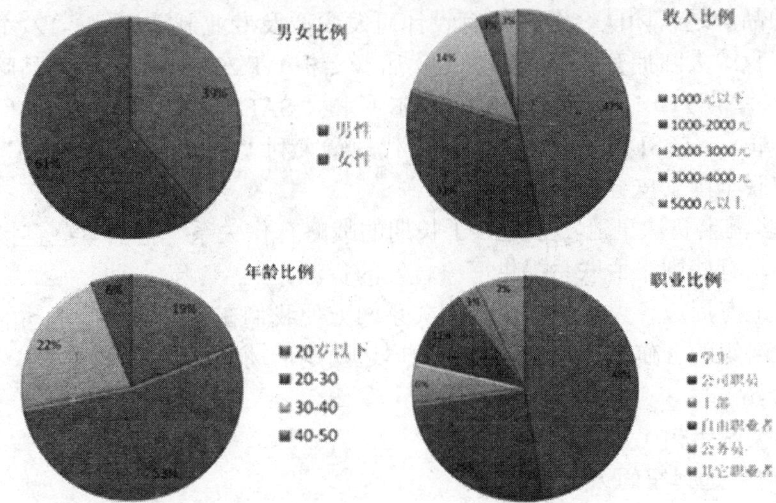

图 2-4　网购人群比例示意图

从基本资料分析不难看出，调查对象多为女性，主要是 40 岁以下的学生和公司职员，且收入在 2 000 元以下的中低收入人群为主。

可见网上购物已经比较普及了，而且仍有很大的市场。另外单论购买过的人，其中女性占 75%，女性购买者较多，是目前网络购物的主力军。学生购买比例占到 50%，也是一个较大的群体，他们的消费观念超前。

我们的网店主要经营的商品包括各类女式鞋子、衣服、女装配饰、太阳镜和一些打折票券。在现实生活中，需求这类商品的主要是热爱时尚的年轻女性，以 35 岁以下的年轻女性为主要目标客户。而我们商品主要针对的顾客群体，与网络购物的主要顾客群体非常重合，能充分利用现阶段网络购物的特点。

B．调查结果。

通过将以上两项调查的结果重叠比对后，我们得出了菁菁打折魔法屋的主要客户群体是18～35 岁的年轻女性。她们拥有前卫的购物新观念、新习惯，擅长而喜爱在网络上淘买她们喜欢的商品。而她们又拥有一定的经济能力，能消费我们网店主推的各类时尚商品。而其中两个最大的群体——女大学生和年轻女白领又是我们重点关注，并进行重点营销攻略的目标。

由于我们是一支由大三学生组成的大学生团队，即将毕业的我们也都拥有一定的办公室实习经验，并有很多关系很好的学长学姐们已经进入了白领集中的大型公司中。我们对女大学生和年轻白领的价值观、消费习惯非常熟悉。同时又拥有本土作战优势，能充分利用作为大学生的优势展开各种以学校为媒介的宣传攻势，并能方便地使用自己学生生活累积的人际关系网，对各个大学城和年轻白领集中地进行营销活动。

由此可见，我们的目标客户是一支庞大而充满潜力的群体；同时也是我们非常擅长与之建立良好关系的群体。

② 网店货源及合作伙伴介绍。

稳定而优质的货源是成功创业的基石。菁菁打折魔法屋的货源来源主要有两个：

A．星期六鞋业集团的授权网络加盟商。佛山星期六鞋业股份有限公司，作为我国大陆领先的鞋业品牌运营商，经营的品牌以年轻和时尚为主，公司拥有规范化的庞大销售网络和专业化的品牌运营团队。公司拥有设计研发中心及专业制造工厂、12 个分公司，30 个办事处，在我国大陆拥有各品牌形象专卖店（专柜）1 200 个，经营的品牌包括：自有“ST&SAT”（星期六）、“FBL”（菲伯利尔）和“SAFIYA”（索菲娅）、“MOOFFY”、“Rizzo”（丽卓）、“69SIXTYNINE”品牌；代理意大利“Baldinin”、“Killah”品牌。品牌销售额多年蝉联全国女皮鞋前三名。

B．与众多淘宝资深皇冠卖家建立了长期的战略合作关系。他们有些直接将自己的货源与我们分享，有些则帮忙联系提供厂家直发的货源。

另外，在上海周边各大学的学生干部关系网方便我们在学校内推广活动的展开；与各大学生社团、组织的合作，也方便在大学城周边团购活动的开展。

③ 竞争分析。

和其他同类网店相比，我们的优势是：

A．产品可供选择空间大。

菁菁打折魔法屋网店有近两千种产品，除了各类精品女式鞋子以外，更有女式打底衫、打底裤、时尚墨镜、围巾饰品、手机挂件、可爱拖鞋和打折票券等。其中，主营的女士鞋子 1 500 多款，可选款式众多。

B．产品品质一流，价格竞争力强。

菁菁打折魔法屋每周定时更新产品类型和样式，卖的每一件产品都有一处独特创意设计。与众不同，且质量上乘，种类齐全，满足了大学城内顾客不同层次的要求，有明显的个性、新颖优势。其次，我们的产品由于直接从厂家出货，省去了进货成本和库存成本，价格上有很强的竞争力，再加上菁菁打折魔法屋定期推出的各类促销优惠活动，低价将给我们带来销量的飞跃。

C．一切为顾客着想。

菁菁打折魔法屋一切为顾客着想，不但网店装饰清新、舒适，保持和产品一致的风格，而且店内提供各类生活温馨提示，比如天气预报、生活小贴士等。定期举办网络时尚聚会，召集时尚的会员顾客在论坛上讨论时尚问题，充分享受时尚前沿的最新信息，这些举措都会为网店赢得大量的回头客。

D．业务多样化。

菁菁打折魔法屋的多样化、特色化的业务，以零售为主，并承接批发订单。消费群体包括大学城的教师和职工家属。可以根据不同时期，调整经营策略，接受大学城外批量订单，来避免或减少寒暑假期带来的销售额的降低。全面降低项目的风险，网店长期生存能力较强。相比之下，其他网络服饰店往往业务单一，产品只提供零售业务，承受风险能力弱。

2）网店组织管理。

网店每日设在线客服人员两名，E-KING 团队成员分时段值班。

网店设：

运营主管一名，其职责是店内的全面管理、产品选择、市场宣传和业务联系。

客服主管一名，其职责是掌握供货商存货信息，管理普通客服人员接班的准点情况、服务态度，监督网络交易操作。

财务主管一名，其职责是记录网店的管理费用、前期投入资金、进货费用等账目的记录，每月汇报流动资金状况及网店盈亏。

在非常时期，招收大学城附近的高素质的兼职大学生，主要是在旺季需要人员补充的时候，担任业务宣传和产品经营等活动，也可以以二级代理的身份加入。

① 网店服务宗旨。

网店秉着产品多样化和低价的服务理念，为想实现公主梦的每位女大学生，提供时尚咨询的服务。公司的服务宗旨是：

- 为顾客提供多款式、多颜色的服饰、配饰；
- 为顾客提供有保障的产品品质；
- 为顾客提供诚信服务，将产品的实物效果如实呈现，并注明具体细节的描述；
- 为顾客提供良好全面的售后服务，让顾客开心购物，满意在菁菁。

② 在线客服管理。

对于光顾菁菁打折魔法屋的每一位客户，无论她是不是最终能购买店内的商品，我们一定竭尽所能地给予细致入微的服务。此外，对于每一位 E-KING 的成员，我们都会安排时间来熟悉店里所卖的商品，力争以最专业、最和蔼的服务来对待每一位买家。网店客服流程图 2-5 所示。

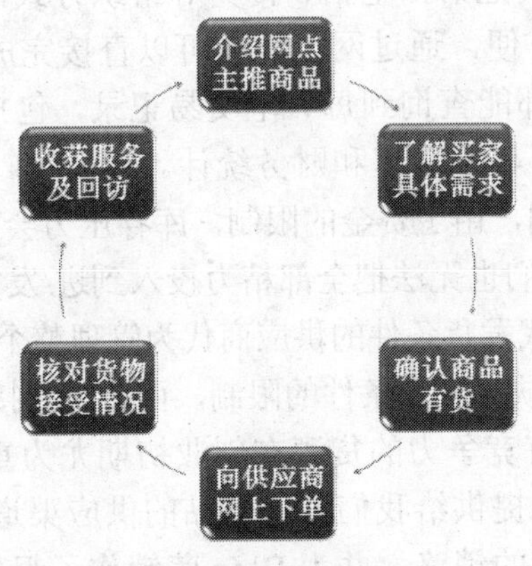

图 2-5　网店客服流程

就具体而言，设立在线客服的主要目的在于：

A. 引导初次网购的买家，帮助他们解除网购的心理顾虑，并引导整个购买流程，从拍下商品到通过支付宝支付等。

B．介绍店内的商品，包括同类型商品的互推、主打商品的主推等。

C．由于服饰行业的特殊性，经常遇到临时缺货、缺色的情况。这就需要客服很好地和买家沟通，进行调剂。

D．对于已发货物的查件。我们通过圆通快递（http://www.yto.net.cn），能查清货物目前的位置和预计到达的时间，给买家一个答复。

E．售后服务和客户回访。在淘宝旺旺的聊天记录里，我们可以找到每一位光顾过我们小店的客户。无论她有没有购买我们的商品，我们都能大致了解她们的需求。我们会定期对买家进行回访，和她们聊聊天，征询她们的建议，听听她们最想买什么，我们小店还有什么不足等。我们的店面设计、价格调整等很多改动都由买家的建议而来。通过沟通，菁菁打折魔法屋也得到了很多买家的认可，成为我们小店的稳定客户。

3）网店运营模式。

菁菁打折魔法屋与上级供应商合作实现网上进货与发货的整合。网店运营模式如图 2-6 所示。

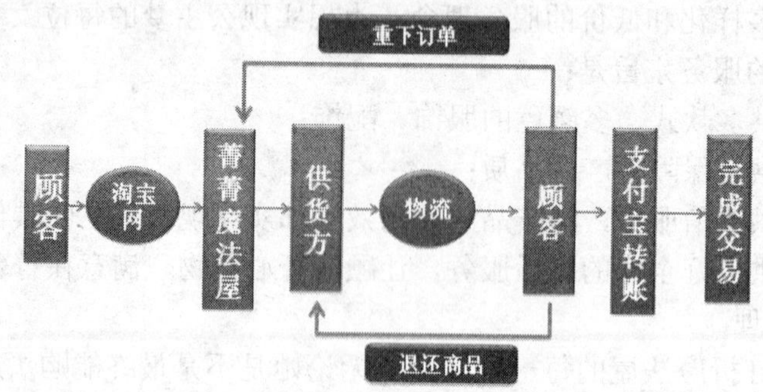

图 2-6　网店运营模式

此种进/发货模式的优点在于：

① 订单清晰：不必借用其他诸如电话、传真等组织方式，商品信息不易出错。同时对于临时缺货缺色的情况处理方便，通过网上沟通可以直接完成。

② 便于管理：我们随时都能查询到每一笔交易记录，包括发货时间、商品信息、成本费用和快递费用，大大方便了订单管理和财务统计。

③ 零库存：在创业的初期，由于资金的限制，库存压力会对资金的周转造成相当大的负担。对于在校大学生而言，我们也无法把全部精力投入到进/发货的流程中。考虑到种种限制条件的约束，我们选择了具备代发货条件的供应商代为管理整个进发货流程。我们完全摆脱了进发货的负担，同时也避免了缺乏库存条件的限制，而转为直接的 B2B2C 的代销模式。

④ 拓展货源：稳定而又有竞争力的货源在创业初期尤为重要。我们和供应商保持着良好的合作关系，供应商也乐于提供给我们其他商品的供应渠道。我们能挑选到其他与网店主题有关联的货源，拓宽网店的销路，并为 Blog 营销作了很好的基础铺垫。

4）网店经营战略。

① 产品定价策略。

菁菁打折魔法屋中的大部分商品属于品牌代销，其中女式鞋类商品是星期六集团的授权网络加盟商，价格比市场价低一半甚至更低，足以在价格战激烈的网络C2C贸易市场中站稳脚步。

② 联合营销策略。

根据目标客户群，即35岁以下时尚女性的需求特点，我们会在Blog中定期推出一些服饰饰品搭配的推介。在网店中给予相应组合销售的折让活动，我们希望：

- 打造特色服饰搭配的专业Blog；
- 打造菁菁网店品牌；
- 拓宽销路，带动一些原本销售量比较低的商品。

通过B2C网店与Blog营销相结合，可以有效地把Blog的人气和流量带到网店中；对于Blog中推介的商品组合，在网店中给予相应的组合优惠，也能间接地带动网店销售。从另一方面来说，网店中设置的Blog超级链接也能有效地促进Blog的访问量。具体关于Blog营销的具体策划，将在下文中详细展开。

③ 树立品牌形象。

菁菁打折魔法屋从建立伊始，就立志成为一个综合性的女性时尚用品网店。我们希望能做出自己的特色，打造出属于自己的菁菁品牌。然而，由于网上同类型商品竞争相当激烈，树立独立的菁菁品牌更是迫在眉睫。

A. 菁菁打折魔法屋自行设计了名片与书签，以便于线下推广，如图2-7所示。另外，在菁菁打折魔法屋每笔交易的快递包裹中，我们都会附送书签及名片，既为了给买家一个惊喜，也是为了树立品牌形象，促进买家的二次购买，直至成为忠实买家。

B. 菁菁打折魔法屋还制作了属于自己的海报及宣传单，利用上海松江大学城得天独厚的地理优势，针对女大学生进行学生活动的集中宣传。

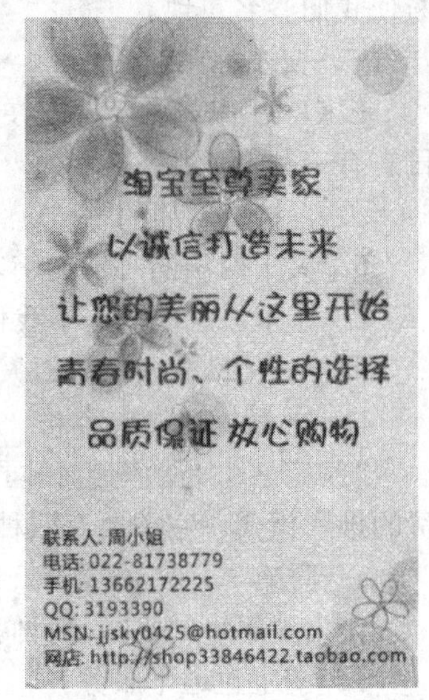

图2-7 E-King自行设计的名片

5）整合营销策略。

作为大学生团队，我们对年轻人的价值观，消费习惯非常熟悉，同时又能利用我们作为大学生的优势充分使用学校资源来进行以学校为媒介的线下宣传。以大胆创新，全面出击为营销理念，线上线下相结合的整合营销手段，收获了菁菁在线上线下两方面的较大影响力。

① 推广篇。

线上推广如图2-8所示。

各种推广途径

图2-8 线上推广途径

A．聊天工具营销。

团队成员在聊天工具如 QQ 等的个性签名内添加网店和博客的网址与宣传标语。同时建立讨论群，将自己的好友都动员起来，为我们在个性签名内加上广告语。

同时通过留言的方式在 QQ、MSN 或阿里旺旺进行宣传，对现有的联系人进行宣传，并邀请朋友帮忙，形成依托于网上关系网的点到面的宣传方式。

B．BBS 营销。

针对我们的目标客户 18～30 岁年轻女性常登录的 BBS 论坛，包括大学城论坛、各大学校论坛、各白领网络社区以及联谊社区进行宣传。主要方法有：

a．制作了统一的论坛宣传帖。在各个适合的 BBS 上张贴，以得到宣传作用。同时，有专人持续地对各宣传帖进行顶帖，使其保持长时间的宣传效果。

b．使用论坛签名档，即用户的个性签名，在每次用户回帖以后自动显示的。所有 E-KING 成员使用格式统一的网店宣传签名档，然后持续地在各论坛内发帖、回帖，以不断使我们签名重现。

C．交友网站营销。

E-KING 成员以及好友在校内、51.com 等网站上发表日志，并让好友齐分享。发表的日志有三种形式：

a．直接对网店的宣传。

b．关于网店的心情文字。

c．原本日志中加入了我们网店的广告。

此外，团队成员还通过发站内信，个人状态和在他人个人主页内留言进行辅助宣传。

D．阿里妈妈淘宝客。

“淘宝客”是由淘宝和同一集团下阿里妈妈合作开发，专为淘宝卖家打造，按成交计费的推广模式。它主要有四种推广方式：

a．商品　b．主题　c．搜索框　d．频道

作为刚起步的卖家，我们首先尝试使用了单件商品的推广，并获得了一定的效果。

E．淘宝直通车服务。

针对菁菁打折魔法屋的目标客户，即 18～35 岁的年轻时尚女性，我们选择了这一人群上网的高峰时间——22 点到 0 点进行直通车集中式推广。我们在淘宝、雅虎搜索上投放相应热卖商品的广告，已达到增加网店浏览量，收获更多针对性访问的效果。如图 2-9 所示。

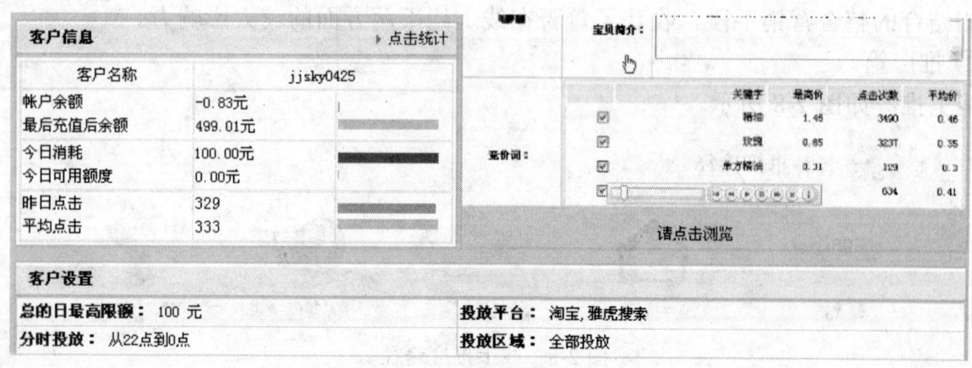

图 2-9　雅虎直通车使用效果图

F．大学城周边的DM散发。

我们制作了精美的 DM，随快递包裹一同寄出，如图 2-10 所示。将店内热卖商品信息和很多皇冠卖家的热卖商品一起相互宣传，并配以各种促销活动，达到了良好的效果。

图 2-10　DM 封面截图

H．宣传单和海报的铺散。

设计新颖 符合店面风格的传单，主要分为两种形式：网店地址可供拆卸式和整体宣传式。前者主要粘贴于校内学生交易板、各大学校的食堂公告栏以及学生宿舍楼，教工宿舍楼等，以方便潜在客户随时获取网店组织方式，提高网店浏览量。后者主要用于大学城内人流量大的地区宣传，如美食广场门口、宿舍门口、食堂门口、教学楼教室以及停车场等地。

而海报、展板集中安放在校内各类宣传栏。此外，参与各类活动、展会，即实体宣传时必须使用，以吸引过往人群的注意力，达到宣传效果。

J．关系网络的名片推广。

设计专业化风格的宣传名片，内容包括网店的主营产品、店名、网址、客服组织方式和营销理念，主要用于大学城内教师职工的网店推广及资料发放。

K．针对学生的书签推广。

设计宣传书签，可作为赠品与客户所购物品一同发出，再次加强网店形象；同时，在大型主题活动、服饰展会或比赛活动中作为宣传品使用，发放人群以女性为主。

L．大学城周边“看样品征订单”活动。

在松江大学城各大小区内租用场地进行网店样品展示和订单征集活动，同时，宣传网店理念、信誉和服务品质，鼓励师生职工注册新淘宝用户，并用网上订购的方式消费，每所学校的活动持续三天左右。

M．与“网鱼网吧”的合作项目。

a．网鱼网络及其 MM 专区的简单介绍。

网鱼网络是一家上海的大型连锁网吧，在松江区有三家大型分店，是松江大学城附近最大也最受欢迎的网吧。该网吧有专设的 MM 专区，该区有一系列专门为女生量身定做的服务，女生在该区可以免费上网。

b．合作的主要方式。

与网鱼网络的经理进行商量后，我们确定了以下四种宣传方式。

i．网吧壁纸。将由我们设计的印有菁菁打折魔法屋和网鱼 LOGO 的网吧桌面壁纸提供给 MM 专区，并且保持更新。同时，每个月有三天的时间，在全网吧内使用此壁纸，拥有很强的宣传效果。

ii．温馨提示。温馨提示是网鱼网络的特色服务。在网鱼网络的每台机器的桌面上方显示的一串由服务器控制的文字。比如：中午的时候，提示大家早点使用午餐；下午提示大家喝点饮料，听点音乐再继续游戏和工作等。

在以后的温馨提示中，菁菁打折魔法屋的宣传广告词也将被加入其中，每日显示两次。

iii．浏览器首页及收藏夹。在 MM 专区，浏览器的首页将被替换成菁菁打折魔法屋网店的网址，并在收藏夹中加入网站 Blog 地址，并会长期保持。在除 MM 专区外的其他机器上，浏览器的收藏夹中将加入网店和 Blog 的地址。

如此一来，网鱼网吧的用户可以很方便地查看菁菁打折魔法屋的最新信息。

iv．宣传海报。我们还会在网鱼网吧的 MM 专区，女厕所等地张贴网店的大副海报和其他宣传材料，从而加深大家对菁菁打折魔法屋的印象，提高知名度。

c．合作预期效果。

由于 MM 专区的使用者均为女生，而女大学生正是菁菁打折魔法屋的目标客户群体，这类群体的特征是：酷爱上网冲浪，进行网购的次数较高，并且忠于、熟悉网购。通过对这一群体的聚焦挖掘式宣传将能很快地收获客户，而在菁菁打折魔法屋一次满意消费经历将推进客户间的口碑式宣传，有助于推进客户关系网的构建与扩张。

N．公益宣传

a．联合大学城内各学校的学生社团或学生会，协助其举办相关活动（如运动会或晚会），通过类似方式宣传店铺。

b．联合大学城内各学校的学生社团或学生会，组织一些服饰搭配设计比赛，为比赛提供网店的服装、配饰等。

c．纯公益宣传，通过提供勤工俭学的机会和网店员工参与义工、志愿者或支教的方式。

② 促销篇。

网店与 Blog 相结合，线上促销与线下直销相结合的营销方式。

此种营销方式是菁菁打折魔法屋在线上推广组合中的重要手段，以流媒体的宣传方式，重磅出击。

网络博客是一种新兴的宣传工具，甚至可以称为新媒体。

从最初的个人撰写博客赢得个人宣传的目的，到现在企业开通企业博客作为宣传手段，良好地利用博客，是企业做好网上销售的必要工具。

A．博客营销的市场分析。

所谓的博客营销，可定义为以网络日志为主要载体的一种营销方式，具有互动、对称、平等等主要特点。它伴随着博客的兴起而出现，也可以说是网络营销的一个延伸与发展。博客营销的优势是：

a．细分程度高，定向准确。

b．互动传播性强，信任程度高，口碑效应好。

c．影响力大，引导网络舆论潮流。

d．与搜索引擎营销无缝对接，整合效果好。

e．有利于长远利益和培育忠实用户。

E-KING 在开通企业博客时，更加看重的是博客的媒体效应。博客的主要目的区别于其他的企业博客，并不是以介绍企业为主要目的，而是为了将 Blog 作为与网店互相合作的媒体来运营，利用非常有针对性的时尚类 Blog 文章吸引读者，从而为网店带来有高针对性的访问量，并以打包折扣的方式吸引购买，成为一种有力、可信的新的宣传、营销模式。

B．博客设计。

a．商业目的。Blog 的商业目的主要是与网店相配合。利用有影响的 Blog 文章吸引读者，从而为网店带来有针对性的访问量，并以打包折扣的方式吸引购买。

Blog将定期更新，以女性时尚服装搭配杂志的形式，介绍新的或者当季的服装、搭配形式以及约会游玩选择。在博文结束前介绍文中提到的各种服装或小饰物在网店中的价格与情况，同时在网店内推出与之相对应的打包折扣服务。

同时在网店的底置拖长公告栏中，通过图片 Blog 的形式，精选复制和迅网上的 Blog 内容，作为网店一大特色！

b．博客的推广方法：

i．在我们自己的网店上面有链接；

ii．在销售的同时向客户提供此博客，推荐博客上提供的一条龙服务；

iii．利用各种工具推广博客，在QQ、MSN、论坛、邮件、各种个人简介中加入博客网址；

iv．利用网站所在行业网站推广。

c．博客的内容设计。

栏目的分类为："菁菁搭配小教室"、"菁菁带你游"和"菁菁时尚报道"三类。

i．菁菁搭配小教室。以女性服装搭配杂志的形式，介绍新的或者当季的服装以及搭配形式。服装类博文中，菁菁打折魔法屋会为顾客精心挑选店中商品，并由艺术总兼沈一进行搭配设计，采取打包销售的模式，并享受一定的折扣。

商品的展示形式上，菁菁打折魔法屋会使用淘宝最新的滚动展示系统并配合我们模特拍摄的精美照片进行动态展示，使整套的设计搭配生动、具体地展现在每一个顾客眼前。

ii．菁菁带你游。游玩类博文，将给准备在上海约会游玩的女生们提供很多新颖的选择，并给出优惠票价、学生票、团体票等。

iii．菁菁时尚报道。时尚新闻类博文，除了增加网店的浏览量、关注度外，也将对我们的线上线下活动的推广大有助益。

Blog菁菁魔法屋如图2-11所示。

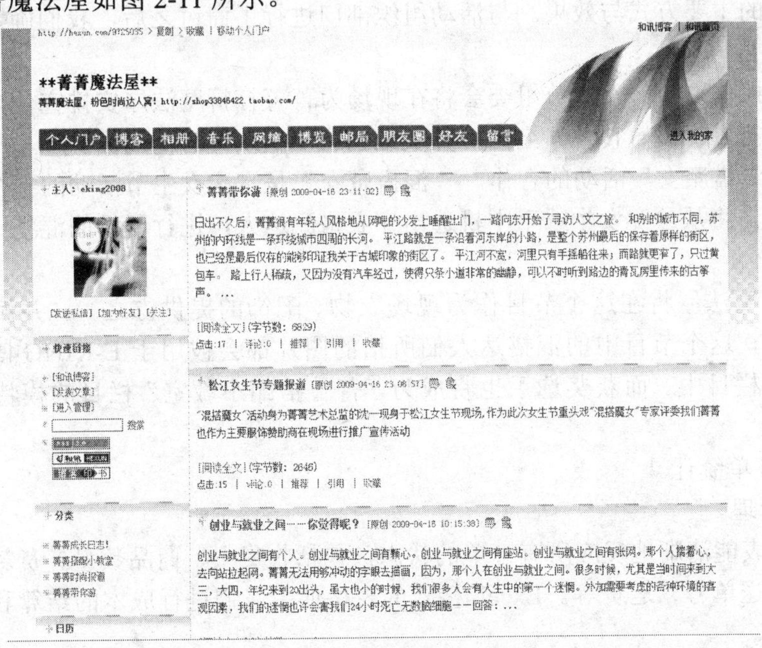

图2-11 Blog菁菁魔法屋截图

C．博客与网店营销的整合。

a．满就送及搭配套餐。为了快速建立起小店的信誉，也为了鼓励买家一次性购买更多商品，菁菁打折魔法屋网店参与了淘宝网的满就送及搭配套餐服务，包括“满就减现金，满就送礼品，满就送积分，满就免邮费”等。结合小店的自身情况，我们对于店内不同的商品制定了不同的使用细则。对于店里销量比较好的商品进行强强组合，有利于树立菁菁的良好形象，带动主力商品的销售。对于促销商品进行强弱搭配，则能带动滞销商品的销售。

此外，在“菁菁搭配小教室”栏目中提及的服饰搭配也将在网店中给予打包折扣的优惠。

b．女生节推广活动。菁菁打折魔法屋与松江大学城女生节的合作就是一个很具代表性的项目，以下将对此进行重点说明。

i．女生节的简单介绍。松江大学城的女生节是每年一次由松江大学城创业中心为主体进行年度大型庆典活动，主要是针对松江大学城女生。在大学城拥有很高的知名度和影响力，如图 2-12 所示。

图 2-12　松江大学城的女生节活动

ii．合作目的。借助女生节的推广活动周，与松江大学城所有的校际女生团体、组织建立友好关系，并利用活动本身的影响力，进行网店有效的宣传。

iii．合作的主要方式与效果。与活动组织部门进行了商讨之后，我们确定了以下几个主要的合作项目：

- 现场摊位宣传。女生节组委会将在现场为菁菁打折魔法屋安排宣传摊位，我们将在现场张贴海报，派发宣传单、名片，并实地销售一些女性时尚用品。
- 与“混搭魔女”活动的合作。“混搭魔女”是本次女生节活动的一个重要节目。在这个节目中，将从参赛女生选手中挑选出穿衣搭配达人，进行现场的混搭比赛，并由评委打分。

我们菁菁魔法屋将在这个节目作为现场衣物、配饰的提供方之一，并派出代表参加评委团。同时，这个节目中的混搭达人们所拍的图片都会被用于 E-KING 博客的“菁菁搭配小教室”栏目中。而获奖选手也将成为“菁菁搭配小教室”栏目的模特和特约撰稿人。

6）网上订单统计。

① 成本管理。

订单明细表能清晰地反应所有订单的状态，包括收货人、商品数量、货款、发货地、配送方式、配送单号、运费等。Excel 格式的表格便于我们进行成本的结算和分析，如图 2-13 所示。

	A	B	C	D	E	F	G	H	I	J
1	订单号	收货人	商品数量	货款	发货地	配送方式	配送单号	运费	订单状态	纠纷
2	20090104001729	陆铮铮	2	￥43.00	上海	圆通快递	1210406869	￥5.00	货完等待收货	否
3	20090224001241	王建华	3	￥75.00	上海	圆通快递	2128412306	￥5.00	处理完	否
4	20090204001229	张志华	4	￥67.50	上海	圆通快递	2124021826	￥10.00	处理完	否
5	20090213001812	林镘钕	1	￥17.00	上海	圆通快递	1217598704	￥10.00	处理完	否
6	20090213000589	王杰	2	￥29.50	上海	圆通快递	1217598724	￥10.00	处理完	否
7	20090212001783	张渭	2	￥31.00	上海	圆通快递	1217598673	￥10.00	处理完	否

图 2-13　订单明细表的截图

② 利润分析。

淘宝网上的已售出商品记录中，有更明晰的订单销售信息，包括订单号、买家的具体信息、买家实际付款金额，以及买家购买商品的大致信息，如图 2-14 所示。

	A	B	C	D	E	F	G	H	I	J	K	L
1	订单编号	买家会员名	买家支付宝	买家应付货	买家应付邮	总金额（包	买家实际支	订单状态	买家留言	收货人姓名	收货地址	运送方式
2	1418549521	在水一方1	zzh0598@t	48	0	48	48	交易成功	淡黄和紫色	张志华	上海 上海	快递
3	1418465675	在水一方1	zzh0598@t	17	10	27	27	交易成功	要灰色的吗	张志华	上海 上海	快递
4	1418461061	在水一方1	zzh0598@t	18	0	18	18	交易成功	牛仔兰	张志华	上海 上海	快递
5	1411924507	张凌23828	ninefat23	26	0	26	26	交易成功	紫色的	张凌	福建省 三	快递
6	1411918780	张凌23828	ninefat23	13	0	13	13	交易成功	深蓝色，1	张凌	福建省 三	快递
7	1451318515	smmama	linainu20	18	10	28	28	交易成功	要黑白色的	林镘钕	上海 上海	快递
8	1447518996	西瓜20051	shenjue11	13	0	13	13	交易成功	要奶白色的	王杰	山东省 聊	快递
9	1447514355	西瓜20051	shenjue11	17.5	10	27.5	27.5	交易成功	要黑色的	王杰	山东省 聊	快递
10	1446553723	jiayanabc	jiayanabc	13	0	13	13	交易成功	深紫色	张渭	陕西省 咸	快递
11	1446549449	jiayanabc	jiayanabc	21	10	31	31	交易成功	浅灰色	张渭	陕西省 咸	快递
12	1444254552	smwsj_200	smwsj@sir	17	10	27	27	交易成功	选填，可以	彭彧	福建省 三	快递
13	1411032547	茅晶晶1	550294389	26	0	26	26	交易成功	绿色	茅晶晶	福建省 三	快递
14	1411029537	茅晶晶1	550294389	18	0	18	18	交易成功	黑色	茅晶晶	福建省 三	快递

图 2-14　具体销售记录的截图

③ 钱掌柜 AliFinance。

钱掌柜是阿里软件推出的一款面向中小企业的在线管理服务。他帮助我们更好地进行资金的业务管理，可以做到钱账的日清月结。数据结合各种图表，将整个网店的运营情况用更直观的方式体现出来，如图 2-15 所示。

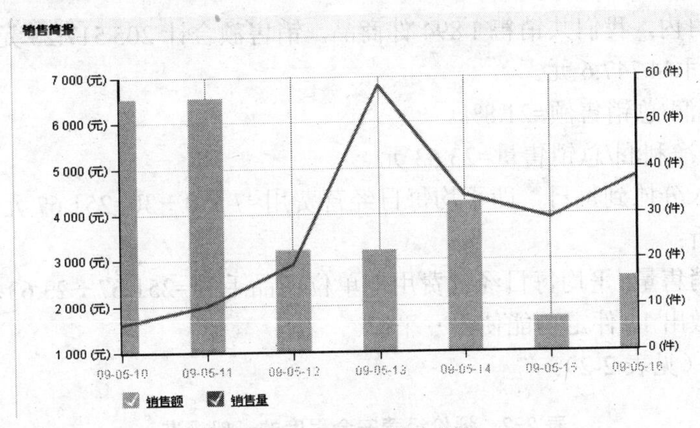

图 2-15　销售统计截图

7）财务分析。

① 资金来源与运用。

由于作为品牌网络加盟商不需要自行进货，启动资金仅需约 60 000 元。一部分资金 7 550 元作为最初的运营资本，另一部分的 50 000 余元用作流动资金垫付货款。

雅虎直通车平均每天约为 50 元，如果参加疯狂购等活动线上广告费需增加预算，平均余额为每月 200 元。

宣传单主要用于与其他合作网商进行交叉性宣传，在各自发往顾客的包裹中放入宣传单，每月大概发送 6 000 张，约为 500 元。DM 营销价格为每月 600 元 A4 彩色铜版纸半版。名片在每单生意的快递中附加一张，同时每三个月在网购主力军大学生群体大规模散发 1 500 张。按照每天 20 笔生意，每月 600 张来计算，再将 3 个月的 1 500 张分摊到每个月，即为 1 100 张每月。价格为 30 元 100 张书签，每月投入的成本为 330 元。

部分成本费用见表 2-1。

表 2-1　部分成本费用

分　类	项　目	费用（元/月）	总计（元/月）
固定投入费用	网费	80	80
基本费用	淘宝旺铺	60	60
线上推广费用	直通车广告	1 500	1 700
	其他线上广告总合	200	
线下推广费用	宣传单	500	1 210
	DM 营销	600	
	名片	80	
	书签	30	
人工费用	员工工资	1 500	4 500
流动资金	货物周转费用	50 000	50 000

由此表可得，每月净投入为 7550 元；月周转费用为 57 550 元。

② 投资收益。

在网店三个月内，我们共销售 1 894 件商品，销售额合计 205 517.25 元，成本合计 160 769.65 元，净利润 44 747.6 元。

利润率=净利润/总销售额=21.8%。

每单净利润=净利润/总销售量=23.63 元。

将每月净投入分摊到每日，即平均每日经营费用=7 550÷30=251.67 元。

盈亏平衡分析：

盈亏平衡点销售量=平均每日经营费用÷单位商品毛利=251.67÷23.63≈11 件

则每天最少做出 11 件定单能使盈亏平衡。

③ 风险分析（见表 2-2）。

表 2-2　评价经营安全程度的一般标准

安全边际率	40%以上	30%～40%	20%～30%	10%～20%	10%以下
经营安全程度	很安全	安全	较安全	要警惕	危险

根据最新的销售量和同业情报，预计每日的销售量为 25 笔定单，则

安全边际销售量=预计销售量–盈亏平衡销售量=25–11=14 件

安全边际率=（安全边际销售量÷预计销售量）×100%=14÷25×100%=56%

可见，网店的经营安全程度很高。

（2）大学生创业联盟模式

目前大学生创业的前期门槛已大幅降低，普遍遇到的瓶颈来自于创业过程中运作资金短缺、目标客户定位不清、盈利思路、经营项目等过于简单，对风险估计不足，创业必需的开拓力、承受力等综合素质缺乏，导致核心竞争力不高，匆匆开业后难以为继的案例并不鲜见。通过创业联盟模式我们解决了货源、风险、经验三大问题，以帮助大学生规避网络创业的风险和困难。以下是我们根据这个模式所做的初步的实践应用，以验证此模式的可行性。创业联盟模式举例分析图如图 2-16 所示。

1）举例分析。

图 2-16　创业联盟模式举例分析图

① 组织方：E-KING 团队。

职责：a.联系供货商，解决模式中货源问题；b.与高校合作建立高校管理据点；c.对加盟大学生提供培训和指导，帮助其顺利步入网络创业正轨。

② 合作高校：上海对外贸易学院。

简介：原国家对外贸易经济合作部直属高校，培养能适应货物贸易、服务贸易、知识贸易不同领域需要的各类国际商务专业人才。

职责：帮助 E-KING 与松江礼品创业中心建立合作关系，对加盟大学生进行管理监督，及时将必要的信息传达给其他三方。

③ 供货方：上海松江国际礼品城。

简介：上海松江国际礼品城被团市委授予的青年创业基地及创意世博创业园、礼品文化基地，该中心鼓励大学生投身创意产业，并提供渠道、货源等一站式多种运作便利，帮助大学生实现零风险零投资的代发货式供货。

货源项目：提供女性相关服装配饰作为初期实践的加盟项目。

④ 加盟方：NiuNiu 小世界。

加盟方简介：我们挑选了一支大学生创业团队作为我们第一个加盟方加入进来，建立了“NiuNiu 小世界”淘宝网店 http://shop36833862.taobao.com，它以女式打底衫、打底裤及配饰为主的网络店铺模式进行经营。“NiuNiu”是中文“妞妞”的拼音，解释为对女孩儿的昵称。当今女大学生的特色之一是阳光、可爱，心中怀有童年般天真烂漫的幻想与期盼。而“妞妞”一词正突显了女生可爱、纯真的一面。同时，它还代表着一种精神追求：想怎么搭就怎么搭，打造属于自己别样而多彩的小世界。

开店时间：2008 年 12 月 10 日。

⑤ 社会力量：上海扬帆创业中心（以下简称“创中”）。

上海扬帆创业中心为我们提供了来自上海市政府的 10 万元资金支持。

2）具体操作流程。

① 库房选址。

库房位于创中，由专门的工作人员负责统一管理，这样既不会对创业中心商品库存量产生过大的影响，确保其可以应对突发调货等事件，也可以帮助加盟人员解决库存管理的难题。

② 物流配送。

NiuNiu 小世界将订单统一上传供应商，供应商审核信息并传达给库房，库房根据订单发货，并将物流货号反馈回去。

③ 售后服务。

如果顾客对货品的质量不满意，可直接将货品退还给创中或在 NiuNiu 小世界重新下达订单更换商品。

④ 创业培训。

E-KING 在 NiuNiu 小世界成立前即对其进行了开店培训，并在开店过程中帮助其解决网店经营的难题，完成线上线下宣传营销策划。

3）模式推广。

在见证了“NiuNiu 小世界”的成功之后，我们的进一步目标是帮助更多的大学生零风险零投资网络创业，在我们的带领下，走向成功的道路。这就需要用多种不同的方式将新模式向大学生推广，主要推广方式是校园宣传和网络宣传，并且取得了卓越的成果。

① 校园宣传。

A．海报宣传。在人口相对密集的地方张贴我们的海报，并配合宣讲会、广播等方式集中宣传我们的创新模式，如图 2-17 所示。

图 2-17　创业模式海报宣传

B．校园宣讲会。我们以上海对外贸易学院为据点举行了几场宣讲会，向有意向的大学生传达了我们的创新理念以及核心竞争力，让听众感受到我们的方案切实可行，并且当面解答他们的疑虑，取得了良好的成果。宣讲会前，我们在上海对外贸易学院内集中宣传我们的宣讲会，并当场派送宣讲会入场券，并且在学校的允许下，张挂我们的宣讲会横幅，如图 2-18 所示。

图 2-18　校园宣讲会

C．校园广播宣传。学校的广播站是一个很好的宣传平台，在紧张的学习之余，播放一段我们的报道，吸引更多大学生加入我们的团队。

D．高校联盟校园行。我们组织高校联盟的各大卖家校园行活动，帮助卖家销售的同时激发了大学生网络创业的兴趣。如图 2-19 所示。

图 2-19　高校联盟校园行海报及现场图片

② 网络宣传。

网络是 21 世纪主题，中国的电子商务更是在网络发展的基础上逐渐得到发展。归根结底，电子商务的发展与宣传都与网络有着千丝万缕的关系，得网络者得天下。所以我们充分利用网络工具来宣传自己，具体如下：

A．电子杂志宣传。我们制作了精美的电子杂志，发表在各大网站以及我们的博客中，如图 2-20 所示。

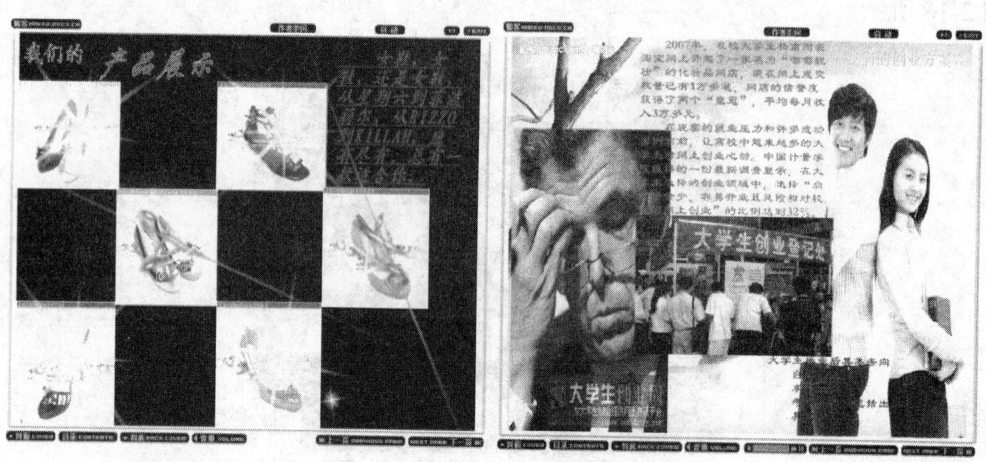

图 2-20 电子杂志截图

B．DM 宣传。我们针对松江大学生制作了 15 000 册的 DM 营销，让大学生更加深入地了解到网络创业的优势，如图 2-21 所示。

图 2-21 DM 截图

C．各类高校论坛宣传。各大高校的论坛在大学生中有很高的人气，借助这一平台宣传我们的创新模式，能够达到事半功倍的效果。

D．Blog 宣传。我们在和讯平台上开创了博客，宣传我们的创新模式。

E．淘宝辅助宣传。我们会邀请我们的合作伙伴淘宝网协助我们进行宣传，帮助网上开店有困难的大学生成功打造优质网店。

3．项目总结

总的来说，我们的项目是一个兼具可行性、拓展性和社会意义的项目。

一方面，以网店的创立为平台，从大学生的实际出发，选择了"低成本、低风险"的代销模式，充分发挥大学生的优势资源，以新颖、独特的营销方式获得可观收益，打造大学生创业旗舰店。

另一方面，我们建立了以高校为据点的代销联盟，并将五方参与、五方共赢的创业模式，通过各大高校进行模式推广与宣传，鼓励和引领更多大学生走上网络创业的道路。

我们想大学生所想，思大学生所思，希望能够通过此次项目，缓解大学生的就业压力，提高大学生的创业能力，减轻社会的就业负担。就业问题需要全社会共同的努力，您的支持是我们最大的安慰。我们是 E-KING!

2.4 竞赛结果

2.4.1 实施结果

（1）淘宝网店

菁菁魔法屋：http://shop33846422.taobao.com/

（2）和讯博客

http://9725035.blog.hexun.com/

（3）和讯相册

http://9725035.photo.hexun.com/1516479_section.html

和讯博客、相册如图 2-22 所示。

图 2-22　和讯博客、相册截图

2.4.2 名次结果

全国总决赛本科组 网络商务创新一等奖第一名（并列第一名）

2.5 获奖感言

首先要感谢所有关心我们团队的老师和同学们。你们的支持是我们进步的最大动力。感谢大赛组委会给予了我们一次展示自我的舞台，也感谢淘宝大学的教官们对于我们方案的悉心指导。

半年多时间，一路走来，我们团队从最初的磨合到最后关头的冲刺，经历了无数的挫折与压力。我们一次又一次地站在 PK 场上，我们的方案一次又一次地被否定，我们也彷徨过，也有过灰心丧气，甚至有一丝绝望的感觉。但是我们还是坚持下来了，相信自己、相信团队，坚持是一种不败的意志。

这次比赛让我们认识了很多同样立志于电子商务行业的同学们，我觉得这就是比赛的最大收获。虽然比赛暂时告一段落，但我们的电子商务征途将继续走下去。

第3章

建行商城博客杂志

——开创“商家&顾客&商城三维立体商务模式”

作者：天津大学　Be.com 团队

3.1　团队介绍

我们是来自天津大学的 Be.com 团队，团队由四名成员组成，队长吴天昊，队员胡欣、王燕蓝、赵婧，均为天津大学管理学院 06 级电子商务专业本科生。

哈姆雷特最有名的一句是“To be or not to be , it's a question”，不过对我们团队，it's not a question at all。因为我们每天的目标便是“to be”！

To be a team，成为一个团队；

To be companionate，成为一个友好的、和谐的团队；

To be competitive，成为一个有竞争力的，有实力的团队；

To make this work a commemorative journey，让此次合作成为一次值得纪念的人生旅程！

这是我们的目标，是我们的追求，在 E 路通网络创新大赛这个平台上，我们将展示 be.com 的风采，展示属于我们的生命的精彩！

1．成员分工

队长：吴天昊，主要负责规划方案整体的设计与实施。包括方案整体框架的设计，各时期的进度安排，各项工作任务的制定、总结、分配等；同时参与资料的搜集整理，方案内容的后期完善，策划书、PPT、实体杂志的版式制作等。

队员：胡欣，方案原始核心理念的提出者。主要负责策划书中产品设计方案和推广方案的设计及撰写，方案的展示等；同时参与杂志中资讯类内容的搜集整理，方案内容的后期完善等。

队员：王燕蓝，主要负责各类文字及信息的整理工作。包括团队博客的撰写与维护，策划书中市场分析部分的撰写，杂志中资讯类内容的搜集整理，电子杂志的设计制作等；同时参与实体杂志的制作，方案内容的后期完善等。

队员：赵婧，主要负责美工工作。包括参赛博客的设计美化与维护，图片资料的加工整理，策划书、实体杂志的版式设计与美化等；同时参与资料的搜集整理，策划书中部分内容的撰写等。

2．团队宣言

We'll become the best!

3.2 选题经过

我们发现了一个现象：在信用问题尚未完全解决的情况下，一边是信用问题不易解决的 C2C 市场异常火爆，而另一边是有极高信用保证的商业银行网上商城这一 B2C 市场却异常冷清。这引起了我们的兴趣。

我们以建设银行网上商城为对象进行调查与分析，认清了建设银行对其网上商城的特殊定位，总结出建设银行网上商城目前亟待解决的问题：如何让优质商户主动找商业银行签约商城；如何吸引顾客使用建设银行网上商城，提高商城影响力；如何提供更优质的用户体验，挖掘潜在用户的同时将其发展为长久的忠诚用户；如何通过网上商城来推广银行自身的金融业务。

通过什么方式解决这些问题呢？我们锁定了当前成本收益比极高的营销方式——博客营销。而传统的博客营销方式很难解决这些问题，经过我们的分析与探索，发现传统杂志与博客之间有很多互补之处，而且当前正值电子杂志兴起之时，如果将传统杂志、博客和电子杂志结合起来，定能实现极好的营销效果，解决建设银行网上商城面临的问题。

综上所述，我们选择了“商业银行网上商城建设提案”这一商业问题，并以建设银行网上商城为例，通过创新性的博客营销形式——博客杂志进行博客营销，解决商业问题。

3.3 方案

3.3.1 简介

建行商城博客杂志，是对建行网上商城进行推广的网络营销新形式，目的是开创商家&顾客&商城的三维立体商务模式。

具体来说是以和讯博客为载体，以建设银行网上商城为推广对象，针对目前建行网上商城存在的问题和待开发的潜在优势，以网上博客杂志的形式建立一个建行网上商城、商城商户和广大顾客（包括潜在顾客）三方的沟通与互动平台，推行多种营销战术以吸引访问量，扩大建行商城的知名度和影响力、吸引客户、增加客户黏度、增加优质商户数量，最终达到最大化顾客、商户、商城三方的利益，提高网上商城销售额的目的。并且使完善后的网上商城购物平台具备推广建设银行电子支付业务如信用卡分期付款以及其他金融业务的功能。

3.3.2 正文

1．市场分析

在百年不遇的金融危机刺激下，中国的网上购物正在呈现爆发式增长。据艾瑞咨询的相关研究，2008 年中国网络购物交易规模突破 1 300 亿元，同比增速超过 130%；2008 年 B2C 网上零售市场销售规模达到 81.24 亿元，较 2007 年增长 75.0%。不仅蛰伏多年的当当网、卓越网、淘宝 B2C 商城等在去年年底集体爆发，生意异常红火，像京东商城、乐淘网等各种垂直类的 B2C 商城的业务量也急剧扩大。而各大企业也看到了网络直销的优势，纷纷加盟各大网上商城，或者独立开发运营自身的电子商务网站。建设银行网上商城具有建设银行自身的品牌优势、技术优势、客户优势和良好信誉，抓住面前的机会，完善建行网上商城的体系、扩大商城规模，给用户以更加优质的体验，必能使建行网上商城、建行其他金融业务获得长足发展。

（1）B2C 网上商城市场现状分析　目前网购平台类型很多，有以淘宝等为代表的 C2C，以当当、京东等为代表的 B2C。虽然在量上 C2C 远大于 B2C 的销售额，但是从 B2C 的激烈竞争以及市场发展趋势来看，未来的网购主渠道肯定是 B2C。建行网上商城致力于为商户搭建营销展示平台和便捷结算通道，为客户营造快捷、安全、方便的购物环境，是典型的 B2C 平台。以下是我们针对 B2C 网上商城所在市场的多方位分析。

1）网上商城发展优势。

① 无时间和地段限制优势：消费者能有更多的选择和更方便的购物体验；商家能让更多客户及时了解企业及企业商品信息，从而更有效地进行产品推广和销售。

② 低经营成本优势：为消费者省钱；为商家免去了传统实体店的建设经营成本和高风险。

③ 高便捷性优势：体现在方便商家对行业信息如客户数量、产品受关注程度、消费者喜好等的统计，帮助商家制定经营策略、提升服务质量。

④ 双向互动优势：有利地实现消费者与商家之间更便捷沟通，同时满足消费者和商家的需要，大大提高了市场效率。

以上是 B2C、C2C 网上商城模式所共享的优势，B2C 网上商城同时拥有 C2C 无可比拟的优势：

- 更有竞争力的品牌优势，货源优势；
- 更高的信誉保证和产品质量保证；
- 更专业、更良好的售后服务体系。

因此，我们有理由相信，B2C 将是未来网购的主流。

2）B2C 网上商城面临的问题及相对劣势。

相关调查显示，在网络购物高速发展的同时，商品质量问题、支付安全问题、卖家诚信问题、物流配送问题以及售后服务等仍是消费者对网购存在的主要担忧。对比 C2C 网购，B2C 市场劣势在于：

① 宣传程度低。C2C 市场的火爆发展吸引了大多数消费者的注意力，又由于 B2C 网上商城发展晚，市场机制仍有待完善，对于已经习惯 C2C 的人们对网上商城的关注程度较低，但这一情况随着人们对质量及服务的要求提高已有相当的改善。而对于商业银行的网上商城，与一般网上商城优势区分不明显，消费群体更加狭窄。

② 价位偏高。由于 C2C 市场低价商品的冲击，相比之下网上商城的商品价位偏高，使许多消费者放弃 B2C 市场转向 C2C 市场寻求更廉价的商品。

③ 产品总类相对狭窄。在供应链方面，B2C 商家所提供的产品类别和品种远远低于

C2C所提供的，本该有的优势却变为了劣势。

④ 物流配送。B2C的市场规模还远未达到大的程度，绝大部分B2C商家都没有与第三方物流建立完善长期的合作关系，缺乏规模优势，物流效率和物流成本优势没有体现出来。用信息技术来提高物流效率，降低物流成本，本该比起C2C应成为优势的。

⑤ 消费习惯。我国电子商务刚刚起步，信用制度尚未完全建立，加上人们对网上消费了解相对较少，对互联网虚拟信息的不信任，网购人群所占比例不高。

（2）建行网上商城分析。

1）B2B2C商业银行网上商城的发展趋势。在全球网络经济的巨大推力下，我国B2C网上商城已呈现出爆炸式增长。各行业追求更好的服务平台发展电子商务事业；银行的网上银行得到了更广泛的普及，寻求更多途径完善网银服务体系；消费者要求获得更高品质的网上购物体验，此三方面的需求给商业银行网上商城的产生和发展提供了必要条件，将有效地促进商业银行网上商城的高速发展。

商业银行的网上商城这种模式，可以理解为B（Business）2B（Bank）2C（Customer）。这种模式具有无可比拟的优势：

① 对企业来说，银行的网上商城为顾客提供了一个值得信赖、有所保证的服务平台，一定程度上提高了商户的信用度，有效地解决了中国电子商务的诚信的瓶颈。

② 对顾客来说，在网络高速全面发展的时代，能更便捷地享受到具有高信誉的网络服务和生活体验，可以有效提高生活质量，获得更高的满意度。

③ 对商城来说，商户与消费者双方满意度的提高有利于起交易量的提升，吸引更多的商户、顾客，从而取得更大限度的发展。

④ 对银行来说，网上商城交易量的提升意味着银行网上支付业务的发展。不仅是对现有支付业务起到推动发展的作用，而且为银行其他金融服务以及新的业务的推广应用培养了广泛的客户基础。网上银行成为商业银行为中高端消费群体提供服务的另一种时尚方式，更能有效地提高客户的忠诚度，为持续壮大经营打好坚实的基础。

2）商业银行网上商城服务功能横向对比分析。建行网上商城与国内最具实力的招商银行网上商城和网上银行建设最成功的工商银行网上商城之间的比较。由于我们主推的是分期付款消费理念，因此表3-1中的比较均基于三家银行网上商城支持分期付款部分的商城建设内容。

表3-1 建行、招行和工行网上商城对比表

类别 商城	商品类别及数量	价格	服务功能
建设银行网上商城	按活动分类：特惠商品、新品上市、团购专区 按类别分类：笔记本/台式、数码、手表家居、手机、配件、移动硬盘、其他等 数量（以笔记本/台式电脑为例）：8个品牌共30件商品 商品详细参数介绍欠缺，商品图片1张	BenQ Joyhub 华尔街 AA252（奔腾双核 E5200）： ¥230.00元 *18 期/¥4284 BenQ S42-LC23： ¥355.50 *18 期/¥6 399 诺基亚 N96： ¥309.00 *18 期/¥5 562.00 诺基亚 6 500S： ¥230.00 *12 期/ ¥2 760.00 三星 B5 712C： ¥295.00 *12 期/¥3 540	建行工作室； 商品测评； 精彩资讯； 在线调查； 搜索引擎（不好用）

（续）

商城 \ 类别	商品类别及数量	价格	服务功能
招商银行网上商城	按活动分类：聚便宜/购新鲜/特惠商品/商品订购/积分兑换 按类别分类：笔记本/电脑、通讯、数码、珠宝手表、生活家居、服饰、护肤等 数量（以笔记本/台式电脑为例）：至少16个品牌共623件商品 有商品详细参数介绍，商品图片3张	BenQ Joyhub 华尔街 AA252（奔腾双核 E5200）：¥238.00元 *18 期 /¥4 284 BenQ S42-LC23：¥266.62*24 期/¥6 399 诺基亚 N96：¥305.67*12 期 / ¥3 668.00 诺基亚 6500S：¥139.92*12 期 / ¥1 679.00 三星 B5712C：¥288.25*12 期 / ¥3 459.00	“我新我秀”——鼓励顾客上传自己购买的商品的实物照片； 积分兑换； 支付流程在线演示； 天气预报； 产品讨论区/活动讨论区/行业讨论区/自由讨论区 搜索引擎（不好用）
工商银行网上商城	按活动分类：凝聚利/抢鲜购/体验中心/品牌廊 按类别分类：数码、通讯、家居、服装、美容、珠宝等 商品不易查找 数量（以笔记本/台式电脑为例）：至少16个品牌共583件商品 有商品详细参数介绍，商品图片1张	用户可选择是否分期及分期数（3期、6期、9期、12期、18期、24期六档期） BenQ Joyhub 华尔街 AA252（奔腾双核 E5200）：¥4 288.00 BenQS42-LC23：¥6 594.00 诺基亚 N96：¥3 658.00 诺基亚 6500S：¥1 668.00	分期付款详细说明； 支付流程在线演示； 商城风向标 潮流风尚(时尚信息)； 电子商城杂志； 客户心声&温馨语摘（这两个为用户留言区）； 搜索引擎（不好用）

3）建设银行网上商城的独有优势：

① 拥有建设银行自身的品牌优势、技术优势、客户优势和良好信誉。

② 更安全的交易。建行采取了具有国际先进水平的多重安全机制、更高的产品质量保证。

③ 已拥有使用建行银行卡进行业务的人群的基础。

④ 支持信用卡分期付款，提供在线支付和手机支付（需注册手机银行）。

⑤ 在线理财体验。基于建行信誉，能提供多种理财服务，如保险理财购买、基金购买等。并有全面的在线介绍和专业服务。

⑥ 更多的优惠。商城购物与银行活动相联系，享受银行和商家的双重优惠。

4）建设银行网上商城面临的问题与挑战。由于建设银行本身的高信誉保证，建行网上商城能较好地保证卖家诚信，使进驻商城的商户有良好的信用基础，以保证提供高质量产品和优质的服务，因此更容易取得消费者的信任。同时对商户来说，有利于其开展电子商务活动。对顾客来说，能体验更放心的网购过程。但是建行商城仍存在以下劣势：

① 宣传程度低。如今的网购一族正逐步提高对产品和售后服务的要求，但建行网上商城并未对自身拥有的独特优势——高产品质量和专业服务保证进行有效地宣传。因而导致目前人群对商城的认知度不高，建行商城没有在有效人群中打响知名度。

② 价位偏高。建行网上商城的商品大多为中高档商品，单品消费额相对较高。因而无法吸引潜在顾客、保证已有顾客的黏性。

③ 产品总类相对狭窄。在供应链方面，商城所提供的产品类别和品种远远低于 C2C 所提供的。高质量产品没有货源作为基础，容易导致顾客的流失。

④ 产品展示效果差。几乎每一产品只有简单的文字说明和单一图片，没有多角度的图片展示，用户很难对产品产生浓厚的兴趣。

⑤ 消费习惯。虽然网购现阶段发展迅速，但人们对网上支付仍然有很大的顾虑，因而建行商城主推的信用卡分期付款业务很难在短时间内为人群所接受。

商业银行网上商城的良好发展需建立在找到吸引商户和顾客的有效途径上，建设好自身个性化、人性化兼备的服务体系，以及创造和实施高效的网络营销方案的基础之上。

2．营销方式分析

网络营销是以现代营销理论为基础，通过网络营销替代了传统的报刊、邮件、电话、电视等中介媒体，利用网络对产品的售前、售中、售后各环节进行跟踪服务，自始至终贯穿在企业经营全过程，寻找新客户、服务老客户，最大限度地满足客户需求，以达到开拓市场、增加盈利为目标的经营过程。它是直接市场营销的最新形式。

常用的网络营销方式有以下几种：搜索引擎、网站广告、网络视频广告、事件营销、博客营销、论坛推广、B2B 平台推广、软件推广、E-mail 营销、口碑营销、友情链接等方式。

针对建行网上商城的商业模式特征，可以说以上的各营销方法都能适用，但关键是要寻找一种最适合建行网上商城的、最有效果的营销方案。并且，不仅在网络世界，在整个商业环境里，最重要的仍然是创新。我们想做的不仅是帮助建行找到有效果的营销方法，还希望能寻找到一种具有创造性有潜力的网络营销方式。因此我们提出了新型的博客营销形式——博客杂志。

（1）博客杂志模式分析（见图 3-1）

	优点	缺点
博客	内容丰富，快速更新	更新不定时
	互动交流，及时反馈	不易保留，忠实度不高
电子杂志	期刊信号，更新定时	内容受篇幅限制
	下载收藏，易于保留	交流障碍，反馈周期长

图 3-1　博客杂志模式分析图

博客杂志利用了电子杂志中的期刊性和静态收藏性来弥补博客营销的不足，进而形成这种完善的又具创新性的网络营销形式。

【博客杂志特点】

- 继承了博客可以动态更新文章，发表评论的动态性；
- 继承了传统杂志的期刊性；
- 博客杂志营销具备目标人群的精准性；
- 网络博客页面形式提供动态浏览功能和互动传播功能，能够及时地互动交流；
- 电子版博客杂志期刊将博客的动态性转化为静态性，将用户发表的文章和评论永久保存，提高顾客的参与度。

- 定期发行纸质精装版杂志，里面收录了用户的优秀评论，使之具有收藏价值。

【博客杂志优势分析】

- 博客杂志信息连续性：博客杂志继承了博客装载信息的形式和杂志阅读的期刊连续性。
- 博客杂志的精准营销：杂志对目标阅读客户群有极强的针对性，便于培养该特定客户群对杂志的阅读习惯，进而准确锁定住客户。如《瑞丽》是典型的时尚女性杂志，《数码前线》是集合IT数码信息的杂志。
- 博客杂志的访问连续性：传统杂志期刊都是定期发表的，有极强的“期刊信号”，因而具有明显的阅读提示性，能对读者产生有效的时间刺激，最终能使读者养成定期看杂志的习惯，并视为获取相关信息的最有效途径。
- 博客杂志的互动性：网络电子小说、电子杂志掀起了阅读电子刊物的热潮，但是它们仅限于阅读，而作为博客杂志，还可随时对文章发表评论，使读者和博客杂志文章的作者有很好很及时的互动。

博客杂志能够克服博客营销的某些共性问题，增强了传统杂志的优势，是博客营销的优化方式。如图3-2、图3-3所示。

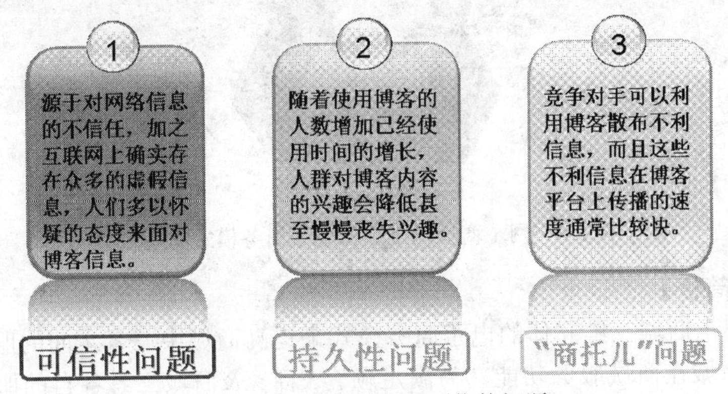

图3-2　博客营销可能面临的问题

图3-3　博客杂志对博客营销问题的解决

1）可信性问题。建行拥有很强大的品牌优势，利用建行已有的信誉基础足以使用户相信博客杂志的内容，保证博客杂志的可信度。

2）持久性问题。博客杂志将对产品信息进行定期更新，给阅读者发送“期刊信号”吸引其阅读，从而保证杂志阅读量，解决持久性问题。

3）“商托儿”问题。这一直是论坛营销中亟待解决的问题，目前比较可行的方法是通过“会员等级制度”加以限制。基本上“托儿”的会员等级都不会超过中级会员，托儿和用户上网的目的是不一样的，他们是为了商业目的，而用户上网是为了消遣、娱乐以及了解一些关于产品的信息。用户会经常上网，因此等级会比较高，而托儿一般只有在需要做宣传的时候才上网，等级往往停留在较低等级。针对博客杂志中可能出现的“商托儿”问题，也可以建立“会员等级制度”。

博客杂志将消除博客的可信性问题、持久性问题、“商托儿”问题，并整合更多顾客、商户、商城关心的信息，开创全新的网上阅读新体验。同时提供更全面更便捷的沟通互动平台，给建行商城一个全新平台来建立我们的三维立体电子商务模式，以解决商城面临的问题。

（2）三维立体互动电子商务模式

1）提高商城&顾客&商家三者之间的服务黏度，如图 3-4 所示。

图 3-4　网上商城三维立体电子商务模式简略图

【模式利益简析】

通过构建网上商城三维立体的电子商务模式来提高商城中三者之间的服务黏度。基于前期分析建行商城在商城服务功能，为满足顾客&商家&商城三者各自的服务需求，在任意两方之间设立了相应的服务版块。具体版块内容将在后面的设计方案中详细介绍。

2）B2B2C 商城交易主体推动银行发展。B2B2C 商城模式受益分析图如图 3-5 所示。

B2B2C 商城模式建设银行是最终受益体

图 3-5　B2B2C 商城模式受益分析图

【模式利益简析】

商业银行网上商城中的顾客和商家其实是推广商业银行业务的两个有效群体，通过在特定版块中设立建行业务推广区，在有效群体中培养品牌忠实度，进而是他们转化为建行推广其他金融业务的广泛的客户基础。

（3）博客杂志内容设置分析

1）目标人群选择调查。

图3-6中显示选择网上购物的人群集中在18～35岁，而且图3-7显示这一人群是发表评论的活跃群体，他们愿意在网上发表评论，利用自己的购买经历影响他人。结合以上两个调查结果表明了如果我们寻找到并抓住这部分人群，就等于抓住了网络购买力和大众群众的意见和影响大众群体的关键。因此博客杂志目标人群定位是18～35岁。

2）三维互利电子商务模式需求分析。网购用户发表商品评论的需求及渠道分布如图3-8所求。

不同城市网购网民年龄结构							
	不到18岁	18~24岁	25~30岁	31~35岁	36~40岁	40岁以上	合计
北京	3.4%	31.4%	34.0%	13.0%	9.6%	8.6%	100.0%
上海	2.8%	35.0%	29.5%	13.7%	9.8%	9.1%	100.0%
广州	3.9%	35.7%	30.4%	17.1%	8.1%	4.7%	100.0%
其他城市	3.4%	41.4%	29.5%	12.9%	7.2%	5.5%	100.0%

图3-6　网购人群结构

	在网上发表商品评论用户的年龄分布
不到18岁	3.2%
18~24岁	40.8%
25~30岁	34.2%
31~35岁	13.1%
36~40岁	6.5%
40岁以上	2.2%
合计	100.0%

图3-7　网上发表评论的年龄结构

【顾客维需求】

	网购用户发表商品评论的渠道
原购物网站商品下方	90.2%
原购物网站社区	9.8%
自己的博客/个人空间	0.8%
新浪	0.3%
其他	3.3%

图3-8　网购用户发表商品评论的需求及渠道分布

现在购物网站的商品评论管理已成为影响网民购物的重要因素，有超过八成的网购网民采取购买行为之前会参考商品评论。目前已有部分购物网站非常重视商品评论，采取了各种措施鼓励网民发表商品评论。所以提供多方位结合的评论渠道，有利于满足网络消费者的互动交流需求，最大限度的推广购物商城。

博客杂志用户专区除提供信息发布服务外，还设立用户交流专区（集合图 3-8 中的三种主要渠道的特点），最优化商品评论管理。网站建设影响消费者购买决策的因素见表 3-2。

【企业维及商城维需求】

表 3-2　网站建设影响消费者购买决策的因素

影响因素及在消费者中占百分比	博客杂志改进方式
商品价格 68%	【用户专区】推行分期付款 【商城专区】宣传商城推出的各种优惠活动 【企业专区】特价产品
配送方式 44%	【商城专区】设立售后企业与顾客沟通平台，改善 B2C 商城的售后服务功能
产品介绍 38%	【用户专区】中的“导购专区”将提供更加丰富的商品信息
网站导航设计 37%	*优化博客导航设计，遵循“网站导航七原则” *博客杂志主页提供电子杂志目录式导航
结算方式 32%	【在线客服】实现零障碍购物 【建行业务专区】大力推行建行电子支付业务，建立对建行业务的品牌忠实度和支付技术信赖

通过分析影响购买行为的因素，明确了我们的博客杂志不仅仅要满足三维互动的需求，还要让杂志功能来完善商城服务功能建设，搭建完善的信息发布平台和三方互动交流平台，为顾客提供完备的购买服务，让建行网上商城成为网购人群的首选购物网站。

3）网络消费人群特点设计博客内容。博客杂志设计方案与网络消费者的特点对应见表 3-3。

表 3-3　博客杂志设计方案与网络消费者的特点对应

网络消费者的特点	博客杂志相应设计方案
众多网络购买者大多是中青年，具有较高的分析判断能力。在理智购买动机驱使下的网络消费购买动机，首先注意的是商品的先进性、科学性和质量高低，其次才注意商品的经济性	目标人群定位：18～35 【导购区】提供更详尽的参数，多角度图片及网友评论 这一消费者消费具有前沿性，易于接受分期付款的支付方式，而且对于商品价格要求不高，可以弱化建行商品价位较高的劣势
消费者购买心态基于情绪和感情： 低级形态：往往是在网上溜达时突然发现一个好东西，便冲动地买了，因而具有冲动性和不稳定性 高级形态：往往是由个人的道德感、美感、群体感引起来的，具有稳定性和深刻性的特点	博客杂志内容发布的商品信息，企业信息，商城活动信息引起刺激购买需求即低级形态购买动机 用户专区的互动交流区和商品评论管理区的群众宣传效应，刺激高级形态的购买需求 博客营销有争夺话语权的优势，以理念营销来影响人们之后的购买行为
消费者心态基于理智经验和感情： 对特定的网站、图标广告、商品产生特殊的信任与偏好而重复地、习惯性地前往访问并购买的一种动机。这种动机是所有商家所期待的。因为具有惠顾动机的网络消费者，往往是某一站点的忠实浏览者，并能施以购买行为	博客杂志的期刊性，培养了目标人群的连续阅读习惯，使之对建行商城形成习惯性的访问和关注。培养对建行商城及建行其他金融业务的忠实度

3．设计方案

（1）以和讯为博客平台

博客由建行建立。博客杂志可以说是建行提供的一个服务交流平台，因此其中的部分服务需由建行直接提供（如在线客服等，需要建行组织建立）。杂志内容分为四大块：用户资讯类，企业展示类，商城宣传类和建行银行业务类。

（2）目标群体与商品定位

【博客杂志浏览群定位】

- ❑ 习惯网络购物的消费方式；
- ❑ 有获得相关网上前沿产品信息的需求；
- ❑ 有资金周转困难（适于推广分期付款）；
- ❑ 年龄段在18～35岁（主要的网络购买力和大众影响力）。

【商品定位】

主要经营中高端消费商品、品牌商品，例如信息数码商品、品牌等。

（3）建行商城博客杂志内容与功能设置

1）资讯专区。

① 主打资讯。

【新生活理念类】：新生活方式、生活理念方面的文章，如：现在18～35岁热追的生活方式和理念，通过理念营销的方式来影响人们以后的购买行为。

【新理财方式】：针对于现在商城主要推行的分期付款支付方式，主要介绍宣传前向性消费这一理念。

【第一时间类】：建行商城的商户要将最新产品及优质产品的介绍及报价第一时间发布在博客杂志上，杂志提供了一条最快最新的获取产品信息的渠道。

② 导购资讯。针对商城内有关商品介绍的文字简单、图片单一的缺陷，在此区提供更加详细的参数说明、多角度的图片展示以及有关网友的评价，完善用户体验，满足用户获知商品信息的需求，同时进一步挖掘用户的购买需求。

③ 其他资讯导航。对于其他类型资讯（如时事、体育、娱乐等方面的资讯）提供导航功能，采取直接链接到相关新闻网站的方式。

④ 购物交流区。用户对于购买产品的疑问可在博客杂志中提出，有过相应购买经验的用户和所持品牌的商户将共同进行解答。

2）企业专区。

① 新产品及热销产品展示。博客杂志为期刊，每一期将专门为一个商户提供展示平台——用于宣传其最新产品和热销产品，提高其认知度的同时能最大限度地激发顾客购买需求。

② 在线市场调查。设立商户在线调查区，博客杂志浏览者可参加商户的问卷调查或是厂商组织的宣传活动，从而帮助商户了解顾客需求，满足商户市场调查的需求。可增进商户与顾客之间的交流，既有利于商户了解市场，也有利于顾客获得最需要的产品。

③ 特价产品展示区。展示企业在一段时期内推出的特惠产品，特价产品的单独展示，将免除商品淹没在商品区的不足，使顾客在第一时间就能受到特价信号的刺激。

3）商城专区。

① 商城活动宣传。突出建行商城的特色，强调高品质的购物理念和分期付款的新型消费理念。建行商城选择的是品牌商户合作，商品价位高但是有质量保证。

宣传商城推出的优惠活动等信息。

② 在线客服。建立关于建行的在线客服，随时解决用户在使用建行相关业务时遇到的问题，比如怎样办理信用卡、怎样开通网上银行、怎样进行分期付款等，便于人们在办理相关业务的时候及时获得信息，同时宣传建行。

③ 动态商品相册展示。利用可定时翻动的相册功能动态展示商城中的商品。

4）建行业务推广区。

① 支付业务宣传。详细介绍建行网上商城的购物流程，物流配送流程，支付方式等，扫除网络购物的技术障碍，让人们充分体会到建行商城购物的安全性，真正实现零障碍购物。

② 信用卡业务。

【普通业务】：介绍建行信用卡的优势特点及使用方法。

【分期付款】：在博客杂志中主推信用卡分期付款。内容包括分期付款的申请流程、支付流程等的详细介绍，分期付款的优势分析等，为人们的生活引入新的支付理念，使建行商城的分期付款成为推广信用卡的有效方式。（在进行相关的调查后，发现很多想在建行网上商城购物的人都不熟悉分期付款的支付模式，存在很多疑问。）

③ 其他金融产品推广宣传。

（4）三维立体商务模式利益分析

推出建行商城博客杂志的基本思想是构建一个协调好商家、顾客、商城三方利益的三维立体商务模式，三方立体互利体现在：

① 对用户来说。可以通过【资讯专区】可以获得最新的理念信息，按期来阅读建行商城的博客杂志，筑建快捷有效的获取信息的新渠道。

资讯类的信息可以留住浏览用户，形成具有忠实度的用户群。用户还可以在【交流区】和其他用户交流，在企业专区中了解商家动态，博客杂志为商家和用户的及时沟通提供了可能。

② 对商家来说。博客杂志吸引了固定阅读群体，并且使这个群体为商户创造价值。商家在【在线市场调查】中可以调查这些习惯网上购物的人群的需求方向、选购习惯等；同时，企业还可以邀请组织用户开展一些网上活动，进一步拉近商家用户的距离，挖掘潜在需求。【特价展示区】可以是本企业的特惠产品的展示空间，避免淹没在商品中。

③ 对商城来说。博客杂志的推出表明了建行为商家和顾客在电子商务交易模式下开辟了新的沟通渠道。同时在【商城专区】宣传了商城近期的信息和活动，【在线客服】的开通使人们可以及时地解决支付中遇到的问题，实现零障碍购物，更加习惯建行服务。

④ 对建行来说。【建行业务推广区】中对建行的分期付款，龙卡信用卡，以及其他金融产品进行宣传介绍，【在线客服】模式的推广优化了建行的客服质量。在三维立体商务模式成功建立的基础上，建设银行可以获得具有较高忠诚度的大顾客群体，由商城的商户和习惯在商城购物的顾客群组成。这将成为建行推广起银行业务的有效群体。正如在“商业银行网上商城发展趋势”分析中提及的，建行将是此模式的第四方受益体。

4. 推广方案

（1）线上推广博客杂志

1）博客杂志的推广方式。

① 各类博客网站，添加链接，增加回访量；同时做好友情链接，吸引更多的访客。

② 聊天工具：QQ、MSN、校内网等校园网站；利用签名档，个人空间链接及分享介绍文章等途径增加知名度，提高点击率。

③ 各大高校校内论坛、bbs，在相应版块进行讨论，发帖提供链接。

2）电子杂志形式的博客杂志推广。将每一期的博客杂志制作成为简易的电子杂志，方便流动宣传；对于在博客中发表文章和留言评论的人，电子书刊可以记录大家互动参与的过程，对留言者来说更珍贵，有利于提高大家的忠诚度和参与性。

另外可将电子版的杂志印刷成纸质杂志，比如每一年年末会推出纸质精选特刊，回馈给博客参与度高和消费量高的用户。

3）电子版商品目录推广。其内容和形式与建行定期邮寄给信用卡用户的商品目录类似，只不过在电子版目录上的商品信息都提供了相应链接，使用户可以在第一时间在商城中捕捉住有效信息，大大减小了纸质目录的睡眠度。获得会员资格的用户可通过提供电子邮箱来获取最近一期的网上商城目录。

（2）线下推广博客杂志

1）在相关杂志上刊登广告。

2）在建行定期邮寄给信用卡用户的商品目录中添加博客信息。

3）不定期将博客、电子杂志制作成实体杂志，选择赠送给在博客中活跃的用户或当作网上商城相关活动的礼品赠送。

4）在中高档休闲场所提供阅读服务等。

5. 博客杂志的理想预期成果

1）使博客杂志成为建行网上商城完善自身服务功能的辅助平台。通过博客杂志【导购专区】内容功能的设置，提供更加丰富的商城商品信息，从而完善建行商城在商品展示方面的不足。

另外【在线客服】服务模式的推广，进一步完善了商城和建行的服务质量。

2）构建顾客&商家&商城三者互利的三维立体电子商务模式，进一步提高三者之间的服务黏度。三维立体电子商务模式的建立，满足了三方各自的互动信息需求，优化了商城的利益分配。

3）使得建行商城已有的顾客&商家这两个有效群体成为日后建行推行其他金融业务的广泛的客户基础。

3.4 竞赛结果

3.4.1 实施结果

“建行网上银行，让您学习生活更轻松”是建设银行在2009年5月份开展的校园网上银行推广活动，获得建行负责人的支持后，我们参与到了活动中，将我们的方案在力所能及的范围内付诸实施。

根据设计方案，同时也针对此次活动，我们制作了一期博客杂志，包括博客、电子杂志以及实体杂志，如图 3-9～图 3-11 所示。

图 3-9　博客杂志第三期博客首页

图 3-10　电子杂志封面

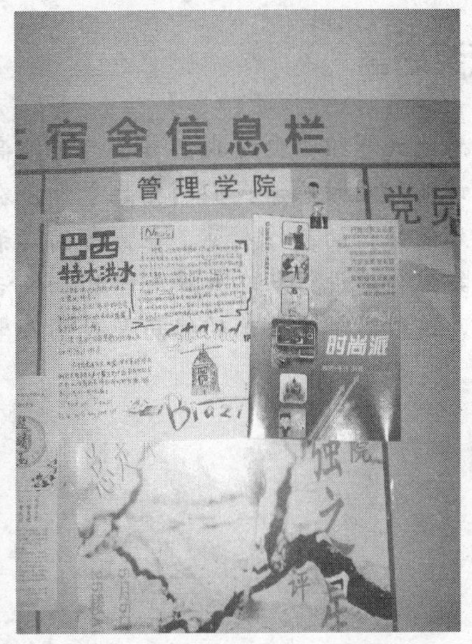

图 3-11　实体版杂志在建设银行营业厅及宿舍信息栏提供免费阅读服务

根据推广方案，我们对博客杂志进行了推广。对于博客，在和讯网站做好友情链接，在 QQ、MSN、校内网等校园网站利用签名档、个人空间链接、分享等进行宣传，同时在天大求实 BBS 的相应版块进行讨论、发帖并提供链接；对于电子杂志，我们分别在和讯博客主页、天外天 BT、趣盘提供下载服务；对于实体杂志，我们在活动现场提供了赠阅服务，在建行营业厅、校园周边休闲场所提供了免费阅读服务。另外，每届天津大学的新生将在暑期收到学校寄送的录取通知书，里面附带建行龙卡及龙卡使用说明单，我们已经征得建行相关负责人的同意，在龙卡说明单上添加博客杂志的链接地址，届时我们也将在博客杂志中推出“新生 e 生活体验”特刊，专门介绍建行银行产品和在校学长学姐的 e 生活理财经验。

此次活动仅 5 月份前两个星期已有 900 余人签约建行网银。

3.4.2　名次结果

全国总决赛本科组博客商务创新应用主题赛一等奖。

3.5　方案点评

安珣（天津大学）日期：2009-04-19 22:40　　评分等级：★★★★★

关于博客杂志的阐述很清晰，在具体模式上也有创意，希望能在实践环节上加强各个实践方式之间的有效衔接，呈现出色的效果。

陈百伟（建设银行陕西省分行）日期：2009-05-08 10:52　　评分等级：★★★★★

抓住博客杂志去做，坚持就会取得成功！预祝获奖！

3.6 获奖感言

首先感谢大赛组委会给我们一个与全国高校精英同场竞技的机会，在比赛的过程中我们成长了许多；同时感谢我们的指导老师，在方案设计过程中给了我们很多建议与鼓励；更要感谢建设银行的工作人员，在方案的实施过程中给予我们极大的支持，我们也将应用我们的方案配合建设银行在天津大学的相关活动。参赛的宝贵经验必将为我们未来的求职增添筹码，这段艰辛而快乐的经历是我们人生中最美好的回忆。

第4章 “火凤凰”民族特色饰品网络创业计划书

作者：西南民族大学　“E@上善若水”团队

4.1 团队介绍

“E@上善若水”团队是由来自西南民族大学的四个富有创业激情、对继承和保护民族传统文化有着独特的想法和见解、对世事充满理性智慧、专业上各具所长、知识结构互补的在校大学生组成的参赛团队。

我们团队的目标是打造民族饰品的网络销售平台，特别是5.12灾区的特色民族饰品。我们希望利用电子商务将民族文化包装，借助电子商务使人们更加关注和了解民族传统文化，给民族饰品插上流行的翅膀，传承与保护民族文化。我们真心希望民族特色文化能一代代继承和发扬下去，让华夏的成为世界的。

1．成员分工

队长：翟长富，男，汉族，贵州人，西南民族大学经济学院财政学071班。经济时政协会副会长。极强的责任心、踏实的工作准则、严谨的工作作风和实干的做事精神引领“E@上善若水”迈向成功。负责带领团队、问卷调查及分析、校园营销方案设计及实施支出预算、博客更新、方案的维护、进货、信息及资料采集。

队员：姬向辉，男，汉族，河南人，西南民族大学经济学院国际经济与贸易073班。较强的专业理论知识，较强的出世技巧和应变能力推动“@上善若水”稳步向前。团队财务总监，主要负责货源联系、收入结算、财务报表的制作和效益分析。

队员：薛大立，男，汉族，山西人，西南民族大学经济学院国际经济与贸易071班，经济时政协会副会长。极强的逻辑思维能力、开阔的思维空间和清晰的管理思路领导着“E@上善若水”打造未来。团队技术总监，主要负责凭证编制、网站及网店的维护、新闻的发布。

队员：陈霖，男，汉族，河南人，西南民族大学经济学院财政学071班。学校、学院辩论队优秀辩手。丰富的社会工作经验、广阔的创新思维和强大的交际能力引导着“E@上善若水”勇往直前！团队公关经理，主要负责网店管理及产品的更新、资料采集、网站的建设及完善、与外界洽谈合作。

2. 团队宣言

我们不是要颠覆传统，而是站在传统的肩膀上创造民族流行，市场告诉我们这是一项有前景的商业项目，我们也将此看作为一件有意义的事。

4.2 选题经过

现在民族文化产业化是一个大的趋势，通过网络商务运作和经营来向消费者提供有民族文化元素的饰品。少数民族文化产业化往往集中在手工艺品，而一个民族的手工艺品又往往是一个民族的信仰、生计方式和生活风俗等各方面最具特色的浓缩物质载体。

所以我们团队以此为切入点进行文化的产业化开发并激活民族饰品和民族文化结合交流点，因为民族饰品往往源于生活而高于生活，且丰富多彩，很具有市场潜力和价值。但是由于十分缺乏文化交流，大多只能在本地区内部流通。很多特色的民族饰品在大众市场上很难见到。

通过把民族特色饰品和民族文化有机融合，突出民族特色，迎合人们返璞归真的心理，借助网络营销的平台把民族文化展现在大众的面前，使更多的人了解和接受少数民族文化特有的元素，以引起社会大众的关注和支持，从而达到传承和保护民族文化的目的。通过在传统民族饰品文化中植入流行元素，对其进行创新与发展，与时俱进，赋予民族饰品文化新的生命驱动力。

4.3 方案

4.3.1 简介

团队的参赛品牌是“火凤凰”，方案全名称是：用电子商务给民族文化插上飞翔的翅膀——“火凤凰”民族特色饰品网络创业计划书。方案以把传统民族文化融入现代流行作为初步出发点，给民族饰品插上流行的翅膀，传承与保护民族文化。方案主要从竞争市场、销售及宣传模式、营销策划等方面展开分析，在了解现在民族饰品市场状况的基础上，把“火凤凰”民族特色饰品划分为五个系列，分别为爱心羌饰系列、流行藏饰系列、DIY 系列、锦城缘系列和巴蜀系列；同时在方案及实施过程中融入了 5.12 元素，近期以爱心羌饰为主打产品，充分利用 5.12 元素来促使人们更关注和了解民族传统文化，从而达到让民族文化走向流行的预期目的。

方案亮点

（1）拥有自己的品牌和独立的网站　我们拥有自己的品牌“火凤凰”，拥有独立的网站“火凤凰”民族特色饰品爱心店。我们选择的是自己创业，不依靠某个厂家，跳出厂商的束缚。在金融危机的大背景下，大学生就业难也是不争的事实，早点为我们的将来做准备，这是我们选择饰品创业的初衷。

（2）把传统民族文化融入现在流行　我们经营的不仅仅是饰品，还是一种感性和文化，更是一种现代生活方式。我们做饰品也做文化，把民族文化加入到民族特色饰品的销售中来，处处体现民族元素，让民族饰品走向大众，改变韩国式流行独霸中国流行市场的现状，让民族的成为流行的，让民族的成为世界的，让民族特色元素永远传承下去。

（3）近期以爱心羌饰为主打产品，让爱心羌饰走上网络商务之路　在方案及实施过程中融入了 5.12 元素，近期以爱心羌饰为主打产品，充分利用 5.12 元素来促使人们更关注和了解民族传统文化，在流行的主基调上全面溶入民族元素，在保护和传承民族独有的特色文化的同时为汶川灾区重建贡献一份力量。

（4）通过网络商务之路传承和保护民族文化　借助网络营销的平台把民族文化展现在大众的面前，使更多的人了解和接受少数民族文化特有的元素，以引起社会大众的关注和支持，从而达到传承和保护民族文化的目的。

（5）通过网络商务之路对民族饰品文化进行创新与发展　通过在传统民族饰品文化中植入流行元素，对其进行创新与发展，与时俱进，赋予民族饰品文化新的生命驱动力。

（6）使饰品“唯一化”　根据顾客需求赋予每一件饰品特殊意义。可以通过特制卡片、说明等形式量身为饰品定做故事情节，也可以通过特别的送货方式赋予饰品意义。比如 A 赠送 B 手链饰品，我们可以设置情节帮助 A 赠送，用我们的创意送出超值服务。另外还提供民族元素，让顾客选择后再联系厂商生产，如羌绣。

4.3.2　正文

1．市场竞争形势

（1）项目说明

1）项目领域：爱心羌饰（主要是羌绣），流行藏饰，个性与神秘；古镇民族饰品、蜀锦、瓷胎竹编；特色家居饰品。

2）饰品具有特色民族元素，有特色就有竞争力。

3）所处阶段：起步阶段。

4）具有浓厚的民族文化蕴涵。

（2）产品优势　传承和保护民族文化，能得到大众的关注和支持。每一个系列产品集爱心、大方、独特、生态、绿色、环保、装饰、完美、神秘于一体，爱心羌绣精美而富有艺术价值，民族家居饰品直接悬挂于墙上或是摆放在相应的位置，民族家居饰品外观古朴典雅，美丽且有文化蕴涵。爱心羌饰致力于支持灾区重建，爱心是强有力的营销宣传手段，藏饰保持着它的神秘和独特，采用大自然的原汁原味制作，价格相对实惠。我们选择的饰品都会是设计自然、简洁、清新、有蕴涵、有特色，“既是民族的、又是个性的”为您打造玩美民族风格！

（3）产品特点　集格调和情调于一身，简约神秘，有民族文化蕴涵，外观造型的观赏性较强，市场潜力巨大，绝对价廉物美，物有所值。

2．网站平台设计

（1）网站内容和功能　“火凤凰”民族饰品爱心店是一个电子商务网站，网站的核心仍然是各类民族饰品的分类展示、介绍、购买和配送等过程。在前期，我们首先针对的是本校资源和市场，购买和配送暂时是分开的。在初期网站上展示的商品将会由一小部分团队人员进行配送，将会使用面对面的交易方式（即线下销售模式）。而在发展到一定阶段走向成熟之后，我们将会随着市场和资源的扩大逐步发展到销售代理进行配送工作，交易方式也会随之改变，由面对面的交易变更到网上交易的形式，同时代理商也承担着对最新产品信息和网站动态资讯的整理和发布工作。同时对校园代理商的信用程度在网站上设立专门的评价区，监督各校园代理商的交易行为，对不符合要求的校园代理商将会作慎重的考虑，决定它的去留。火凤凰民族饰品爱心店首页如图 4-1 所示。

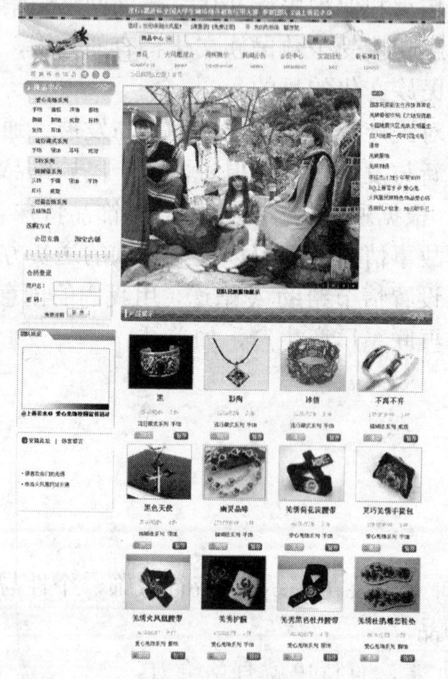

图 4-1　火凤凰民族饰品爱心店首页

（2）网站购物流程

1）注册会员。本网站采用会员制形式，只要进行会员注册，即可免费获得会员资格，同时拥有本站的会员管理系统，可在系统里进行订单查询或修改注册信息等。对于经常光顾本网站的会员，我们还将适时给予优惠。而在发展稳定成熟之后，并且实现网络交易时，我们会推出电子货币支付折扣活动，不但享受到一定的优惠，还可以赚取积分，一定的积分可以换购指定商品。

2）会员登录。进入网站，顾客可在主页上直接进入分类商品专柜进行浏览和购物（非会员购物前先要注册），在您去收银台时我们会提醒您进行登录（注册）。登录是为减少网络上的欺诈行为，确定其真实身份和各种相关的信息，以便我们在前期送货时能够做到准确无误。

3）购物。在顾客进入到网站以后，主页上将会显示的最新发布的商品、实时促销的产品以及各种活动产品，在登录到网站之后，可以根据网站首页上所显示的版块进行类别以及价位的选择性浏览，在您已经确定好要购买的商品时，选中商品后点击“订购”将其放入我们专门为您准备的购物篮中，您可以随时查看购物篮中商品的数量，确认所选购的商品以选择去收银台或者继续购物。在您认为自己的商品已选购完毕后，可选择去收银台。

4）订单。所有商品选购完毕并确认无误后，您可按“去收银台”按钮进入收银台。进入后，网页上将显示您的购物车中已选商品的品种、数量、总金额等信息，然后您需要选择一种付款方式（在前期我们主要针对为校内的市场，我们选择面对面地交易，这样既避免了交易的复杂程度又可以节约网络银行交易的成本。而在中期之后，我们的网络银行将会逐步实施，真正实现网络上的完全交易）。点击按钮并进行相关操作后进入订单提交，填写送货方式、地址、时间、电话或手机（要求能立即联系上）等相关资料，完全确认后按“提交”按钮，购物流程结束，购物车会自动清空，您可继续订购想要的商品或继续浏览本网站的其他内容。

3．市场营销策略

这几年民俗元素的服装、饰品在国际、国内市场上逐渐成为一种潮流，并在市场中获得了快速发展，民族特色饰品广泛获得大家的喜爱，市场一片繁荣（比如站在中国流行前沿的上海市就流行藏饰），愈来愈多的企业也投入到这片市场当中来。在网络销售中民族饰品已成为一大热点。

（1）商品策略（Product） 产品共有五个系列，实行产品多元化概念经营策略，尽量实现款式的规模经济效应。

（2）价格策略（Price） 历来民族概念产品的发展都有一个难以突破的瓶颈，那就是难以实现产业化。而将产业链整合，有力于降低成本。任何一个产品的产业化，都需要分工来实现，那就是工序化。我们把羌绣产品的产业链进行了分割，共分为7个环节，分别是：

1）产品设计（请两位羌族艺人和专业的设计人员共同完成）。

2）原料采购（一个人完成，负责羌绣所需要的彩线、帆布、绸布等的采购）。

3）加工生产（招聘五六个不等羌族妇女包吃包住月工资700元，专门进行羌族特色的流程化绣工，分工合作，平均每人每天可以完成上百件的羌绣产品）。

4）订单处理（需要一名懂得电脑技术兼有营销常识的人员，负责客户订单的处理，以及电话营销、博客营销的事务）。

5）仓储物流（外地实行邮寄，本地直接送货上门）。

6）批发经营（目标市场是针对一些大客户比如建行、邮政等一些心系灾区人民的大型企业，以及在买卖网上的B2B营销，甚至是B2G营销）。

7）终端零售（淘宝网店以及实体经营小店B2C营销）。

（3）营销策略（Place） 重视渠道建设，将网络平台与实体经营相结合。

（4）促销策略（Promote） 实行品牌经营，做明星代言、体验经济、消费文化以及爱心羌绣公益活动。

4．销售及宣传模式

火凤凰民族特色饰品爱心店分为线上和线下营销，线下为我们在民大附近开设了实体专柜，顾客群体为西南民大在校师生和周围居住的青少年。

线上店铺营销分为专门网站、淘宝店铺、和讯博客、腾讯博客、百度博客等。我们会提供专门的饰品网站销售，供消费者选购不同的产品。

（1）淘宝店铺　采用传统淘宝店经营模式。

（2）和讯博客　火凤凰民族特色饰品宣传博客，主要配合网上营销。一方面可以独立营销，另一方面配合淘宝店铺营销，最主要功能是打造我们“火凤凰”这一品牌。

（3）腾讯博客　主要配合线下营销；因为腾讯QQ好友多为在校学生，所以博客推广群体为身边的同学，通过博客日志宣传商品，用QQ交谈交易，送货上门完成交易。

（4）校内网　校内网营销更加直接，由于校内网用户大多是在校大学生，多是民族饰品的潜在消费者，所以在校内网上开设店铺更为直接，宣传范围小但是十分精准。

期初主要以实体店铺为主，必要时实行折扣等营销手段促进销售和建立信誉度。线下交易有一定的业绩后，即我们的网站“火凤凰”民族饰品爱心店运行后，我们的销售转为线上营销为主，线下营销为辅的方式，并取得了不错的效益。

5．模拟生产管理（以羌绣的产业化为例）

（1）生产要求　生产周期：从原材料到产品出厂生产周期为7天。

工人要求：熟练掌握各工序技术。

技术关键：羌绣的针法。

（2）生产性需求　需要有一个拥有三间办公室和一个90平米的场地，以及10万元的流动资金。

（3）生产工艺流程（见图4-2）

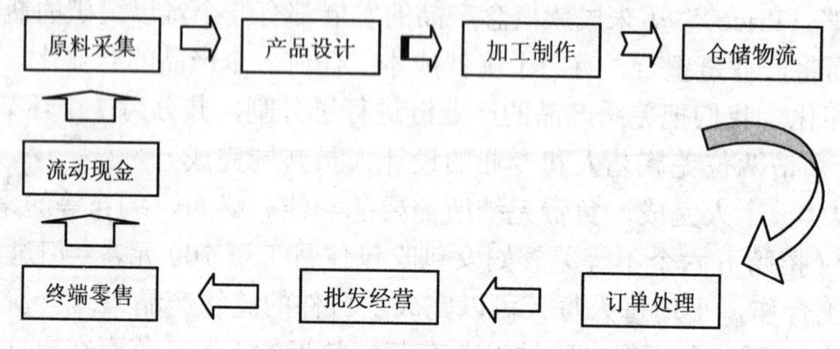

图4-2　羌绣生产流程图

根据公司自身的经营和运作模式及特点，公司决定部分环节采用外包生产。根据需要，将比如物流环节交给邮局来做。

由于该产品的特殊性，不需要很精美的外包装。就目前而言，只需要考虑其质量与品质即可。

6．财务管理

提示：这些财务分析是建立在模型和预估的基础上提出的。

（1）主营业务销售量预算　火凤凰未来的主营业务收入主要取决于未来的预测销售量、预测销售价格两个变量（因为属于网络饰品店规避了增值税率的变量）以及我们网店与实体店铺的结合。因此火凤凰的实际主营业务收入的计算公式为：

主营业务收入＝预计年销售收入＝实体店销售收入＋网店销售收入＝爱心羌饰＋流行民族饰品＋DIY系列＋其他。

火凤凰一年期销售额预算见表4-1；预测图如图4-3所示。

表 4-1 火凤凰一年期销售额预算 （单位：元）

销 售 额	第一季度	第二季度	第三季度	第四季度	合 计
爱心羌饰（羌绣）	495	3 960	4 350	4 780	13 585
流行民族饰品	35	280	1 000	5 600	6 915
DIY 系列	82	656	867	1 208	2 803
其他	20	160	240	360	780

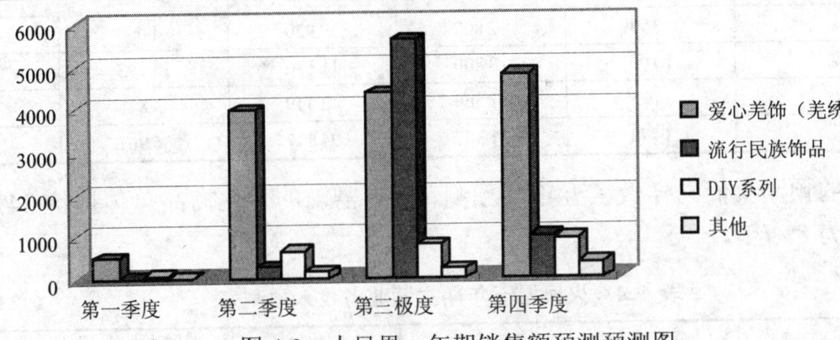

图 4-3 火凤凰一年期销售额预测预测图

这样的销售预算是符合现实供给需要的。我们的爱心系列因为处于汶川大地震发生一周年的机遇，爱心羌饰的销售出现了十分良好的业绩，民族特色饰品的销售增长十分稳定，尤其是 DIY 系列的增长十分具有商业探讨价值。图表反映了其增长的趋势，虽然暂时销售额很小，但是客户的反馈信息十分良好。民族特色饰品是我们稳定收入来源的支柱，保持着 50%的平均增长速度。

根据我们对一年的销售量的预测以及我们两个月的实际操作情况，我们对未来 4 年的销售量也做出了分析，见表 4-2，经过了半年的宣传和经营，我们在第二年的业务会出现成倍增长，而在之后的三年中由于新的竞争者的出现我们增长的幅度将会回落到40%左右。如图 4-4 所示。

表 4-2 火凤凰五年期销售额预算 （单位：元）

	第一年	第二年	第三年	第四年	第五年
爱心羌饰（羌绣）	13 585	27 170	35 321	45 917	59 692
流行民族饰品	6 915	13 830	17 979	23 372	30 384
DIY 系列	2 469	4 938	6 419	8 345	10 948
其他	780	1 560	2 028	2 636	3 427

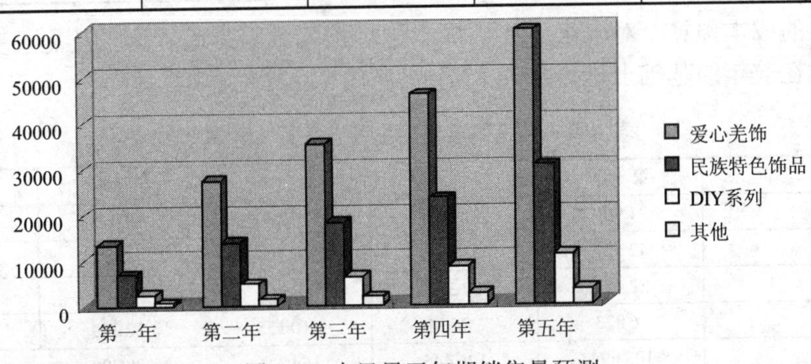

图 4-4 火凤凰五年期销售量预测

（2）主营业务收入预算（见表 4-3，表 4-4）上面介绍了预计的年销售量，现对未来 5 年的主营业务收入做出预测，即对应的价格*销售量。因为考虑到产品需求增加，所以在原有价格上提价 5.5%，考虑到通货膨胀率，因此影响提价 2.5%。

表 4-3　火凤凰一年期主营业务收入预测表　（单位：元）

	第一季度	第二季度	第三季度	第四季度	合　计
爱心羌饰（羌绣）	2 127	18 207	21 302	24 923	66 559
流行民族饰品	350	2 800	59 920	4 000	67 070
DIY 系列	1 100	8 800	11 176	14 193	35 269
其他	195	1 560	2 449	3 845	8 049
合计	3 772	31 367	94 847	46 961	176 947

根据一年的预测我们同样做了五年期预测，由于需求的变化商品总体提价 24%/年，通货膨胀率估计为 8%/年。

表 4-4　火凤凰五年期主营业务收入预测表　（单位：元）

	第一年	第二年	第三年	第四年	第五年
爱心羌饰（羌绣）	66 559	133 118	173 053	224 969	292 460
流行民族饰品	67 070	134 140	174 382	226 696	294 705
DIY 系列	35 269	70 538	91 699	119 206	154 971
其他	8 049	16 098	20 927	27 205	35 367
合计	176 947	353 894	460 061	598 076	777 503

（3）主营业务成本预算（见表 4-5，表 4-6）火凤凰的主营业务成本主要是商品的进货成本。具体预算方式如下：由于通货膨胀和供给需求的变化和批量进货以及有力的议价能力的价格优势，因此在成本数额的基础上加上 2.2%+5.5%-15%＝-7%是我们为消费者争取的消费者剩余。

表 4-5　火凤凰一年期主营业务成本预算表　（单位：元）

	第一季度	第二季度	第三季度	第四季度	合　计
爱心羌饰（羌绣）	1 185	9 480	10 219	11 016	31 900
流行民族饰品	225	1 800	38 102	2 400	42 527
DIY 系列	700	5 600	7 112	9 032	22 444
其他	163	1 304	2 070	3 286	6 823
合计	2 273	18 184	57 503	25 734	103 694

根据一年的成本预算，对未来 5 年的成本进行预算。因为通货膨胀及需求变化与进货成本变化，故在前年的基础上进行加成 8%+24%-10%＝22%。

表 4-6　火凤凰五年期主营业务成本预算表　（单位：元）

	第一年	第二年	第三年	第四年	第五年
爱心羌饰（羌绣）	31 900	38 918	47 479	57 925	70 669
流行民族饰品	42 527	51 822	63 297	77 222	94 211
DIY 系列	22 444	27 381	33 405	40 754	49 720
其他	6 823	8 324	10 155	12 389	15 115
合计	103 694	126 445	154 336	188 290	229 715

（4）营业费用预算　火凤凰的营业费用以"产品销售费用"的形式出现。销售费用是产品销售时产生的费用，要划分为市场部、网络部、采购部、配送中心、公关部、广告部、高校代理的人员工资和宣传费用。由于我们都来自高校，尤其是大一、大二的学生，因此选择的雇员都是大学生，采用兼职的形式。

（5）营销人员工资（见表4-7、表4-8、表4-9）

表4-7　火凤凰营销人员工资构成　（单位：元/季度）

部　门	职　位	人　数	最低学历	薪金待遇
市场部	负责人	1	本科在校生	450
	调查员	1	本科在校生	300
网络部	工程师	1	本科在校生	600
采购部	采购员	2	本科在校生	600
配送中心	货品调度	1	本科在校生	150
公关部	公关员	1	本科在校生	600
广告部	广告设计	1	艺术设计专业	600
高校代理	高校代理	8	本科在校生	2 400
共　计		16		5 700

表4-8　火凤凰一年期工资预算　（单位：元）

	第一季度	第二季度	第三季度	第四季度	合　计
营销人员工资	5 700	5 700	5 700	5 700	22 800

表4-9　火凤凰五年期工资预算　（单位：元）

	第一年	第二年	第三年	第四年	第五年
营销人员工资	22 800	22 800	22 800	22 800	22 800

（6）营销费用　宣传费用是在第一季度的基础上乘8然后再每一季度扩大宣传力度，提高费用的10%。宣传费用年增长40%，见表4-10、表4-11。

表4-10　火凤凰一年期宣传费用预算　（单位：元）

	第一季度	第二季度	第三季度	第四季度	合　计
广告费用	704	5 632	6 195	6 814	19 345

表4-11　火凤凰五年期宣传费用预算　（单位：元）

	第一年	第二年	第三年	第四年	第五年
广告费用	19 345	21 279	23 407	25 748	28 323
域名费用	50	50	50	50	50
服务器费用	500	500	500	500	500
合　计	19 895	21 829	23 957	26 298	28 873

（7）营业费用合计（见表4-12、表4-13）

表 4-12　火凤凰一年期营业费用合计　（单位：元）

	第一季度	第二季度	第三季度	第四季度	合　计
营销人员工资	5 700	5 700	5 700	5 700	22 800
营销费用	841.5①	5 769.5①	6 332.5①	6 951.5①	19 895
合　计	6 541.5	11 469.5	12 032.5	12 651.5	42 695

①第 1 年的域名费用和服务器费用均摊到每季度

表 4-13　火凤凰五年期营业费用合计　（单位：元）

	第一年	第二年	第三年	第四年	第五年
营销人员工资	22 800	22 800	22 800	22 800	22 800
营销费用	19 895	21 829	23 957	26 298	28 873
合　计	42 695	44 629	46 757	49 098	51 673

（8）管理费用预算　主要由管理人员工资构成，见表 4-14、表 4-15。

表 4-14　火凤凰一季度管理费用预测　（单位：元）

部　门	职　位	人　数	最低学历	薪金待遇
战略部	财务总监	1	财务管理专业	900
	营销总监	1	营销专业	900
	人力资源总监	1	人力资源专业	900
财务部	会计	1	会计专业	300
	出纳	1	会计专业	300
共　计				3 300

表 4-15　火凤凰年度管理费用预测　（单位：元）

部　门	职　位	人　数	最低学历	薪金待遇
战略部	财务总监	1	财务管理专业	3 600
	营销总监	1	营销专业	3 600
	人力资源总监	1	人力资源专业	3 600
财务部	会计	1	会计专业	1 200
	出纳	1	会计专业	1 200
共　计				13 200

（9）模拟利润表预测　根据上述所有财务基础预测，可以计算出我们未来 5 年计划期内的模拟利润表。由于在经营初期也就是第一季度只是由我们团队三人一起经营，所以没有其他人员工资。虽然在第一季度我们资金紧张，没有产生管理费用，但是我们三人的工资应计入机会成本，模拟利润表见表 4-16、表 4-17。

表 4-16　火凤凰一年期模拟利润表　（单位：元）

项目/季度	第一季度	第二季度	第三季度	第四季度
主营业务收入	3 772	31 367	94 847	46 961
减：主营业务成本	2 273	18 184	57 503	25 734
主营业务利润	1 499	13 183	37 344	21 227

（续）

项目/季度	第一季度	第二季度	第三季度	第四季度
主营业务利润率（%）	39.74%	42.03%	39.37%	45.20%
减：营业费用	6 541.5	11 469.5	12 032.5	12 651.5
管理费用	3 300	3 300	3 300	3 300
利润总额	−8 342.5	−1 586.5	22 011.5	5 275.5
所得税	−2 753.025	−523.545	7 263.795	1 740.915
税后利润	−5 589.475	−1 062.955	14 747.705	3 534.585
税后利润率	−148.18%	−3.39%	15.55%	7.53%

表 4-17　火凤凰五年期模拟利润表　（单位：元）

项目/年度	第一年	第二年	第三年	第四年	第五年
主营业务收入	176 947	353 894	460 061	598 076	777 503
减：主营业务成本	103 694	126 445	154 336	188 290	229 715
主营业务利润	73 253	227 449	305 725	409 786	547 788
主营业务利润率（%）	41.4%	62.3%	66.5%	68.5%	70.5%
减：营业费用	42 695	44 629	46 757	49 098	51 673
管理费用	13 200	13 200	13 200	13 200	13 200
利润总额	24 208	169 620	245 768	347 488	482 915
所得税	7 988.64	55 974.6	81 103.44	114 671.04	159 361.95
税后利润	16 219.36	113 645.4	164 664.56	232 816.96	323 553.05
税后利润率	9.17%	32.11%	35.79%	38.93%	41.61%

（10）模拟现金流量表（见表 4-18、表 4-19）

表 4-18　火凤凰一年期模拟现金流量表　（单位：元）

项目/季度	投资期	第一季度	第二季度	第三季度	第四季度
投资（I）	−2 400				
产品销售收入（TR）		3 772	31 367	94 847	46 961
经营成本（OC）		12 114.5	32 953.5	72 835.5	41 685.5
主营业务成本		2 273	18 184	57 503	25 734
营业费用		6 541.5	11 469.5	12 032.5	12 651.5
管理费用		3 300	3 300	3 300	3 300
净现金流量（NCF）	−2 400	−8 342.5	−1 586.5	22 011.5	5 275.5
所得税（33%）		−2 753.025	−523.545	7 263.795	1 740.915
税后净现金流量		−5 589.475	−1 062.955	14 747.705	3 534.585

表 4-19　火凤凰五年期模拟现金流量表　（单位：元）

年　度	投资期	第一年	第二年	第三年	第四年	第五年
投资（I）	2 400					
产品销售收入（TR）		176 947	353 894	460 061	598 076	777 503
经营成本（OC）		150 039	184 274	214 293	250 288	294 588
主营业务成本		103 694	126 445	154 336	188 290	229 715
营业费用		42 695	44 629	46 757	49 098	51 673
管理费用		13 200	13 200	13 200	13 200	13 200
净现金流量（NCF）	−2 400	17 358	169 620	245 768	347 488	482 915
所得税（33%）		5 728.14	55 974.6	81 103.44	114 671.04	159 361.95
税后净现金流量		11 629.86	113 645.4	164 664.56	232 816.96	323 553.05

（11）累计财务净现值（NPV）分析　由于本项目开始完全使用自有权益投资，没有采用杠杆融资方式（银行贷款），因此不需要采用加权资本成本（WACC）来作为财务评价的基本报酬率，直接采用权益资本成本作为项目折现率。综合考虑项目风险和收益情况，由于本项目属于创新型电子商务企业，可能会面临较大的经营风险，因此将本项目所对应的权益资本成本确定为 30%（年），每季度的权益资本成本为 7.5%（季度），项目的持续经营期分别为 1 年和 5 年两种情况。

由于本项目属于电子商务的网络平台销售，目前还没有正式注册企业，不存在企业所得税对 NPV 的影响问题。但依照会计谨慎性原则，假设今后成立企业并按照 33%的企业所得税水平征税，同时计算税后净现金流量 NPV。

1）假设项目的持续经营期为 1 年（按照每季度 7.5%的折现率）。税前和税后财务净现值分别为：

$$NPV = -Cost + \sum_{i=1}^{4} \frac{C_i(\text{税前})}{(1+r)^i} = 9\,428.25(\text{元})$$

如果采用税后现金流量，计算得出的税后财务净现值为：

$$NPV = -Cost + \sum_{i=1}^{4} \frac{C_i(\text{税后})}{(1+r)^i} = 5\,580.19(\text{元})$$

2）假设项目的持续经营期为 5 年（按照每年度 30%的折现率）。税前和税后财务净现值分别为：

$$NPV = -Cost + \sum_{i=1}^{5} \frac{C_i(\text{税前})}{(1+r)^i} = 365\,317.46(\text{元})$$

如果采用税后现金流量，计算得出的税后财务净现值为：

$$NPV = -Cost + \sum_{i=1}^{5} \frac{C_i(\text{税后})}{(1+r)^i} = 244\,153.47(\text{元})$$

（12）内部收益率（IRR）分析

内部收益率采用标准方法：$NPV=-Cost+\sum_{i=1}^{n}\frac{C_i}{(1+IRR)^i}=0$，采用内插法求出相应的使NPV 取零值的财务内部收益率 IRR。

假设项目的持续经营期为 1 年（按照每季度计算内部收益率）

如果采用税前现金流量，计算得出的税前财务内部收益率为：

$$NPV=-Cost+\sum_{i=1}^{4}\frac{C_i(\text{税前})}{(1+IRR)^i}=0 \rightarrow IRR_{\text{税前}}=41.48\%$$

折算成年率为 165.92%

如果采用税后现金流量，计算得出的税后财务内部收益率为：

$$NPV=-Cost+\sum_{i=1}^{4}\frac{C_i(\text{税后})}{(1+IRR)^i}=0 \rightarrow IRR_{\text{税后}}=34.48\%$$

折算成年率为 137.92%

（13）项目回收期（PP）分析

1）静态回收期分析。

$$\text{静态投资回收期}=（\text{累计净现金流量开始出现正值季度数}-1）+\frac{\text{上季度累计净现金流量绝对值}}{\text{当季度净现金流量}}\text{静态投资回收期}_{\text{税前}}=2.56（\text{季度}）=7.68（\text{月}）；$$

$$\text{静态投资回收期}_{\text{税后}}=2.61\text{年}（\text{季度}）=7.83（\text{月}）$$

2）动态投资回收期分析。

$$\text{动态投资回收期}=（\text{累计净现金流量开始出现正值季度数}-1）+\frac{\text{上季度累计净现金流量折现值绝对值}}{\text{当季度净现金折现值}}\text{动态投资回收期}_{\text{税前}}=2.52（\text{季度}）=7.56（\text{月}）$$

$$\text{动态投资回收期}_{\text{税后}}=2.57\text{年}（\text{季度}）=7.71（\text{月}）$$

（14）投资效益总体评价　从以上各项指标可以看出，本项目开始盈利后的首季度（第3 季度）税后会计利润率就高达 15.55%，持续经营的 5 年中平均税后利润率高达 31.52%，明显高于国内同行业（一般图书零售业）平均水平。第 1 年所得税后财务内部收益率为165.92%，远远高于 30%的财务基准折现率；第 1 年累计税后财务净现值 5 580.19 元；前 5年累计税后财务净现值 244 153.47 元。所得税后动态投资回收期为 7.71 月（231 天），回收期非常短。同时，盈亏平衡分析和敏感性分析表明项目具有抗风险能力较强，而且无负债率消除了债务清偿风险，项目整体具有投资上的低风险性。因此，该项目在财务上肯定是可行的。

（15）股本结构及初始规模

火凤凰初始资金结构表见表 4-20。

表 4-20 火凤凰初始资金结构表

资金来源 / 资金规模	创业小组资金（元）	指导老师赞助（元）
金额	2 000	500
比例	80%	20%

经营初期我们所有的资金共计 2 500 元，全部用于项目运作的流动资金。

火凤凰销售经营财务汇总表如图 4-5 所示。

火凤凰特色民族饰品店三月四月财务汇总

单位：元

表1：火凤凰综合资产负债表

2009年三四月份　　单位：元

	三月月份	四月份	变动
资产科目			
现金与现金等价物	3000	5000	2000
应收账款	500	700	200
库存	1500	1000	-500
其他流动资产	500	600	100
流动资产总额	5500	7300	1800
固定资产	7630	7630	0
无形资产	5000	5000	0
其他资产	0	0	0
资产总额	18130	19930	1800
负债科目			0
短期借款	1000	1000	0
应付账款及预付负债	730	270	-460
应付所得税	0	0	0
流动负债总额	1730	1270	-460
长期负债	0	0	0
递延所得税	0	0	0
负债总额	1730	1270	-460
所有者权益科目			0
投入资本	14000	15400	1400
资本公积	800	800	0
留存收益	1600	2460	860
所有者权益总额	16400	18660	2260
负债及股东总额			

注：

表2：火凤凰2009年综合损益表

2009年三四月份	三月份	四月份	变动
销售收入			
主营业务收入	4300	2230	-2070
其他业务收入	0	0	0
成本和支出			
销售成本	3200	600	-2600
折旧	50	75	25
专用工具摊销	100	150	50
销售及管理成本	150	175	25
成本和费用总计	3500	1000	-2500
利润			
净收益	800	1230	430
每股收益	0.8	1.23	0.43

注：一共五个股东，分为一千股，每人200股

表3：火凤凰2009年3、4月份财务比率历史趋势

	三月份	四月份
流动比率	3.18	5.75
速动比率	2.31	4.96
存货周转率	4.27	1.2
固定资产周转率	1.13	0.58
利润率	19%	55%
资产报酬率	8.80%	12.30%
权益报酬率	9.76%	13.20%

注：公司共分为 1 000 股，每人各 200 股，包括小组四个成员及指导老师。

图 4-5 “火凤凰”销售经营财务汇总表

4.4 竞赛结果

4.4.1 实施结果

1. 建立和讯博客

对“火凤凰”民族特色饰品进行更大范围的宣传和推广，以博客日志和博客相册等方式对“火凤凰”民族特色饰品进行展示，同时以建立超链接的形式进行更进一步的推广，通过丰富多彩的内容和特有的民族元素来吸引网友关注我们的博客，进而关注“火凤凰”民族特色饰品。

作品链接：http://hexun.com/shuimo1050/default.html

和讯博客推广首页如图 4-6 所示；和讯博客推广内容列表截图如图 4-7 所示。

图 4-6 和讯博客推广首页

[阅读全文]

团队风采	2009-05-11 18:25
E@上善若水◎ 团队5.9战绩	2009-05-11 11:27
校友、知名歌手三木科鼎立相助“E@上善若水..	2009-04-22 01:40
火凤凰校园大使	2009-04-22 01:37
E@上善若水◎ 爱心羌饰校园宣传活动	2009-04-18 00:37
5.12周年祭——艰险汶川路	2009-04-15 01:04
顶] E@上善若水◎ 参赛博客及网店汇总	2009-04-10 22:52
中国四大名玉介绍	2009-04-10 01:38
高档缅玉“八三玉”	2009-04-10 00:17
“玉”字简析	2009-04-10 00:12
手镯的尺寸选择及佩戴方法	2009-04-10 00:09
怎样识玉 断玉？	2009-04-10 00:03
印巴饰品-流行区域	2009-04-10 00:00
印巴饰品简介	2009-04-09 23:59
期货观	2009-04-09 23:42
家居装饰中的藏与露	2009-04-06 14:55
男士饰品	2009-04-06 14:43
男士的一些饰品搭配	2009-04-06 14:42
星座耳饰	2009-04-06 14:40
民族饰品的发展前景	2009-03-21 23:43

图 4-7 和讯博客推广内容列表截图

2．建立酷 6 空间

通过视频、图片及文字等形式全方位宣传“火凤凰”民族特色饰品，且已经顺利完成一整个爱心羌饰的宣传视频，如图 4-8、图 4-9 所示。

作品链接：http://v.ku6.com/special/index_3552691.html

http://v.ku6.com/special/show_3552691/dnRxgDf_cV0G4cwb.html

图 4-8　火凤凰民族特色饰品介绍视频截图

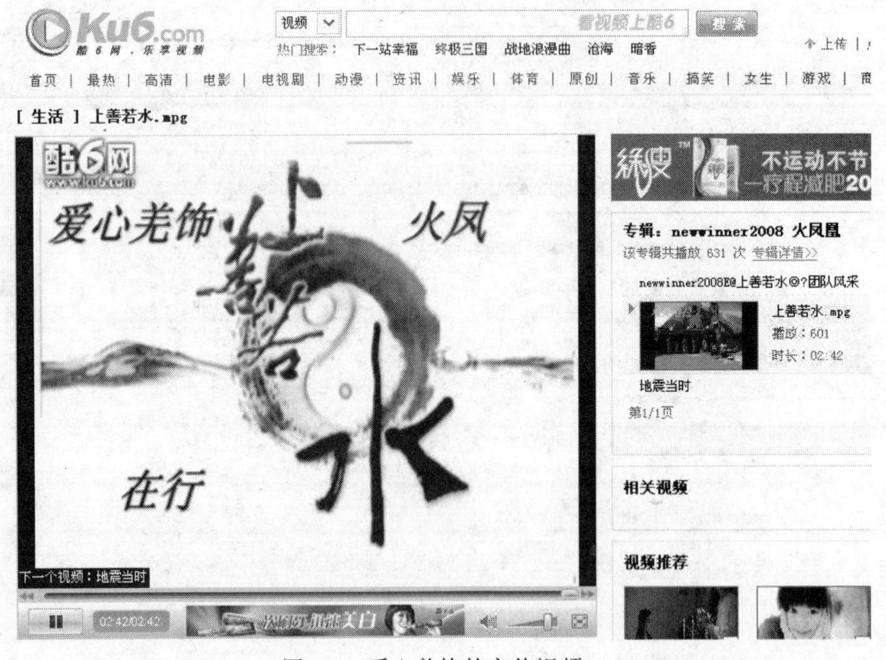

图 4-9　爱心羌饰的宣传视频

3．建立独立的网站平台

成功开发自己的品牌——“火凤凰”，拥有独立的网站——“火凤凰”民族特色饰品爱心店。并已成功上传多件产品的图案及简介，而且不少的顾客通过网购的形式购买了本站的产品。

网站链接：http://www.cheeda.com.cn/firephoenix/index/

4．方案实施

通过汶川调研等建立了与当地羌绣帮扶站的联系，在货源方面有了一定的保障，通过淘宝网店和独立网站的销售统计，我们发现了顾客主要是上海和深圳地区的，这对我们以后开展比较精确的宣传提供了很大的帮助。

5．校园活动

与成都地区的高校建立联系与合作，结合我们的方案，在校园内成功开展“关注爱心羌饰，关心灾后重建”的校园活动。活动总体宣传效果达到了我们的预期，使更多的同学更关注民族特色饰品！

4.4.2 名次结果

全国总决赛本科组网络商务创新一等奖第二名。

4.5 获奖感言

这次比赛结束了，但是我们利用电子商务平台传播民族传统文化的过程并没有结束。我们上善若水团队将把“火凤凰”项目发展成西南民族大学在电子商务领域的示范项目。

在此次网络商务创新应用大赛中，我们熟悉且掌握了一整套的电子商务营销经验，并开发了自己的产品，创立了自己的品牌和独立网站。利用电子商务这个的新兴平台，来发扬民族传统文化的思路得到了学校领导和老师的大力支持，在比赛获奖之后，还获得了学校的奖励绩点和奖金。

作为网络创业主题赛的参赛队伍，我们再次表达对C2C平台提供方，杭州阿里巴巴公司的感谢，再次感谢组委会给予我们这样一次展示自己的机会，同时还要感谢建设银行四川省分行相关同仁的支持。

第5章 基于校园推广团队的建行电子银行产品公益推广方案

作者：西安邮电学院“Tinygroup”团队

5.1 团队介绍

都说，灵感总是不经意的到来，真正能抓住它的，是那些默默付出的人。2008年末的一天，下着雪，在“雕刻时光”咖啡屋的一个不起眼的角落中，有五个人围坐在一起，喝着一壶茶，看着一台笔记本电脑。良久，他们忽然起身并相互击掌，从此便有了一只名为“Tinygroup”的队伍，他们以其独特的低调和稳扎稳打的作风在此次的“e路通杯”大赛中依次摘取了西北赛区第一名和全国第三名的桂冠。

正如微软起名为“Microsoft”一样，“tiny”这个在英文中意为微小的单词象征着团队成员低调做事，努力拼搏的精神。我们的目标是通过合理的方式为建行设计出一套真正能够进行实际操作的电子银行推广方案，我们时刻铭记作为一个“group”，我们只有团结一心才能取得这一最终目标。这就是我们——来自西安邮电学院的tinygroup团队。

1. 成员分工

队长：于博浩，负责方案总策划，项目执行总监，团队总指挥，艺术总监。

队员：薛智强，团队对外联络，项目数据分析，项目营销总负责。

队员：时　琛，负责团队对外发言人，团队形象设计，项目绩效考核。

队员：应梦嘉，校园团队培训，营销渠道控制，团队及项目财务总负责。

队员：张　媛，网络数据收集，网站维护总负责，网站美工。

2. 团队宣言

西北狼，向前冲！

5.2 选题经过

近些年来，大批的高校选择将新校区建设在城市以外的农村或城乡结合部，随着同一地区参与高校数量的增多，逐渐形成了被我们称之为大学城的区域。

在大学城上学的学生对于由交通不便及基础设施落后所引发的一系列问题有着很强的认知，除少数学校有银行在校设立营业网点外，大多数大学城的学生认为在校办理银行业务存在困难，这为电子银行产品的校园推广提供了机遇。

目前各高校已为学生提供了完善的互联网使用条件，并且移动通信网络也早已覆盖到校园的各个角落。随着使用成本的不断降低，很大一部分学生已经开始使用手机作为登录互联网的媒介，这些情况为电子银行产品的使用提供了绝佳的物质基础。

尽管电子银行的校园推广具有以上的便利条件，但是想要真正进行大范围的推广，还需要大量的努力。当前的现实状况是，大多数学生对于电子银行产品缺乏了解，很多人不知道电子银行产品究竟有哪些作用。尽管银行提供的宣传页上告诉我们电子银行能够做很多事，但是适合学生的或者说学生需要的又有哪些？这些问题困扰着我们的潜在消费群体，为我们电子银行产品的普及带来了很大的困难。

我们意识到，需要一种机制来对电子银行产品知识进行普及，因此首先便想到了通过博客和网络视频等目前被大学生群体广为接受的推广形式来进行大范围的宣传。与此同时，针对学生市场受周围环境影响大的特点，校园推广团队机制应运而生，通过校园团队针对各个具体市场进行有针对性的推广，最终将从宏观和微观两方面从这一市场取得效益。

在方案设计时我们考虑到，对于电子银行产品的普及一方面需要的是点对点式的互动宣传，另一方面潜在顾客的亲身体验也是至关重要的。因此，我们在校园推广的过程中加入了“电子银行产品移动体验中心”这一环节，并从鼓励用户亲身体验的角度设计了“建行电子银行校园体验计划”。与此同时，基于电子银行产品的公益性，我们还设计了“网上银行爱心换换计划”、“手机银行爱心奉献计划”及“建行公益金计划”，鼓励大学生积极参与社会公益，并以此为契机提升建行高度的社会责任感，创造品牌的社会效应。

5.3 方案

5.3.1 简介

我们的方案就是通过博客、视频和其他网络工具的应用结合线下的校园推广团队这一辅助手段，以一种公益的方式在校园有效进行电子银行产品的推广。

5.3.2 正文

1. 网络策略

采用博客为主，视频运用其次，其他渠道辅助的方案。

在我们的方案中，对于博客这一推广工具的使用，有着很实用的出发点。首先，考虑到成本和技术的复杂性因素，我们决定使用博客作为网络营销的工具。就我们的自身条件而言，为方案专门设计相关的网站在现阶段看来可操作性太低，因为我们没有专门的人员来负责维护专业化的网站；另外从成本方面来说，专门搭建的网站将要承担服务器租用、网页维护以及人工等方面的费用，这对于我们的项目来说，在前期是完全不现实的，会花费大量的人力和财力；同时，网站的成功运营还需要大量的宣传投入，这在方案的最初运营阶段都是我们所不愿意看到的。而博客的出现很好地解决了这些问题，首先，博客的运营成本很低，技术要求也很低，这符合我们的实际需求；另一方面，博客往往依托某些专业的门户网站，浏览量较大，从操作的角度上来说，只需我们按照相应的排名条件进行运作，便会有被广泛关注的机会，免去了大量的宣传成本；最重要的一点是，博客的使用完全能够满足我们的推广要求，使用文字、图片加动画的方式将能够很好地满足我们地宣传需要，同时，博客的留言功能又能够让我们有效地与目标群体进行交流和沟通；此外，从配合公益营销及校园团队的角度来说，博客所营造的温馨随意的气氛是其他任何一种网络媒介难以比拟的，因此我们选择博客作为推广媒介来满足我们的运营需要。团队和讯博客首页如图 5-1 所示。

图 5-1　团队和讯博客首页

在本方案中我们融入了网络视频策略并加以实施，根本原因在于通过小范围的试点后发现，大多数的大学生对于电子银行产品缺乏必要的了解，从而影响了该系列产品的推广。因此，必须使用一种通俗易懂的技术让大家了解我们的产品，所以在这里加入了网络视频这一被大学生广为接受的宣传工具来为我们的推广活动服务。酷 6 播客首页如图 5-2 所示。

图 5-2　酷 6 播客首页

（1）博客亮点

1）团队招募功能；2）签售预约功能；3）答疑解惑功能；4）反馈收集功能。

（2）博客推广

初步定义→试点使用→功能完善→网络宣传→正式使用解决实际问题

（3）其他工具

1）酷6视频；2）校内网；3）校园贴吧；4）电子邮件；5）QQ。

2．团队策略

以辅助网络推广渠道为目的，建立一支大学生校园推广队伍来保证线下校园活动的顺利实施。

根据我们的校园小范围推广结果表明，大多数大学生不知道什么是网银盾，更不知道网银盾有什么用途。尽管很多人在活动期间以优惠价购买网银盾，但仍对网银盾知之甚少，只是因为优惠活动而对产品产生了购买的冲动。建行现有的宣传模式口口宣传的比例较小。我们建立校园推广团队能够起到为建行的电子产品在大学生中间进行口口宣传的作用，让大家能够深入地对建行电子银行产品进行体验和了解，最终将受众客户转化为使用客户。

根据调查，目前大学生所面临的最大问题是就业。大多数的学生在大三时就意识到这个问题并深感压力，大部分学生认为自己所欠缺的是相关的社会实践能力和相关的工作经历，他们期望得到企业提供锻炼自身的机会，甚至可以不要求任何薪水。由此可见，大学生就业问题已经成为了一个很严重的社会问题。建行作为一个具有高度社会责任感的企业，不应坐视不管。从上述分析我们认为，建行应该以一种合理的方式为大学生提供社会实践的机会。同时据调查表明，大学生对于企业以公益为目的进行的社会实践活动反应积极，对于此类活动的零薪水要求大多表示支持，同时对于这类活动在锻炼自身能力的同时对自身社会责任感进行培养的方式表示了高度的肯定。因此，从解决实际问题的角度出发，在这里我们设计建立一支校园营销队伍来从事建行电子银行产品的推广，如图5-3所示。这样做的好处在于凡是参与这一团队方案的组织和个人都能够从中受益。

图5-3　活动后团队与青年志愿者的合影

（1）组建过程　博客发布信息→处理报名信息→线上线下培训→选拔确定成员。

（2）实际意义　保证了活动当天的签约数量，通过缩短签约周期的形式为建行节约推广成本，为学生节省了排队等候的时间，创造了电子银行产品的校园直复营销新渠道。

（3）公益体现　博客的使用极大减少了纸质宣传品和单据的出现，校园团队的招募也同样培养了大学生的社会实践能力，为社会分担了就业压力，更能为贫困学生提供勤工俭学的机会，此外电子银行的使用也会减少能源消耗和时间损耗，为环保做出了贡献。

（4）实施历程　初步方案→问卷调查→试点实销→完善方案→全面实施。

方案实施初期，经过大量调研（见图 5-4），将目标锁定在大学城大学生群体。尤其是满足各大高校新校区交通不便、基础服务设施落后等人群上。

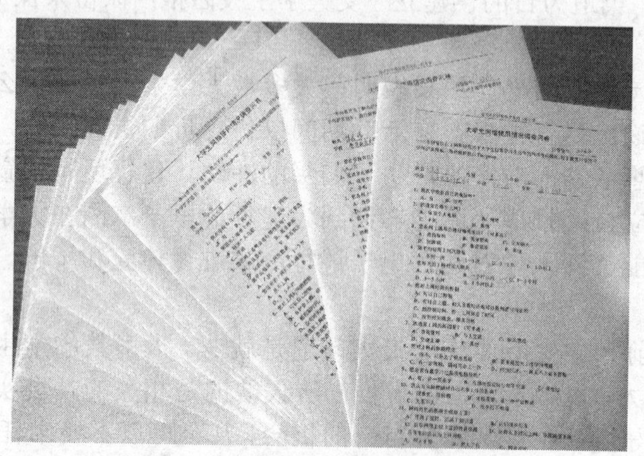

图 5-4　方案实施初期所做的调查问卷

在小范围推广时（见图 5-5），我们创造了一周销售 120 只网银盾的业绩。虽然这与我们预期的 300 只有一定的距离。但通过这次的推广活动，我们也同样意识到必须要有效地发挥网络渠道去进行产品推广。

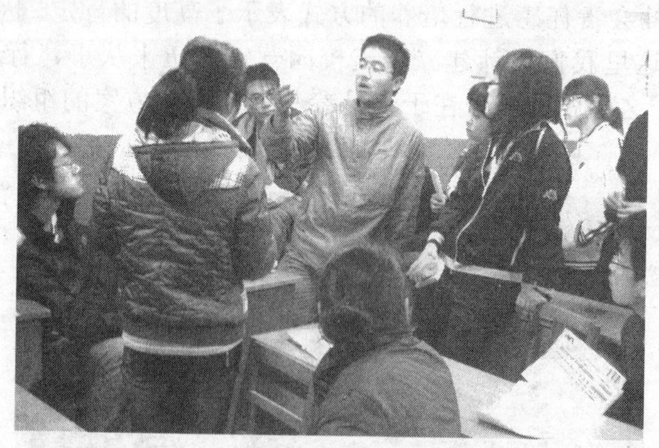

图 5-5　小范围试点时为同学提供咨询

通过小范围试点之后，我们对博客功能重新进行了定义，融入了团队招募、签售预约、反馈收集、答疑解惑等新的模块，加强了网络工具的使用。同时，我们也对推广渠道进行了拓展，开通了校内网、校园贴吧、腾讯 QQ、酷 6 视频等新的渠道。其中，团队原创的酷 6 视频是一大亮点，解决了客户对于电子银行产品认知不足的现状，为后期的推广打下了基础。

因为我们采用的是博客为主、其他渠道为辅的推广策略，所以博客的推广是重点。为了增强学生群体对于该渠道的关注，在博客的推广中，我们精心设计了充满趣味的“博客推广三连招”，配合优惠折扣策略一起推出。

第一招：“大家来找茬”。

这是在团队主营销博客上开展的找茬游戏。我们特意在博客里设置了 5 处不同，浏览页面的同学如能正确找出，即能获得相应的优惠。通过学生对博客或图片中不同之处的寻找，使他们能够仔细阅读博客，了解建行产品。同时，那些通过活动优惠办理业务的同学，即是电子银行产品良好的宣传者，其自身成为有效客户的可能性也大幅提升。这是从找茬游戏中得出的灵感，在博客推广中发挥了巨大作用。

第二招：“头图倒置”（见图 5-6）。

我们将博客的头图颠倒过来，通过网络渠道发起名为“我们为什么要将头图倒置”的竞猜。凡参与活动均可获得建行电子银行产品相关的奖励。那么到底为什么要将头图倒置呢？其实答案很简单，因为这样做可以将打印后的博客页面从头图与文章的接口处对折，制成相架和台历，而不会使台历背面的宣传资料颠倒，如图 5-7 所示。

图 5-6　头图倒置后的博客

图 5-7　博客打印后可以折成相架

我们会通知同学将答案不定期放置于任意一篇博文中，通过对答案的寻找，同学们在无意中仔细的琢磨了我们的博客，加深了对电子银行产品的了解，同时也提高了博客知名度，方便下一阶段方案的实施。

第三招：创意大收集。

在这一阶段中，我们发起新一轮的互联网活动，让大家共同参与研究能否在不将头图倒置的情况下把我们的博客折成日历或相册，借此机会我们在博客上发布校园团队招募信息，为即将到来的推广活动做准备。

伴随着线上工作的有序进行，我们积极招募校园团队，与建行一起走进校园，有效地对招募流程实现了控制，显著缩短了招募周期。

在完成招募工作之后，校园团队正式开展工作。他们配合线上的推广活动，不仅保证了活动当天的签约数量，还缩短了签约周期，为建行节约了成本，也为学生节省了排队等候的时间，如图 5-8 所示。

由于活动进行时网点办理速度等原因的限制，部分同学未能在现场完成签约。因此，在推广活动结束后，通过博客引导这部分同学去网点进行办理，共有 35 位同学通过该渠道办理了电子银行业务。

在活动结束后存在的另一个问题是，如何收集用户对于我们活动服务的评价和意见，针对这一问题，我们在网页中刊登出了有关“提意见送网银盾”的博文，收到了大量的反馈信息。

图 5-8　在校园举行实地签约

伴随这一系列博客的巧妙运用，方案的公益性也发挥到了极致。网络工具的使用和线上博客的使用极大减少了纸质宣传品和单据的出现。校园团队的合作，一起缔造了 tinygroup 的成功。

通过招募大学生团队协助的形式也同样培养了大学生实践能力、分担社会就业压力，更为贫困学生提供勤工俭学的机会，此外电子银行的使用也会减少能源损耗和时间消耗，为环保做出了贡献。

5.4 竞赛结果

5.4.1 实施结果

（1）建立和讯博客：对建设银行电子银行产品进行校园推广，从日志、链接、相册等方面对建设银行手机银行进行宣传推广，同时在博客中融入了功能性的模块协助实际的校园推广，真正起到了互动的作用。

作品链接：http://hexun.com/ebank95533

（2）建立姐妹博客：这一博客与前一博客的区别在于该博客是可以在被打印后折成相架或在略施改进后被做成年历的，在这一点上充分体现了该团队对于现有营销条件的有效利用。

作品链接：http://hexun.com/tinygroup

（3）建立酷6空间：通过视频及图片、文字等形式全方位宣传建设银行电子银行产品，配合博客中的有关内容帮助客户进一步了解电子银行产品的特性和团队的相关营销活动。

作品链接：http://tinyview.zone.ku6.com

（4）校园团队建立：在各校相继完成了校园推广团队的建立，并通过培训及实际的校园营销活动显著提高了大学生的社会实践能力。

（5）校园公益活动：在活动中通过与青年志愿者等团体的合作，结合电子银行产品公益的特性针对各校的实际情况举行相关的公益活动，树立建行公益的企业形象。

（6）校园活动：在陕西省建行电子银行部的全力支持下，分别与建行长安路支行和经济开发区支行展开合作，在各高校校园内进行电子银行签售，并创造了7天销售619套电子银行产品以及2天推广2 300套电子银行产品（共计推广网银盾635支）的实销记录。

5.4.2 名次结果

西北赛区决赛本科组 网络商务创新一等奖第一名。

全国总决赛本科组 网络商务创新一等奖第三名

5.5 获奖感言

对于我们来说，这次获奖是对我们方案的高度肯定，但这并不表明我们的方案是最好的，因为真正好的方案是需要在实践中不断完善的。我们带给建行的是一份实际操作性的方案，为了让这份方案能为建行切实带来效益，在陕西省建行电子银行部的全力支持下，我们在比赛结束后开始了在建行的实习生活，并希望通过这次实习进一步提高方案的深度和广度，力求在开学后即将进行的校园推广活动中获得更大的成功，最终将这一方案推向全国！

第6章 寿光“乐义”蔬菜市场推广

作者：潍坊学院　“E 路 Bravo”团队

6.1 团队介绍

我们团队取“E 路 Bravo”这个名字主要基于以下两点考虑：

1）借用本次大赛的主题——e 路通网络大赛的谐音，暗指我们团队在比赛中将发挥 e 时代的特点，全方位多角度创新性地运用网络资源，团结拼搏“一路”合作的过程。

2）Bravo 是当前很流行的一个词，有“欢呼、喝彩”的意思，蕴含了我们团队对自己的祝福和期待，希望我们在大赛的每一天都富有激情和斗志，一路走来，无怨无悔，用自己最好的成绩赢得大家的喝彩。

1. 成员及分工

队长：刘芳，女，06 级市场营销专业学生，活泼开朗，善于人际沟通，具有向心力和凝聚力；积极参加各类活动，实践经验丰富。系统地学习了市场营销等相关经济知识，具有扎实的理论基础；为企业进行过真实课题的市场调查，积累了丰富的实践经验。领导协调整个团队，负责整个方案的统筹设计以及中国制造网的内容制作。

队员：陈冲，女，06 级工商企业管理专业学生，开朗善良，乐于助人。有主见，同时又善于倾听。有较强的责任心，意识觉悟较高，能够很好地贯彻完成工作，团队意识强。系统地学习了市场营销等相关理论知识，能够将自己所学的知识很好地运用到比赛中。负责撰写方案，维护和讯博客。负责买麦网内容制作、产品的具体宣传。

队员：常伟峰，男，06 级机电工程学院学生，成熟稳重，对事情有独到的见解。酷爱电脑，有一定的网络技能，是一名典型的技术型选手。在校期间，曾和同学开过网店，在营销实战方面有些经验。负责建行手机银行相关内容制作，酷 6 网视频制作。负责论坛和网站的整体技术工作。

队员：李磊，男，06 级机电工程学院学生，为人正直，兴趣广泛。在校期间曾经做过中国联通、中国移动的校园推广业务经理，做过英语报纸的发行校园代理，海尔电视的业务推销员，实战经验丰富，在团队中发挥了重要作用！负责论坛和网站的整体技术工作。

2．团队宣言

合作创造奇迹，团结凝聚力量！

请相信我们团队的勇气和实力！Come on, everybody !

6.2 选题经过

“三农”问题近些年成为影响我国经济社会全面发展的重要因素。在新科技革命的影响下，互联网已经深入人心，传统的农业宣传推广方式受时间、地点等因素的制约，信息不对称的情况时有发生。应该综合运用各种网络平台解决信息传播问题，促进贸易发展。

作为全国著名的蔬菜生产基地，寿光拥有最先进的耕种技术，优势突出。每年的“寿光蔬菜博览会”更是吸引了许多人的关注，于是我们有了通过多渠道的网络平台宣传推广寿光蔬菜的想法。而在此时营销模式较为单一的三元朱宝泉蔬菜公司，有通过网络模式进一步打开市场的需求。在此情况下，考虑学校距离寿光较近，具备在第一时间收集行业和公司相关信息的条件。了解了公司要解决的主要问题的区位优势，综合分析大赛提供的相关平台，我们认为选择“网络贸易主题赛”比较符合实际情况，且辅助运用大赛的其他平台有利于进一步拓宽宣传渠道，因此确定对寿光“乐义”蔬菜进行市场推广。

6.3 方案

6.3.1 简介

农产品流通是农业产业化、现代化的重要影响因素。经过 30 年的努力，农产品流通体系基本形成，大大加速了农业市场化进程。随着电子商务技术的发展和市场竞争的加剧，农村电子商务越来越凸显出在农产品流通中的重要性。借助电子商务平台，搜寻有效信息，拓宽销售渠道，成为农产品流通现代化的重要途径。山东省寿光市三元朱宝泉蔬菜公司是三元朱村（中国冬暖式大棚的发祥地）人在寿光蔬菜批发市场创办的一家集蔬菜流通、出口、配送、贸易、科技服务于一体的综合性服务公司。公司立足传统销售渠道，取得了一定的经营业绩，但一些因素也成为影响发展的桎梏。蔬菜流通企业必须寻找有效途径，促进农产品流通和企业自身发展。

以和讯博客、酷 6 网络视频为手段，以建行手机银行为可选支付方式，搭建 B2B（中国制造网、买麦网）、B2C（淘宝网）网络交易平台，促进蔬菜等初级农产品以及脱水蔬菜等深加工农产品的在线销售和实体销售，推动寿光蔬菜名优农产品规模化发展，帮助寿光蔬菜现代化流通。

利用多层次的网络平台（中国制造网、买麦网、淘宝网、和讯博客、酷 6 视频）全面推广寿光蔬菜。以“三元朱村”为依托，宣传和推广寿光三元朱宝泉蔬菜公司的“乐义蔬菜”品牌。以“寿光蔬菜博览会”信息为视频内容，展示推广无土栽培、生物防治、暖式大棚等高科技带来的成果，大力宣传寿光蔬菜的绿色、无公害产品特色。以建行手机银行为可选支付手段，为经销商和消费者提供贸易结算便利。选题经过如图 6-1 所示。

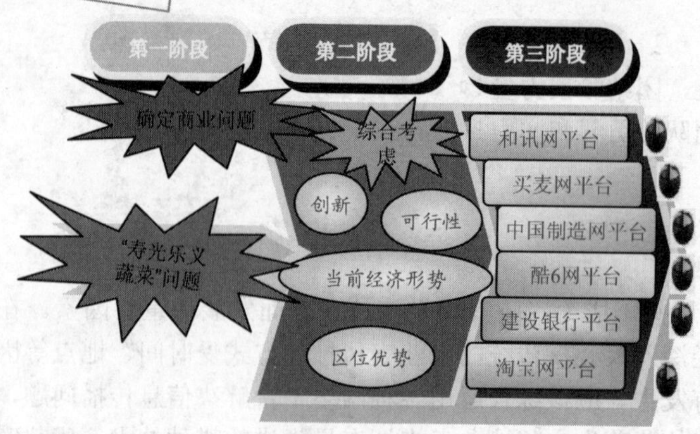

图 6-1　选题经过

6.3.2　正文

1．问题的提出

（1）寿光农业及公司产品简介　寿光农业优势突出，是国家确定的粮食、蔬菜、果品、棉花、水产、畜牧综合商品基地，素有"全国农业看山东，山东农业看寿光"的说法。寿光市是山东省确定的农业现代化示范市，农业现代化建设起步早，科技含量高，引进推广了 30 多个国家的 500 多个新品种、200 多项新技术，农业先进技术和良种覆盖率分别达到 95%和 98%，科技对农业贡献率达 58.6%。寿光市同时是我国最大的蔬菜生产基地，被国家惟一命名为"中国蔬菜之乡"。寿光已发展成为全国的蔬菜集散中心、价格形成中心和信息交流中心，辐射全国 30 多个省市区。

寿光三元朱宝泉蔬菜公司创办于 1989 年，该公司以发展中国蔬菜产业为已任，常年对外提供"乐义"牌无公害蔬菜，面向全国提供各种规格精装套菜、节日礼品菜。公司实行"公司＋基地＋农户"的种植模式，由基地实行统一供种（苗）、统一管理、统一标准。蔬菜从大棚里产出后，每一批货都要通过公司的检测，才能送达配送车间里包装。

（2）方案拟解决的主要问题

1）蔬菜批发业务通过 B2B 平台进行贸易的技术问题。蔬菜批发业务属大宗货物贸易，较适宜通过 B2B 平台销售，目前企业尚未在任何 B2B 平台推广销售。

2）公司新近推出的脱水蔬菜新产品，宣传力度不够，认知度低的问题。

3）宝泉蔬菜公司的宣传方式传统、单一问题。公司宣传立足传统媒介，未充分利用博客、视频等网络传播工具。

4）电子商务建设步伐滞后问题。公司网站建设刚刚起步，尚未利用任何 B2B、B2C 推广平台，信息更新速度慢，产品推广力度小。

5）蔬菜批发经销商的传统购买方式受到固定时间、地点的限制，信息来源闭塞问题。

2．市场分析

（1）潜在需求分析　随着网络化席卷全球，商家及消费者正逐步接受网络所带来的一系列变化，为此网络营销应运而生，并以独特的优势成为现代营销的主要方式之一。有关资料显示，互联网用户 72%集中在经济较为发达地区，78%家庭人均月收入高于 1 000 元，

64%年龄在 18 岁到 35 岁之间，58%受过大学以上教育。互联网应用结构图如图 6-2 所示。

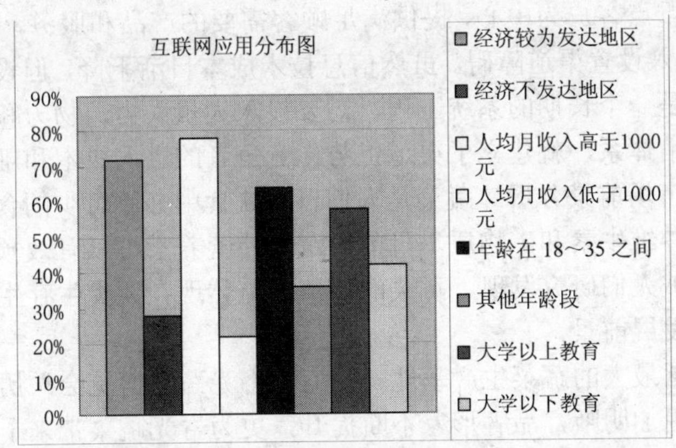

图 6-2　互联网应用结构图

三元朱宝泉蔬菜公司面对的目标群体主要是各地经销商群体（如各地的菜商、小型农贸市场、各类超市、饭店、企业团体的大型食堂以及小部分个体批发零售商）。目前这类群体大部分是中青年，他们思维较为新颖，熟悉网络，对新事物有着较强的接受能力，他们在采购蔬菜等农副产品时往往会借助网络平台查找物美价廉而且运输物流效率快的公司。

目前寿光三元朱宝泉蔬菜公司的传统宣传方式（区域小传单）陈旧，网站建设刚刚起步，信息更新速度慢，新产品的推广力度小，不能有效满足客户的潜在需求。这就需要借助多角度的网络平台来创新性地销售寿光蔬菜。

（2）竞争分析及策略　蔬菜是人们生活的必需品，是维持正常生存发展必不可少的物质基础，因而蔬菜市场有着其他商品市场无法比拟的基础优势。在目前我国的蔬菜市场中，我们既要看到寿光地区内市场的竞争，又要意识到国内其他蔬菜供应基地以及外国基因改良品种无公害蔬菜特别是种子的冲击，即准确把握市场的内部竞争和外部竞争。

作为全国最大的蔬菜生产基地，寿光有着良好的作业基础和培育技术。生产基地内分布着大大小小的蔬菜批发供应商，区域内竞争激烈。而我国是农业大国，全国范围内存在着大量的蔬菜培育基地（山东寿光——全国最大蔬菜生产基地、河北张北——全国最大夏季蔬菜生产基地、广西荔浦——水生蔬菜生产基地、台湾蔬菜基地），蔬菜批发市场集中度较高，且竞争激烈。所以我们在定义竞争者的过程中将竞争者分为内部竞争者和外部竞争者，内部竞争者是寿光地区的其他各大蔬菜批发供应商；外部竞争者为国内各蔬菜基地和蔬菜批发厂商以及国外基因改良品种无公害蔬菜厂商，特别是外国的种子供应商（据资料显示我国大部分蔬菜基地的种子均从外国进口，主要是巴西、印度等地）。

寿光三元朱宝泉蔬菜公司在发展中要注重细分市场并准确定位，明确目标消费群体，制订竞争战略，进行广泛的市场营销。公司应将经营资源有重点地向以下方面倾斜。

1）加大产出能力，开发新品种（精品套菜、脱水蔬菜），增加产量，降低污染，走集约化环保农业之路。

2）制订有竞争力的价格。 要利用先进科学技术，提高产量，降低应对有竞争的成本基础，以具有竞争优势的价格，促进销售，进而提高品牌认知度。

3）运用多种渠道建立销售网络，完善物流配送体系。

4）加强与顾客的交流与合作。根据“二八定律”，企业80%的利润来自20%的顾客。因此网络营销应以重点客户为中心，提供满足顾客需要的产品和服务，以提高顾客忠诚度。

5）为竞争者进入设置渠道障碍。虽然信息技术成本日渐下降，但设计和建立一个有效和完善的网络体系是一个长期的系统工程，需要投入大量人力、物力和财力资源。公司一旦有完善的网络营销体系，就建立了渠道优势，竞争者的进入成本和难度会增加。

（3）寿光蔬菜市场前景分析　蔬菜是人们日常饮食中必不可少的食物之一。蔬菜可提供人体所必需的多种维生素和矿物质。目前果蔬中的营养素可以有效预防慢性、退行性疾病的多种物质正在被人们研究发现，蔬菜的价值日益体现在人类生存生活之中。蔬菜市场有着广阔且持久的发展前景。

寿光市作为中国最大的蔬菜生产基地，随着“寿光蔬菜博览会”历年的成功举办，寿光蔬菜的品牌定位更加明晰，品牌形象不断提升，更为寿光蔬菜带来了广阔的发展空间。

(4)小结　采用网络传播和贸易平台的主要目的是通过互联网手段更好更快地实现各项网络营销的职能，增加寿光蔬菜的知名度和销售，提升乐义蔬菜的品牌价值，提高品牌竞争力。充分利用网络资源营造一个有利于企业发展的经营环境，创新网络应用有其必要性。

3．主体方案

（1）基本思路　本方案主要是借助中国制造网和买麦网平台，利用多种渠道来宣传三元朱宝泉蔬菜公司，依托冬季暖室大棚的发源地——三元朱村的区位优势，突出公司的蔬菜，从而培育和拓展市场，倡导绿色消费。借助淘宝网平台销售新产品——脱水蔬菜，打开新型营销模式。同时借助多种平台推广方式（如：和讯博客、网络视频广告、蔬菜论坛及对公司网站进行完善，可以有效地降低制作成本，提高受众关注度，增强视觉感受，从而更好的宣传）推广公司及产品。整合公司的商务营销渠道，并采用新型营销策略进行营销。运用建行手机银行方便快捷、功能丰富、安全可靠、申办快捷的特点提供小额支付途径，方便各地经销商通过手机直接达成交易等。

（2）总体目标　以和讯博客、酷6网络视频为宣传手段，以建行手机银行为可选支付方式，建立B2B（中国制造网、买麦网）、B2C（淘宝网）网络交易平台，促进蔬菜等初级农产品以及脱水蔬菜等深加工农产品的在线销售和实体销售，推动寿光蔬菜名优农产品规模化发展，帮助寿光蔬菜流通现代化。

（3）主要技术方案。

1）B2B贸易方案。

① B2B平台。目前B2B平台有买麦网、中国制造网、慧聪网、阿里巴巴网等，结合公司实际及各平台的效果分析，我们采用“中国制造网、买麦网、阿里巴巴网”作为宣传的平台。

② 拟解决的主要问题。解决蔬菜批发经销商受固定时间、地点的限制，信息来源闭塞问题。创建新的销售渠道，解决蔬菜批发业务通过B2B平台推广销售的问题。

③ 设计构思。传统企业间的交易往往要耗费大量的资源和时间，无论是销售、分销还是采购都会增加产品成本。利用B2B交易平台能够通过网络方便地完成整个贸易流程，从建立最初印象，到货比三家，再到讨价还价、签单和交货，最后到客户服务。B2B使企业之间的交易减少许多事务性的工作流程和管理费用，降低了企业经营成本。

通过宣传推广，有购买意向的远距离客户可以通过B2B平台进行交易，网络使得信息通行无阻，企业之间可以通过网络在市场、产品或经营等方面建立互补互惠的合作，形成水平或垂直形式的业务整合，以更大的规模、更强的实力、更经济的运作真正达到全球运营管理的模式。

2）B2C营销方案。

① B2C平台。结合公司实际以及各平台的优势，采用“淘宝网”作为销售公司脱水蔬菜的平台。

② 拟解决的主要问题。公司刚刚上市的新产品——寿光脱水蔬菜市场较小，宣传力度不够，认知度低。

③ 设计构思。淘宝网店依托于寿光三元朱宝泉蔬菜公司，以消费者为出发点，提供全方位的脱水蔬菜购买服务，通过网店的经营管理，让采购者对脱水蔬菜实现“了解、询问、购买、反复购买”的模式。通过链接和讯博客、网络广告等形式进行推广宣传。消费者不但可以在本店购买到新鲜脱水蔬菜，而且还可以在等待到货的间隙，在相关博客、视频中学到一些蔬菜做法、蔬菜的食疗养生之道。力求提供全方位的服务以留住老客户，吸引新客户，挖掘潜在客户。

3）博客营销方案。

① 博客平台。和讯博客是一个提供金融理财服务的专业网站，它是以个人门户为基础、社会化网络为组织、Web 2.0技术为支撑的社区类门户网站。博客具有宣传的快速性、强感官性、交互性、成本低的特点，结合三元朱宝泉蔬菜公司情况，项目采用“和讯”博客作为宣传平台。

② 拟解决的主要问题。寿光三元朱宝泉蔬菜公司企业博客未充分利用其信息传播功能，导致许多蔬菜商不了解该公司的情况从而无法与公司合作，出现顾客流失情况，有些顾客流入竞争者手中。

③ 开设构想。开通博客的目的是创造潜在客户，为网络销售打下基础，我们在博客中链接B2B商铺地址方便感兴趣的客户访问，增强竞争力。

4）网络广告营销方案。

① 视频平台。目前的视频平台有很多，如酷6网、优酷网、土豆网、56网等。酷6网是基于人Web 2.0理念的第一视频分享门户，全球首创并以互动营销商业模式为基础，携中国视频原创作者联盟，得到互联网行业所瞩目。项目采用“酷6”播客作为宣传的平台。

② 拟解决的主要问题。寿光三元朱宝泉蔬菜公司的传统宣传方式（区域小传单）陈旧，网站建设刚刚起步，信息更新速度慢，新产品的推广力度小的问题；公司新产品——精品套菜、礼品菜处于市场导入期，宣传力度不够，认知度低的问题。

③ 设计构思。网络广告的制作从企业和产品的实际出发。三元朱宝泉蔬菜公司是主营蔬菜批发业务的供应商，公司的最终目的是销售批发蔬菜，以方便消费者批发购买。网络广告作为播客的辅助宣传方式，首先要做好蔬菜公司的知名度开发、培育和拓展。其次，通过凸显网络广告卖点增加点击率，激发消费者的兴趣；提供其他平台的链接，促进消费者的购买欲，进而促进贸易的达成。最后，促使有条件的经销商进入B2B平台消费，运用建行手机银行进行便利的转账支付。

5）网络整合营销创新方案。项目引入网络整合营销的模式，在深入研究互联网各种媒体资源（门户网站、电子商务平台、行业网站、搜索引擎、分类信息平台、论坛社区、视频网站、虚拟社区等）的基础上，精确分析各种网络媒体的资源定位、用户行为和投入成本，根据企业的客观实际情况（企业规模、发展战略、广告预算等）为企业提供最具性价比的一种或者多种个性化网络贸易策划方案。消费者从产品认知到购买产品的过程主要有五步：确定问题、收集信息、购买决策、施行购买、购后行为。在此过程中项目始终要通过有效的网络引导最终坚定消费者购买公司蔬菜的信心。

6）建行手机银行辅助交易方案。建行手机银行是中国建设银行携手移动运营商推出的新一代电子银行服务。只需将手机号与建行账户绑定，就能让客户手机成为一个掌上的银行柜台，随时随地体验各项金融服务。建行手机银行是目前业界领先的新一代手机银行服务，具有方便快捷、功能丰富、安全可靠、申办快捷等特点。"百易安"更是为其提供了信用保证，提高了交易的安全性。

公司客户在得到宣传后，有了购买意向，可以随时随地通过手机银行转账汇款，达成交易，方便快捷。

（4）实施过程

1）实地调查。进入复赛后，我们来到全国著名的冬暖式大棚的发祥地——三元朱村，并到三元朱宝泉蔬菜公司调研，阐明来意，与王经理交谈并了解公司的基本情况，以及现阶段面临的主要问题，分析现有方案需要完善的地方。我们在公司对客户发放了调查问卷，得到了第一手资料，并得到了王经理的委托授权书，如图 6-3、图 6-4 所示。

图 6-3　与寿光三元朱宝泉蔬菜公司经理面谈

授权委托书

本公司——三元朱宝泉蔬菜公司，为开拓网络市场，兹授权潍坊学院学生刘芳同学所带领的"E 路 Bravo"团队宣传我公司精装套菜业务，代理需维护我公司形象，不得出现欺诈等行为，若违反上述规定兹授权失效。

授权单位：三元朱宝泉蔬菜公司

被授权人：刘芳

该授权委托书有效期：4 月 10 日——5 月 30 日止

寿光三元朱宝泉蔬菜公司

王志杰

2009 年 4 月 10 日

图 6-4　三元朱宝泉蔬菜公司授权委托书

2）建立中国制造网展示厅。

http://elubravo.cn.made-in-china.com/（中文）

http://shouguangvegetables.en.made-in-china.com/（英文）

2009年4月11日，我们根据从寿光三元朱宝泉蔬菜公司得到的资料在此网站上建立公司。

3）建立买麦网平台：http://www.com.cn/vhost2/default.aspx?CustomerId=1921942&（注：由于买麦网业务目前正处于调整状态，因此该链接暂时不能正常访问。）

2009年4月11日，我们根据寿光三元朱宝泉蔬菜公司的资料在买麦网上建立公司。

4）建立淘宝商铺：http://shop58213684.taobao.com/。

2009年5月18日，公司的新品——脱水蔬菜问世，我们第一时间收集信息资料，在淘宝网上建立了商铺。

5）创建和讯博客：http://hexun.com/9932718/default.html。

博客创建时间为2009年2月20日。初期只是加了一些简单的蔬菜文章、照片。对调研资料分析后，根据公司情况我们不断完善博文、图片，使其达到简单、美观、直白的效果。特别是第二个视频制作完成后，我们将其放到了博客页面，博客得到了全面更新。

6）创建酷6网平台：http://e-bravo.zone.ku6.com/。

创建时间为：2009年3月22日，后续工作如下：

① 3月25日第一个视频——寿光蔬菜。

http://swf.51.com/liufang410691809/389188/51.swf

② 4月20日第二个视频——寿光蔬菜博览会。

http://v.ku6.com/show/8YGBpGJhbgg7cagK.html

③ 4月21日第三个视频——公司宣传片。

http://v.ku6.com/show/FqP6OYBp8oU3p7hc.html

（5）费用测算（见表6-1）

表6-1　项目年度运营费用预算　（单位：元）

平台类型	费用内容		金额	备注
B2B平台	中国制造网		4 800	入会费用
	买麦网		2 599	入会费用
	阿里巴巴		2 300	诚信通个人用户注册费
	管理费用		9 600	员工工资800元/月×12
	运营费		720	上网费60元/月×12
B2C平台	淘宝网	淘宝旺铺	360	基础套餐消保30元/月×12
		量子恒道店铺统计	100	统计服务费25元/季×4
		好店铺统计服务	120	统计服务费10元/月×12
	管理费用		9 600	员工工资800元/月×12
	运营费		720	上网费60元/月×12
	采购费用		3 000	交通费
和讯博客	图片采集		600	
	维护费		9 600	员工工资800元/月×12
	网络费		720	60元/月×12
酷6网络广告成本	视频制作费用		9 000	1 500元/节×6
	网络费		720	60元/月×12
建行电子支付成本	GPRS功能、手机银行及必要的回复客户费用		500	含其他
费用合计			55 059	

（6）风险控制与管理

1）B2B 方面。企业利用中国制造网、买麦网开展 B2B 交易的主要风险在于交易的安全与物流配送。由于蔬菜批发业务一般为大宗交易，因此安全性显得尤为重要。利用中国制造网客服和法律等手段，对消费者的不诚信问题进行投诉和处理，保障自己的合法利益。

2）B2C 方面。开淘宝店主要存在的风险源于购买者，因为买卖网的购买者的信息不明确，商品发货后会有购买者不付款的情况，甚至会导致店铺资金周转困难。对此首先我们会出售给信誉度高的消费者，在有消费者拍价时多与消费者交流，并进行售后跟踪服务，使用与自己银行账号绑定的支付工具交易。

3）博客方面。博客开通遇到的风险是企业的信息被盗用，如产品图片、企业资料等很重要的信息。对此要加强保护，在发布的图片上加水印防盗效果等来保护信息。

4）网络广告方面。由于网络广告传播范围广、价格低廉等优势，导致很多的企业非常乐意投放网络广告，这就出现了大量的广告出现在互联网，让网民们“应接不暇”，甚至反感，如垃圾邮件广告、垃圾论坛、留言板留言等。对此我们突出公司广告的特色，避免同流合污，如遇到恶意诋毁行为，应诉诸法律。

5）建行手机银行方面。手机银行的主要风险是手机保密设置低，随处放置导致密码被盗取，个人基本信息被泄露。因此一定要注意密码保护。

6）其他方面：

① 三方物流送货不及时或货物损坏。对此应加强与物流公司的了解联系，选择优质物流公司，重视包装减少损坏。

② 电脑硬件、中病毒等故障导致工作不能正常进行。针对这一情况，我们要以预防为主，发现有电脑异常应及时检查测试，同时加强硬件设施建设，保证网店的正常运转。

③ 其他。如员工道德风险、财务管理风险等。应建立健全企业文化，对员工进行德育教育，培养主人翁意识，切实做好思想工作，做好业绩考核，确保网店正常运营。

4．技术手段及实施要点

（1）B2B 平台

1）中国制造网名列前茅推广服务。

① 关键词搜索优先排名。项目选择特定的产品关键词（product keyword），如“寿光、蔬菜、三元朱、乐义”等；每当买家或采购商访问中国制造网，使用该关键词进行搜索时，公司概况、产品等信息即可出现在搜索结果的最前列位置（1～10 位）。

② 目录搜索优先排名。项目选择特定的产品目录（product category），如蔬菜；每当买家或采购商访问中国制造网，在该产品目录进行搜索时，宝泉公司及产品等信息即可出现在搜索结果的最前列位置（1～10 位）。

2）中国制造网开铺。

① 开铺优势。利用中国制造网的 B2B 平台可以使企业摆脱原有的狭小的空间和地理位置的限制。对三元朱宝泉蔬菜公司来讲，可以将市场扩展到过去依靠人员、网站或传统广告所不能有效达到的领域。在中国制造网的企业空间上对寿光蔬菜进行展示，同时附上不同种类蔬菜的详细说明，以供客户阅读了解，以此提高本企业的专业化水准与企业实力。公司凭借便捷而廉价的网络信息服务，可以频繁地接触国内外潜在客户，向他们介绍寿光蔬菜以及

公司的企业文化，及时回答客户的问询，从而发现更多的潜在客户，获得新的商业机会。

通过B2B平台的信息资源共享，使寿光蔬菜获得对现代企业至关重要而又以常规方式无法得到的市场信息，比如本行业的发展情况，新产品的市场调查，各竞争企业的产品特征及竞争战略，产品的最新市场动态等。公司从而能够更加及时地了解全行业的竞争态势，从而明确市场定位。

企业可以对来访客户进行监测与跟踪。比如通过流量监测知道客户的来源，了解客户翻阅了哪些网页，停留网站多久，即时沟通，订单管理等。

企业在B2B平台展示出售蔬菜，增加供应，可以在交易中减少许多事务性的工作流程和管理费用，降低企业经营成本，提高资金的利用效率。且省去许多环节，便于企业与客户交流，有助于企业有步骤地实现B2B战略。

② 开铺实施策略。

A．注册认证：注册成为高级会员能够享受中国制造网提供的更多的服务，更有利于三元朱宝泉蔬菜公司以后的推广发展。注册认证时，尽量提供详实、确切的企业介绍和蔬菜信息。因为中国制造网有自己的一套认证体系，提供的产品信息越详细，越能为公司争取更多的交易机会。

B．装饰主页：我们根据实际情况制作维护本页面，该主页包含公司的基本信息，主营蔬菜产品信息，产品特色以及联系方式等。在录入产品信息时，提供相应蔬菜产品照片，以吸引浏览者的眼光。

C．营销推广。

a．线上推广：影响线上销售的重要因素是访客流量，依据下列方法提高点击量：首先，利用中国制造网的网络推广体系。作为一个成熟的B2B平台，中国制造网为客户提供了许多展示自己企业的机会，比如名列前茅、横幅、产品展台等。我们要善于把握眼前的机会，利用现有的服务来实现公司利益的最大化。其次，交换友情链接。与其他相关的企业建立友情链接，客户在浏览其他产品的信息时，就有可能点击进入本公司主页进行了解或者留下一个印象，无形中增加了公司产品的信息推广。

b．线下推广：作为一个传统的蔬菜企业，传统贸易方式不能放弃，同时注意为自己的网站进行推广。主要做法包括以下三种：参加中国制造网的线下推广活动；参加寿光蔬菜博览会，进行推广；利用平面媒体与纸质媒体进行整合宣传。如图6-5、图6-6所示。

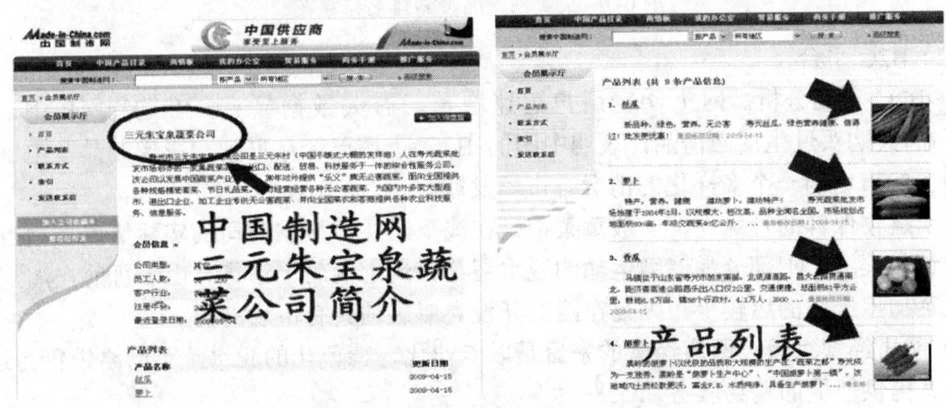

图6-5　企业网上店面和产品列表

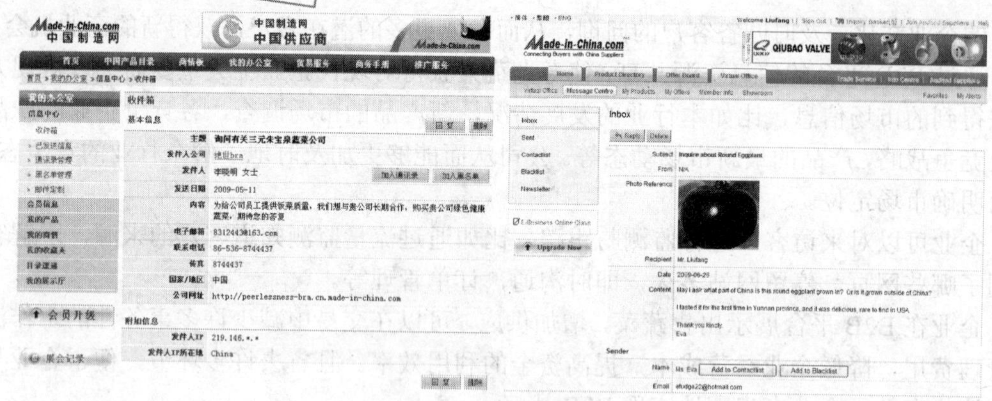

图 6-6　实际询盘截图

3）买麦网的创新应用。

① 注册“行行行”会员。买麦网的“行行行”会员享有在发布供求信息、接收商机、信息排名、审核和服务支持等方面的优先权。

② 使用买麦网的即时通信工具—— IMM。我们通过 IMM 已经或即将开展以下活动：网上洽谈、交商业朋友、发送商务留言、发送商业信息、商机群发、加入公司库、商机搜索、行业最新商机、在线客服等。

③ 使用买麦之音。项目把公司的产品信息、企业促销等活动信息通过买麦之音进行宣传。

④ 使用买麦网 SIP（Service of Information Promotion）增值服务。通过该服务，注册会员可以让自己发布的供应信息实现“排名优先”、“自由控制”。如图 6-7 所示。

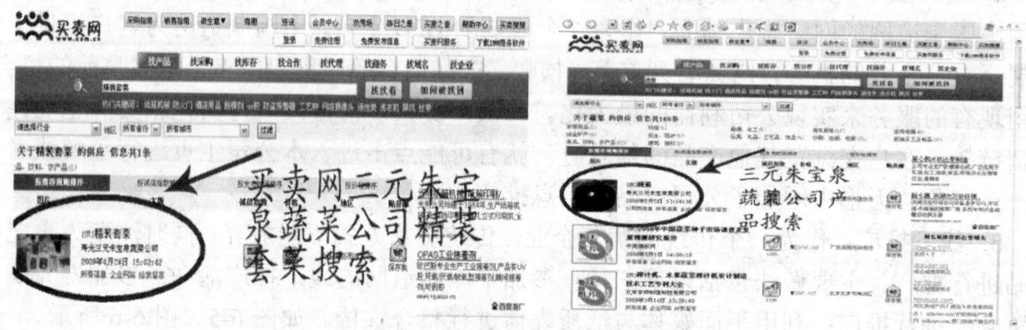

图 6-7　买卖网产品搜索排名结果图

（2）B2C 平台

1）B2C 市场分析。网上购物用户迅速增长。有关数据显示，在购物网民中，有超过 15%的人购买过生活必需品，表明中国的 B2C 市场已经从书刊、影像制品及电脑数码产品为主的市场向一个多样化的消费者市场发展。

由于蔬菜保鲜的特殊性，一般蔬菜都是在线下购买。根据公司的实际情况，项目开拓了新的销售渠道，把部分易储藏运输的脱水蔬菜在淘宝网店上销售。由于目前在淘宝网上经营蔬菜加工产品的店较少，因此在网上开设类似店铺具有市场潜力。

2）网店经营宗旨。网店经营的宗旨是以专业化、特色化的脱水蔬菜网络销售为途径，为消费者提供便捷的购物服务。

3）网店简介。本网店是一个依托于寿光三元朱宝泉蔬菜公司，经营寿光脱水蔬菜的专业网店。通过链接和讯博客、网络广告等形式进行推广宣传。消费者不但可以在本店购买到新鲜脱水蔬菜，而且还可以在等待到货的间隙，在相关博客、视频中学习一些蔬菜做法、蔬菜的食疗养生之道等知识。店铺提供全方位的服务以留住老客户，吸引新客户，挖掘潜在客户。

4）网店管理运营。以消费者为出发点，提供全方位的脱水蔬菜购买服务，通过网店的经营管理，让采购者对脱水蔬菜实现"了解、询问、购买、反复购买"的模式。

针对目前网店面临的问题：一是怎样使其他人知道有这个店；二是如何吸引浏览店面的人购买店内商品。采用以下解决方案：

① 宣传策略。

A．利用网站内的收费推广。在淘宝网站上开网店，网站本身提供了一些广告宣传方式，如社区推广、橱窗推荐、雅虎直通车等，这些服务个别是收费的，但是可以为网店带来浏览量，吸引浏览者浏览商品的机会，提高成交的可能性。

B．利用好网站内其他的推广方式。参加网站内的公共活动，为网站做贡献，网店得到相应的推广。

C．利用留言薄或论坛宣传自己的网店。采用签名档，将自己的网店地址与大概的经营范围包括在签名档里，无形中会引起许多阅读者的注意，进入我们的网店，进而成为公司客户。

D．广开门路，广交朋友。通过认识许多朋友，介绍他们关注我们的商品，争取回头客，更争取让我们的老客户介绍新客户。

E．在各种提供搜索引擎注册服务的网站上登录网店的资料，争取获得更多的浏览者进入网店。

F．制作一些比较热门的视频，在视频左上角制作店铺地址的快捷键等进行宣传推广。

② 商品描述。网上出售的商品，大部分时候买家无法看到实物，所以需要拍出清晰漂亮的商品照片，还要有详细的商品描述，这样才能对买家有更大的吸引力。

采用统一的网上描述的形式，给顾客一种整齐划一的感觉，并配以大量的图片及详细说明，并创设一个类似真实的购物环境，让采购者能够清晰地看到自己所要采购的蔬菜。将物流支付、售后等问题在商品描述中尽可能阐述清楚，减少顾客的后顾之忧。

5）电子支付与物流问题。

① 电子支付问题。公司的脱水蔬菜目前立足于淘宝网的运营，采取支付宝进行电子支付。建设银行推出的"USBKEY"，为网络支付安全问题增加了一层屏障。它所提供的网上24小时查询和转账功能，为买卖双方带来了最大程度的方便。

② 物流问题。选择淘宝网相应的物流配送体系，即提供三种物流方式：平邮、快递和EMS，推荐使用快递方式，当日或隔日发货，保证买家及时收货。目前合作的物流公司有：申通快递、速递服务公司、申通E物流、圆通速递、中通速递、天天速递、宅急送、韵达快递、风火天地等。物流十分方便，确保按时按质送货。

6）售后服务。

① 提供周到的售后服务。卖出商品后，在第一时间和买家取得联系，发货后尽快给买家发一封发货通知信，可以附上包裹单的照片，让买家能看清楚上面的字迹和具体编号等信息，让买家更放心，也让买家感到亲切，这是吸引"回头客"的一个重要方法。

② 额外赠送小礼品，提升顾客对公司的评价。

7）协作与对外关系。淘宝网是满足脱水蔬菜这一特殊项目购买需求的终端，方案最大限度地实现了与其他三个平台的协作。

① B2B 与淘宝网的结合：在 B2B 平台中放入旗帜广告，点击旗帜广告可以直接进入淘宝网，从而使个别小批量的购买者购买。

② 博客与淘宝网的结合：在和讯博客中加入网址链接，直接链接到淘宝网店中。

③ 酷 6 视频广告与淘宝网的结合：在网络广告中添加相关脱水蔬菜这一项目的信息，加大宣传力度，同时发布相关链接，便于消费者登录淘宝网店进行购买。

淘宝店铺实图如图 6-8 所示。

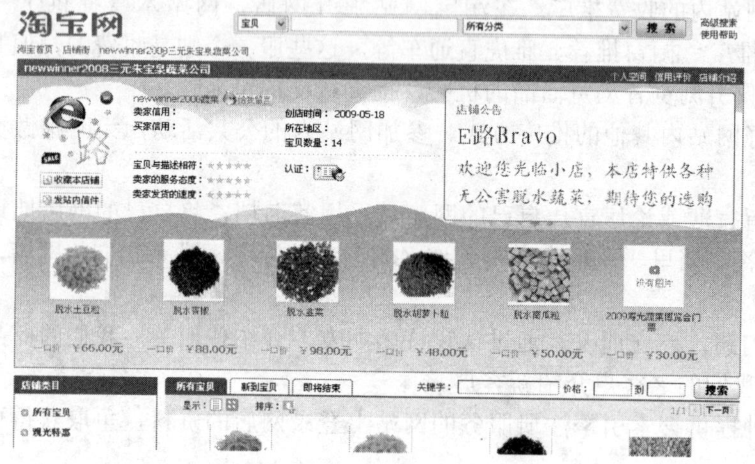

图 6-8　淘宝店铺实图

（3）博客营销

1）开博目的。项目开通博客并链接 B2B 商铺地址，目的是传播信息，集聚细分群体，方便客户访问，创造潜在客户，为网络销售打下基础。目前的博客平台有很多：和讯、新浪、网易、搜狐、博客大吧等，结合项目实际需要，我们采用“和讯”博客作为宣传的平台。

2）开博的实施要点。

① 在博客中提供公司简介、产品简介，上传产品图片、产品分类、最新产品、企业新闻、联系方式等相关信息。

② 在博客设计风格方面，加入多个版块，突出寿光蔬菜的特色，彰显寿光蔬菜的绿色营养无公害，给人一种清新自然的感觉。

③ 建立相关链接，与其他平台（淘宝网、买麦网、中国制造网等）相呼应。

④ 加入恰当的视频短片，在视频中加入产品，并建立相关链接进行宣传推广。增强趣味性，促进消费者的购买行为。

⑤ 利用博客的留言板宣传网络商铺，可以采用签名档，将商铺地址与大概的经营范围包括在签名档里，无形中会引起许多阅读者的注意，关注蔬菜，进而成为我们的客户。

⑥ 重视关系营销。通过在博客的聊天认识许多朋友，介绍他们关注我们的商品，争取顾客，更争取到良好的口碑和信誉。

⑦ 多参加博客网站内的公共活动，加入博客圈，为和讯博客多做贡献，可以得到一些关照，博客自然也可以得到相应的推广。

⑧ 加入中国冬暖式大棚的发祥地、中国特色经济村——三元朱村的信息，提高关注度，来宣传寿光三元朱宝泉蔬菜公司。

⑨ 在博客宣传中将建国 60 年来农业发展掠影加入其中，展现新时期新农村新蔬菜的新特色。

⑩ 宣传上加入“寿光蔬菜博览会”的相关信息图片，以提高关注度，宣传推广无土栽培、生物防治、暖式大棚等高科技带来的成果，提高寿光蔬菜的知名度，增强人们的购买欲望。

和讯博客实图如图 6-9 所示。

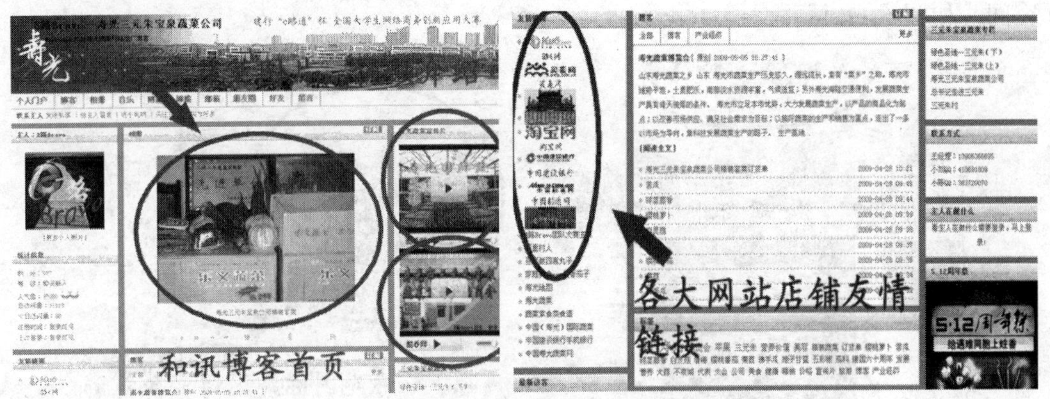

图 6-9　和讯博客实图

3）博客推广。

① B2C、B2B 平台。目标网站：淘宝网、买麦网、中国制造网。

作为中国 B2C、B2B 市场领先者的淘宝网、买麦网、中国制造网，网站拥有上千万忠实用户，在其上推广寿光蔬菜及精品套菜将会有极大的市场，我们在这些讨论区上发表文章、留言，同时添加博客链接，吸引更多用户关注公司，进而促进购买欲望。

② 论坛、贴吧。目标网站：中国农民论坛、中国蔬菜论坛、百度贴吧。

在中国农民论坛、中国蔬菜论坛、百度贴吧等平台开辟相应“寿光蔬菜（精品套菜）”论坛区，定期发表文章供大家交流，并经常发帖，同时添加博客链接。向大家介绍寿光蔬菜的新鲜、无公害、高科技种植技术，以及三元朱宝泉蔬菜公司依托于中国冬季暖式大棚的发源地三元朱村的区位优势，发布各种蔬菜和精品套菜的最新市价信息。

三元朱宝泉蔬菜公司论坛如图 6-10 所示。

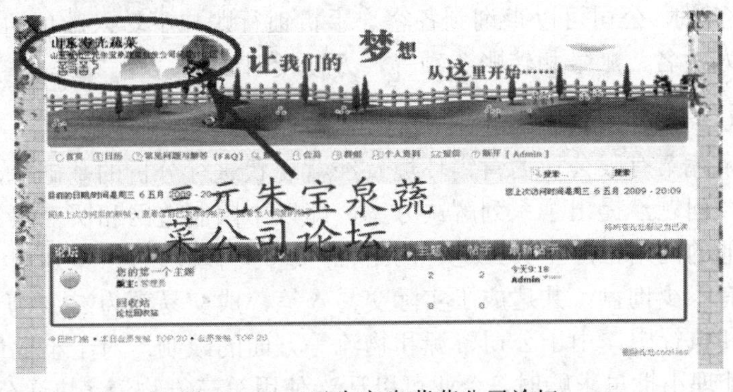

图 6-10　三元朱宝泉蔬菜公司论坛

③ 各类农业网站。目标网站：中国蔬菜网、中国农业信息网、中国农网、中国农业环球网。农业网站是广大农民朋友经常使用的网站，受关注程度高，访问量大，我们通过生意圈留言与论坛，期望找到目标客户，并最终达成交易。

（4）酷 6 视频营销　公司客户群体主要是各类大小批发商、超市、小型农贸市场或单位等企业，所以我们的广告“要想人之所求”，突出寿光蔬菜的绿色无公害、营养健康、种植技术先进、物美价廉等优点，宣传便捷的物流配送体系，引发购买动机。

在形式上采用 Flash 的方式制作，也可以采用 DV 拍摄，这样可以有更大的选择和发挥空间，如图 6-11 所示。

图 6-11　酷 6 空间视频营销

（5）支付手段——建行手机银行　建行手机银行是中国建设银行携手移动运营商推出的新一代电子银行服务。只需将手机号与建行账户绑定，就能让手机成为一个掌上的银行柜台，随时随地体验各项金融服务。建行手机银行的以下功能为蔬菜交易支付提供便利的条件：

1）手机到手机转账。用手机到手机转账，客户无需知道公司的银行账号，只需简单地输入公司法人的手机号码和转账金额即可实现建行同城和异地账户之间的转账，方便了蔬菜交易。

2）手机跨行转账。客户可通过建行手机银行向全国范围内其他商业银行个人账户转账。跨行转账还提供了历史收款账户保存、收款网点名称的关键字查询，以及免费短信通知收款方的辅助功能，便于客户使用。

3）手机来账查询。公司可以查询到各客户手机银行账户下转入款项的来账信息，包括转账时间、付款人姓名、账号和转账金额等，方便及时发货。

5．运行总结

在对寿光宝泉蔬菜有限公司的营销环境及经营现状进行分析的基础上，我们针对公司推广方式单一这一问题，提出了系列解决方案，即以中国制造网和买麦网为主要的推广平台，合理利用其他的网络推广工具，进行网络推广。尽管本项目从策划到实施只有五个多月的时间，但已有不少询盘，共达成了实际交易 5 笔，成交易额为 52.4 万元。

在方案设计和执行中，由于公司资源和物流等方面的限制，对于小批量的询盘无法供货，我们建议在处理小批量求购时，企业可以适当使用第三方物流（快递公司等），以开拓市场，争取更大更广的渠道覆盖面。

未来我们将继续努力，将线上推广与线下推广相结合，构建整合营销传播模式，开拓国内市场，着力促进寿光“乐义”蔬菜市场推广，提高产品的销售和品牌知名度。同时理清开拓国际市场的思路，将“乐义”蔬菜品牌推向国际市场。为此，利用2～3年的时间，建成以电子商务平台为主体的完善的公司营销网络，彻底解决公司营销推广问题，提高公司销售量和品牌知名度，促进公司实现规模化快速发展。

6.4 竞赛结果

6.4.1 实施效果

经过数月来的努力，我们团队在B2B平台取得了显著的成果，询盘量不断增加，共帮助公司达成了实际交易5笔，成交易额为52.4万元，公司给我们寄来了回馈书和祝贺信，如图6-12所示。B2C淘宝网店尽管刚刚建立，但目前运营良好，博客主页的产品信息日日更新，点击量上升，好评如潮。酷6平台的宣传视频更是吸引了大量浏览，人气值急剧上升。构建的全方位整合营销传播模式也取得了良好绩效。

宣传成果回馈书

我公司于2009年4月10日授权潍坊学院E路Bravo团队宣传我公司的精装套菜业务，经过十几天在中国制造网，买麦网，酷六网，讯博客的宣传推广，我公司的销售量有所提高（特别是临近五一，精品套菜的订货量上升），电话咨询量有所增加，经营效果显著。

今天接到的了青岛德利国际物流有限公司的电话，要求与我公司合作。据悉该物流公司是在中国制造网上了解到我公司信息，恰巧我公司在当前经济危机的情况下，正准备进驻海外市场，这给我公司提供了良好的发展机会。

在此特出具该回馈书，一方面对全国大学生网络创新应用大赛组委会组织这样有意义的的活动表示感谢，另一方面对E路Bravo团队多天来的努力工作给予肯定，希望该团队可以再接再厉，为公司争取到更多的询盘，取得更好的成果！

最后预祝E路Bravo团队在本次大赛中得到锻炼，取得骄人的成绩！

寿光三元朱宝泉蔬菜公司

王志杰

2009年4月29日

祝贺信

祝贺潍坊学院E路Bravo团队在华东赛区取得一等奖的好成绩。

我公司于2009年4月10日授权潍坊学院E路Bravo团队运用网络平台宣传我公司的精装套菜业务。经过一个月在中国制造网，买麦网，酷六网，和讯博客的宣传推广。我公司的电话咨询量有所增加，询盘量提高，精品套菜和其他蔬菜的销量有所提高，共达成实际交易5笔（北京、广东、上海、青岛、满洲里），销售收入52.4万元，经营效果显著。

特别感谢全国大学生网络创新应用大赛组委会组织这样有意义的活动，感谢潍坊学院经济管理学院培养这么优秀的学生，为公司取得这么好的成果！

希望该团队可以再接再厉，在北京总决赛中一举夺魁！

寿光三元朱宝泉蔬菜公司

王志杰

2009年5月15日

图6-12 寿光三元朱宝泉公司宣传成果回馈书和祝贺信

6.4.2 名次结果

全国总决赛网络商务创新应用一等奖第四名，全国总决赛网络贸易主题赛以一等奖第一名进入终极对决，华东赛区一等奖。

6.5 获奖感言

参加本次大赛真可谓受益匪浅，不仅学到了很多知识，而且真正认识到了网络营销的强大优势，我们团队为宝泉公司创造的52.4万元的收入就是很好的例证。这次参赛的项目我们会继续做下去，为寿光蔬菜的农村经济电子商务化作出我们的努力。团队一步步走到今天并取得这样好的成绩，得益于太多人的付出与努力，离不开学校老师的培育与帮助，忘不了高院长的一次次动员大会，忘不了刘林林等指导老师的点评与付出。离不开团队成员为了目标而团结一致、奋力拼搏时的汗水。

大赛对我们学校实践教学有了很大的推动，“以学代练，以学代考”就是我们经济管理学院对于本次比参很好的概括和总结。学校为我们提供了机房，并把比赛方案作为毕业论文的一部分，从学分、表彰大会等各个层面上对我们的成绩予以肯定，其实我们很想说：“这是我们应该做的，我们学到了很多，我们才是这次大赛真正的受益者，有太多人为我们付出，非常感谢！”

就在最近我们幸运地得到了潍坊移动公司的邀请，获得了一次难得的实习机会。可以说建行“e路通”杯全国大学生网络商务创新应用大赛为我们大学生素质能力锻炼搭建了一个很好的平台，同时建设银行的巨大实力品牌及信誉也在我们大学生心中留下了深深烙印。我相信并衷心祝愿建行“e路通”杯全国大学生网络商务创新应用大赛越办越好，能提供更多的机会让我国优秀大学生参与其中展示才华和风采。

第7章 旅游企业网络营销推广创新服务模式的可行性调研与业务模型搭建——以中华民族园为试点

作者：中央财经大学 “e枝独秀”团队

7.1 团队介绍

用行动来落实我们的理念，用事实来证明我们的观点。“e枝独秀”是来自中央财经大学的一支团队，由研究生和本科生共同组成。坚韧不拔的品质，极强的综合能力，丰富的专业知识，强大的执行能力，这是他们的核心优势！“e枝独秀”的e是指网络世界，就像我们logo的外圈，象征着网络连接着整个世界的每一个角落，交错进行，互相联系。中间的队名表示我们团队横空出世，也符合我们选择的主题。因为体验营销也正处于营销界的前沿，大家都在摸索前进，而我们正是其中的一个代表团队。下面伸出的梅花表示我们在整个网络营销世界中伸出的一根具有极强生命力的枝桠，在e世界的土壤中不断汲取营养，不断向上，不断的成长，不断的壮大。

1. 成员分工

队长：李买山，男，全国十佳KAB俱乐部——中央财经大学KAB创业俱乐部主席，本科大三，人力资源管理专业。擅长团队管理，有极强的战略管理能力。极好的沟通协调能力，丰富的谈判经验，是团队的客户谈判专家。同时负责整个团队的运作，丰富的带队经验保证团队的各项任务有序高效的完成。

队员：王乙臣，女，旅游管理研究生。专业的美工设计是我们博客、播客平台与众不同的基础，极强的视频制作能力使我们的产品更加吸引游人。丰富的会计学知识，使我们的财务报表清晰准确，为战略的制订，战术的执行提供了很好的参考资料。

队员：赵璇，女，旅游管理研究生。优美的文笔，让酷 6 播客的视频带给游客的不仅是视觉上的美好感受，还有阅读文字带来的快乐。酷 6 播客的主要负责人。对细节的完美把握，每天都会给人带来惊喜。

队员：李熠，男，电子商务本科三年级。和讯博客的主要负责人，清晰的逻辑思维，敏锐的洞察能力，丰富的网络运用知识，熟练的网络技术操作能力，一个计算机网络方面的专业人才。主要负责和讯博客，最高日浏览量超过千人次。

队员：黄子轩，男，市场营销本科三年级。专业的英语导游，有丰富的导游经验，对旅游行业及其了解。极强的营销能力在博客、播客的推广过程中得到了完美展现。未来的营销专家，从这里开始起航。

2. 团队宣言

e 览无余，畅游天下。

7.2 选题经过

五个热爱旅游的人，常常聚在一起分享旅游带来的快乐。五个性格开朗的人，常常为了不能与更多人分享快乐而感到郁闷。五个喜欢上网的人，同时看到了“e 路通”全国比赛的通知后马上就明白了应该做点什么。立即行动，经过了长达一天的沟通，我们决定要做一件自己喜欢、又会带给别人快乐的事情。

决定开始很容易，很快我们就又陷入了困难之中，这时候我们想起了一个人，一个研究旅游营销多年的人，我们的指导老师安贺新教授。在老师的指点之下我们更加坚定了最初的想法，经过积极的准备之后，“e 枝独秀”团队带着“让利用网络营销将旅游企业带给游客的梦想”从中央财经大学的商学院办公室出发了。

7.3 方案

7.3.1 简介

本团队定位于一个以旅游企业为主要服务对象、基于互联网的对旅游企业及其产品实施体验营销的服务实体（下称本企业）。我们的项目主要是借助网络平台（如酷 6 播客、和讯博客等），投放与旅游企业相关的传真、传神且具有吸引力和感染力的视频和文字，给网络用户以难以忘怀的感官和精神文化体验，激发其对旅游企业及其产品的强烈兴趣，达到对旅游企业及产品进行推广，从而提高旅游企业的知名度和美誉度的目的。

现阶段我们以中华民族园为试点。中华民族园为我们提供相应的财力、物力、人力、信息资料和背景资源等支持，我们通过酷 6 播客以及和讯博客等网络平台对其进行创新型体验营销推广，最终达到双方共赢的目的。

“e 枝独秀”的酷 6 播客：http://v.ku6.com/ezhiduxiu

“e 枝独秀”的酷 6 博客：http://ezhiduxiu.zone.ku6.com/

"e 枝独秀"的和讯博客：http://hexun.com/ezhiduxiu

7.3.2 正文

1．项目背景和意义

（1）项目背景 旅游业是一个新兴的朝阳产业、绿色产业、惠民产业。虽然由于一系列自然灾害和金融危机的影响，我国旅游经济在 2008 年的发展受到很大的冲击，但是国内旅游仍保持着较快的增长速度。2009 年我国旅游经济仍然面临艰难的挑战，但总体形势是乐观的。从政策角度来说，我国政府提出 2009 年的首要任务是"保增长、扩内需"，且着重强调要增强最终消费能力，着力发展服务消费和旅游消费。国家旅游局倡导并计划出台"国民休闲计划"、一些地方发放旅游消费券……由此可见，目前政策环境非常有利于旅游业的发展。

从旅游者角度来说，随着社会经济的发展，人们追求自我解放和享受生活的意识也随之逐步增强，对旅游体验需求越来越多，这给我国旅游企业带来了巨大的机遇。

与此同时，网络也在高速地发展。截至 2008 年底，中国网民规模达到 2.98 亿人（来源于 CNNIC 第 23 次报告）。据不完全统计，百度上的旅游类贴吧累计点击量已经超过 100 万。此外，百度知道上旅游的相关问题已经累计达到 38.8 万个。可以说，网络在旅游者的选择过程中起了举足轻重的作用。

但是，我国大多数旅游企业并没有把他们的市场潜力积极开发出来，还采用传统营销方式去吸引顾客，没有很好地利用网络这一当今最具社会影响力的新兴媒体。即使很多旅游企业都有自己的网站，但是存在的问题较多：比如网站更新速度较慢，信息不及时；网站建设没有结合自身的实际情况形成自己的风格和特色，缺乏趣味性；网站缺乏积极的电子商务探索。由此可以看出，目前我国大多旅游企业普遍处于信息化应用和管理营销脱节的状态，对旅游企业进行网络体验营销是十分有必要的。

结合上述情况以及我们的指导教师—— 中央财经大学商学院安贺新教授的研究（旅游企业营销），本创新团队根据前期所做的相关旅游企业的需求调查、潜在网络终端顾客的需求等调查，创建一个基于互联网的、有效的旅游企业及其产品的推广服务模式，有力地促进旅游企业的发展。具体来讲，就是充分利用网络资源，开发与旅游企业相关的传真、传神且具有感染力的视频和文字等旅游体验产品，给网络用户视觉、听觉、精神上的享受，从而激发其对旅游企业及其产品的强烈兴趣，增加旅游企业的现实客流量。

（2）项目意义 本项目的意义主要有以下四个方面：

1）促进旅游企业乃至旅游行业有效地利用网络进行宣传推广。如前所述，目前旅游企业对网络的利用还仅仅停留在简单信息的传播层面，很少有企业主动通过网络进行营销活动，以吸引顾客前来购买旅游产品。我们项目的主要目的之一就是帮助企业更好地利用网络资源，进行宣传推广。在项目启动前期，我们得到了中华民族园的积极支持和配合，所以我们以其为试点，将来以这一成功的案例说服其他旅游企业。可以预见，这将有利于促进整个旅游行业的快速发展。

2）促进电子商务在整个旅游行业的应用，提升网上支付的使用频率。我们发展的中期，将推出利用网络（如淘宝网等）销售景区门票、纪念品和预定客房、机票等服务。相信这能够大大提高诸如建行e路通网上支付等的应用率。

3）充分挖掘旅游资源潜力。将旅游资源的网络价值开发出来，增加旅游企业资产的服务附加值。

4）满足潜在旅游者的体验需求。我们希望营造的就是一种带给访问者的难忘体验。这种体验是通过我们制作的视频、图片和文字所承载的感官体验和文化冲击而实现的。

综上所述，本团队的服务将实现网络用户（潜在旅游者）、旅游企业、网络服务商等多方共赢目标，因而是具有广阔市场前景的。

2．服务模式简介

本项目将旅游企业作为我们的战略合作伙伴。在旅游企业提供资金和资源支持的基础上，我们为其开发网络体验营销服务产品，从而达到双方共赢。

3．与中华民族园的合作内容

（1）本团队为中华民族园开发网络营销推广服务产品　概括地讲，即是本团队通过展现中华民族园具有核心竞争力的优势吸引顾客。具体来讲，就是利用我们自己申请的网络空间——和讯博客和酷6播客，将实地采集的精彩视频并配合相应文字诠释民俗文化给网络用户。主要有两大类产品：

1）网络旅游感官体验产品。将在中华民族园实地采集的具有感染力的精彩视频、照片及相关文字说明投放到我们申请的网络空间——和讯博客和酷6播客上，使网络用户获得难以忘怀的感官体验。

2）精神文化体验产品。在和讯博客和酷6播客上介绍与中华民族园相关的民俗文化、历史、神话、传说故事，以及宗教、地理、经济等方面的知识，使网络用户获得难以忘怀的精神文化享受。

目前，中华民族园景区项目已经初现成果。由中央电视台专业摄影师拍摄录制的精品视频、酷6博文以及和讯博文已经在网络上受到欢迎（日浏览量平均达到350人次）。这些网络旅游体验服务产品，在增加其核心旅游资源的吸引力和利用率的同时，创造了额外的旅游企业价值增值——旅游企业的网络价值。

（2）中华民族园提供必要的资源支持　中华民族园提供的资源包括：与其核心竞争力密切相关的旅游资源（如景区的著名风景、建筑、资料信息等）、必要的人力资源和资金等。

本团队为中华民族园创造增值服务，将网络体验营销服务产品提供给网络用户后，增加了中华民族园的游客及营业收入，最终实现了我们的收益。此外，本项目的运行兼有信息提供和传播的功能。通过提供充分的信息，力求降低旅游者的购买成本（包括时间成本、精力成本、人力成本和资金成本）。

4．宣传推广方案

采用线上（ATL）推广和线下（BTL）推广相结合的方式。ATL（above-the-line），“线上”，主要指运动大众媒介影响消费者，如电视、电台、报纸、户外、互联网等，也包括赞助、大型事件营销，公关等。BTL（Below-the-line），“线下”，主要指与消费者发生直接接触的媒介，如传单、赠品、试用等。

（1）线上推广　线上推广有很多方式，虽然可以借助很多大众媒介，但是基于本次大赛的主题，我们主要借助网络推广的方式。

1）建立链接。运用超链接，可以确保让我们的网络服务平台尽可能多地和其他相关的网站建立联系。比如我们可以在校内网、开心网等网站上发布超链接，这些网站的用户可以通过超链接直接进入我们的服务平台。此外，我们还可以进行一些如下链接的形式，比如互惠链接，即双方同意的双向链接，都能免费得益。

2）电子邮件营销。电子邮件能够很好地进行在线沟通，通过电子邮件发送我们的服务平台的信息是一个不错的网络营销方式。这种方式具有及时、针对性强、可详细说明和相对廉价的特点。

3）即时通信工具推广。即时通信工具包括 QQ、飞信、MSN 等。以 QQ 为例，我们可以加入一些 QQ 群，和群员交流、推广，这是一个比较有效和实用的方式。我们可以加入多个 QQ 群，这些群员有着共同的爱好，比如旅游，网络游戏或是交友等。此外，还可建立几个 QQ 群，专门用来推广我们的项目。

4）聊天室、论坛、留言板推广。许多论坛有很高的人气和点击量，我们会重视论坛的作用，借助于论坛的大流量和高人气来推广自己的网站。比如我们会安排一些团队成员在某些人气较高的聊天室或论坛上带头讨论一些网上旅游体验的快乐感和满足感，引起他人的共鸣和体验欲望，并吸引他们关注我们的服务平台。

（2）线下推广

1）我们可以在一些人流量大的地方发放传单。

2）将我们产品的网址印在送出去的明信片等促销品上，它是提醒人们参观浏览我们推出的服务产品的好方法。

3）在校园进行推广活动。近期我们还在校园内组织了一次宣传推广活动，邀请了中华民族园内两名少数民族的工作人员为我们现场解说。这次校内推广活动不仅宣传了我们的服务平台，而且给中华民族园也带来了很好的推广效果。

5．本项目的可行性调研说明

（1）项目进行前的可行性调研

1）对旅游企业进行电话访谈。经过本团队讨论，我们针对北京的一些旅游企业，如地坛公园、青年湖公园、北京天缘惠达宾馆、凯撒国际旅行社、七天连锁酒店等进行了电话访谈。通过电话访谈，我们了解到大多旅游企业迫切需要进行网络体验营销，但由于主客观条件的限制，他们进行网络营销的力度不够，没有充分利用网络资源。同时，他们对我们这种网络体验营销服务模式非常看好，愿意和我们成为战略合作伙伴。在对各旅游企业进行电话访谈之后，我们最终选择中华民族园作为试点来实施本项目。

2）消费者对网络旅游体验需求的调研。在这次问卷调查过程中，我们总共发放问卷 350 份，收回有效问卷 318 份。在被调查对象中，听说过中华民族园的占 49.06%，没有听说过的占 50.94%。对民族民俗感兴趣的占 88.68%。我们发现：

① 被问及是否愿意提前在网络体验与中华民族园相关的内容时，结果显示如图 7-1 所示。

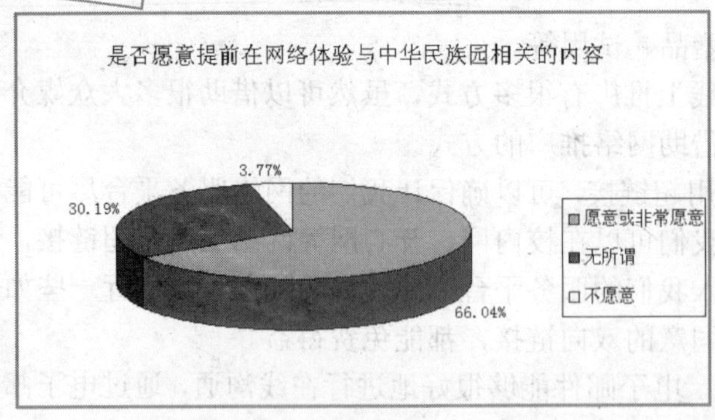

图 7-1

② 期待网络上关于中华民族园应提供的内容，结果显示如图 7-2 所示。

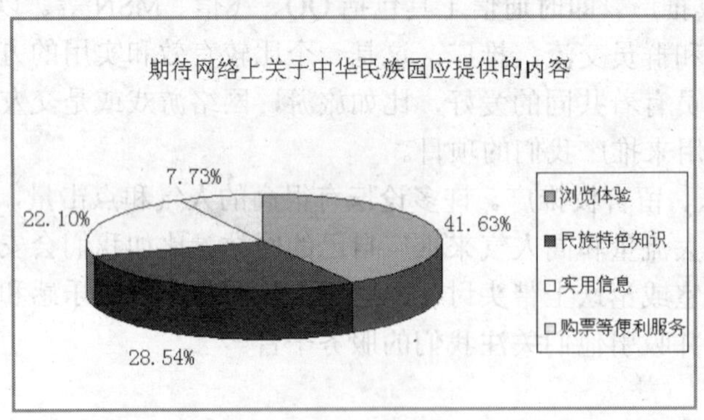

图 7-2

③ 网上关于中华民族园的信息是否对旅游者的决策产生影响，结果显示如图 7-3 所示。

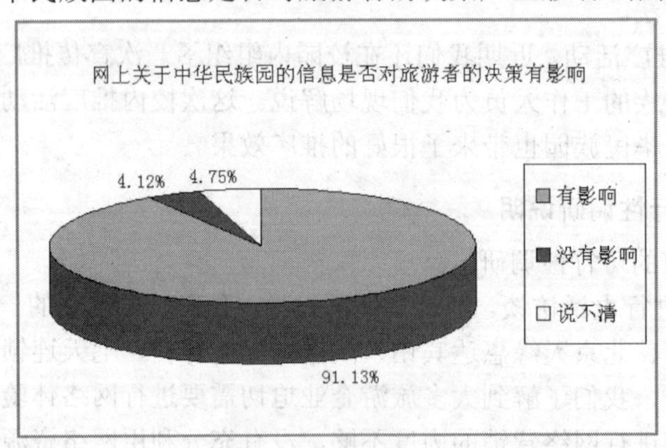

图 7-3

由调查结果可以发现，虚拟的中华民族园对消费者是具有吸引力的。此外，消费者对虚拟民族园的需求与我们之前的预测大致相符。

（2）项目进行中的可行性调研

1）中华民族园游客游园感受调研。我们在中华民族园发放了 300 份问卷，回收有效问卷 258 份。通过对调查结果的分析，发现有相当多的游客在游园后感觉与期望相差较大，没有得到应有的旅游体验。大部分人认为主要原因是事先对中华民族园的相关内容不够了解，而且表示事先在网上了解一下是非常有必要的。

① 游园后感觉与期望值差距调查结果如图 7-4 所示。

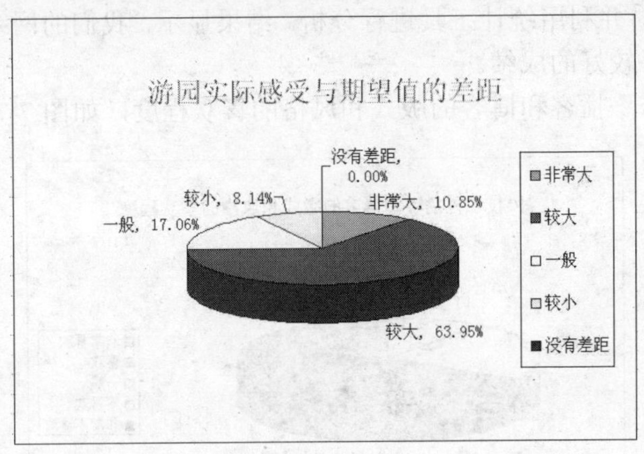

图 7-4

② 游园后感觉与期望值存在差距的原因，结果如图 7-5 所示。

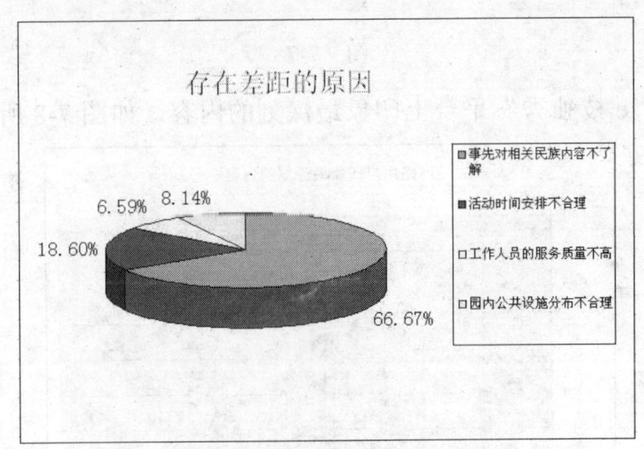

图 7-5

③ 游玩之前在网上了解中华民族园的相关内容的必要性，调查结果如图 7-6 所示。

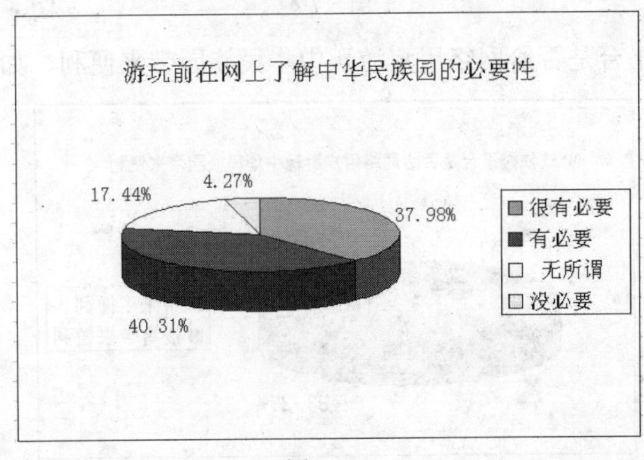

图 7-6

2）调查网络用户对我们服务产品的感受和建议。为了了解服务平台的实际效果，我们针对网络用户设计了一份调查问卷，以在线答题的方式收集反馈信息。到目前为止，共回收了有效问卷 85 份，并利用统计工具进行分析。结果显示，我们的网络服务平台在对民族园的推广方面取得了较好的成绩。

① 对“e 枝独秀”播客和博客的版式和风格的喜欢程度，如图 7-7 所示。

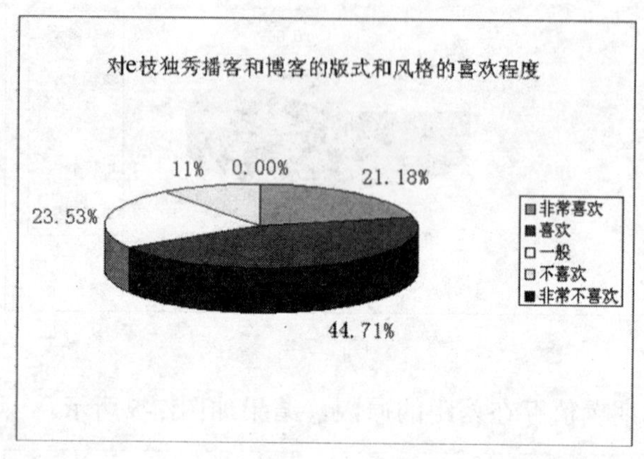

图 7-7

② 网络用户对“e 枝独秀”平台上印象最深刻的内容，如图 7-8 所示。

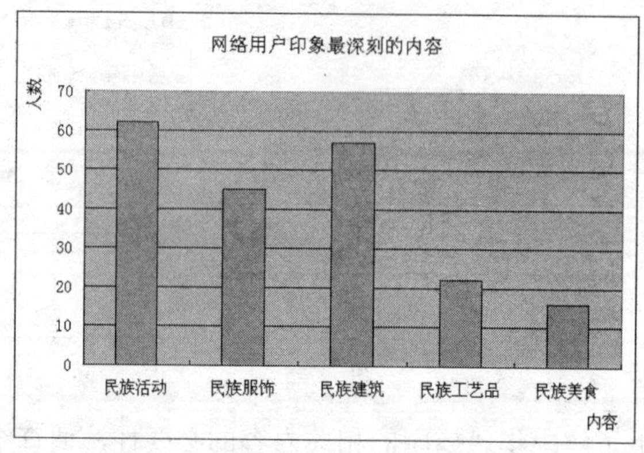

图 7-8

③“e 枝独秀”平台是否给网络用户游玩中华民族园带来便利，如图 7-9 所示。

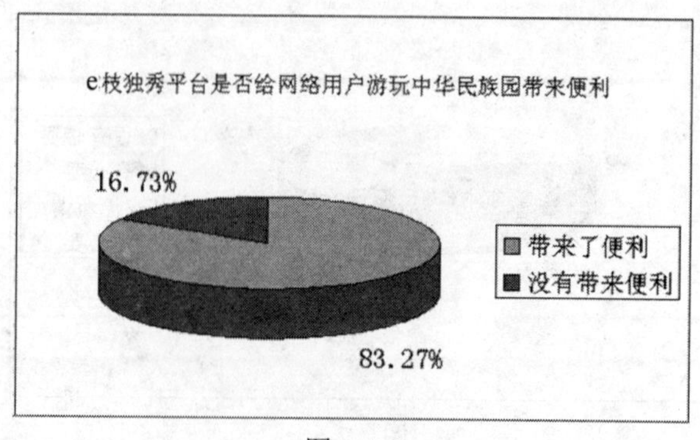

图 7-9

从我们实施的市场调研分析结果来看，本项目具有很大的市场前景，并且从项目的实际开展过程中来看，我们的项目得到了相当一部分网络用户的肯定。由此可见，我们的项目是十分必要且可行的。

6．本项目实施过程及进度

（1）对各旅游企业进行电话访谈（3 月 28 日～4 月 1 日）　经过本团队讨论，我们针对北京的一些旅游企业进行了电话访谈。通过电话访谈，我们了解到大多旅游企业迫切需要进行网络宣传推广，但由于主客观条件的限制，他们网络推广力度不够，没有充分利用网络资源。同时，他们对我们这种网络推广服务模式非常看好，愿意和我们成为战略合作伙伴。在对各旅游企业进行电话访谈之后，我们最终选择中华民族园作为试点来实施本项目。

（2）前期消费者及游客问卷调查（4 月 5 日～4 月 7 日）

1）消费者对网络旅游体验需求的调研。我们小组分别在北京几大景区开展了此次问卷调查。总共发放问卷 350 份，收回有效问卷 318 份。通过此次调查分析，可以看出中华民族园有很大的市场潜力，但在宣传方面亟待加强。而我们小组所做的项目是把营销推广与网络体验有效结合，不仅能提高中华民族园的知名度，而且还能极大满足游客的体验需求。这将有助于挖掘民族园的市场潜力，带来更多的经济效益。

2）中华民族园游客游园感受调研。通过调查分析结果，我们发现有相当多的游客在游园后感觉与期望相差较大，没有得到应有的旅游体验。大部分人认为主要原因是事先对中华民族园相关内容不够了解，而且表示事先在网上了解一下是非常有必要的。

（3）与中华民族园进一步接洽，争取对方的配合与支持（4 月 7 日～4 月 10 日）在与中华民族园进一步接洽过程中，我们进一步了解到中华民族园以富有浓郁民族地域色彩的园林创意独树一帜，以其自然、纯朴、亲切的风格为喧闹的北京城区保留了一片净土。园内山环水绕、梯田错落，由高山、峡谷、湖泊、小溪、草原、密林、溶洞、瀑布、人造雨林等构成从山地到平原、从南方到北方、从水乡到沙漠等多种风格的生态景观。点缀其中的还有许多民族地区特有的自然景观和人文景观，如土林、崖画、图腾柱、佛塔、石窟、嘛尼堆等。最具特色的是围绕民族村寨开垦的片片梯田、水田，还有农家小院里的菜地、瓜架，都还原了少数民族真实的生产、生活环境。园内栽植有三百多种园林植物，三季有花、四季常绿；还种植有三十多种农作物和经济作物，菜园、瓜架点缀在村寨的房前屋后；园内动植物品种多样，人工饲养禽畜，处处充满生机。不仅使园林成为展现民族文化的重要组成部分，还形成了别具特色的都市田园风光，是游客踏青、赏景、休闲、娱乐的优良场所。图 7-10 所示为团队与园内工作人员交流。

图 7-10　与园内工作人员交流

但是，自1992年建园以来，中华民族园在营销推广方面没有加以重视，主要以外国游客以及团体游客为主，而没有充分挖掘巨大的散客市场，从而导致其知名度不高。在与中华民族园分析探讨其经营现状之后，我们为其量身定做了一套网络推广方案。中华民族园对此方案表现出了极大的兴趣，愿意投资我们的方案，并授权我们进行网络推广。图7-11所示为中华民族园授权书。

授权书

授权单位：

被授权单位：中央财经大学“e枝独秀”团队

经协商，由中华民族园授权中央财经大学“e 枝独秀”团队，在参加“2008—2009 年 e 路通杯”全国比赛中可以以中华民族园为网络体验营销的对象。在此期间，“e 枝独秀”团队可以与中华民族园协商相关问题，以便在网络上进行营销活动。营销过程中使用的资料、文字内容、视频内容等，都必须经过中华民族园的认定才可发布。如果没有经过中华民族园的认定而在营销的过程中造成了不良影响，责任都将由“e 枝独秀”团队承担。如果因为中华民族园在认定过程中发生错误，则相关责任由中华民族园承担。

授权单位签字盖章：

被授权单位签字盖章：

签字日期：

图 7-11　中华民族园授权书

（4）资料的搜集和整理（4月7日～4月20日）为了更好地表现出中华民族园的特色，我们屡次前往中华民族园实地搜集资料。搜集过程中，我们亲自参与了少数民族的节日与活动，并与少数民族工作人员交流，同时对园内建筑、少数民族服饰和工艺等进行拍摄，为我们的网络宣传及推广提供了丰富的资料来源，如图7-12所示。

图 7-12　活动的花絮

（5）网络服务平台的搭建（3月31日～至今）我们利用酷6与和讯的网络平台，建立了酷6空间以及和讯博客。在酷6空间上，我们把前期收集到的相关资料结合体验营销的理念，不断创新，制作出了能表现中华民族园魅力的精品视频广告作品以及辅助视频作品。在和讯博客上，我们无论从版面设计、背景音乐还是博文内容与图片都充分体现了中华民族园的独特之处。总的来说，我们的网络平台给网络用户带来了难以忘怀的感官体验，吸引了大量的网络用户关注我们的网络服务平台。同时，网络用户还可以在服务平台上相互交流，给我们留言，发表他们的看法和建议等，体现了我们服务平台的互动性，如图7-13～图7-15所示。

图7-13　“e枝独秀”酷6空间（http://ezhiduxiu.zone.ku6.com/）

图7-14　“e枝独秀”酷6播客（http://v.ku6.com/ezhiduxiu/）

图 7-15 “e 枝独秀”和讯博客（http://hexun.com/ezhiduxiu）

（6）网络服务平台的推广（4 月 1 日～至今）

1）线上推广。线上推广有很多方式，虽然可以借助很多大众媒介，但是基于本次大赛的主题，我们主要借助网络推广的方式。

① 建立链接。运用超链接，可以确保让我们的网络服务平台尽可能多地和其他相关的网站建立联系。比如可以在校内网（见图 7-16）、开心网等网站上发布超链接，这些网站的用户可以通过超链接直接进入我们的服务平台。此外，还可以进行一些如下链接的形式，比如互惠链接，即双方同意的双向链接，都能免费得益。

个人主页　资料　日志　相册　应用

韩序 分享视频 中华民族园精品视频 - 视频 - 酷6视频 - 在线观看 - 中华民族园 分享

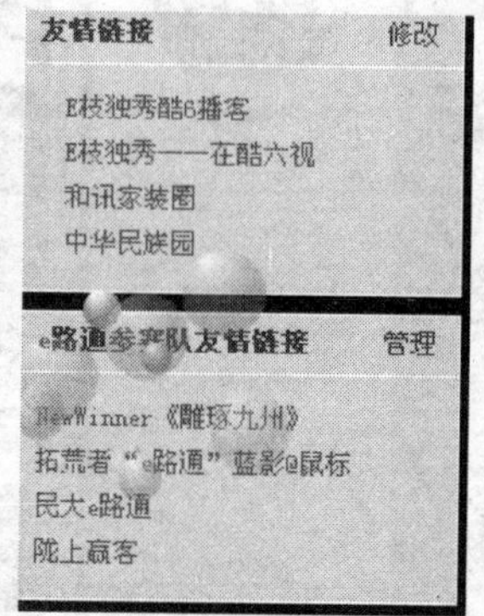

图 7-16　利用校内网分享我们的视频并建立互惠链接

② 电子邮件营销。电子邮件能够很好地进行在线沟通，通过电子邮件发送服务平台的信息是一个不错的网络营销方式。这种方式具有及时、针对性强、可详细说明和相对廉价的特点。

③ 即时通讯工具推广。即时通信工具包括 QQ、飞信、MSN 等。以 QQ 为例，我们可以加入一些 QQ 群，和群员交流、推广，这是一个比较有效和实用的方式。还可以加入多个 QQ 群，这些群员有着共同的爱好，比如旅游，网络游戏或是交友等。此外，我们可以建立几个 QQ 群，专门用来推广我们的项目，如图 7-17 所示。

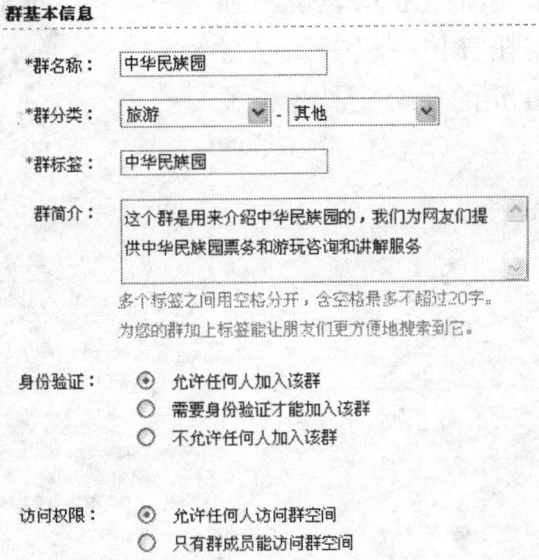

群基本信息

*群名称：中华民族园

*群分类：旅游 - 其他

*群标签：中华民族园

群简介：这个群是用来介绍中华民族园的，我们为网友们提供中华民族园票务和游玩咨询和讲解服务

多个标签之间用空格分开，含空格最多不超过20字。
为您的群加上标签能让朋友们更方便地搜索到它。

身份验证：
◉ 允许任何人加入该群
○ 需要身份验证才能加入该群
○ 不允许任何人加入该群

访问权限：
◉ 允许任何人访问群空间
○ 只有群成员能访问群空间

图 7-17 建立的群

④ 聊天室、论坛、留言板推广。许多论坛有很高的人气和点击量，我们会重视论坛的作用，借助于论坛的大流量和高人气来推广自己的网站。比如我们会安排一些团队成员在某些人气较高的聊天室或论坛上带头讨论一些网上旅游体验的快乐感和满足感，引起他人的共鸣和体验欲望，并吸引他们关注我们的服务平台，如图 7-18 所示。

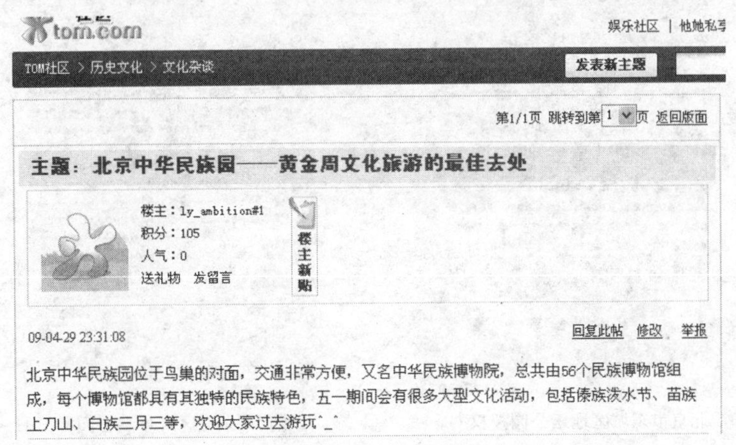

图 7-18 在 tom 社区的留言

2）线下推广。我们可以在一些人员流动性强的地方发放传单，宣传我们的网络服务平台，并将网址印在明信片、钥匙链等小礼品上定期派送出去，这应该是提醒人们参观我们网站的好方法。此外，我们还在校园内组织了一次宣传推广活动，如图 7-19 所示。邀请了中

华民族园内两名少数民族的工作人员为我们现场解说。这次校内推广活动不仅宣传了我们的服务平台，而且给中华民族园也带来了很好的推广效果。

图 7-19　校内的推广活动

（7）争取承揽更多的景区或旅游企业的委托宣传业务（4 月 7 日～至今）目前我们已完成了地坛公园、青年湖公园、北京天缘惠达宾馆三个项目的初步接洽工作，三个旅游企业均表现出强烈的购买意向，并已签署委托宣传授权书，已得到北京天缘惠达宾馆 20 000 元的资金支持。相关授权书如图 7-20 所示。

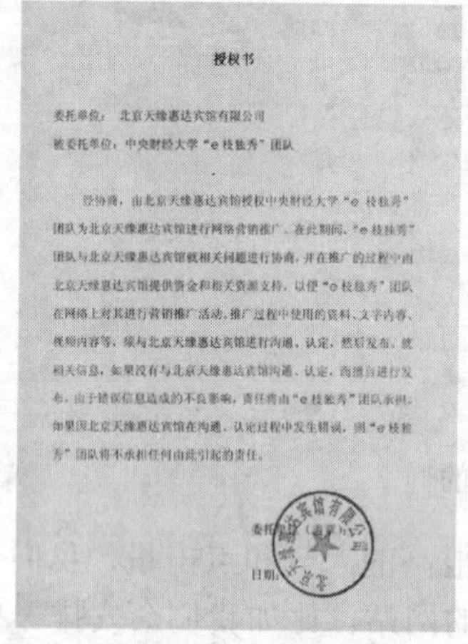

授权书

委托单位：北京天缘惠达宾馆有限公司

被委托单位：中央财经大学“e 校独秀”团队

经协商，由北京天缘惠达宾馆授权中央财经大学“e 校独秀”团队为北京天缘惠达宾馆进行网络营销推广。在此期间，“e 校独秀”团队与北京天缘惠达宾馆就相关问题进行协商，并在推广的过程中由北京天缘惠达宾馆提供资金和相关资源支持，以使“e 校独秀”团队在网络上对其进行营销推广活动。推广过程中使用的资料、文字内容、视频内容等，须与北京天缘惠达宾馆进行沟通、认定，然后发布，就相关信息，如果没有与北京天缘惠达宾馆沟通、认定，而擅自进行发布，由于错误信息造成的不良影响，责任将由“e 校独秀”团队承担。如果因北京天缘惠达宾馆在沟通、认定过程中发生错误，则“e 校独秀”团队将不承担任何由此引起的责任。

委托单位（盖章）：

日期：

北京天缘惠达宾馆授权书

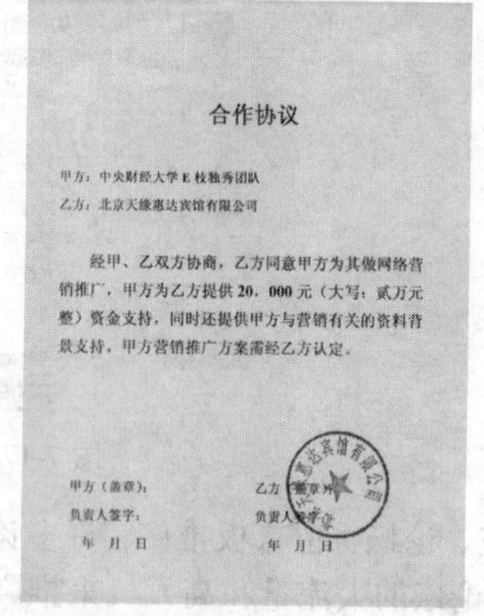

合作协议

甲方：中央财经大学 E 校独秀团队

乙方：北京天缘惠达宾馆有限公司

经甲、乙双方协商，乙方同意甲方为其做网络营销推广，甲方为乙方提供 20，000 元（大写：贰万元整）资金支持，同时还提供甲方与营销有关的资料背景支持，甲方营销推广方案需经乙方认定。

甲方（盖章）：　　乙方（盖章）：

负责人签字：　　负责人签字：

年　月　日　　年　月　日

与北京天缘惠达宾馆的合作协议

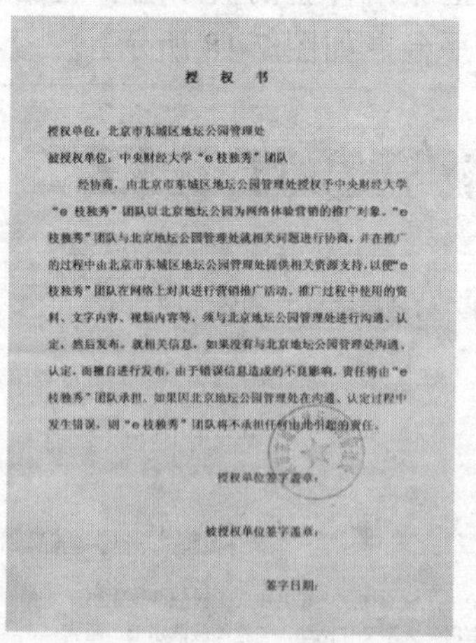

授　权　书

授权单位：北京市东城区地坛公园管理处

被授权单位：中央财经大学“e 校独秀”团队

经协商，由北京市东城区地坛公园管理处授权予中央财经大学“e 校独秀”团队以北京地坛公园为网络体验营销的推广对象。“e 校独秀”团队与北京地坛公园管理处就相关问题进行协商，并在推广的过程中由北京市东城区地坛公园管理处提供相关资源支持，以使“e 校独秀”团队在网络上对其进行营销推广活动。推广过程中使用的资料、文字内容、视频内容等，须与北京地坛公园管理处进行沟通、认定，然后发布，就相关信息，如果没有与北京地坛公园管理处沟通、认定，而擅自进行发布，由于错误信息造成的不良影响，责任将由“e 校独秀”团队承担。如果因北京地坛公园管理处在沟通、认定过程中发生错误，则“e 校独秀”团队将不承担任何由此引起的责任。

授权单位签字盖章：

被授权单位签字盖章：

签字日期：

北京市东城区地坛公园授权书

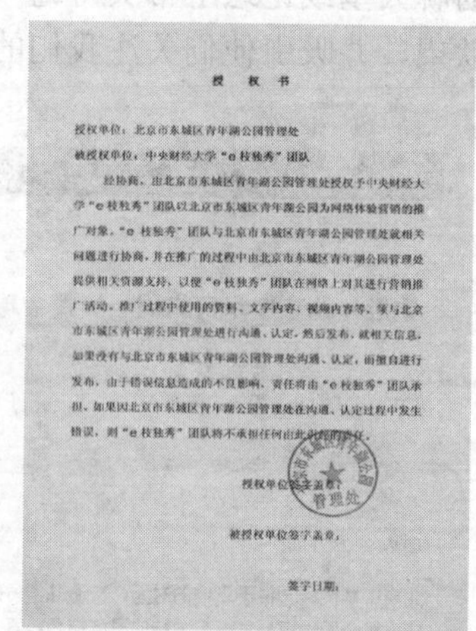

授　权　书

授权单位：北京市东城区青年湖公园管理处

被授权单位：中央财经大学“e 校独秀”团队

经协商，由北京市东城区青年湖公园管理处授权予中央财经大学“e 校独秀”团队以北京市东城区青年湖公园为网络体验营销的推广对象。“e 校独秀”团队与北京市东城区青年湖公园管理处就相关问题进行协商，并在推广的过程中由北京市东城区青年湖公园管理处提供相关资源支持，以使“e 校独秀”团队在网络上对其进行营销推广活动。推广过程中使用的资料、文字内容、视频内容等，须与北京市东城区青年湖公园管理处进行沟通、认定，然后发布，就相关信息，如果没有与北京市东城区青年湖公园管理处沟通、认定，而擅自进行发布，由于错误信息造成的不良影响，责任将由“e 校独秀”团队承担。如果因北京市东城区青年湖公园管理处在沟通、认定过程中发生错误，则“e 校独秀”团队将不承担任何由此引起的责任。

授权单位签字盖章：

被授权单位签字盖章：

签字日期：

北京市东城区青年湖公园授权书

图 7-20　相关的授权书

（8）调查网络用户对我们服务产品的感受和建议（4 月 26 日～4 月 30 日）为了了解我们服务平台的实际效果，我们针对网络用户设计了一份调查问卷，以在线答题的方式收集反馈信息，并利用统计工具进行分析。结果显示，我们的网络服务平台在对民族园的推广方面取得了较好的成绩。

7. 财务收支情况

经协商，项目前期宣传制作费用由中华民族园支付，如其已支付网下宣传海报及照片（220 元）。网上视频制作费、交通与通信费待核实。

8. 未来发展规划

1）在中华民族园网络营销推广的基础上，根据网络用户和旅游企业的需求，不断更新和完善服务产品，以巩固和发展我们的战略合作伙伴关系。

2）为已拿到授权的单位——天缘惠达宾馆（已支付 20 000 元资金支持）、地坛公园、青年湖公园做网络营销推广。

3）我们还会接洽其他旅游企业，将我们的服务向整个旅游行业扩展，开发更多的客户。

4）与旅游企业协商，取得代理销售的资格，从而在保证自身盈利和给顾客一定的让利情形下，开通我们的网上购买、预定店面（如淘宝网）。主要销售有折扣的景区门票、纪念品和宾馆房间预定等。这些网上交易的工具将使用建行网上支付系统。

5）结合针对网络访问者和实际访问进行网络调查和实地调研，为企业提供旅游企业服务质量评价及管理咨询。未来与旅游企业的合作模式如图 7-21 所示。本企业未来服务产品组合表见表 7-1。

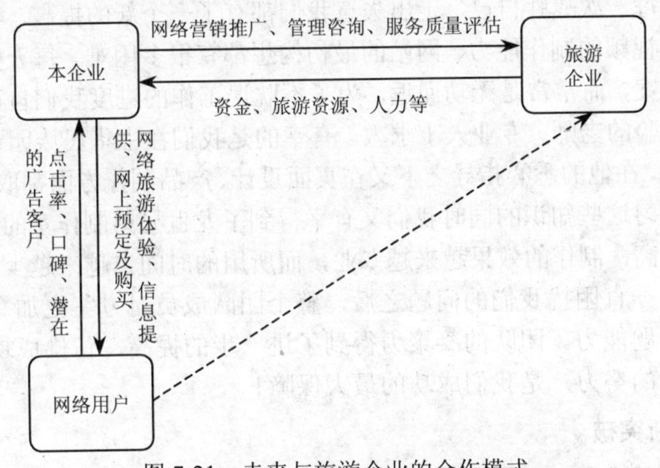

图 7-21 未来与旅游企业的合作模式

表 7-1 本企业未来服务产品组合表

产品类型	产品名称	产品描述	产品举例
核心服务	网络营销推广	通过给网络访问者带来难忘的网络旅游体验，推广现实旅游服务的供应商	和讯博客及酷 6 播客
便利服务	网上预定及购买	利用建行网上支付系统和淘宝网等，在网上为消费者提供购买门票或纪念品、预定房间和航班等服务。	网上出售中华民族园门票
	信息提供	通过提供旅游企业的详细信息，降低消费者购买旅游服务的成本（包括时间成本、精力成本、人力成本和资金成本）	以实地拍摄的酒店信息降低旅游者实地看房的成本
辅助服务	服务质量评估	通过线上、线下调查顾客对旅游企业的意见，在充分了解旅游企业的基础上，对其服务质量进行评估	对中华民族园的服务质量评估并做管理咨询
	经营管理咨询	在与旅游企业长期合作，深入了解旅游行业的基础上，识别并尝试解决困扰旅游企业的经营管理问题	中华民族园的改扩建方案

7.4 竞赛结果

7.4.1 实施结果

经过几个月的紧张工作，我们的方案得到了充分的实施，取得了较大的进展。主要有以下几方面：

1．方案的进一步完善

“什么是执行力？执行力就是有问题不放弃，而是积极寻找解决问题的方法。”这句话一直鼓舞着我们，在方案实施的过程中团队遇到了各种各样的困难，面对困难我们没有妥协，而且不断地寻找解决问题的方案。有一次我们针对产品的使用对象进行了 12 小时的争论，直到夜里两点钟终于将分歧变成了统一，在这个过程中我们不仅完善了方案，更让我们对方案有了一个新的认识，使我们在实施方案的过程中能够实现效用最大化。

2．团队的成长

经历挫折，战胜自己是成长最快的途径。在方案实施的几个月中我们经历过了困惑、无措、失望、希望。每一次战胜自己，走出失意我们都有了一个新的提高。我们都没有计算机技术的基础，并且视频的制作能力、网站的最初构想都有很多困难。每天大家见面都在寻找方法，寻找解决方案，而常常是无功而返。为了不耽误工作的进度我们自己借来专业的书籍边看边学，向有经验的老师、专业人士求教。有幸的是我们在中华民族园遇见了每星期只上一次班的技术指导，在他的悉心指导之下又在页面设计、产品制作方面都取得了较大的进步。在我们自己努力学习这些知识的同时我们又有幸得到了龙世兄弟制作室的帮助，使我们制作视频的能力大大提高，制作的效果越来越专业，而所用的时间也越来越少。

在战胜了这个一直困扰我们的问题之后，整个团队成员对方案更加有信心，同时也具有了更强的解决问题能力。团队的凝聚力得到了进一步的提高，仿佛成功的实施效果已经在我们面前。团队的努力，是我们成功的最大保障！

3．平台的不断突破

从着手开始建立博客和播客平台开始，到后来最高日浏览量超过一千人次，我们的用心之作得到了最好的回报。每天平台文章的发布是我们工作的主要内容。每一个字都经过反复的斟酌，每一个词都经过多次的推敲，每一篇博文都经过五个人的精雕细琢。在办公室大家一起制作完博文，共同修改共同润色后才能让我们的产品见我们的网络用户。

经过辛勤的耕耘，我们的网站平台用户访问量迅速提升，用户回帖的质量也越来越高。互动的效果明显提高，达到了最初的预想——带给用户体验。在与用户沟通的过程中我们也不断地修改着产品，使它更加符合用户的需要。在这个过程中很多用户最后都选择了实地旅游，亲自到中华民族园内体验一下民俗风情。

4．我们的用户笑了

没有什么能够让用户对你的产品给出评价更让人感到开心的事情了。经过了一个多月的实施，线上线下的互动推进，很快地，中华民族园的游客入园量有了提高。中华民族园的负责人也对我们的方案和工作给出了肯定的回复，并愿意和我们继续合作下去。而且在以后的推广过程中考虑给予我们更大的支持。

在推广中华民族园的过程中我们并没有停止对其他企业的公关活动，在将我们的产品介绍给新的潜在客户后，我们得到了积极的回应。地坛公园、青年湖公园、北京天缘惠达宾馆都非常积极地想与我们合作，并且将授权书递交给我们。其中天缘惠达宾馆更是连营销费用的使用协议也一并发给了我们，愿意先支付两万元用于我们的前期运作。

付出总会有回报，其实很多时候成功真的很简单，只要你坚持不懈地努力做下去，努力地把要做的事情做得最好，那么成功真的就是咫尺之遥了。方案的成功实施不仅让我们更加自信，团队凝聚力也更加强大，还让我们明白了其实我们可以做得更好、更多，让我们的客户能够有更好更快的发展，共同努力一起成长。

7.4.2 名次结果

全国总决赛一等奖第五名，北京赛区网络营销活动策划主题赛一等奖。

7.5 方案点评

安贺新（中央财经大学）日期：2009-05-01 11:28　评分等级：★★★★

从整个方案及实施过程可以看出，你们确实做了很多实事，做市场调研，与景区洽谈等，但还应注意一个问题，在线上创造的增值服务既可为景区带来效益，也可为游客或潜在游客提供帮助。应当注意你们的盈利模式，以及所站的角度。处理好景区（或旅游企业）和真实游客的关系。一定要有明确的立意和系统的思维。

安贺新（中央财经大学）日期：2009-05-09 11:24　评分等级：★★★★

目前来看，方案相对比较完善，既有盈利点，也有具体实施措施。而且部分项目的实施已经颇有进展，前景也相对较好。希望你们能再将博客做精：面对访客，要让人感觉信息充实，具有可读性；面对旅游企业，要让其满意，感觉付出的费用确有其效。从理论角度看，目前比较完善。实操角度还可进一步提升。

7.6 获奖感言

经过几个月的努力我们选择的项目得到了很好的执行，我们团队将继续将网络营销进行下去，帮助更多的企业提高品牌知名度。在整个活动过程中我们团队得到了合作企业的大力支持，不仅给予资金上的支持还积极配合我们进行拍摄、协调演员进行现场表演。本次活动对我们团队成员影响特别大，不仅得到了校、院领导的认可，还给我们综测加分并颁发了团队奖学金。这次获得全国的奖项，我们不仅得到了实实在在的锻炼，而且还为就业简历增添了厚度，为我们以后找到一个好工作奠定了重要的基础。再次感谢大赛组委会和建行等举办单位给予我们的机会，非常感谢！

第8章

民族手艺网络博物馆搭建和推广方案

作者：山东科技大学 “妮娃子”团队

8.1 团队简介

我们是来自山东科技大学的“妮娃子”团队，队长张鹏，成员贾艳敏、高凌、杜佳佳，均为山东科技大学经济管理学院管理科学与工程系学生，主修电子商务专业。

团队名称“妮娃子”是因为在民间手工艺大量流失的今天，我们希望我们这群来自民间的妮子和娃子们能够用我们最质朴的声音和务实的付出唤醒大家对民间手工艺的热爱，为民间的大师们传承他们的手艺贡献微薄的力量。

1. 成员分工

队长：张鹏，带领团队、问卷调查及分析、校园营销方案设计及实施。

成员：贾艳敏，酷6博客平台的开发应用。

成员：高凌，博客的页面设计、美术支持。

成员：杜佳佳，中国制造网的开发利用、效益估计。

2. 团队宣言

妮娃子正在呐喊！

8.2 选题经过

民间艺术是一种有形的文化，也是一种有形的、实体性的民俗。编织也好，刺绣也好，蜡染也好，绘画也好，都以实体为介质——质料、造型、图案和色彩等体现出来的，而且还与生产制作的水平，工艺技巧的传统以及生活使用的要求以至习俗等，都有密切的关系。把民间艺术放置于民间文化的整体中来观察，可以使我们更深刻地认识到民间艺术的价值、存在的意义及其地位。民间艺术是整个民间文化中的精髓，不仅丰富了我国的文化形式，更彰显了中华民族的文化底蕴。

然而现代生活的现状，却使我们越来越难发现这些传统手艺的身影。目前又有多少人在从事传统手艺，以传统手艺为生呢？答案是不乐观的。据不完全统计，目前的民间传统手工艺的从业者呈现逐渐萎缩的状态，更令人堪忧的是许多经典手工艺逐渐在走向消亡之路。

因此，“妮娃子”正是在“时代·传承”的理念指引下创立了民间手艺“网络博物馆”，把这些古老的传统手艺与现代技术相结合，通过这样的手段给大家全方位的展现出来，通过多层面的透析和展示，让大家重新来认识它们，让现代人重新走入它们的生活；并且在展示博物馆的同时，充分挖掘这些古老手艺的潜力，在充分展示它们魅力的同时，促进这些传统手工艺与现代文明的结合，也让民间手艺走入现代人的世界。

我们本着“服务大众，传承文化”的宗旨在做我们的“网络博物馆”，我们就是要通过对博物馆的文化服务，实现对大众的文化服务，以此促成这些手艺文化的传承。

8.3 方案

1. 概述

（1）目标定位　民间艺术是一种有形的文化，是整个民间文化中的精髓。要问我国的民间艺术到底有多少种？估计谁也说不上来，但是我相信每个人都能如数家珍的说上几样，透着喜庆和吉祥的大红剪纸、精巧细致的“蛋壳雕”、别出心裁的甲骨彩绘、灵韵别致的泥塑、金碧辉煌的铜刻、清新简洁的蓝印花布等。

然而现代生活中，我们却越来越难发现这些传统手艺的身影。社会生活节奏的加快和娱乐方式的增多，使得人们兴趣爱好的分流和转移都很快。很多中国优秀的传统手艺由于没有受到大家的重视，已经在渐渐走出大家的视线，而且这种恶况正在持续蔓延，因此及时而正确的对传统手艺进行引导已经刻不容缓。

妮娃子要抓住这些传统手艺的特征和技艺，结合现代网络技术，运用网络营销，将传统手艺推向一个崭新的层面。通过对点滴水的传承，促成“洪流”的产生。我们要建造民间艺术的博物馆，最大限度的展示中华民族的传统手艺。将网络博物馆品牌化，成为传统手工艺企业的口碑集中地、民间艺术爱好者的俱乐部、传统手艺人的参考书和非物质文化遗产保护的阵地。团队通过“网络博物馆”品牌平台的搭建，让更多的人通过我们的博物馆接触到这些他们即将忘记，甚至从来就没有任何记忆的民间传统手工艺。博物馆本身有着保护、传承、教育的功能，而我们就是要对我国的传统手艺借助网络博物馆进行保护、传承。

根据网络博物馆搭建的过程，在不同的时期我们要实现不同的阶段目标。

1）在前期，我们将把平台打造成“文化的宣传基地”。由于在前期选择轻盈利的模式，因此重点在于注重对品牌的打造，此时博物馆的游客将是我们的首选目标，做好对他们的服务，既实现传承的目的，又渗透对品牌的认知。

2）在中期，对客户加强的关键时期，也是培养忠实游客和塑造传承人群的关键时期。因此我们在此时期主要以活动（包括线上、线下）配以恰当的宣传来经营我们的网络平台。

3）在后期，要通过宣传完成平台的品牌化。借这一品牌的运作进行我们更深层次的民间传统手艺的宣传和推介，希望通过口碑营销的运作，让这一“博物馆”成为名副其实的手工艺爱好者的俱乐部。在此期间，主要是引导平台的游客和加入我们的人群去自我开展活动，在加强宣传平台本身的基础上更促成他们对民间传统手工艺的认可和传承。

总之，通过这一平台的成功运作让每一个浏览者都能帮助我们实现平台的构建和宣传，让传统手艺深入人心。希望利用我们的网上博物馆，让传统手艺得到最充分的宣传，让更多的人参与到我们的队伍中来。我们会以点带面，以少带多，让更多的人保护着这民间最精湛、最富有意义的部分。

（2）平台概述　在现实中博物馆的作用有两个：一个是利用展厅向公众进行展示和传播；另一个重要职责就是科学地保护好这些民族艺术精品，在现实中后者更为重要。而“网络博物馆”就是在向公众进行展览的同时让公众加入进来，增加我们之间的互动性，以起到更好的渗透效果，扩大影响范围。

我们搭建的“网络博物馆”平台，不仅作为进行展览的展馆阵地，更是挽救和传承传统手艺的活动区。网络博物馆在博客这个平台上有着得天独厚的优势，与网站相比，博客有一个亲民的和蔼形象；与论坛相比，博客显得正规、专业。

因此，网络博物馆不仅可以担当起宣传传统手艺的口碑网，更能够成为传统手艺爱好者的俱乐部。

2. 市场分析

（1）背景分析　虽然，近几年来中国传统工艺随着国力的增强，迎来难得的发展机遇。但是由于一些外部和自身的原因，都不同程度地面临后继无人、生存艰难等困境，许多民间艺术正在逐渐走向消亡。据悉，在宁波一个市的415项民俗类民间文化资源中，已经消亡的就有60项。

中国民间艺术中传统工艺历史久远、品类丰富，在漫长的以农耕为主要生活方式的时代，与人的日常生活密切关联。传统工艺品体现了中国人的生活方式和审美趣味，其重要性和文化价值在不同时代被不断继承、解读与深化。但作为中国文化的精髓，它并没有引起更多人的兴趣，特别是对于年轻人，他们反倒不如一些外国人对工艺品有着更深的了解。在这个慢慢被年轻人占据的社会中，传统手艺不能变成消失在时间里的尘埃。因此，我们要行动起来，让更多的人通过我们的“网络博物馆”走入传统手工艺的魅力世界。

（2）背景调查

表 8-1　现有网络博物馆的访问统计量（一周平均）

博物馆名称	故宫博物馆	上海博物馆	中国国家博物馆	北京自然博物馆	浙江博物馆
日均 IP 访问量	3 360	840	660	1 320	180
日均 PV 浏览量	7 056	7 560	1 980	3 960	360

从表 8-1 中可以看出大家对网络博物馆的认可度是非常高的，特别是对于一些知名网站（如故宫博物馆）。因此我们可以得知网络博物馆实现品牌化经营是非常有市场的，而目前从事中国传统民间手工艺的网站基本处于零状态，中国非物质分化遗产网是首个国家允许的门户网站，但是网站只是担当着信息发布、非物质文化遗产申报的站点，带着浓厚的官方味道。而我们的“网络博物馆”则是以一种平民的姿态进入网络环境，用自身的影响力，贴近群众，达到最大化的影响。因此，对我们来说，网站与我们的竞争只是一种潜在的竞争，甚至从另一个角度来说，这些网站还是我们的优势，充当我们的资源库。

（3）需求人群分析

1）国家。就目前情况而言，到底有多少人需要以及将会支持我们的活动？我们首先想到的就是国家。在前文已提到，传统手艺的流失，已经成为国家的一个很头痛的问题，获得国家的支持是最具有可能性的，同时国家也是回报利益最大的对象。因为，站在国家的角度分析，存在以下劣势：

① 中国具有五千年的历史，这就意味着把所有的手艺汇总起来并加以传承，工作量将是巨大的，耗资也是巨大的。

② 相对于我们国家的现状，要想把所有的传统手艺组织起来这就意味着你要走遍大江南北，走遍每一个小山村，走到每一户人家中，难度可想而知。

③ 国家还没有到十分需要做这件事情的地步，但对这件事情迟早都要做。相对于中国现在的国情，对传统手艺的保护还远不如发展更加重要。

④ 出路存在问题。在没有市场的情况下，国家收集来的手艺也只会作为一种陈列品而搁置，这显然与传承是相违背的。

所以，国家的支持是显而易见的，我们的所做只会给国家带来更多的收益，更简单地完成国家想完成的任务。

2）手艺人。另一个支持人群就是手工艺人，他们掌握并承载着传统手艺知识和精湛技艺，既是非物质文化遗产活的宝库，又是非物质文化遗产代代相传的代表性人物。但通过数据显示，现在很多的民间艺人都处于基本生活都不能保证的状态，导致很多人不得不放弃自己的特长，选择其他的职业来维持生活。像是贵为中国“十大民间艺人”之一的杨家，他的作品每个也只能卖几元钱。生意的冷淡让他不得不放弃，选择其他的出路，当别人问起时，他总是很无奈地说：“我得生活啊！”

“主要就是做外国人生意，同样的东西在这里只能卖120块，到了日本，1万元人民币也能卖出去。”通过这段话我们可以明确现在传统手艺品的主要销售对象竟然成了外国人，而且经过不完全统计，目前在国内存在着这样畸形的状态——有些外国人对中国传统手工艺的了解远远多于中国人。不能说是国人不喜欢它们，不愿意接受它们，而是他们无从获知传统工艺的信息和亲眼看见精湛的作品。而这就引出了我们的工作的重点——宣传。通过宣传，为他们打造出更多的需要人群，让产品走向更加宽广的世界，受到更多人的喜爱。

只要有需求就一定会有商机。只要通过我们的宣传能为他们打造一个需求市场，相信他们的目标就不会是简简单单的生活维持。他们也会更加支持我们的工作，而民间艺人的支持将会直接促进商品货源和商品质量。

3）重点推广人群。除上述人外，老年人和大学生等也是需求人群。由于老年人比较念旧，所以很怀念童年记忆里那些美好的时光。渐渐消失的儿时玩具、稀奇的手艺绝活与他们日渐强烈的怀念形成了鲜明的对比，他们比任何人都希望传统手艺像常青树一样，永远充满生机。

相对而言，大学生的希望更多的是来源他们对现实的分析和对国家危机感的认知。对整个国家而言，大学生及其以上的高学历人群，有着先进的思想，更加强烈的民族危机认识，对现在国家的传统手艺的流失以及现在的状况有着更加清醒的认识，强烈的爱国激情让他们希望尽自己的一份力量来为国家作出一些贡献。而我们提供的平台满足了这种爱国的需要，也同时为他们提供了展示思想的平台，这也为后面我们活动的实现提供了一些潜在的人员配置。

3．SWOT 分析

（1）优势分析

1）环境优势分析。

① 国家政策支持。国家支持，出台相应政策，地方保护传统手艺发展，市场上渐渐形成的传统手艺集散地，国家对非物质文化遗产的保护思想的表现等都展现了国家对传统手艺的保护思想。

去年我国正式启动了民间手工艺保护工程，并斥巨资对于历史悠久正在面临失传的传统民间手工艺加以抢救性的发掘和保护。据官方公布的数字，大约有六千万元重点对一些大师级的手艺人给予资助。第二批“非物质文化遗产”传承人评定后，文化部称将陆续投入 8 000 万元人民币资金用以保护 518 项首批国家级非物质文化遗产。对已认定的代表性传承人的传习活动，文化部将制订出台“国家级非物质文化遗产项目代表性传承人管理暂行办法”，对他们进行保护和扶持。

除了政府通过法律保护、资金扶持等方式对代表性传承人给予支持和帮助外，建立健全对传承人正当权益的保护机制以及建立对作出杰出贡献的传承人进行奖励的机制等也正在探索之中。

从现在的情况看来，国家已经很重视传统手艺的传承，只是鉴于经济等各种因素的影响，所以才没有采取太大的措施。我们在这种国家需要的基础上做这样一个网络博物馆，可以说是顺时而生！俗话说得道者多助，失道者寡助。而我们就是在这种前提下，应时而生，相信不仅会得到人民的支持，更会得到国家的支持。

② 大学生优势。大学生作为现在高学历人群，更能看见现在社会上存在的问题。他们有着强烈的危机意识，伴着这样的想法，大学生都希望通过自己的努力为国家做一些有意义的事情。

大学生的优势还体现在影响范围广。现在上网人群中，大学生占有很大比例，可以说，大学生这类高学历人群是上网人群的主力。因此，抓住了大学生就意味我们在网上的宣传的效果也会大大的增强。

我们也是为大学生提供这样一个机会，让他们在得到锻炼的同时满足他们爱国心情的需要！这也将为我们以后举办活动提供在线的支持力量。

③ 传统手艺多。中国作为一个博大精深的国家，在每一个角落都存在着属于自己的民俗风情和民俗手艺，而这些巨大的资源都会成为我们最大的自然“仓库”。

我们网络博物馆并不是缺少手艺品的来源，而是缺少发现的眼睛。只要我们细心，我们在自己身边就能发现这样的手艺人！我们也将会在后面与手艺人合作，共同为我们的博物馆做一些有意义的事情。

2）平台优势。

① 博客本身优势。我们这一次方案的主题是通过博客推广中国的民间艺术，建立中国民间艺术的“网络博物馆”。民间艺术网络博物馆既包括已经形成商业化的手工艺品，还包括更大一部分没有形成商业化的手工艺品。这些商品并不适合从一开始就大规模开展各种以赢利为目的的商业活动。而博客营销本身具有知识性、自主性、共享性等基本特征，恰

好可以解决这些缺陷。和其他营销方式相比，博客营销具有如下绝对优势：

A. 以博客作为载体，可以吸引更多喜欢民间艺术的人群。因为博客并不直接盈利，看博客的人会以欣赏的眼光去接纳并热爱这些博客中的信息。随着社会的发展，利益的体现越来越明显，很多人对这种金钱势力很是反感。但对于博客这种不是以盈利为目的的方式，更加容易让人接受！而其他宣传营销方式更注重将民间艺术更快的形成商业化，忽略了它作为民间艺术的价值——无形的价值。

B. 博客的表达形式多样，在我们的博客上不仅体现了图片、文字等这样的基本元素，还加上了很多更加有吸引力的元素，像是视频、投票器等。利用这样的表达方式，我们的信息以及理念更容易被传达。

C. 博客可以承载很大的信息量，吸引更多的眼光，高信息量意味着更大的客户群。如果在博客上可以找到足够的信息，那么百度等搜索引擎都会主动的宣传你，关注你。高点击量，就起到了宣传的作用，在潜移默化中，渐渐的喜欢上我们的博客，喜欢上我们的传统手艺。

② 淘宝支持。相对而言，淘宝更是一个盈利的机构，而不是一个宣传机构，这就严重限制了目标人群。只有喜欢或者有需要的人才会选择购买手艺品，这就把人群定位在客户，而不是所有已经是或者将会是的消费者身上，这就不会起到我们宣传的目的。相对而言，博客在这方面就会更胜一筹。因为博客的对象是很宽泛的，我们可以吸引不喜欢的人到我们的博客上，然后把不喜欢的变成喜欢的，把喜欢的人留住并成为我们妮娃子的一个团员。

博客的共享性给了民间艺术一个活跃的舞台。与淘宝相比，博客可以凭借优美的语句、精致的图片和真实的故事让更多的人了解并爱上民间艺术，这是最适合作为辅助盈利的一种渠道。

③ 播客宣传。播客和博客本身目的是一样的，是为宣传。但相对而言，博客的实现更有挑战力，首先博客实现方式更加多样，包括图片、文字、视频等，但是播客只是视频的添加。

其次博客的影响范围更加广泛，可以说现在大多数人都有博客，但并不是人人都有播客。博客可以有更多的面向人群，同样一个视频，博客上被看的几率会远远大于播客的几率，这样会减少资源的浪费。

（2）劣势分析

1）博客竞争。由于博客的普及，越来越多的人拥有自己的博客，甚至有人不只有一个。拥有的人越多，目标人群就越复杂。通过调查数字计算，博客用户的平均拥有账户数字为1.55个，总数则达7 282.2万个。而47%博主只为记录心灵独白或心情，这就给我们的宣传带来了一定的压力。我们不能盲目的向所有的人都发出信息，这样会造成精力的浪费，而且效果还不明显，给选择宣传人群定位上提出了一定的挑战。

博客存在延迟性。博客不是手机对话，不能当你付出之后马上就会收到想要的回复。这就意味着当一些博客拥有者上网时间间隔比较大或者上博客的间隔比较大时，我们的留言或者宣传就会被其他的后来者给掩盖。这就加大了我们的工作量，需要及时确认客户是否收到了我们的宣传。

博客的雷同性很高。博客越多，就意味出现撞机的可能性越大。在全国肯定不会只有我们在做这个，会出现与我们博客相类似的内容，这就会冲击博客的点击量，这也是博客平台存在的一个硬伤。

2）资金缺口。“很多民间艺术衰落，一方面是经济原因，另一方面是宣传力度不够。年轻人对民间艺术的认识停留在打把式、卖艺上，不愿学习继承。”济南市文化局社会文化处的刘处长分析说。

现在国家已经采取很多的措施，投入了大量的资金，希望能挽救正在消失的传统手艺。但是，由于“非物质文化遗产”的保护所需的资金缺口太大，全国的专项保护资金落实到“非物质文化遗产”传承人身上凤毛麟角，难解“非遗”保护所需资金之“渴”。

国家支持是事实，但是力度还没有达到我们想要的程度。所以在现在的社会环境上，我们还需要冷静对待！

3）传承面窄。传统手艺在创新性上始终停滞不前。“没有符合市场需要的产品，即使有也不懂得如何合理开发。”这是几十年的老手艺造成的痼疾，也是很多民间大师共有的惰性。民间手工艺人常弘介绍说，以前为了守住家传的特种手工技巧，常家的女孩们都不出嫁。她们用自己灵巧的双手辛勤地劳作，过着清寒的岁月，直至白发催走了青春，她们也不后悔。到后来，“葡萄常”就形成了“传女不传男”的规矩，也就是传人都是女子，一直到现在都是如此。这也体现了一个劣势，现在很多手艺人还有这样落后的思想，这种保守的思想在一定程度上也导致手艺不能传承，更不要说是发展了。由于这些手艺大多是以家庭作坊制作为主，技术只掌握在一个人的手里，所以好多手艺都面临着失传或是濒临灭绝的危险。

（3）风险分析

1）博客同质化。在博客的经营过程中，特别是在形成品牌化的中后期，难免会出现跟风者和复制者，这样就会对品牌产生冲击，影响我们的策划进行和平台的推广。当然，任何的品牌在经营过程中都会遇到复制者的影响，根除这一风险的方法是加强对核心竞争力的培养。别人或许可以复制形式，但却复制不了我们的味道。

为规避这一风险，我们在前期的运作中会加强对“妮娃子”品牌的培养。在活动的组织和宣传中，注重对品牌的塑造，并在适当的时机，将品牌形成商标来接受法律的保护。同时为减少这些复制者产生的冲击力，我们会有选择性地择取其中做得非常优秀的网页或网站，有偿的将它们引为我们的子网页或是展厅。以此在扩大规模的同时，直接将我们的后期竞争者彻底消灭。另外在调查中发现，在巨大的博客人群中，人均拥有的博客数量达到了1.55个，其中存在着很大的跟风性，因此为加强同他们的互动，会选择性地将其中一些心情博客转化为我们的观后感交流集中营。

2）宣传失败。宣传失败，意味着宣传方式或内容出现错误。我们会定期检查宣传成果，如果成果不如人愿，将会及时更改宣传方案，调整宣传的方向、内容以及形式。我们还会定期和浏览者进行交流，及时发现方案中的不足并改正。在做正常的工作同时，我们还会渐渐地扩大宣传范围。

品牌的塑造很大一部分取决于宣传的塑造，“酒香不怕巷子深”现今已经变成“酒香也要勤吆喝”。因此如果宣传没有达成我们预期效果，直接会影响到后期的跟进和平台的运作。为解决这一风险，我们选择将网络宣传风险转嫁，实行多点撒网。在线下的活动开展中注重对客户的引导，有针对性地将线下客户甚至线下人群转化为线上“浏览者”，在一定程度上分担网上营销带来的风险。

另外，在宣传中改被动为主动，摒弃过去的“客户寻找”，改为主动去“寻找客户”。在客户人群中进行广告的集中投放，并加以适当的引导，在加强宣传效果的同时，降低宣传成本。

3）客户人群丢失。客户的粘稠度不够，预期的客户人群没有聚拢过来，发生老客户的转移，由客户丢失引起连锁反应导致策划的失败。

加强与客户人群的沟通，增加客户满意度是留住客户的根本。因此为降低这一风险，我们会定期定量地与客户人群交流，及时发现自己存在问题，并做好反馈工作，进行问题整理的同时有选择性地对问题整改。

另外，为了加强客户的归属感，我们会选择比较活跃、活动参与度比较高并且有共同价值认同感的客户提升为版块的管理者，并定期开展绩效考评。在增强他们参与积极性的同时，加强认同感，从而从根本上降低客户流失风险。

（4）竞争分析　目前，在市场中经营文化平台的网站大都是社会中的社团组织以及一些政府组织，而其中网站信息又多以通知、通报类信息为主，比如山东民俗协会网站、中国非物质文化遗产网等。而类似于妮娃子民间艺术“网络博物馆”的平台在目前市场中基本处于零存在。因此，针对市场中存有的这些社团网站，为减少我们之间的冲突，会选择和其中相类似的网站合作，进行信息的交换和资源的共享。在保证我们正规性的同时，又扩展了我们的宣传渠道。

模仿是实现品牌化经营道路中最令企业头疼的问题，存在于这一混乱市场中的中国“民间作坊”也就是我们最大的竞争者（定位性错误）甚至是破坏者。因为在前期实行”轻盈利“模式，在经营中后期这一矛盾将会尤为突出。但是考虑到中后期特别是后期，我们的既定人群已经接近成熟，会是最大的“忠实客户”，可能在一切运转正常的情况下这一恶劣竞争造成的影响或许比想象的要小。但是一旦接触到恶劣竞争，除诉诸法律保护权益外，为避免品牌被冲蚀，我们会在中期放弃一部分低端市场，加强品牌的认知度。

4．网络博物馆品牌运作

（1）网络博物馆推广概述

1）网络博物馆的构建。传统博物馆作为一个进行文化教育的基地，博物馆需要借用自己的特点发挥实力来进行有效的保护。面对着有着历史性和传承性的民间手工艺，其暴露出不少难以解决的问题，如下：

① 博物馆的收藏通常会用作教育宣传、保护研究和旅游开发等许多方面，人们通常只能看到其中的一部分藏品。大多数藏品为了防止损坏或者由于博物馆展厅的空间限制或者不易展出而并没有展出，更不用说流入市场。

② 地域的限制。不同地域的民间手工艺品通常会陈列在当地博物馆中，而各地博物馆之间在管理上是分离的，不利于博物馆充分发挥其在手工艺品收藏、研究、展示与教育等各方面的功能。

③ 传统工艺陈旧的展览形式没有新意，无法有力的吸引主流青年人群，而逐渐遗忘。

④ 博物馆从计划建设到准许对外开放是一个耗时长久、耗资巨大的工程，对人力、物力资源的投入都需要国家支持。

⑤ 由于民间手工艺的特殊性，一般的博物馆在受到地域、文化和建设条件等方面的局

限下，在展览时难以做到将其完全地展示出来，很大程度地限制了博物馆的功能。

所以网络博物馆的构建大大弥补了传统博物馆的不足，更加适应时代的发展趋势。网络博物馆将包含大量民间手工艺现状的调查，全面了解和掌握各地各民族非物质文化遗产资源的种类、数量、分布状况、生存环境、保护现状及存在问题。通过整理、研究、交流，运用文字、图片、音频、视频、flash 等各种方式对民间手工艺进行真实、系统和全面的记录，建立展品信息库，对民间手工艺的保护、展示和传承起到非常巨大的作用。

2）网络博物馆的宣传推广。我们的博物馆赖以搭建的工具是博客。博客具有影响互联网网络营销的巨大力量，不断地推进网络营销，更是网络营销的其中一种形式发展趋势。

博客这一平台所具有知识性、自主性、共享性等基本特征，决定了博客营销是一种基于个人知识资源（包括思想、体验等表现形式）的网络信息传递形式，正是这些特征决定博客具备了的如下功能：

① 利用博客设计各类模块和留言板，实现和访客的双向沟通。

② 博客可以为访客和访客之间、访客与企业之间提供在线共同讨论区，借此可以了解访客及企业的喜好及市场需求。

③ 博客可以作为一个调查平台，借以了解访客对产品特性、品质、包装、样式、传统等意见，加速展品的完善和满意度的提高。

④ 通过博客提供与展品相关的历史故事、制作过程，进一步吸引访客的注意，经由博客笼络住爱好者圈子。

⑤ 博客可以征集广大爱好者对民间手工艺品的设计构想，方便我们下一步为其提供定制化的个性商品。

⑥ 网络博物馆作为一个公益性强的机构，其中许多展品的推广不容易设店面贩卖，而博客却可以让其活跃起来。

由此，博客的模式完全契合了网络博物馆的构建理念。

首先，博客在功能上满足了访客们的视觉、听觉上的要求，让访客对民间手工艺有全面的认知。民间手工艺以其自身的历史悠久性、地域的差异性、纯手工的美感和民间传说的动人感动每一位访客，让访客对我们的民间手工艺和民间大师产生强烈的情感。

其次，在存在认知和产生情感的基础上主动发现身边的民间手工艺，访客的反馈将帮助完善博物馆的展品。

最终，在我们共同的努力下达到民间手工艺的弘扬和传承的目的。

所以博客营销的概念在这里的诠释便是利用博客这种网络应用形式通过网络博物馆的搭建对民间手工艺全面的展示。因此，开展博客营销的基础问题是对民间手工艺领域知识的学习、掌握和有效利用，并通过对知识的传播达到信息传递和营销的目的。

（2）网络博物馆品牌化的实现过程

1）网络博物馆构建。

① 资料收集。博客资料来源有两个渠道：实践走访拍摄和互联网搜集。而民间传统手工艺的最大特点就是散布在各个角落，而且从事民间传统手工艺者大都是一些生活在乡间的艺人，因此我们选择他们的集中地——农村来进行资料收集。我们旨在尽可能多的涵盖中华大地上所有民间手工艺，但是力量是有限的，所以以身边的农村作为探访的起点。另外，广大的农村存在许多未知元素，通过对这些地方的走访，更能够从最朴实的农民口中

获知我们想得到的东西。为更有效率地完成走访和第一手资料的整理，我们将团队分成四支分队，划分不同的区域分别行动，实行“多撒点网”策略。

在用互联网进行资料搜集的过程中，我们采取的具体措施有以下几种：

- 搜索各地区对民间手工艺以及非物质文化遗产保护的官方网站，了解各地区的总体情况；
- 搜集民间手工艺者的个人门户网站以及博客；
- 寻找民间手工艺爱好者的圈子（博客、MSN、QQ 等）；
- 发动网友共同寻找散落的传统手艺。

② 模块划分。建立虚拟的民间传统手艺“网络博物馆”，将我们能收集到的所有民间传统手艺进行展览，并配以图文说明，将现实中的博物馆搬到网络中，让网友也可以在线体味博物馆的魅力，如图 8-1、图 8-2 所示。

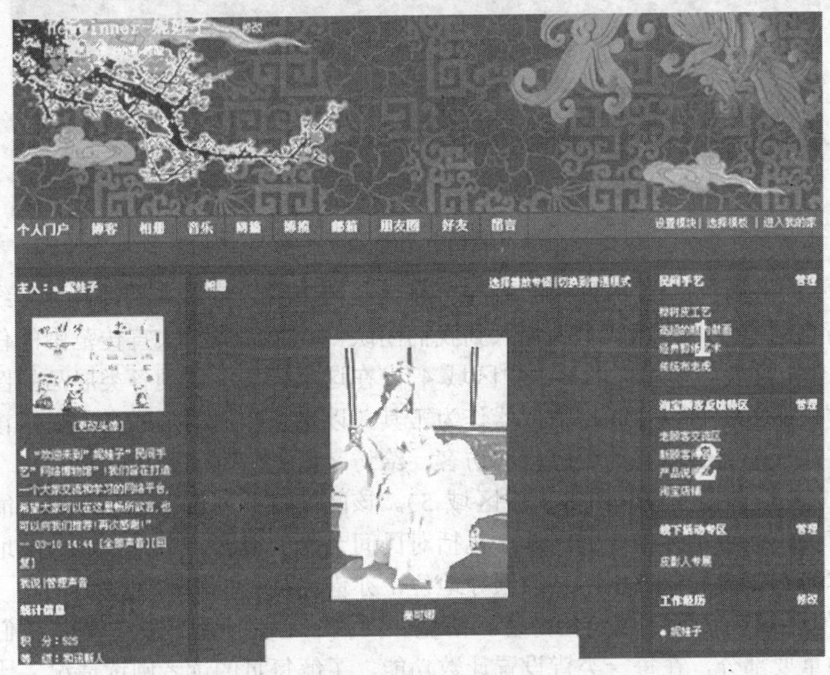

图 8-1　网络博物馆和讯博客首页（一）

A. 建立博客“民间手艺”模块（图 8-1 中区域 1）。此模块罗列传统手艺的名目，以介绍、探讨每一件古老的传统手工艺为主，重要是让大家从根源上来认识她们。其中每一项传统手艺也有其固定的文章模式（以皮影为例），包括皮影发源地、历史发展、现状以及有关皮影的大师故事，列举一些真实的皮影制作大师、皮影表演大师、钟爱皮影的人的故事。

据此建立传统民间手艺信息集结地，成立传统民族艺术研讨圈，寻找有着共同兴趣的网友加入我们的博客圈，随时更新有关传统手艺的最新动态，使对传统手艺有兴趣的朋友能够在博客中一览天下“手艺”。

B. 建立淘宝博客反馈区模块（图 8-2 中区域 2）。在这个模块中，设有顾客交流区、产品说明区和淘宝及酷 6 网的网址链接。在这里我们为客户提供售后服务和使用心得交流，也可相互交流体验民间手工艺的地址，例如观赏民间手工艺、和大师交流皮影、学习制作表演皮影的真实地址等。而新客户可以找到真正购买过这些产品的人，从而作出正确而实效的抉择。

通过淘宝、酷6上相关的网址链接，重点加强我们“C2C”平台和播客电台的链接和宣传。同时可以在博客中直接加载视频，让大家能够全方位地认识目前古老手工艺的发展现状，让网友在精彩绝伦的视频中感悟传统手艺的魅力，对民间手工艺形成一个完整的认知过程。

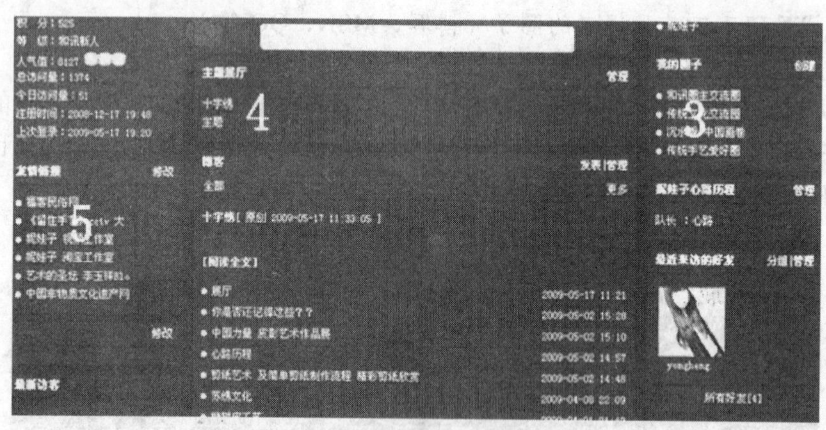

图 8-2　网络博物馆和讯博客首页（二）

C. 展示博客圈子（图 8-2 中区域 3）。在该区域中我们将建立爱好各类传统手工艺的圈子，邀请志同道合的组织或个人加入到我们团队，一起完成扩大宣传范围的任务。

D. 建立主题展厅模块（图 8-2 中区域 4）。在这个模块中罗列各类展品的图片。单击每个项目时，服务器将以 Flash 播放器作为工具，以电子相册的形式全屏显示该类别包含的图片。这样展品将会以它的美感打动访客，给访客留下深刻的印象。

E. 建立友情链接模块（图 8-2 中区域 5）。该区域将罗列百家网址，尽可能多地连接互联网上有关民间手工艺推广的网站，包括对民间艺人的博客、个人主页的网址的链接，力求塑造本博物馆成为该类别网站的领导地位，亦借此强化机构的明确定位。

F. 其他区域。其他区域包括博客、博览、网摘、心路历程等，这些是我们团队的日常工作里的重要部分，在每一类皆设置计数功能，了解每页的读者阅读情况。比如在介绍重庆的博物馆时，设立一个非物质文化遗产的网页，可以加强每个种类的非物质文化遗产的横向联系，在每一页皆设置3～4个其他相关的链接，增加该页的丰富性。又如在关于川江号子和南溪号子的民间音乐的网页上增加其他地域的民间音乐介绍链接，如北京智化寺京音乐、新疆维吾尔木卡姆艺术、青海省海南藏族自治州的藏族拉伊山歌等，这样极大丰富了网页的内容。

G. 理念和要求。

a. 提高博物馆在青少年中的影响力。由于网站的使用者大多数是年轻人，博客应呈现年轻化，以使用者的需求为考虑，不要以官僚行政体系或架构作为思考。重视使用者的感受性，创造顾客的价值，才会让使用者乐意使用。

b. 一个成功的博客最主要的就是信息做到及时、准确和具有诱惑力，因此在维护更新上我们会投入很大的力量。我们在团队的公共空间中建立了“资料库”，由招募的志愿者队员对资料库的内容进行更新，并会选取两人专门负责对这些信息进行筛选，然后上传到我们的网络博物馆中进行更新。

c. 博客建设时要注意让使用者在浏览网页时速度要快、方式要有新意。据研究指出，若无法在 15 秒以内掌握上网观众的兴趣或注意，其结局便是离线。因此，博客功能速度要快、容易使用。

d. 注意文化间的差异，一旦运用互联网，便无国界之分。因此在博客的设计上，有时亦应注意网络的保险性，例如在颜色的使用上，要能考虑到不同文化对颜色的反应，太过怪异或突兀的色彩或可达到标新立异的目的，但对不同文化亦可能产生反效果。

e. 能成为其他媒体的有用数据库。对新闻媒体而言，网络已是目前媒体的虚拟档案库，子博客提供媒体所需信息，有助于机构传播文化宣传。此外，不应忽略口耳相传的营销效果，它永远是重要的营销管道，如何满足每一个上线的使用者，提供深刻且让其满意的博客使用经验，使其成为机构网络营销的中介者，永远比上网人数的数量来得重要。

f. 结合传统手艺的不同种类，定期制作不同的专题，并配合每次临时展览的文物出版相应的电子出版物。另外，可以通过非物质文化遗产研究，分门别类地出版各类非物质文化遗产研究情况的介绍。当举办相关的学术会议时，也应该同步出版论文集等纸制出版物的电子版。

2）网络博物馆的推广。

① 在线活动。

A. 推出阶段工作。

第一阶段：采取低成本、高吸引力的方式，针对年轻新时代网友，特别是一些没有接触过民间手工艺的年轻群体，推出“DIY”设计工艺品大赛。我们会在播客平台进行一系列的教学视频，从零基础到简单的小礼品制作，让每一个接触我们“博物馆”的朋友都能真切地感受民间手工艺的无限魅力。在评选结果出来之后我们会以一些精美的传统手艺品作为奖品，在提高参与积极性的同时又打开市场，聚集人气。当然为达到我们预期的效果，积极开展相应的博客营销工作，让更多的人加入其中，是必须要加强的工作。

第二阶段：及时推出以“感动”为主题的采访博文，用文字记录传统民间艺人的生活以及属于他们的精彩故事，并在博文推出时开展“十大令人敬佩民间艺人推选活动”，实行在线投票，让神秘的传统手艺在网络中解开面纱。期间欢迎各界网友提供信息，我们将适当给予奖励。同时我们也将积极探求企业与我们合作完成此次活动，寻求资金等方面的支持。

第三阶段：

a. 推出“我身边的手艺人”博文以及照片征集活动，并实行在线评比，以此来提高网友的参与积极性。

b. 在圈子中遵照“250”定律（著名汽车营销大师乔·吉拉德提出：每个顾客后面都隐藏着 250 个客户），注重对每一位“游客”的培养，通过他们实现“传带”宣传，以此来扩大“博物馆”的影响力。

c. 在博物馆中加强“淘宝客户体验区”的功能，建立 B2B 版块加强和企业的联系。在购买我们商品、接受我们服务的同时，增加“网络博物馆”的品牌印象，加强对我们平台的宣传。

d. 增进博客的互通性，提高搜索引擎的运用。在网络博物馆中应尽量多地建立页面链接，在增加引擎收录数量的同时，增加对博物馆的检索。搜索引擎已是目前大多数网友使用博客的必要功能之一，因此无论是自行建置、聘请专家，或是购买软件，博物馆附此潮流，扩大链接网，吸引更多的使用者。换言之，也就是将原有提供博客上的观众服务，扩大成网络上的顾客服务的观念。另外增加对博文信息的加工，争取对每一篇博文做到“精、细”，这样可以增加对博客的转载，以此增加访问量。

② 线下活动。由于我们致力于民族传统手艺的传播和推介，经费有一部分就会来自于募捐和慈善，因此在线下的活动就显得很重要。拟开展以下线下活动：

A．配合博客活动，开展日常工作。包括资料的整理和筛选，形成文档。针对阶段活动，线下也组织相应的活动进行呼应，并在学校周边进行宣传，增强大家的参与度。以网络博物馆的名义组织线下活动，尽可能地将博物馆的网址出现在与之相关的出版、文宣、活动之中，强化印象，以达到吸引人们登录的第一步。

B．寻访民间传统手艺人，与其建立合作关系。由民间艺人提供资料，我们负责记录整理，形成独特文化品位，定期推出作品，配以文字、视频等。为民间艺人免费进行推介。在线下组织志愿服务团队，招募志愿团队成员加入我们，利用暑寒假在乡间寻找民族传统文化的足迹，并撰写相应的原创博文进行报道、宣传。结合博客活动，同时提高传统手艺人、网络博客知名度。

C．联系企业与我们共同举办一些校园活动。通过丰富多彩的校园活动，来吸引更多的目标人群，发展更多的妮娃子。

在学校内与学生会和相关协会（剪纸协会、民族风情协会）联合举办传统民族“手艺”展览、“民族风情”知识竞赛和相关宣传，以促进大家对传统文化的了解和喜爱。举办“传统手艺”讲座，有可能邀请一些民间艺人走入大学校园，与大学生面对面进行交流，加深同学们的了解。对于有兴趣的同学和志愿者进行传统手艺的技能培训，增强他们成就感的同时，也让其担任起宣传大使的重任。

在线下寻求赞助企业，提供活动冠名权，让企业提供活动所需奖品以及适量的活动资金。举办传统手艺品拍卖会，将收集到的精美传统手艺作品进行拍卖。联系传统手工艺生产、经营企业，为这些企业提供口碑营销实施。

D．联系媒体，形成联合报道。一方面促进我们妮娃子的品牌知名度，一方面我们的活动、信息等可以为媒体提供资料。

E．刻录电子出版物，进行出售。这主要在后期形成一定的品牌效应之后进行。

3）网络博物馆的长期运营。博物馆的定位是在实现其“品牌化”经营，因此在后期我们主要是注重对品牌的维护和加强，这也将是我们的长期方针。

为实现长期强化运营，我们会在后期实现品牌塑造后进行一些广告的投放，这将是我们的一个很重要的盈利模式，引入与我们主题“民间艺术”相切合的广告以实现对我们运营的支持。

为加强品牌意识，我们在这一时期会在其他平台进行视频广告的投放，有选择性地筛选一些浏览量高的平台进行宣传活动，这一时期我们的播客将不再是配合平台，而成为“网络博物馆”的电视广告部。我们将充分利用这一宣传平台，利用在前、中期积累的人气与博客相配合进行活动开展。

4）网络博物馆的规模形成。博客发展到一定规模，访问量由量变引起质变，从个体传播规模到群体传播规模，最后形成媒体传播规模达到商业化规模。

（3）淘宝平台支持

1）淘宝定位。我们做的产品绝大部分都是处于流散状态、无规律的传统手工艺，因此我们前期的主要工作是宣传和增加知名度，利用前期的基础在中后期实现这些商品的半商品化甚至商品化和品牌化的形成。

前期有很少的资金来源，主要依靠单纯的募捐和部分线下活动，因此我们利用淘宝这一平台实现这一方面的补充。在经营团队商品的同时，实现盈利，以支持博客、播客以及其他平台的宣传。在前期主要实现“轻盈利”模式。

2）淘宝经营方式。

① 在货源上，我们主要争取已经实现商品化经营的中国传统手工艺品在市场（网络）中进行长期、稳定的合作，达成代销意向，这样我们可以最大化的笼络市场，又可以在前期实现我们的零成本、零库存经营，我们提供交易平台，他们提供相应的货源和产品说明，最大化的节约成本。

② 在销售上，我们将淘宝平台打造成一个网络推广媒介，由于我们实现的是产品代销，因此选择了分阶段的销售策络。由于现有的传统手艺品中，很大一部分都是稀有产品并且有些产品只能进行手工化经营，这就无形中加大了生产成本，提高了产品价格，因此在前中期我们注重店面宣传和人气培养，建立会员制度，只要是对我们的产品有兴趣，不需要购买，就可以成为我们的会员。当然会员在后期肯定会有巨大的优惠。

③ 建立品牌博客，充实博客内容，美化博客平面。第一印象有时候会决定一切，因此，做好我们的“脸”是至关重要的。

④ 加大宣传力度，广泛利用各种传播媒介进行多元化、多渠道宣传，甚至通过做一些紧密型的网络广告进行企业站点宣传。

⑤ 真心为每一位客户做好售后服务。现今，产品同质化越来越严重，服务应该是每个商家必须注重的方面，同时服务又可以重新树立一个品牌。

⑥ 做一个“多面企业”，选择与一些单一化企业进行合作，特别是在网络上实现销售，本身是同门“师兄弟”的，这样在产品的多样化上又可以走前一步。

⑦ 寻求与当地政府的合作，本身我们宣传点就是民族品牌，想必在政府上能够获得大量的支持。

（4）播客平台支持

1）播客定位。从消费者角度来说，播客之所以受到欢迎，是因为其魅力不仅体现在“草根”的飞跃，还体现在与品牌的深度沟通中亲身体验品牌本身的核心价值，而不是被动接受纸媒或是各大门户网站首页上肆意跳出的 Flash 广告。那种“价值感”是目标顾客自己体验获得的，不是品牌传播者强行授予的。

正因为播客存在这样的一些与“传统手艺”传播相切合的点，我们选择在网络广告上采用“播客”的形式进行，利用酷 6 平台展示，针对特定的人群集中进行传播和宣传。利用作为营销媒介的播客营销这样的得天独厚优势，将对我们的“民间工艺的网上博物馆”推广产生巨大的积极作用。

2）播客支持方法。我们的播客营销策划，主要是通过和博客相互配合开展宣传和推广活动。重点是对于博客中的活动进行宣传报道，充当博客“电视台”的功效。

首先，我们通过掌握的和实地考察采访获得的信息，整理后分别在博客和播客中定期同步更新，视频资料模板包括：产品（在本文指手工艺品、手艺、手艺人等的统称）介绍、产品属性演示（主要是指手工艺品的用途、手艺的历史与传承、手艺人的故事等）和产品相关的其他信息。我们将尽量做到信息的全面性和精准性。

另外，我们还将开展阶段性的宣传推广活动，既增加产品的宣传力度，又会提高团队的感召力。这样就能聚集更多人加入到“非物质文化遗产”保护队伍中。

第一阶段：配合阶段工作。主要指前文提到的针对年轻新时代网友的“DIY”设计工艺品大赛，配合大赛播放一系列的手工艺品制作的教学视频。

第二阶段：建立自己的个人电视台。定期（可以设定为每周固定时间）上传与民间工艺的相关的视频、访谈、采访。采访民间老艺人，讲述“艺术”的生活，促进技艺的传播，以博客和视频的形式在我们的平台上进行发布，并对十大令人敬佩民间艺人进行专访。这一阶段主要以“感动·敬佩”为主题，以采访传统民间艺人的原创视频为主。

第三阶段：配合博客后续活动，并积极开展其他方式联合营销推广。记录我们团队在整个过程中的经历、感悟等。并将我们的视频地址有目的地到相关论坛、贴吧、圈子等同性质人群集中地进行推广。

（5）其他平台支持　为达到最大的宣传效果，我们会充分利用其他免费平台对我们博物馆和活动进行宣传报道。如在大赛的官方网站上，我们将及时地将我们的活动动态进行整理，并在官方网站上展开宣传，因为对这些参赛大学生适当的宣传将会获得很大的效果。另外在贴吧、论坛和一些交互网站（校内、开心、51等）进行活动的宣传和报道，并在这些平台上针对特定人群展开相应的营销策络。

5. 预期目标

通过这一平台的构建和运行使我们的网络博物馆成为中国传统手艺的传承教育学院、传统手艺的百科全书；通过一系列推广活动，聚集传统手艺爱好者，根据乔•吉拉德的250定律，使网络博物馆成为一个传统手艺爱好者的俱乐部。

将我们的妮娃子网络博物馆做成一个传统手艺保护的口碑博客。通过我们的博物馆，实现参观者足不出户，便能穿越中国文化历史中几千年的时空，一览包罗万象的古代文明；通过互联网，便可以浏览藏品的大致形状、结构、特点等，从而实现民间艺术与企业的对接。比如，选择民间艺术中比较有吸引力的文物造型，联合相关厂家制造纪念品、玩具、简单家用物品等销售。不但从一方面扩大了该文化遗产的影响，也为博物馆创造了利润。

当然在这些过程中我们还应该注意到，非物质文化遗产是经历了成百上千年历史和文化传承。在这段时间里，社会发生了飞速的变化，人的思维也在发生变化，我们现在能否理解到千年前古人舞蹈、音乐中的含义？由于非物质文化遗产所具有的原创性和不可再生性，突出了它的稀缺性。虽然部分非物质文化遗产的经济价值我们现在还无法了解和认识到，而这种稀缺的文化资源不能再经历损伤。我们必须以正确和科学的观点工作，将保护放在首位，进而在保护中再发现和再创造。

我们能够清楚的认识到，所要面对的是一个宏大的工程，要建设的民间艺术网络博物馆，也是要从一砖一瓦开始垒砌。即使是在气势恢宏、馆藏丰富的博物馆，都无法收藏尽天下所有的珍宝。而我们博物馆中的藏品与有着几千年文化积淀的中国传统手艺相比，也仅仅是沧海一粟。我们的行程才刚刚开始，从一件展品、一项手艺、一个民间艺人到馆藏丰富、信息完备、宾客云集，我们有信心坚持下去。我们会从一点一滴去完善，从身边慢慢去带动，来影响更多的人，使传统手艺通过我们的网络博物馆传播的更远。

妮娃子网络博物馆不仅仅是一个博物馆，更是一个反光镜，使我们传统手艺的传承保护能经常看看过去，思索未来的路；看清周围的环境，走得更好更远。妮娃子网络博物馆是一个里程碑，大而全是不好做，但是却给传统手艺的保护开一个好头。套用一句话就是：现在不做，何时做；我们不来做，谁来做！

6．财务预期

由于我们致力于民族传统手艺的推介和宣传，因此在利润上就会相应的很薄弱。资金只能以募捐、赞助和拍卖的形式进行筹集。经营到后期形成自有品牌，尽而可以开展更多的盈利途径，其市场潜力非常巨大。

（1）资金筹集（预期）

1）来自手艺品拍卖（见表8-2）。一个普通布老虎市场价25元，一个精致的潍坊特色风筝50元，一个属于自己的个性糖人10元，而属于自己的形象面人10元。

表8-2　第一期手艺品拍卖

物　品	普通布老虎	精致潍坊风筝	个 性 糖 人	自我形象面人
价格（元）	25	50	5	6
数量（预期）	50	30	200	200
总值（元）	1 250	1 500	1 000	1 200
总收入（元）	4 950			

2）通过相关企业的赞助和募捐。据目前联系，有接近10家单位对我们的项目感兴趣，并表示有意愿赞助相关线下活动。因此我们估计在前期活动中取得的2 500元募捐和3 000元的赞助应该不是问题。

3）前期B2C店铺的运营收益是我们前期收益的最主要来源。由于我们做的是代销和部分的直接销售，为保障平台的品牌化运作，我们将大部分的利润点让给了客户。但是在经营第一年里实现盈亏平衡不是问题，保守估计第一年的收益大约在5 000元左右。见表8-3、表8-4。

表8-3　资金筹集表

资 金 来 源	手艺品拍卖	企业的募捐、赞助	B2C 运营收益	其　他
数额（元）	4 950	5 500	5 000	1 000
总金额（元）	16 450			

（2）资金投入（见表8-4）　采访相关的手艺人需要有摄影设备，考虑到长期使用，选择一台质量相对比较好的松下H80 DV摄像机需要3 000元。

需要整理采访信息，并需要两位专人对“网络博物馆”进行维护，一人负责日常数据库的整理和采访信息的整理。选择一般性能的联想组装电脑需要2 000元。

我们的B2C店铺运营在前期需要投入少量资金进行装修和完善，大约需要1 000元。

上网宽带费用 300 元/年。

电费 200 元。

聘请所有人员都享受学生勤工俭学待遇，在后期会逐渐加入适当的提成。人员工资：100 元/人·月。

出差费、采访费：2 000～3 000 元。

表 8-4　资金投入表

消费项目	DV	电　脑	B2C 运营	电　力	人工工资	网　费	其　他
金额（元）	3 000	2 000*3	1 000	300	100*4	300	2 500
总费用（元）	13 500						

（3）利润预期　方案实施前期我们期望实现盈亏平衡，没有利润。在推广进入后半段，博客圈以及播客圈建立起来后引入广告投放以此实现利润的增长。

我们前期的“轻盈利”模式决定盈利比较单纯的主要来自 B2C 的经营运作和线下的手艺品的拍卖，以及在淘宝试行由手艺人的技术加上我们的创意而推出个性化的产品，如卡通人、偶面人、陶人，结婚定制的婚恋陶人等。

后期实现品牌化经营后，主要盈利模式集中在“博物馆”的平台运用，拓展途径可以分为三个方面：

与学校合作，比如学生在网游中设计制作游戏设备的游戏学院，在培养学生时会涉及工艺美术造型。我们可以将签约艺人推荐给学校，既完成了传统手艺的传承又完善了利润来源。

与企业的合作，比如我们专门推出针对经营传统手工艺的企业的宣传推广解决方案，通过我们平台的品牌化优势，来推动企业的发展。

另外我们会适当引入与我们理念相锲合的广告进行投放，以此来支撑我们的盈利。

现金流量表，见表 8-5。现金流量表反映了企业现金的流入与流出情况。由表可知，团队在一定时间内便可以实现盈利。

表 8-5　团队 2009～2012 年现金流量表

项　目＼年　份	2009	2010	2011	2012
拍卖收入	4 950.00	5 500.00	20 000.00	40 000.00
经营活动流入	4 200.00	7 550.00	15 000.00	89 000.00
募捐	2 500.00	1 000.00	600.00	300.00
广告收入	0	2 300.00	12 800.00	30 700.00
赞助	3 000.00	5 100.00	8 820.00	6 700.00
经营成本	15 000.00	12 900.00	50 000.00	85 000.00
所得税	-	-	-	3 950.00
税前净现金流量	14 650 .00	12 900.00	57 220.00	157 600.00
税后净现金流量	14 650 .00	12 900.00	57 220.00	153 650.00

8.4 竞赛结果

8.4.1 实施结果

1．建立和讯博客

对民间艺术网络博物馆进行推广，从博客日志和博客相册等方面对各项手工艺进行展示，我们将博客日志分类，通过丰富多彩的内容来吸引网友关注我们的博客，进而关注民间手工艺的相关内容。

作品链接：http://hexun.com/9516207/default.html，如图 8-3 所示。

2．建立酷 6 空间

通过视频及图片、文字等形式全方位宣传民间艺术网络博物馆，及时宣传我们的线下、线上活动。

作品链接：http://v.ku6.com/niwazi。

图 8-3 酷 6 空间妮娃子首页截图

3．淘宝的线上销售

我们利用淘宝作为一个中间商连接手艺人和各企业，实现部分民间手艺的商业化。

店铺地址：http://shop35285183.taobao.com/。

4. 设计团队 Logo、宣传海报背景和名片

团队创意设计如图 8-4 所示；团队自主设计名片如图 8-5 所示。

图 8-4　团队创意设计（左图为队标，右图为宣传海报背景）

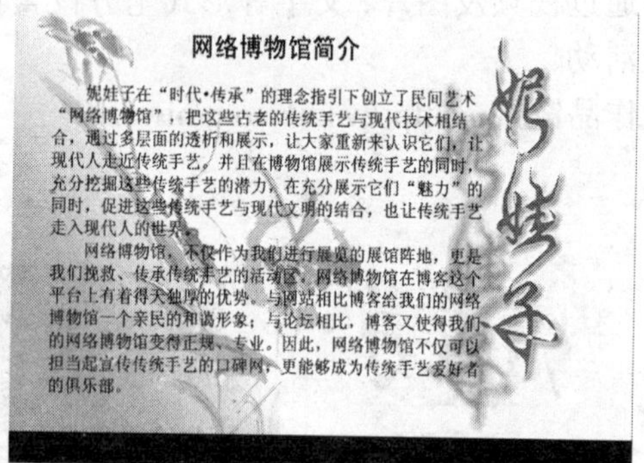

网络博物馆简介

妮娃子在“时代·传承”的理念指引下创立了民间艺术“网络博物馆”，把这些古老的传统手艺与现代技术相结合，通过多层面的透析和展示，让大家重新来认识它们，让现代人走近传统手艺，并且在博物馆展示传统手艺的同时，充分挖掘这些传统手艺的潜力，在充分展示它们“魅力”的同时，促进这些传统手艺与现代文明的结合，也让传统手艺走入现代人的世界。

网络博物馆，不仅作为我们进行展览的展馆阵地，更是我们挽救、传承传统手艺的活动区。网络博物馆在博客这个平台上有着得天独厚的优势。与网站相比博客给我们的网络博物馆一个亲民的和谐形象；与论坛相比，博客又使得我们的网络博物馆变得正规、专业。因此，网络博物馆不仅可以担当起宣传传统手艺的口碑网，更能够成为传统手艺爱好者的俱乐部。

图 8-5　团队自主设计名片（图为正反面）

8.4.2 名次结果

本科组博客商务创新一等奖（并列第一名）。

8.5 方案点评

梁晔（厦门一脉文化传播有限公司（新智诚博客产业机构））日期：2009-03-18 12:31
评分等级：★★★

思路不错，但还是存有不足。方案参加《博客商务创新应用主题赛》，而描述中很少针对博客商务的运用和理解。工作重点的计划应该更加细化一下。

其实民间艺术非常适合于博客商务应用载体。网络博物馆虽然是个有创意的思路，但进入以创新思考、协同合作为主的后知识经济时代，应用传统网络营销的思维模式是不行的。结合了知识储存、团队学习、网络社群、实时通讯、文字出版与订阅特色的博客议题在这方面就凸现了作用和价值。

郑刚（中国建设银行）日期：2009-03-19 10:50　评分等级：★★★★

一个不错的方案，但仅通过网络传播是不够的，还应该吸引更多的人参与进来，才能真正起到保护、传承的作用。比如：可以通过网络组织某项民间艺术的比赛，联系企业赞助冠名；可以通过网上视频、艺人面对面等方式在全国范围内开班授课，当然达到一定的级别必须要付费才能学到知识；开设网上论坛建立爱好者交流园地，创造氛围等；组织挽救某项传统文化的主题活动；与政府、媒体高度合作，争取建立传统艺术定级机构，争取部分手工艺进入玩具、健身、竞技等领域。通过网点广告、企业冠名、网上授课逐步解决费用问题，逐步挖掘各项传统艺术的历史，再考虑从影视作品进行广泛传播。我想认真策划，一定能让民间艺术得到保护，得到传承。（个人意见，供参考，非常希望你们继续努力，把这件事做好）

8.6　获奖感言

本次“e 路通”杯大学生电子商务创新应用大赛经过 7 个多月的紧张角逐终于落下帷幕了，我们妮娃子在队长的带领下，队员积极配合，共同努力奋斗出了网络商务创新二等奖，博客商务创新应用一等奖的荣誉。

当我们最终站在颁奖台上时，我们的激动和欣喜无以名状，我们非常荣幸能够得到大赛评委对我们半年以来团队合作创新实践成果的认可。同时，能够获得荣誉不仅是我们自己努力的结果，这与各方面对我们的支持和帮助是分不开的。

首先，感谢大赛为我们提供了非常有价值的创新实践平台，让我们可以通过解决与电子商务有关的问题去思考、去创新，并将解决方案加以实施。这样的过程让我们应用了平时所学，对电子商务有了更具体的了解，能够与商人面对面更加开阔了我们的视野，确定了我们的职业追求，对我们未来的发展有着重要的推动作用。

我们的“民间艺术网络博物馆”方案最终能够走入大决赛，与大赛组委会的老师和企业教官对我们的帮助和指导是分不开的。在这里，我们要特别感谢厦门一脉文化传播有限公司（新智诚博客产业机构）的梁晔教官，感谢他在百忙之中多次抽出时间与我们进行沟通和交流，不仅对我们的方案提出了很多建议和指导，同时大力支持了“民间艺术网络博物馆”方案的实施和推广。

在比赛过程中，我们的学校、学院以及指导老师们非常地重视这次比赛，从比赛的初期宣传到初赛时的组织培训，从华北分赛区本科组比赛的成功举办到决赛时老师们的悉心指导，学校领导和老师们给予了我们参赛团队最强有力的支持和帮助。难忘赛前一次次的开会，一次次的方案修改，老师们始终陪伴着我们走过，做我们最坚强的后盾，感谢老师们的辛勤付出，学生们没有辜负您的期望！

衷心感谢一路走来给予“丝绸 e 路”团队支持和帮助的大赛组委会领导、大赛评委、企业教官们、山东科技大学的指导老师们以及热心的师哥师姐们，祝愿各位领导及老师同学们工作顺利、身体健康！

最后，祝愿“e 路通”杯大学生电子商务创新应用大赛扶摇直上，越办越好，吸引更多的大学生参与其中！

第9章 文房四宝之易水古砚网络推广方案

作者：河北软件职业技术学院　“E 路有我”团队

9.1 团队介绍

我们是来自河北软件职业技术学院的“E 路有我”团队，队长曹艳玲，成员孙丹、贾艳荣、姚鑫、张浩，分别来自河北软件职业技术学院的电子商务专业与计算机信息管理专业。

四个有理想、有抱负的年轻人在全国大学生网络商务创新应用大赛的指引下聚到一起，用汗水书写无悔！因为我们始终相信：年轻没有什么不可以！天道酬勤！相信我们会在 E 路上一直走下去！青春无悔，E 路飞扬！

一路有我，一路由我；E 路有我，E 路由我！

1．成员及分工

队长：曹艳玲，业务公关、带领团队、问卷调查及分析、销售方案设计及实施。

队员：孙丹，和讯博客推广。

队员：贾艳荣，淘宝网店、中国制造网的开办。

队员：姚鑫，酷 6 视频宣传。

队员：张浩，企业网站建设。

2．团队宣言

青春无悔，E 路飞扬！

9.2 选题经过

通过我们团队的分析和研究，网络营销需要将传统商务活动中的物流、资金流、信息流的传递方式利用网络技术来整合。因此我们的策划将会是一整套的网络营销推广策划，包括 B2B、B2C、博客、酷 6 视频推广。我们将从这四个方面入手为保定刘良易水砚直销处进行实战销售和推广。我们通过企业网上销售战略、企业网络广告战略、企业网络品牌和企业的网络形象战略等来为保定刘良易水砚策划销售。

9.3 方案

9.3.1 简介

根据现在砚台的发展趋势和刘良易砚茶海直销处的现状，我队制订出了一套符合企业发展的方案。我们将从前期的 QQ 交流群、论坛发帖、线上和线下的问卷调查及贴吧留言等来锁定消费群体；然后我们就对既定的消费群体和潜在的消费群体通过和讯博客和酷 6 视频来进行全方位的宣传和推广。

首先是建立一套符合企业发展的网上宣传模式。我们充分利用大赛的宣传平台如和讯博客、酷 6 视频、BBS 论坛、PHP 动态网站、QQ 交流群等来为保定刘良易砚直销处打开网络市场，提高知名度，从而来吸引更多的消费者。

当然具备了好的平台还要有一套完善的宣传技巧。我队积极创新，将古砚与家居相结合，与家乡的旅游景点相结合，在网站上开设了 DIY 精品设计区，并且开设集图像、文字、声频和视频于一体的博客，设计博客内容，优化博客结构。博客中上传精美动态图片、与古砚文化相关的文章以及团队的创新点，非常及时地在这些宣传平台上展现出来。同时在酷 6 视频中上传了与家乡文化相关的影视如《赤壁》等。在网站上创建多种合理的链接，将网络资源整合到一起，从而形成一个以企业网站为核心的网络宣传体系。

由于从与企业刚开始合作时，“E 路有我”团队就制订了一套详细的、具有可行性的工作计划，所以初期的网上宣传效果起到了很好的效应。各个平台浏览量不断增加，企业的销售业务也与日俱增。这就为团队下一步的发展——建立一套完整的网上销售系统打下了良好的基础。

经过分析，我队认为现阶段应该为企业在淘宝网店上建立一个 B2C 的网上销售平台。他们在淘宝网店上购买了旺铺，打造出了一种古香古色的文化气息。并且根据古砚这种商品特点，制订出了一套特殊的网上销售模式与营销技巧。例如，将古砚与家具相结合在网上进行整体销售，这是所有古砚网店上所没有的；将家乡的旅游景点与古砚相结合，在节假日期间进行买古砚赠旅游门票的活动，这样在进行商业活动的同时也宣传了家乡的旅游文化。

该项目具备很多优势，比如，通过对数据客观的分析，阐明了消费人群所在；根据网络营销的特点提出了具备可行性的营销方法；充分挖掘了易水古砚所拥有的资源与优势，提出了区别于古砚销售平台的特色服务与营销项目；对网络资源进行了整合，提出了特色经营的思路。

最终，通过团队的努力，视频点击次数、博客访问量、淘宝网店的访问量、企业网下的销售增长率达到了预期目标，企业网上品牌知名度得到了进一步提高，服务体系得到了进一步完善，为该企业进一步快速发展奠定了基础。并且我队正式被保定刘良易砚直销处授权为网上销售总代理，直销处还表示愿意为我队成立工作室，更好地为其进行网上宣传与销售。同时团队也得到了一次很好的锻炼自我，实现自我价值的机会！

方案的特色

（1）加强古砚造型的创新

1）与易水文化结合，并且在旅游景点大量设交流点。古砚体积小，便于携带，同时利用发达的旅游业带动它的发展，将易砚的消费群体扩展到游客。

2）与传统节日结合，如图 9-1 所示。

图 9-1 销售古砚的旅游景点

（2）将古砚与仿古家居完美结合（见图 9-2）

（3）古砚与现代家具的完美结合（见图 9-2）

图 9-2 古砚与家具的完美结合（左为与仿古家居，右为与现代家居）

（4）利用 Flash 视频，吸引中小学学生购买 利用可爱活泼的 Flash 视频，宣传刘良易水古砚。吸引更多中小学学生的购买欲，让他们从使用瓶装墨汁到学会磨砚。让这些年轻的一代潜移默化地成为易砚的消费者。因此，我们建议刘良易水砚厂家制作一些价格较低，适合青少年的真正实用的文具产品。

9.3.2 正文

方案主要由四个部分组成，包括产品介绍、市场调查、产品定位和项目分析。

1. 产品介绍

易水古砚产于河北，与广东之端砚，安徽之歙砚，甘肃之洮砚，构成齐名的四大高档名砚，是我国传统的出口工艺品。易水砚的石料是名曰“紫翠石”，“玉带石”的紫灰色的水成岩，石料上往往点缀着天然的黄色、碧色斑纹，质地细密柔腻，硬度适中，发墨快，不伤毫，墨汁流润而不易蒸发干涸，具备了发墨、储墨、润笔、励毫、制砚所必备的四大优良特性。

易水砚不仅石质好，而且雕工精臻。制砚艺师们依石料形体不同因才施艺，巧用俏色，用阳雕、浮雕、平雕、透雕、立雕等多种手法，雕出的山水、花卉、虫鱼、禽兽、人物等形象栩栩如生，惟妙惟肖，静中有动，动中有声，声中有情，构成千姿百态的艺术珍品，龟砚、蚕砚、龙砚、琴砚、棋砚五大高档名砚更是中华瑰宝，艺海之一绝，在我国古代的民族艺术之林中独树一帜。易水古砚产品已收入人民出版社出版的《中国土特产品大全》一书！

2．市场调查

（1）关于刘良易砚网络推广营销的线下问卷调查

关于刘良易砚网络推广营销的线下调查问卷

1. 您的性别？
   A. 男（76） B. 女（24）
2. 您的年龄？
   A. 20岁以下（9） B. 20～30（24）
   C. 30～40（25） D. 40～50（32）
   E. 50岁以上（10）
3. 您知道易砚吗？
   A. 知道（33） B. 了解一点（45） C. 不知道（22）
4. 您买过易砚吗？
   A. 买过（32） B. 没买过（68）
5. 您是否有过网上购物的经历？
   A. 有（33） B. 没有（67）
6. 您是否会在网络上购买砚台？
   A. 会（23） B. 有可能会（43） C. 不会（34）
7. 您对在网上购物有什么顾虑？
   A. 质量（45） B. 价格（22）
   C. 邮寄问题（13） D. 售后（20）
8. 您对于购买砚台的心里价位是多少？
   A. 10～50（9） B. 50～200（24）
   C. 200～1 000（45） D. 1 000以上（22）

（2）关于刘良易砚网络推广的线上QQ交流群、BBS论坛、百度贴吧调查

关于刘良易砚网络推广营销的线上调查问卷

1. 您以前是否知道易砚？
   A. 知道（36） B. 不知道（64）
2. 在您浏览我们的网上推广平台之后是否对易砚有充分的了解？
   A. 是（82） B. 否（18）

3. 您是否有过网上购物的经历？

A. 有（56） B. 没有（44）

4. 您是否会在网络上购买砚台？

A. 会（30） B 有可能会（36）

C. 不会（34）

5. 您对在网上购物有什么顾虑？

A. 质量（21） B. 价格（35）

C. 邮寄问题（18） D. 售后（26）

6. 您对于购买砚台的心里价位是多少？

A. 10～50（35） B. 50～200（38）

C. 200～1 000（14） D. 1 000 以上（13）

7. 您更倾向于在现实中购买砚台还是在网络上购买砚台？

A. 现实中比较可靠（45） B. 网络上比较便宜（55）

8. 我们的网上推广平台是否适合您的审美要求？

A. 是（89） B. 否（11）

注：选项后括号内为选择该选项的人数。

3．产品定位

通过我团队对其市场调查结果的研究分析得出古砚产品定位和消费群定位。

（1）目前古砚的销售方式定位

1）礼品。随着人们物质生活水平的不断提高，送礼送文化已成为人们的一种时尚。砚台作为中华五千年的一种传统文化，随着人们对中国文化逐步的提升，它作为一种高雅珍贵的礼品，朋友之间相互馈赠，已成为一种情操和心愿的表露。尤其是近几年更成为一些高官巨贾乃至国家元首选择礼品的一种新的时尚。

2）收藏。资源的匮乏是一种逐步升值的潜在空间。近几年来，投资艺术品已成为当代人理财非常重要的一种模式，而且砚台的升值潜能不言而喻。

3）实用。有相当一部分人在用它书写和绘画，所以外形朴素大方的古砚仍发挥着它的实用作用。

（2）消费群定位　其消费者主要集中在文化运营企业及公司白领、古玩收藏者、书法爱好者和官员商人乃至国家领导人。消费人群的年龄集中在 40～70 岁之间，并且在经济上具有一定的购买力。

4．项目分析

随着社会文明的不断发展，科技产品的突飞猛进，虽然砚台的用途逐渐减退，但随着文明的更大进步，民族文化的进一步回归，砚台正在开辟它的新天地。我团队成员自参赛以来就深入企业，到基层去体验企业的发展现状。通过我团队对保定刘良易砚直销处网上与网下的调查分析，我们对于团队方案总结出以下几点。

（1）优点

1）保定刘良易砚直销处目前的销售模式仅局限于网下。其店面设在中银大厦、中国建设银行附近经济较为发达的区域，符合古砚消费人群的特点。

2）产品进行创新，将古砚与茶海相融合，相辅相成，相得益彰。

3）产品进行批量生产，为企业量身定制，同时根据顾客需要制作出顾客满意的产品。

4）成功地与国外友人完成商务洽谈，在易水古砚走出国门走向世界的同时，也使国际友人品味到中国文化的博大精深。

（2）缺点

1）网下店面仅仅局限在商业区，面向的受众较少，具有局限性。

2）网上没有完善的销售体系与服务结构。

3）业务洽谈主要通过电话联系，不能对产品很好地进行介绍，导致在业务繁忙时，流失很多顾客。

4）缺少互利共赢的创新精神。

9.4 竞赛结果

9.4.1 实施结果

1．实施效果展示

我们通过 QQ 交流群、BBS 论坛、线上线下调查问卷锁定消费群体，并进行积极宣传推广。

我们为企业开通的网络资源包括为企业制作的网站、淘宝网站、中国制造网、酷 6 视频网站、和讯博客的宣传推广。

（1）团队为企业制作的 PHP 动态网站为 http://yishuiyan.any2000.com。我们为企业制作的动态 PHP 网站，为企业及时发布最新产品资讯，打开市场，并提供信息回馈。本网站是河北软件职业技术学院 E 路有我团队制作并发布，联系人曹艳玲和张浩，如图 9-3 所示。

图 9-3　企业 PHP 动态网站页面截图

（2）淘宝网店 http://shop37113417.taobao.com（见图 9-4）

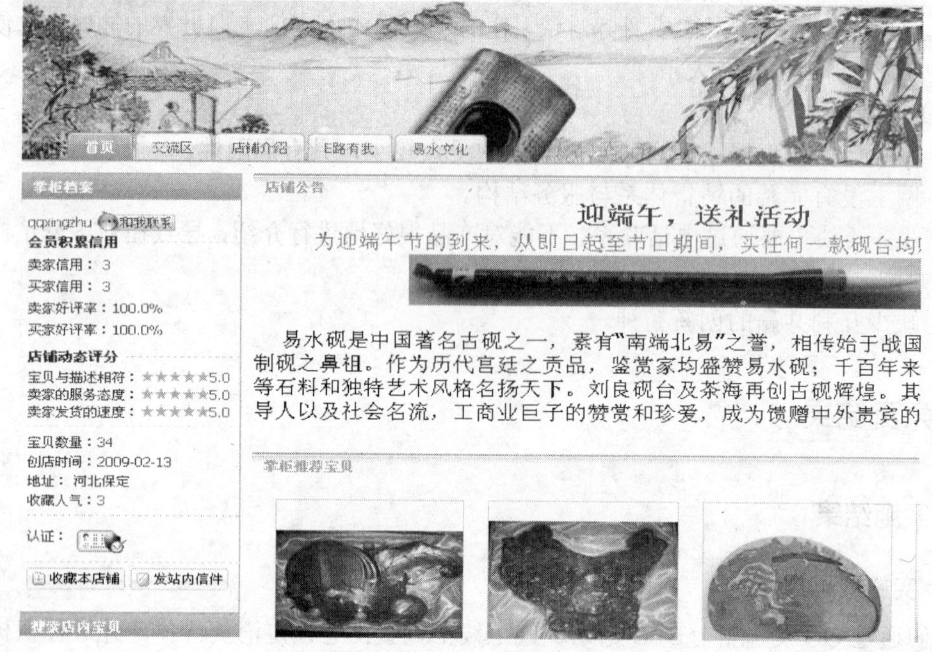

图 9-4　淘宝网店截图

（3）酷 6 视频 http://v.ku6.com/eluyouwo（见图 9-5）

酷 6 主页 http://eluyouwo.zone.ku6.com/

图 9-5　酷 6 视频网站截图（视频为我团队自己制作）

（4）和讯博客 http://hexun.com/yishuiguyan/default.html（见图 9-6）

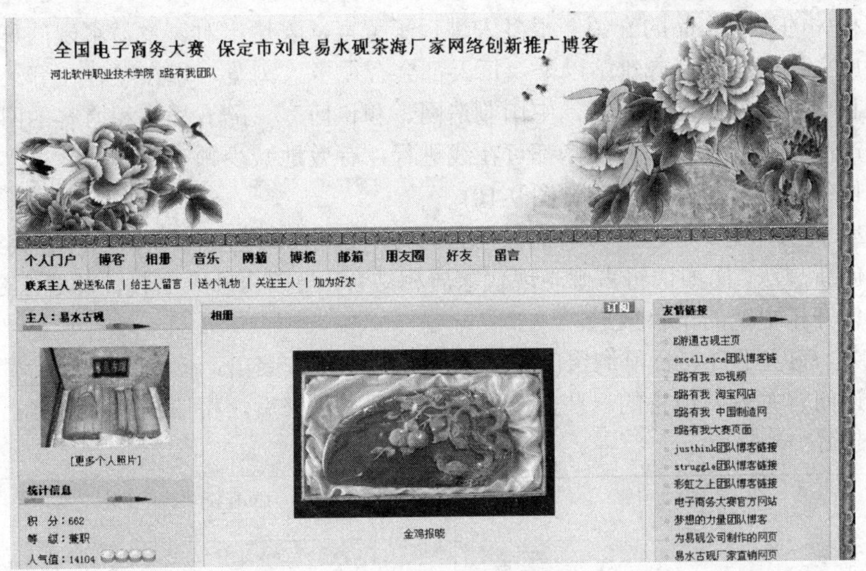

图 9-6 企业在和讯博客的推广页面

（5）中国制造网 http://qqxingzhu.cn.made-in-china.com（见图 9-7）
中国制造网（英文版）http://qqxingzhu.en.made-in-china.com

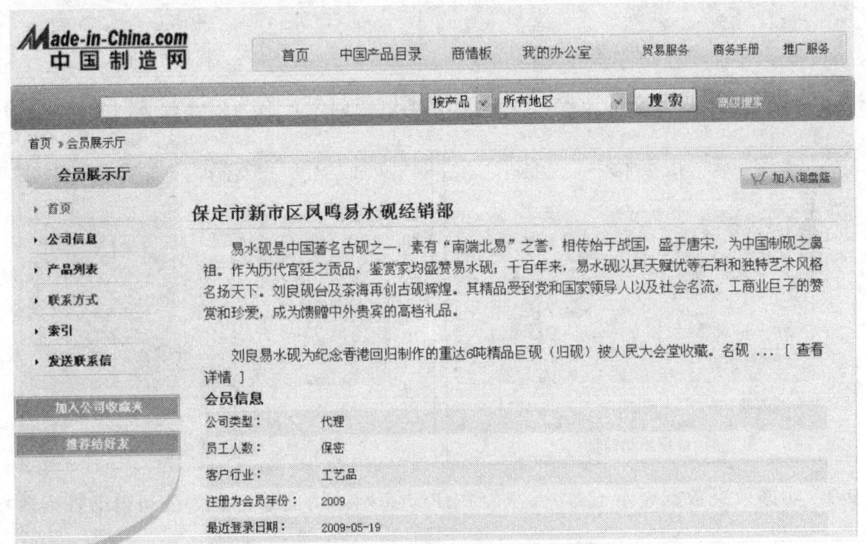

图 9-7 企业在中国制造网的宣传推广页面

2．实施效果数据

（1）网络推广效果

1）和讯博客推广。通过以上方案的实施，现在我团队的人气值已达到了 10 000 以上，总访问量也在 5 000 以上。这充分体现了我团队博客方案推广的可行性。目前博客的人气值和访问量与日俱增，同时我们每天都在更新内容。近日得知厂家业务洽谈繁忙，厂家认为这与我们的努力是分不开的，我们有自信将博客推广做得更好。

2）酷 6 视频、播客。对古砚进行推广，在视频中上传了动感影集，其中有对家乡文化及与家乡相关的影视作品的介绍。很多人进行了留言，表达出对家乡易水砚的喜爱之情。

3）PHP 动态网站。自建站以来，每天都会有很多人浏览，现在顾客在登录厂家网页后可进入我们的网站、淘宝网店、中国制造网、和讯博客、酷 6 播客和博客的网页，不论顾客想看产品介绍还是购买商品，都可在线进行，有效地减少顾客流失。

（2）网络销售效果(见图 9-8～图 9-10)

1）B2B 商务平台。自建立以来就有企业询问，同时我们也积极在国内外寻找客户，通过我们的创新想法，比如说将古砚与现代家居相结合，与国内外著名设计师建立合作关系，为古砚销售开拓更宽的销售渠道。

2）C2C 淘宝平台。目前淘宝的销售情况并不是那么突出，但是我们每天都会有人浏览店面，询问有关古砚销售的一些问题。现在有厂家授权后，相信我们在淘宝上的销售业绩会越来越好。

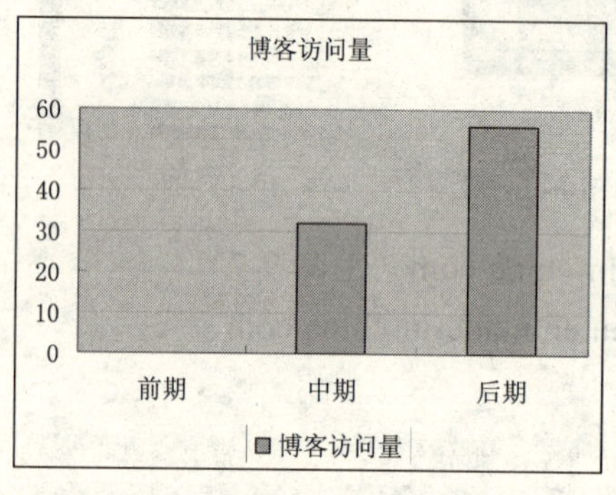

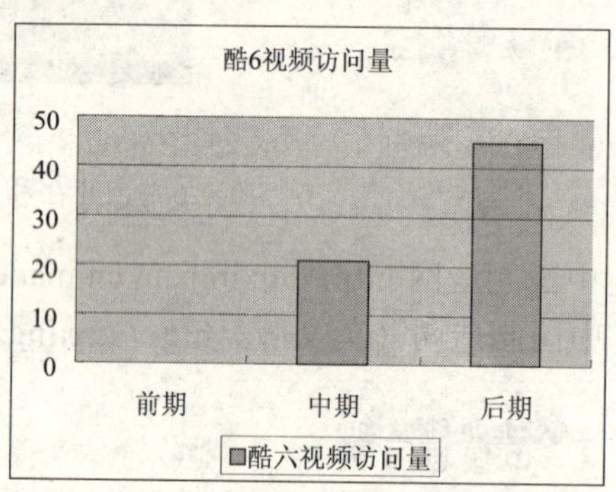

图 9-8　实施效果数据展示（一）（左为和讯博客访问量，右为酷 6 视频网站访问量）

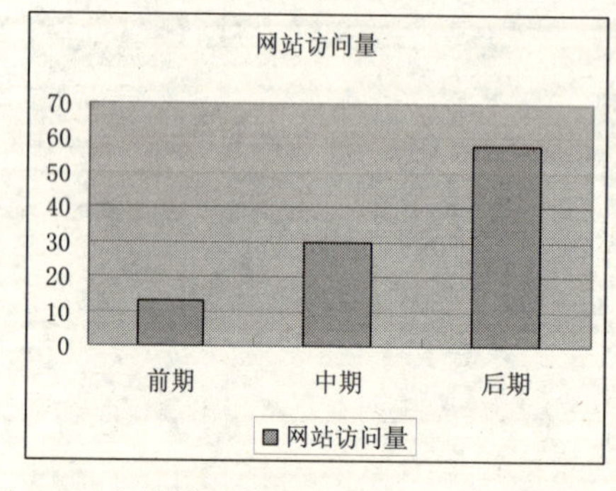

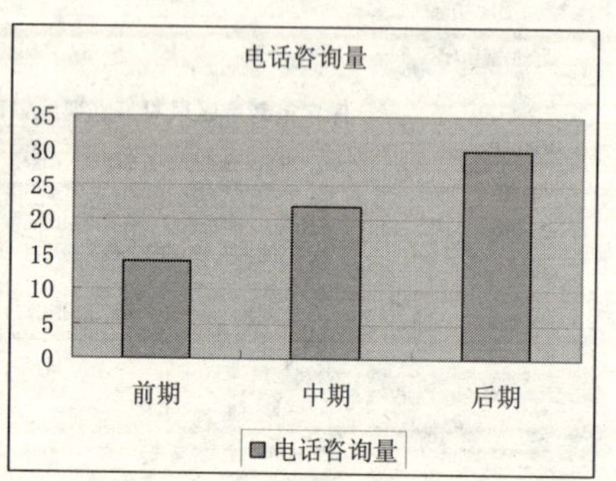

图 9-9　实施效果数据展示（二）（左为 PHP 动态网站访问量，右为公司电话咨询量）

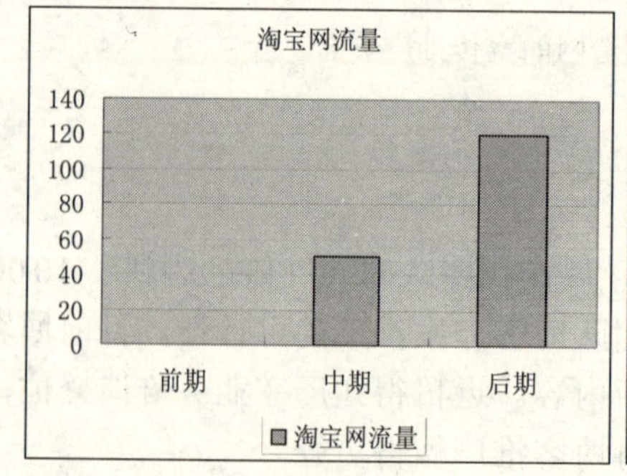

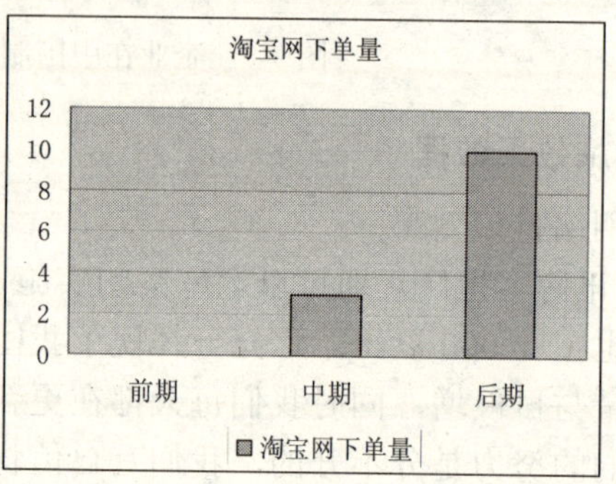

图 9-10　实施效果数据展示（三）（左为企业淘宝网站流量，右为企业淘宝网下单量）

9.4.2 名次结果

全国总决赛专科组网络商务创新一等奖第一名。

9.5 方案点评

翟双（中国制造网）日期：2009-04-21 19:20　　评分等级：★★★★

产品很具有中国文化特色，想法也很多，也已经开始付诸实践，大赛能够提供的资源基本都已经使用上了。但是使用这些资源的目的是什么，想达到什么样的效果，有哪些具体的步骤写得还不够详细。网络商务不仅是把企业、产品挂到网上这么简单，信息的完善与维护、线下的辅助措施都是很重要的。

希望能对你们有所启发，祝你们取得好成绩！

殷兵（河北软件职业技术学院）日期：2009-04-12 14:44　　评分等级：★★★★★

方案的选择有特点，思路有创新，与企业结合比较密切，另外体现出中国悠久的历史文化，对于了解我们传统的古迹有很大的帮助，希望再接再厉，利用现代的网络商务技术把古代文明发扬壮大。

李媛媛（大赛组委会）日期：2009-02-14 22:59　　评分等级：★★★

对于一名大一的学生来说，你们的选题很不错，意识也很好，但是方案内容比较理论化，应该重点写一下你们将要如何实施，同时口号喊得响亮了事情就要做漂亮，你们应该在市场定位前期作一些调研，用来分析你们的目标客户。你们的思维不能局限在去年剪纸的那套销售模式上，这样是拿不了高分的，期待你们有新的创新。

9.6 获奖感言

作为一名电子商务专业的学生，为企业开拓网络市场无疑是我们以后发展的一种就业渠道。而今天我们五个电子商务专业的学生聚在一起，为我们家乡的易水古砚开拓网络市场，开拓出适合互联网发展特点、企业盈利的一种网络商务创新应用方案。我们不仅仅是为了参加这次比赛，更是能力的一种体现，因为我们相信专业的力量！我们已经与企业建立了长期的合作关系，“E路有我”团队的成员不会忘记这次比赛，我们衷心地感谢中国互联网协会、大赛组委会，是他们为我们搭建了这样一个展示自我的舞台。感谢所有评委老师对我们的支持与鼓励，感谢建行“e路通”杯全国大学生网络商务创新应用大赛对我团队精神与物质上的支持！

从初赛、复赛、到全国总决赛，我们团队共同努力，克服了一个个的困难。在此我们还要由衷地感谢我们的指导老师——殷兵老师，是他鼓励我们一步一步走到今天，看着我们的方案一点点完善，看着我们在历练中逐步成长。最后感谢所有一直关心我们，支持我们的人。

我们会如我们的团队名称一样“E路有我”，我们五个会在E路上一直走下去。

第10章

东方狂欢节——广西宾阳炮龙节推广实施方案

作者：广西职业技术学院 “E.路前行”团队

10.1 团队介绍

我们是来自广西职业技术学院的“E.路前行”团队，分别来自广西职业技术学院经贸系经济信息管理专业、市场营销专业与电子商务专业。

团队名称“E.路前行”是我们目标明确，做事高效，追求执著，在“E.路”这条金色的大道上勇往前行。我们希望能够跟着“E 时代”这条时代的巨龙带动起我国传统民俗文化的古典巨龙——“广西宾阳炮龙节”，在开拓创新的同时，让更多的人来感受到我国传统民俗文化所特有的民族文化气息和内涵。

1．成员及分工

胡 涛：带领团队、方案总体策划设计和实施、团队协调工作。

郭 宇：方案初稿、博客文章的撰写。

邓星羽：资料整理分析、网上宣传推广。

易书英：市场调研、方案编写。

温佳静：方案编写、答辩、线下推广工作。

2．团队宣言

“E.路前行，步步为赢！”

10.2 选题经过

随着 2008 年北京奥运会的圆满闭幕，中国的传统文化通过北京奥运会向全世界展示了一个有着悠久历史的文明古国。北京奥运会就像是中国传统文化浓缩的一个窗口，不仅向世人展示了我们中华民族上下五千年的文化传统，也向世人证明了中国传统文化的博大精深，并且以现代化的方式进行着文化的代代传承。这也让中国的传统民族文化迎来了向“世人展示民俗风情”的舞台。但是，我们发现很多中国的传统文化并没有被世人所认识和了解，有的也仅仅是停留在了几句简短的介绍中，中国的传统文化并没有被真正的发掘和让世人知晓。所以，为了让更多的人认识并了解我们中国的传统民族风俗文化，并且结合我们自身周围的实际情况，通过网络的广泛性以及跨越时间和地域的局限性，我们就想借助北京奥运会之后所刮起的“中国风”以及本次大赛提供的平台，让更多的人来认识和了解中国的传统民族风俗文化，使我们中国的传统民族风俗文化走出国门，面向世界。

因为我们生活在风景秀丽的广西，并且广西又是一个少数民族的聚集地之一，拥有各个少数民族的民族民俗，结合我们自身的条件，我们选择了把广西宾阳的炮龙节作为我们此次进行宣传和推广的传统民族风俗节日以及此次参赛的题目。结合大赛的“网络创新”主题，我们选择了以博客为主，视频为铺的宣传方式进行对炮龙节的宣传和推广。选择以博客为主，主要是因为博客已成为现代人进行感情宣泄一个场所，它跨越了年龄的界限，并且在感情交流中很容易产生共鸣，从而达到宣传和推广的目的；其次，选择以视频为铺，是因为视频是现代人了解新鲜事物的一个最有力的窗口，通过视频媒介的宣传导向，更容易使人们更直观地去了解炮龙节的文化以及演变过程，从而加深对中国传统民族文化的印象。

10.3 方案

10.3.1 简介

充分挖掘广西宾阳炮龙节的优势，结合互联网以及网络营销的特点，通过网络平台宣传推广广西宾阳炮龙节，这项国家级非物质文化遗产和民族风俗的传统文化，把此中华一绝打造成东方的狂欢节，帮助宾阳县委、县政府整合宾阳县当地民族风俗旅游资源和提升打造广西宾阳炮龙节的品牌推广方案，最后达到推动广西宾阳县的经济发展的目的。

10.3.2 正文

方案主要由五个部分组成，包括宾阳概况、市场分析、竞争分析、方案的推广实施计划、促进当地经济的发展目标。

宾阳概况

（1）宾阳区域位置、历史文化及产业　宾阳县是中国广西壮族自治区南宁市所辖的一个县，处在北回归线南缘，属南亚热带季风候区，高温多雨，夏长冬短，存在至今已有2100多年的发展历史，是广西重要的陆路交通枢纽和商品集散地。

宾阳是一个多民族聚居县，全县总人口99万人，聚居着壮、瑶、苗、侗、仫佬、毛南等21个少数民族，别具一格的少数民族风情和丰富多彩的民族文化，形成了开放、宽容、创新的文化氛围。除了传统的春节等节日外，当地民间传统节日主要有天贶节、关公节、灯酒节、炮龙节、中元节、重阳节、冬至节、送灶节等。民间文艺丰富，文化形式多种多样。戏剧方面有：师公戏、丝弦戏、采茶戏等；歌舞方面有：仙马彩凤舞、鹰歌饮酒舞、群鼓舞等；游艺体育方面有：游彩架、舞炮龙、抢花炮等；音乐方面有八音等各种配乐演奏；群众文化方面有：歌圩、圩逢、诗社等；工艺美术方面有：剪纸、壮锦、竹编、饼模及泥塑儿童玩具等。土特产品有：莲藕、粉丝等；风味小吃有白斩狗、狗爪、酸粉等，吸引了众多食客。

宾阳资源丰富，是全国500个产粮大县之一，大宗农产品有甘蔗、莲藕、蔬菜、桑蚕、木薯、花生、玉米等，宾阳的瘦肉型生猪、水养白鳝、点星鱼已享誉区内外。名特优农产品主要有黎塘莲藕、武陵香米、大桥香芋、王灵夏阳菜等。

宾阳自古以来就是商贾云集之地，以“百年商埠”闻名于桂中南。县城芦圩镇是广西四大古镇之一。其“宾阳货”以货真价实，物美价廉扬名于世，使得“宾阳货”自古以来兴盛不衰。早在唐宋时期，宾阳的布匹和竹编就被列为贡品，至明、清两代，宾阳产的陶瓷、壮锦、纸扇、纸伞、毛笔、小五金等畅销区内各地及湖南、云南、贵州等地。本县也自主创造了一批竞争力强的品牌，其产品远销欧洲、东南亚各国，起到了“树一个品牌，带一个产业，富一方群众”的“龙头”作用。

（2）宾阳炮龙节

1）炮龙节的传说。传说宋朝的皇祐年间（公元1052年），宋朝为了征伐南蛮侬智高，令狄青大军直赴广西征剿。但狄军征战至昆仑关时，由于地势险要和侬军的死守，狄军屡攻不克。当时正值农历元宵节，狄青为了麻痹侬智高，便下令驻扎在宾州城的兵士大闹。狄军多为中原一带的人，擅长舞龙、杂耍等多种技艺，他们以稻草扎成龙，以火烧竹子，既当照明，又把竹子燃烧爆裂后发出的响声当作爆竹而狂舞龙。侬智高获悉，便放松了戒备，而狄青则趁此连夜出击，攻克了昆仑关。宾州人以为如此舞龙是一种吉祥之举，因此以后每年的元宵节都舞炮龙，一直延续至今，随着时代的文明进步和科学的发展，日臻完善和成熟。

2）舞炮龙的过程。宾阳人舞炮龙，按照惯例每年农历正月十一日晚上七点整开始，风雨不改；舞炮龙前供奉神灵，用鸡血喷龙眼举行盛大而隆重的开光仪式；舞炮龙时队伍前面有龙灯队、锣鼓队、古乐队开路；舞龙者把炮龙舞到街上，每家每户备足鞭炮，烧炮增光，鞭炮未放完炮龙不能离开；舞炮龙须坚持到底，在任何情况下都不许丢弃炮龙，有街道居民求龙珠者，必出资预订；舞龙结束后把炮龙火化升天，祈求风调雨顺，国泰民安等。

传说钻龙肚能给自己和家人带来一年的吉祥如意，当龙在炮光中游舞时，各家各户大人小孩、观光的游客尤其是手牵手的情侣们跃跃欲试，伺机钻龙肚并燃放鞭炮尽兴轰炸。舞龙者不畏惧鞭炮的烧炸，哪里炮火密集，就往哪里冲，有的甚至把鞭炮挂在赤裸的上身飞奔。祈求好运的外地游客，也点燃手中的爆竹，加入到狂欢的队伍当中。对当地居民来说，龙身的每一件东西都代表着吉祥。哪怕只是从飞舞的龙身上抓下一块龙鳞，也让一家人高兴不已。当舞炮龙进行到最后时，因为沿路都有居民、游客，他们往龙身上丢鞭炮（称“炸龙”），所以整条路仅剩下龙“骨架”和“筋骨”，最完整的就是龙头。由于龙嘴里的珠子几乎都有人专定，所以再完整的龙头，子珠也要送出去。剩下的就由族中的长者指挥，燃起火堆，同时奏起各种乐器，把龙投入火中，让龙随着熊熊烈火升天，这叫做“送龙归天”。至此，整个炮龙节就算结束了。

（3）炮龙节的市场前景

1）从传统意义上来说。炮龙节作为宾阳县的民族风俗节日，本身就已具有了很浓厚的民族文化积淀，它始于宋朝时期至今已经有将近1000多年历史，因此，炮龙节已经具备了现代人追求祥和的一种精神寄托的条件。

2）从人文的角度来说。炮龙节的独特之处就在于以燃放鞭炮炸龙助兴，并且其寓意符合中华民族的传统心理特征，表现手法又以独具宾阳民族特色和刺激性于一身，加之有深厚的民族基础，还被列为国家级非物质文化遗产等一系列的条件都符合当代人追求新鲜、刺激的一种消费观念。

3）从地域的角度来看。宾阳县自古以来就是广西重要的陆路交通枢纽和商品集散地。宾阳县位于广西中南部、南宁市东北部，为自治区首府南宁市辖县。而区域旅游合作是广西非常独特的优势。每年中国东盟博览会在广西南宁举办，除此之外，国家还在广西北部湾地区建立了一个泛北部湾经济区域，地邻南宁。以黎塘作为交通枢纽的宾阳将会因为东盟和泛北部湾经济开发区而迎来更多海内外的游客，从而实现消费目标群体的最大化延伸。图 10-1 中的红点为宾阳县。

图 10-1　宾阳县位置地图

从图 10-1 我们可以了解到宾阳作为区域旅游在交通上有着很大的区域发展和上升的巨大潜在空间。东盟和泛北部湾开发区给宾阳带来了更大的商机和机遇发展。除此之外，宾阳作为广西重要的商品集散地，群众商品意识浓厚，传统手工业发达，民间商品生产起步早、知名度高、辐射范围广等都具备了旅游产业所必须的条件——交通便利、气候宜人。

4）从地域文化方面上看。宾阳在广西也拥有独具特色的风味小吃和手工艺品。如：宾阳酸粉、白斩狗、土特产莲藕；手工艺品的“三宝”——壮锦、竹编、瓷器等。除此之外的地方戏剧、歌舞、歌圩、工艺美术等都具备了旅游项目开发所需的多环节配合的服务消费特性。

5）从炮龙节的特殊性看。首先炮龙节作为一种国家级的非物质文化遗产，受到国家和政府的保护，是实行可持续发展的必要条件；其次，炮龙节作为一种旅游资源将会使其旅游目的地的区域性与旅游项目的区域依赖性明显增强；最后，炮龙节以其资源的独特性和市场需求的多样性将会降低旅游投资的门槛，从而完善本地消费产业的基本结构，带动当地其他产业的发展。

（4）历届炮龙节概况　宾阳的舞炮龙与全国各地的舞龙有着本质上的区别，其中有一套严密、完整的组织机构和规定的时令性。从公元 1052 年开始至 1994 年，宾阳县民间一直把舞炮龙作为一种吉祥之举，并通过舞炮龙来增加一些地方上的个人经济收入，截止1994年以前，“炮龙”才不过10条，炮龙节带来的直接经济效益在1 000万元左右。1994年，宾阳县人民政府正式把炮龙节这一民间民俗文化活动纳入了政府行为，举办了“首届宾阳炮龙节”，由原来正月十一宾州城内舞的几条“炮龙”猛增到了40多条，使宾阳的“炮龙”发展到了鼎盛时期。2006年春节期间，芦圩镇各社区居委会主办了“炮龙艺术节”，前来观赏“炮龙”活动的观众及区市、国外来宾逾10万人次，直接经济效益3 000万元。与此同时，宾阳县人民政府也下文称“宾阳‘舞炮龙’为宾阳县文化活动项目之一。”2007年，“炮龙”已经增加至101条，接待国内外游客达40万人，炮龙节直接带来的经济效益达6 000万元。到了2008年，宾阳县炮龙数量已经达到了141条，接待国内外游客达50万人之多，由炮龙节所带来的经济效益已经达到了8 000万元。由此可见，宾阳“炮龙节”由民间到政府介入，已经呈现出一种良好的上升势头，并且在2008年达到了历届炮龙节之最。

表10-1是2006～2008年宾阳炮龙节期间游客人数、记者人数等数据。图10-2为2006～2008年宾阳炮龙节带来的旅游收入。

表10-1　2006～2008年宾阳炮龙节期间参与人数

炮龙节近三年旅游规模情况			
年　份	接待游客人次（万）	媒体记者人数（人）	炮龙数（条）
2006年	10	152	70
2007年	40	193	101
2008年	50	250	141

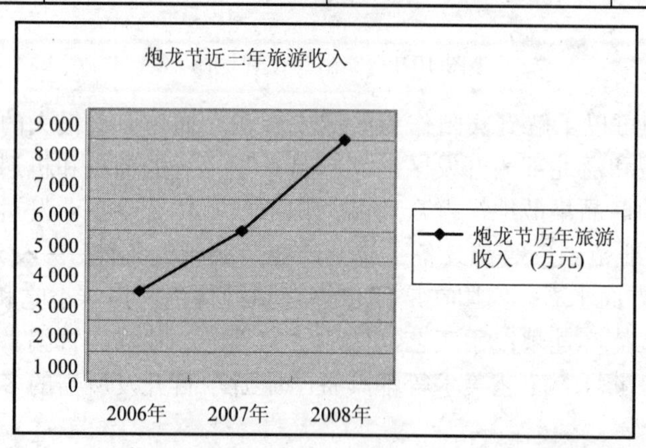

图10-2　2006～2008年宾阳炮龙节带来的旅游收入

1）市场分析。

① 目标消费人群分析。随着人民币升值，意味着我国经济实力增强，国民的消费水平也是水涨船高，为旅游业发展奠定了一个良好的经济基础。伴随着消费观念的提高，旅游消费的层次不断提升，旅游消费将更呈现个性化趋势。一般的旅游观光点将逐步减少，取而代之的是高层次的特色文化旅游，旅游的文化内涵将越来越丰富。中国在全世界中的地位提升，使得来华旅游的人数将激增，未来会不断地推动中国旅游业的发展。

我们将按以下几项分析：

A．按年龄层次划分。将主要消费人群定位在20～40岁之间，因为这些人群普遍有一定的学历、收入，而且喜欢追求时尚和刺激。

B．按平均收入划分。经调查统计，在宾阳旅游3日（包括：吃、住、行、游、购、娱）需花费800元左右，所以消费者定位在平均月收入1 000元左右的人群。

C．按地域覆盖面划分。主要以广西为中心，辐射湖南、贵州、四川、云南、广东等省，并与海、陆、空等运输方式相结合（可通过这些运输方式直达广西）。

D．按爱好划分。主要针对旅游爱好者、摄影、DV拍摄爱好者、美食爱好者等。

E．综合分析。目标消费人群定位在20～40岁之间，平均月收入在1 000元左右，生活在以广西为中心能直接辐射的地区的旅游、摄影、美食爱好者。

② 调查问卷。我们针对宾阳炮龙节对250名消费者进行了市场调查，得到以下结论：

A．消费群体的旅游方式主要是以个人出行为主，旅行团和单位组织基本持平。

B．通过调查我们发现，在当前旅游消费群体的学历结构中主要是大专、本科以上学历的人群占的比例最大，如图10-3所示。

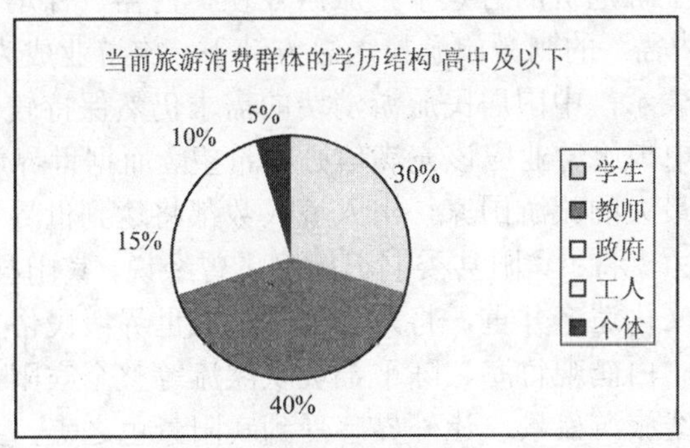

图10-3　在当前旅游消费群体的学历结构

C．消费群体在了解旅游方面的信息时，一般都普遍选择各种旅游网站和传单的形式，其他电视、报纸、电台广播尚处在初步时期，如图10-4所示。

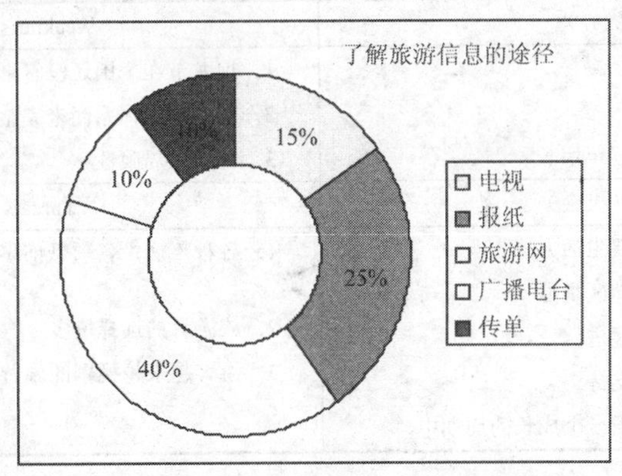

图10-4　消费群体了解旅游信息的途径

D．消费群体对宾阳炮龙节的知晓情况还尚在未知阶段，仅仅有10%的人了解过炮龙节，如图10-5所示。

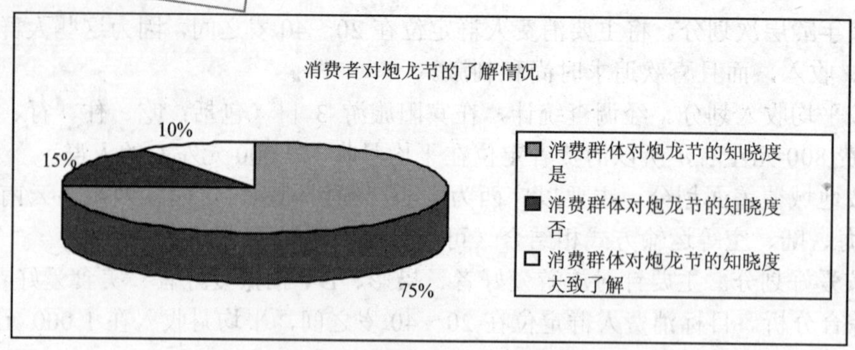

图 10-5　消费者对宾阳炮龙节的了解情况

③ 国内外对传统节日的需求和发展趋势分析。

品牌效应：炮龙节已经形成了“百龙舞宾州”的世界级民俗文化品牌。宾阳这个无形资产代表了悠久的历史和深厚底蕴的文化，成为了通过精神财富创造物质财富的资源。

国家出台政策：在金融危机的背景下，旅游业在扩内需、保增长过程中的作用更加凸显出来。在国家“拉动内需”的刺激旅游投入总方针下，旅游业成为拉动内需的优势产业。国家旅游局局长邵琪伟表示，中国居民旅游消费的需求仍然保持较快增长，中国旅游业发展的动力依然强劲，对中国旅游业应该充满信心和希望。而据世界旅游组织预计，到 2020 年，中国将成为世界上最大的旅游国家，出入境人数都将达到世界第一。

宾阳当地政府的大力支持：宾阳县委书记施汉飞曾经说，宾阳县将从办好龙炮节入手，物质形态与非物质形态文化遗产并重，将龙炮节打造成世界级民俗文化品牌，带动宾阳县宾州古城、程思远故居、白鹤观竹海、陈平金坑峡漂流等整个宾阳人文自然景观的旅游开发，实现捆扎整合式连线旅游盛景，让外界感受到宾阳景色之美，人文之盛，推动全县经济又好又快的发展。

④ SWOT 分析，见表 10-2。

表 10-2　SWOT 分析

Strengths（优势）	Weaknesses（劣势）
1．国家级的非物质文化遗产 2．中华一绝的节日庆祝方式 3．每年的游客数和经济收益逐年增长	1．炮龙节在全国还没有形成较大的影响力 2．网络营销体系尚未完整 3．世界有局限性
Opportunities（机会）	**Threats（威胁）**
1．旅游已成为人民群众的主要生活方式之一 2．许多大项目在南宁或周边地区举办 3．网络信息和电子商务突飞猛进 4．国家政策对旅游业的大力支持 5．此类民俗旅游的开发还处于一个成长的周期中	1．各种疾病，各项恐怖事件严重影响人们的正常外出旅游 2．旅游者的选择增多 3．游客越来越挑剔的旅游需求

⑤ 市场定位。市场定位是根据消费者的心理需求，利用差异化特征使其区别于其他竞争对手，在消费者心中建立产品特有形象，这样才能在激烈的市场竞争中立于不败之地。

炮龙节可以让游客体味浓厚的过年气氛，还能给人带来一种刺激的感觉，消除工作带来的压力，也是一种很好的释放心理压力的方式。根据炮龙节的这些特征，利用特色定位的方法，我们把炮龙节定位为“东方狂欢节”。

2）竞争分析。

① 国内传统节日。我国的传统节日形式多样，内容丰富，是我们中华民族悠久历史文化的一个组成部分。国家的节日有很强的内聚力和广泛的包容性，一到过节，举国同庆，这与我们民族源远流长的悠久历史一脉相承，是一份宝贵的精神文化遗产。目前我国的主要传统佳节有：元旦、春节、元宵节、清明节、端午节、七夕、重阳节、中秋节、冬至、腊八节、小年夜等。随着现代生活节奏的加快，人民的物质生活的不断提高，现代人越来越重视追求物质生活以外的精神生活。因此，我国的传统佳节也被赋予了新的意义象征——寄托了现代人追求精神生活的一种精神诉求。就目前而言，由于我国的传统佳节本身就具有中华民族悠久的历史文化积淀，因此把传统节日作为一种商业化的运作，不仅能体现现代人在追求精神需求，同时也能够为更好的宣扬我国传统的民族风俗等文化打下一个坚实的物质基础，并且起到了一种物质生活与精神生活完美结合的纽带作用。

宾阳炮龙节是民族风俗的传统节日，在众多节日的充斥下，炮龙节便需要面对激烈的竞争。

② 当前民俗特色旅游的宏观环境。因受到美国次贷危机的影响，全球都处在经济危机之中。但我国从总体上来看，由于我国政府的正确引导和相关的法律法规的互补协调，总体上看我国经济还是呈现出一片良好的和谐发展势头。我们可以了解到国家在对于金融危机下的旅游业还是保持着积极引导的态度，国家旅游局局长邵琪伟提出的措施：“千方百计培育旅游消费热点，努力撬动潜力巨大的国内旅游市场，组织实施全球旅游推广计划、地震灾后旅游业恢复重建等多项计划，支持有条件的地方探索发放旅游消费券。千方百计帮助企业克服困难，加强旅游经济运行预警与监测……”不难发现，我国政府在对于当前形式下的旅游产业所采取的政策是积极和努力地去引导企业和个人旅游，从而实现旅游产业在扩大内需和改善民生方面双重作用的发挥。因此，国家把 2009 年作为“中国生态旅游年”以及呼吁各地方举行“全国百城旅游宣传周”的目的就在于通过旅游业来作为一种扩大内需的宏观调控措施。

当前我国社会上，国民的旅游消费热情并没有因为全球金融危机的影响而迟缓，特别是在一些传统意义上的民族风俗等旅游消费呈现出一种上升的趋势。并且随着物质生活文化的不断提高，越来越多的人开始把自我精神的富裕作为一种自我需求。

从图 10-6 和图 10-7 中我们可以看到当前我国国民消费还是呈现出一种增长的需求趋势。

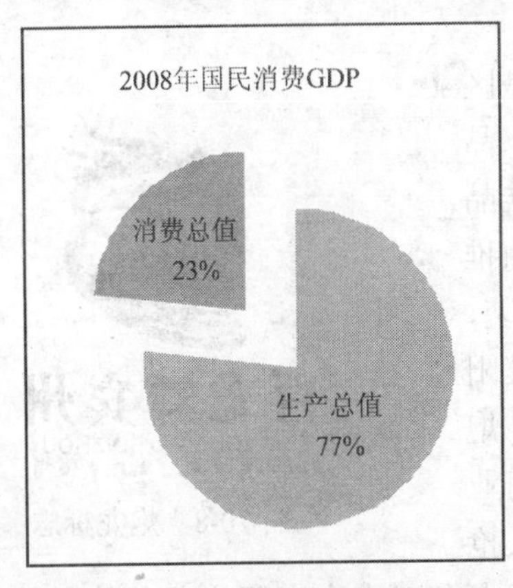

图 10-6　2008 年国民消费 GDP

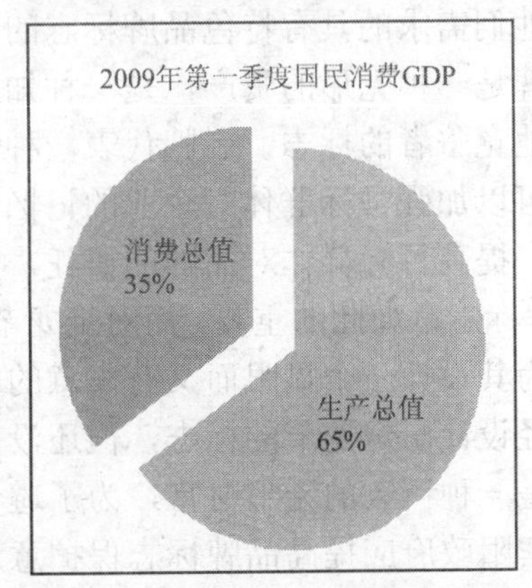

图 10-7　2009 年第一季度国民消费 GDP

随着我国经济的快速发展，加大了交通基础建设，我国的交通枢纽将为人们的出行及旅游提供更多的交通上的便利。

③ 民族旅游成功的典范——桂林《印象·刘三姐》。大型桂林山水实景演出《印象·刘三姐》，它集漓江山水、广西少数民族文化及中国精英艺术家创作之大成，是全国第一部全新概念的“山水实景演出”。在这里我们可以看到以《印象·刘三姐》为主的民族旅游系列文化将成为风行中国的一个新的专题旅游路线。

宾阳炮龙节可以借鉴“桂林印象刘三姐”成功推广的经验，结合炮龙节的实际情况，推广炮龙节，带动当地旅游经济的发展。以下有三点经验值得我们借鉴：

民族艺术与品牌效应结合，把壮乡人们耳熟能详的歌仙刘三姐打造成一个品牌。通过品牌效应的宣传和推广，是《印象刘三姐》的成功之一。从这里可以看出品牌效应的重要性，所以炮龙节必须打造一个民俗文化品牌，来加大它的宣传力度和品牌知名度。

通过文化效应带动了地方经济的发展，《印象刘三姐》通过著名艺术家的影响力又进一步推广和宣传民族文化特有的独特性，地方知名度也大幅提升。宾阳政府请王宏伟为炮龙节唱了主题曲《炮龙雄风》，深刻诠释了炮龙精神及炮龙文化。歌曲的传播力度是非常大的，但是这首歌只在当地广为传唱，并没有把这首歌放在网上传播。我们可以把炮龙节主题曲放到网上，这也起到了宣传炮龙节的作用。

产业运作模式：《印象刘三姐》将政府扶持与企业资本管理相结合、民族艺术与著名艺术家品牌效应想结合。

④ 推广计划。

A．宾阳政府授权推广。我们与广西宾阳政府以及县委宣传部进行沟通交流，联合县委宣传部共同宣统推广炮龙节。目前县委宣传部已经做了很多线下推广的工作，如利用广播、报纸等方式推广，取得了良好的效果。而我们将为炮龙节做网络推广，提高炮龙节在国内外的知名度，使其成为东方的狂欢节，最终带动宾阳的经济发展。我们也已得到宾阳政府的正式授权。

经过洽谈，我们现已得到南宁中小型企业培训中心、南宁精美眼镜公司、南宁金都大酒店、南宁 36 计营销策划工作室等企业的支持，并得到其证明。

B．对炮龙节进行品牌包装。

a．注册商标并深化文化内涵。现在网站发布的信息是数不胜数，从网民在网络空间的活动行为分析某一信息的浏览分析，他们主要看网站的页面设置是否能抓住眼球，是否有能满足他们需求的具有特色品牌标志的网站。

品牌是一种无形的资产，是一种知识产权。它是区别于其他竞争者的标志，名牌代表一种特定的文化。品牌标志可以加强目标群体对企业的记忆，有利于树立品牌形象，提高目标群体对品牌的信任，带动新产品的推出。品牌标志是如此的重要，而对炮龙节进行品牌包装，就必须为其设计一个显眼而又有寓意的标志。现在宾阳政府已经设计出炮龙节的标志，但还没有注册专利。炮龙标志是一种巨大的无形财富，为了避免不必要的商业纠纷，宾阳政府应提高品牌标志保护意识，防止他人抢先注册炮龙节标志。尽快为炮龙标志注册，使炮龙标志真正成为宾阳炮龙节的品牌标志。

图 10-8　炮龙标志

这有利于炮龙节的品牌推广。注册了炮龙标志后，我们需通过大力的宣传，提高炮龙节的文化品牌，使炮龙节的品牌标志扎根人们心中。

b．宣传炮龙主题曲。宣传宾阳政府邀请国内著名歌手王宏伟演唱的炮龙主题曲《炮龙雄风》。

c．推广旅游宣传片和画册（略）。

C．宣传计划：

a．传统宣传推广。炮龙舞春秋计划。为了解决炮龙节在时间上的局限性，我们计划在宾阳炮龙老庙及其广场上，每周定时开展舞炮龙的活动。并结合春夏秋冬和一条龙的概念，春天是龙头，以炮龙的制作工艺等民间传统工艺为主题进行宣传；夏天是龙身，以当地的各项旅游景点和传说、历史故事为主题进行宣传；秋天是龙爪，以宾阳当地的传统文化、文艺歌舞为主题进行宣传；冬天是龙尾，以当地的特色小吃为主题进行宣传。这样就形成了宾阳全年一条龙，春夏秋冬各不同，全年都是炮龙节的文化特色，游客们便可以在不同的时间来到宾阳，感受宾阳不同的文化，也都可以参与感受炮龙节。

炮龙节旅游专线的推广。由于炮龙节的举办是每年的正月十一，现在延长三天。不过总体相对时间比较短。如果只是单纯宣传炮龙节，对宾阳旅游经济的发展起不到长期推动作用。由于宾阳的旅游资源十分丰富，各个景区以点带面呈环带分布，我们可以为宾阳旅游做一个长期的规划。先通过炮龙节作为引子，让目标群体了解宾阳，明白宾阳不仅仅是炮龙节值得我们去观赏，还有更多的旅游景点值得我们参观。宾阳政府已经和旅游局设计出了一条“宾阳一日游”的线路图。充分利用当地的旅游资源，如蔡氏古宅、程思远故居、昆仑关等。

每个游客来到一个新的地方在临走之前都会想到带一些特色产品回自己的家乡。宾阳三宝“壮锦、竹编、陶瓷”就是游客不错的选择。我们还可以结合炮龙节的传统文化特色，把炮龙的典型图案融入三宝之中。这也是对当地手工业的推动。

为方便遍游客查询炮龙节的旅游信息，我们打算把宾阳炮龙节的相关资讯、宾阳当地的旅馆分布状况、当地的小吃、自驾游路线图、相关旅行社的联系方式都放在相关旅游网站上。

报纸宣传。我们在地区报纸和相关旅游报纸上对炮龙节进行宣传，并做有关炮龙节的相关主题报道，让一些不常上网的群众了解炮龙节。

宣派发宣传单。请兼职人员在各人流量大的地方进行传单的派发，使网络宣传和现实宣传相结合，达到更好的效果。

b．网络推广。博客（见图 10-10）。注册博客的人逐年增多，多为记录心情，抒发情感，寻找同爱好的人。

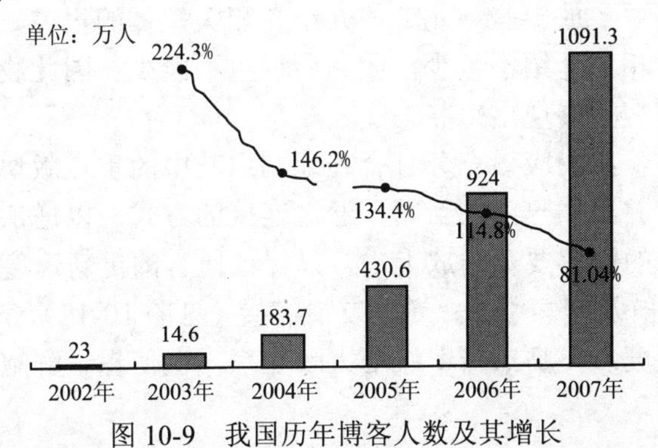

图 10-9　我国历年博客人数及其增长

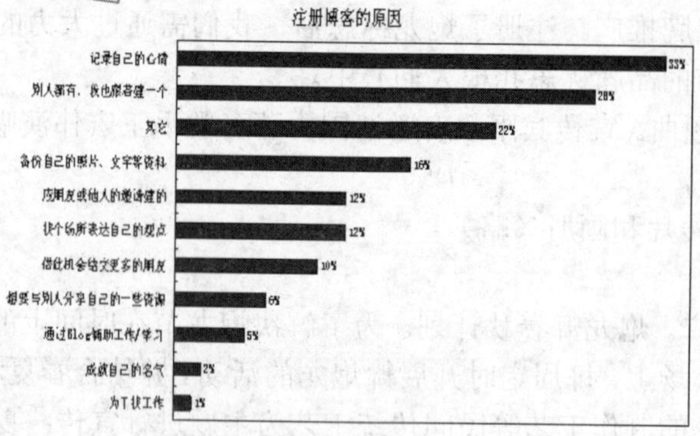

图 10-10　网民注册博客的原因

博客整体页面风格要突出喜庆、热闹的节日氛围，让访客第一时间感受到炮龙节浓浓的节日气氛。因此我们博客的主色调以喜庆的红色和土黄色为主，整个搭配祥和、协调，充满了吉祥（见图 10-11）。在博客最醒目的位置，放上炮龙节的相关相片，并以滚动的浏览方式来播放，从而使静态的相片产生动态的效果，给博客带来生气，显得更热闹。

图 10-11　我们博客的主色调

在博文的撰写上，要多放一些炮龙节的介绍和相关媒体的报道，让访客能从多个角度去认识和了解炮龙节。相关介绍不可少，团队历程也不能少。因此我们团队参赛以来的心路历程和感悟也要在博客上展现出来。

和讯博客版块众多，我们应该充分且合理地利用其中的重点版块。比如，把“网摘”放在相对重要的位置，并添加热门的新闻，通过连接的方式，以增加博客的点击率。

时时更新博客，新的内容要及时放上去，以保证博客的更新速度。

友情链接、网址导航及搜索引擎：通过友情链接（见图 10-12）、网址导航及搜索引擎，可以加大我们的宣传力度，提高点击率，增大曝光率，也使想了解炮龙节的网民便于找到相关的资料。

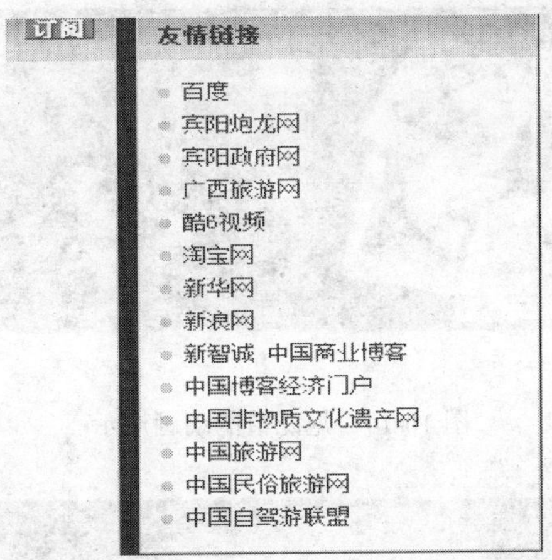

图 10-12 友情链接

留言及发布信息：

我们将在 QQ 等聊天平台和各大旅游论坛上留言，对炮龙节进行宣传推广，如图 10-13 所示。

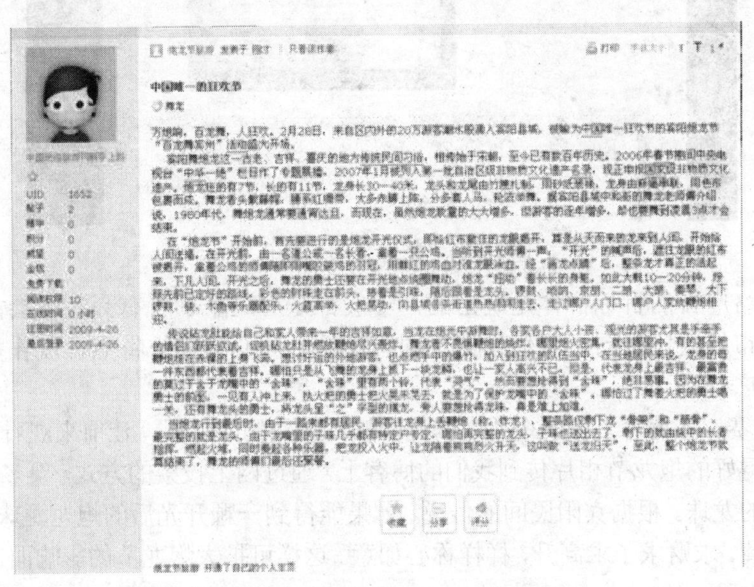

图 10-13 在相关论坛上的留言

Flash 动画、视频和广告。利用酷 6 网和博客为平台把炮龙节的整个过程以动画的形式表现出来，并插入贴合过年气氛的喜庆歌曲。尽可能地把炮龙节的动画短片表现得诙谐幽默，这样才能引起网民的关注，以炮龙节的短片把炮龙节宣传出去，如图 10-14、图 14-15 所示。

网络广告。网络广告可以直接向互联网用户传递炮龙节的相关信息，吸引目标顾客对炮龙节的关注和点击率。从而可以提高炮龙节的知名度，达到有效的宣传目的。

网络广告与传统广告相比，制作周期短且不受时间的限制，可以使目标群体随时了解炮龙节的信息。而且我们可以融入文字、动画、声音，把炮龙节的宣传广告制造得更加生动有趣。

图 10-14　炮龙节的动画展示

图 10-15　炮龙节的宣传视频

其次，网络广告的目标群体是确定的，一般都是对这个广告有兴趣才会点击阅读。需求决定市场，市场决定走向，我们根据不同网民的不同心理需求特点，制作多个炮龙节的宣传广告语和广告片。

⑤ 相关比赛。在博客上做一个“龙腾炮响舞宾州”的照片展，让前来观看炮龙节的游客把他们觉得拍得好的炮龙节相片传到我们的博客上，通过网上投票的方式，票多者可以获得炮龙节最有意义的龙珠。根据宾阳民间的传说，如果能得到一颗开光后的炮龙龙珠，那将是一件非常吉利的事情，求财求子求高升，样样称心如意。这样可扩大炮龙节的影响面，提高影响力。

比赛规则如下：

比赛的开始时间 2 月 5 日到 2 月 10 日，注：游客必须在 2 月 10 日 24 点前把相片传到博客上，逾期无效。

比赛的投票时间 2 月 11 日到 3 月 1 日。

比赛的评选时间 3 月 3 日，并把优胜者名单公布于博客上。

一等奖一名　　荣获炮龙龙珠

二等奖二名　　荣获宾阳三宝之一的壮锦

三等奖三名　　荣获宾阳三宝之一的竹编

⑥ 以炮龙节为题材的网络游戏。从网络游戏分析来看，游戏类似情况严重，内容缺少

优秀的民族文化支撑。游戏网民多偏向低龄化，对低龄网民，社会、家庭、学校对游戏的内容的要求要健康向上。

炮龙节被列为国家级非物质文化遗产，以炮龙节作为游戏主题设计一个抢龙珠的单机游戏，这不仅可以宣传国家的非物质文化，弘扬优秀的民族文化，而且能让网民体验游戏的乐趣，同时也可以提高炮龙节的知名度。

⑦ 淘宝网店。通过对宾阳当地经济的实地调查，以及与宾阳政府的交流，了解到被誉为“宾阳三宝”的手工艺品“壮锦、竹编、陶瓷”，主要出口到国外，但没有在国内形成市场。壮锦有着传统的壮乡民族特色，纯手工艺制作。而没有在国内形成市场，因此国内有较大的市场。

我们在淘宝网上开一间壮乡特色店，把宾阳的壮锦等手工艺品放在网上销售。而最大的特色是可以根据消费者自身的需求进行特别定制。

⑧ 龙节推广将拉动当地经济的发展。

A．旅游业的发展。宾阳的旅游资源十分丰富，各个景区以点带面，呈环带分布：东以黎塘为核心，有龙岩公园、相思潭、燕山六五寺、和吉镇狮子岩、边山村仙女湖；西有清平水库、昆仑关战役遗址、葛翁岩抗日战争指挥部旧址、思陇凤凰滩、万盆林区、陈平江漂流；南有桃源忘忧谷、六莲渡抗日战争后方医院旧址；北有邹圩清水河、八仙岩；中部以县城为中心有大汉回风塔、蒙大赉恩荣坊、南桥、南街、中山公园、大桥江、秀峰塔、思恩府科试院。

宾阳的旅游业在2008～2010年为基础发展期，2011～2015年为快速发展期，而现在大量宣传炮龙节，再以此带动宾阳其他旅游项目的开展，可使其政府旅游规划尽快达成。

B．当地产业的发展。改革开放以来，在党的富民政策指导下，聪明灵巧的宾阳人通过引进技术，大力改造和创新传统手工业，创造出了一批竞争力强的品牌。全县现有专业村285个，产品小五金、皮革、竹编、陶瓷、塑料制品、丝绸、镜画等3 000多种，花色品种多达710种，有些产品已远销全球各地。产品打上炮龙标志，更能吸引游客购买。

而炮龙节的宣传也将吸引大量游客到宾阳来，当地的传统工艺可以以炮龙节为主题设计主题产品，如剪纸、刺绣、壮锦、竹篾编织、木器、制陶、雕刻、绘画等将可以得到宣传，也可以提高其销售量。更可以提高当地企业的知名度。

C．当地特色小吃的推广。宾阳“名吃”品种多样，酸粉、白斩狗肉、清水河鱼、龙凤虎烫、盐糕等久负盛名。大量的游客对当地的特色美食极为赞赏，使其知名度得到提高。

D．招商引资。宾阳县矿产资源丰富，主要的有色金属有金、银、铁、铅、锌等20多种，非金属矿种类多，品位高，储量大，石灰石和菱土较为丰富，宾阳黎塘已成为广西水泥生产重要基地之一。

炮龙节的大力推广可吸引大量投资商到宾阳进行投资，加大当地资源的利用度，创造更多的商机，提高当地传统工艺的投资吸引力，最终推进宾阳经济的发展。

我们的博客：http://hexun.com/baolongjie/default.html。

我们的视频：http://eltx.zone.ku6.com/。

我们的淘宝店：http://shop58062813.taobao.com/。

我们的闪客主页：http://www.flashempire.com/home/1698841。

10.3.3 方案实施情况

在确定了参赛方案的选题之后，我们就开始进行了方案的编写以及对炮龙节的市场调查工作，并且我们也具体深入地去了解了如何运用网络商务平台进行对炮龙节的宣传和推广工作。以下是我们在实施方案中的一些行动。

3 月下旬至 4 月 23 日，我们进行了方案的修改，以及网络平台的一些相关推广布置。

4 月 24 日，我们在方案的修改中，发现对炮龙节的前期市场调查准备不足，决定重新开始对炮龙节进行市场调查、炮龙节资料的收集和整理工作。

4 月 24 日至 4 月 25 日，我们在我校以及南宁市人口流动量大的商业街进行了炮龙节知晓情况的问卷调查，此外，还专门到一些客流量大的汽车站以及火车站进行了问卷调查，以保证此次调查结果的真实有效。目前，我们累计发放问卷 250 份，真实有效回收数据 213 份。

4 月 26 日，我们与我校老师进行了关于炮龙节宣传推广问题上的讨论，并通过老师与广西宾阳县县委宣传部取得了联系，并与宾阳县县委宣传部达成了合作意向。

4 月 27 日，我们"E.路前行"团队以及指导老师一起前往广西宾阳县，并通过与广西宾阳县县委宣传部的洽谈和沟通，达成了宣传推广的合作事宜，当天宾阳县县委宣传部带我们实地考察了宾阳县的情况并提供了大量的真实可靠的原始资料信息。

4 月 28～29 日，通过对资料的整理，我们重新制定了对炮龙节的宣传和推广策略，重新更新了博客、视频网的内容以及设置，并引进了淘宝网和 Flash 动画的推广策略。与此同时，我们与宾阳县县委宣传部达成了协议，并获得了宾阳县县委宣传部的关于炮龙节宣传和推广的授权书。

4 月 30 日至今，每天更新博客和视频网上的内容，并不断地对方案进行调整和完善。

授权书及企业支持函件如图 10-16、图 10-17 所示。

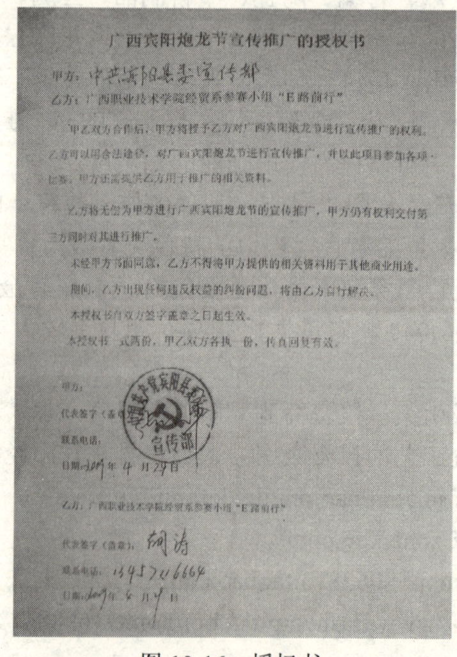

广西宾阳炮龙节宣传推广的授权书

甲方：中共宾阳县委宣传部

乙方：广西职业技术学院经贸系参赛小组"E路前行"

甲乙双方合作后，甲方将授予乙方对广西宾阳炮龙节进行宣传推广的权利。乙方可以用合法途径，对广西宾阳炮龙节进行宣传推广，并以此项目参加各项比赛。甲方还需提供乙方用于推广的相关资料。

乙方将无偿为甲方进行广西宾阳炮龙节的宣传推广，甲方仍有权利交付第三方同时对其进行推广。

未经甲方书面同意，乙方不得将甲方提供的相关资料用于其他商业用途。

期间，乙方出现任何违反权益的纠纷问题，将由乙方自行解决。

本授权书自双方签字盖章之日起生效。

本授权书一式两份，甲乙双方各执一份，传真回复有效。

甲方：

代表签字（盖章）：

联系电话：

日期：2009年4月29日

乙方：广西职业技术学院经贸系参赛小组"E路前行"

代表签字（盖章）：

联系电话：

日期：　年　月　日

图 10-16　授权书

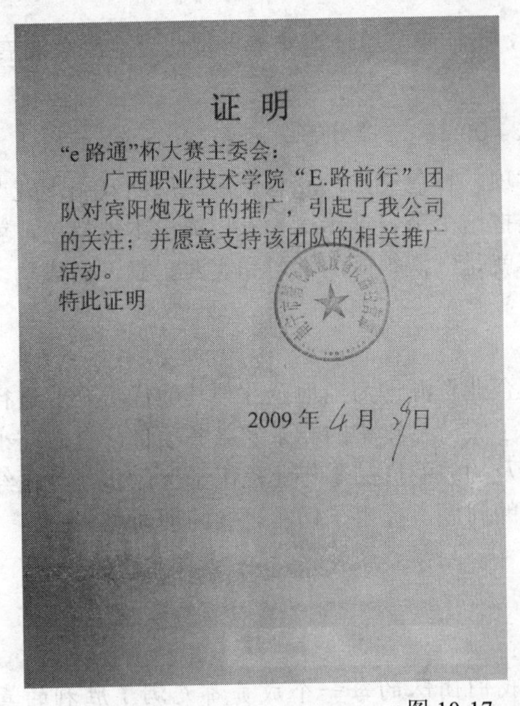

证 明

"e路通"杯大赛主委会：

广西职业技术学院"E.路前行"团队对宾阳炮龙节的推广，引起了我公司的关注；并愿意支持该团队的相关推广活动。

特此证明

2009年4月29日

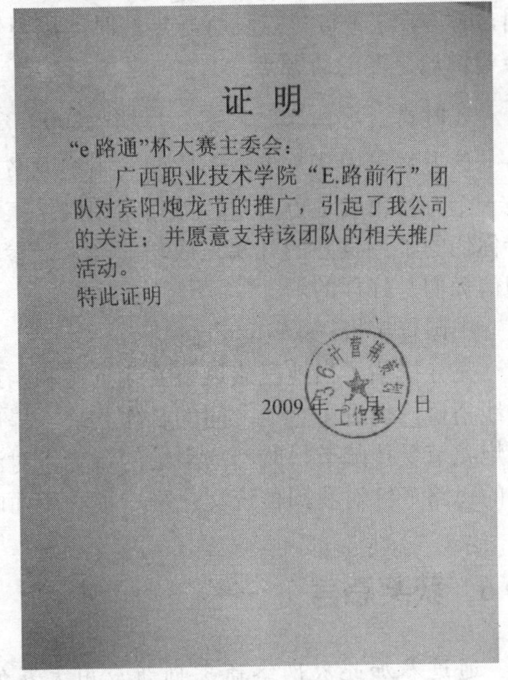

证 明

"e路通"杯大赛主委会：

广西职业技术学院"E.路前行"团队对宾阳炮龙节的推广，引起了我公司的关注；并愿意支持该团队的相关推广活动。

特此证明

2009年 月 日

图 10-17　企业支持函件

10.4　竞赛结果

10.4.1　实施结果

该项目的博客访问量、视频点击率、淘宝店访问率、潜在消费者邮件回访量都超过了预期目标。政府认可度和对项目实施的评价很高，得到了当地政府的授权和大力肯定。企业的支持力度超过了预期目标，有很多企业对此项目表示很有兴趣并且愿意签订合作意向书，为该项目今后的实施提供了大力支持。炮龙节的品牌知名度得到了很大提高，旅游优势和旅游产业经济体系得到了进一步完善，为把炮龙节打造成东方狂欢节奠定了基础。

10.4.2　名次结果

全国总决赛专科组　网络商务创新一等奖第四名（并列第四名）。

10.5　方案点评

苏玲（和讯网）日期：2009-04-21 10:01　　评分等级：★★★

对炮龙节的宣传都很到位，无论是博客的布局，还是文章图片的选取都很不错，让人一目了然。但是为了方便阅读，可以将博客的底板颜色设置得更加清晰点。还有一点要指出，炮龙节这个宣传点具有一定的时间局限性，要延伸至通过炮龙节再带动当地经济发展，希望增加更多的新颖点。

尹叶青（广西民族大学）日期：2009-03-24 00:33　评分等级：★

该方案以中华一绝——广西宾阳炮龙节立项，特色突出，立意新颖。广西宾阳炮龙节是一个有特色的地方节日。如何运用网络工具把这个节日展示给大家，突出本地特色，就看你们的了。良好的开端是成功的一半！参赛就是一次很好的学习和实践。祝你们成功。相信你们是好样的。

中国青年报：

充分挖掘了当地民族风俗文化资源和当地企业资源，为当地企业与其他优势企业进行牵线搭桥，促进了企业之间的合作共赢。提出了旅游嘉年华的一条龙服务项目，有效缩小了炮龙节受传统节日时间局限性的影响。对涉及的旅游产品零售业提出了特色和差异化经营的思路。针对我国传统文化推广模式所面临的问题，提出了切实可行的创新思路。

10.6 获奖感言

通过参加此次网络商务创新应用大赛使我们团队的每一个成员都充满了胜利的喜悦，因为在这喜悦中，不仅仅是专家们对于我们方案实施的认可，也说明了我们在推广我国民俗文化上的创新得到了大家的一致认可。除此之外，我们的努力也得到了宾阳县委县政府的肯定，目前我们的团队方案已经引起了宾阳县委县政府的关注，他们表示在今后举办炮龙节活动中会考虑采用我们团队的方案作为参考。再此，我们还要感谢大赛组委会以及为此次比赛提供比赛平台的淘宝、酷 6 网、中国建设银行对于我们比赛的支持和帮助。正是由于他们在我们方案的策划和实施过程中，对于我们修改方案和实施过程中遇到的一些问题都给予了细心的帮助并为我们提供了一定的资金的支持，我们才能有此出色成绩。

参加此次大赛后我们团队的每一个成员都意识到了团队协作的重要性，也使我们都清楚地知道了自身的能力所长以及劣势，这对于我们在今后的学习和工作中不断学习、不断修正自己，为以后取得更大的进步打下了一个坚实的基础。并且，通过此次比赛，很多企业对我们都产生十分浓厚的兴趣，特别是中国建设银行广西分行还为我们团队提供了就业实习的机会。

最后，此次网络商务创新应用大赛还促进了我校实践教学上升到了一个新的高度，在得知我们团队获得全国专科组一等奖时，学院系部领导还为我们专门召开了大赛经验交流和表彰大会，并且在学院网站以及系部网站上都作为专题来进行学习和探讨经验交流活动。同时老师们还以此作为教学例子，为我校今后教学实践创新提供了一个新的思路。

第11章 南昌星火机床有限公司网络推广解决方案

作者：江西外语外贸职业学院 “Balance_天平”团队

11.1 团队简介

我们是来江西外语外贸职业学院的“Balance_天平”团队，队长刘雪鹃，成员张艳、徐啸、刘高攀，都是来自江西外语外贸职业学院信息管理系电子商务专业。

团队名称“Balance_天平”取义于我们特殊的两男两女组合，打破传统的奇数组合方式，同时表示我们的策划方案让企业间更好的达到共赢的目的，更符合了当今社会“和谐”的意义。

1．成员分工

队长：刘雪鹃，女，主要负责团队工作的协调，与企业、相关联系人等的接洽和联系沟通。

队员：张艳，女，负责方案资料的收集，门户推广网站的注册及管理，协同负责与企业的接洽。

队员：徐啸，男，技术能力强。主要负责电子杂志、视频等技术类的制作。

队员：刘高攀，男，负责团队博客的撰写及历程的总结；协同负责电子杂志等的制作。

2．团队宣言

追求完美，就得用欢笑去平衡周围；
试想高飞，就得用拼搏去争取机会；
带着平常的心态，双赢的信念；
Balance_天平，与你们共同去壮美未来的行程。

11.2 选题经过

随着现代网络技术的飞速发展，大、中小型企业都看到了网络推广的绩效及其重要性，都开始注重网络推广。而在机床行业，却对网络推广存在质疑，不知如何进行网络推广，达不到网络推广应用的效应。

因而，在这样一个形势下，我们选择为机床行业进行网络推广。一方面，让机床行业这种传统企业及类似于机床行业的传统企业认识到网络推广的利益性，让其了解到网络推广的方法及效益；另一方面，通过我们实现传统企业的网络推广方案，改变一些传统企业的经营观念，让传统企业也走上电子商务化，更加与时俱进，不为时代所淘汰，永葆企业的竞争力。

我们团队联系到南昌星火机床有限公司这样一个传统型的机床企业，将该企业作为我们团队的合作依托企业，针对其企业现状进行分析，制定其网络推广方案，为其解决网络推广问题，使企业不局限于传统的推广方式，可以达到更好的经营效益。

11.3 方案

11.3.1 简介

我们的方案是根据南昌星火机床有限公司的实际需求，利用中国制造网等网络资源，为其进行企业网络推广，从而提高公司的知名度和增加网络交易机会。主要实施内容如下：

- ❑ 在中国制造网和阿里巴巴上注册了企业会员，并进行日常维护；
- ❑ 设计了企业 LOGO;
- ❑ 制作了企业电子杂志；
- ❑ 制作了企业产品操作及日常维护视频教程；
- ❑ 在和讯网注册了企业博客，帮助企业运用博客营销；
- ❑ 通过天助网发布公司信息，提高企业知名度；
- ❑ 协助企业重新制作公司网站。

进入 20 世纪 90 年代以来，全球装备制造业的集团化趋势不断发展。中国的机械行业也表现出该明显趋势，其中又以机床行业的集团化趋势较为典型。中国机床工具行业是中国机械制造业的基础，在国民经济和世界同行业中占有重要地位，而且我国是机床和工具消费大国，同时也拥有巨大的机床与工具生产能力与科研开发潜力。但相对于已经实行地区性行业集团化重组的机床生产大企业来说，不少中小企业就失去了竞争能力，他们要生存下来就必须摆脱传统模式，销售对象扩大范围。这样才可以缓解在国内可能难以生存的尴尬局面。

利用好电子商务平台，为公司做好网络推广，实现网络推广的独特优势。

11.3.2 正文

方案主要由五个部分组成，包括机床行业分析、公司现状分析、网络推广优势分析、网络推广解决方法和分析总结。

1. 公司现状分析

中国制造网是一个大型的 B2B 平台，面向全球提供中国产品的电子商务服务，现已成为中国产品供应商和全球采购商共通共享的网上商务平台。而且中国制造网非常关注中国企业特别是众多中小企业的发展。

南昌星火机床有限公司（原国营南昌机床厂），始建于1965年以加工生产机床为主的老牌企业，尤以在国内首次引进国外先进技术生产的行星式轮碾混合机和在20世纪80年代研制的以“南昌离合器厂”冠名生产的6105、2105、180、250等型号的拖拉机、柴油机离合器在国内久负盛名，企业也多年蝉联“南昌市优秀企业”和“银行信誉三A单位”称号。

通过联系南昌星火机床有限公司，我们将针对该企业进行网络上的推广方案，现从产品现状分析、目标市场分析和推广方式分析三方面来分析南昌星火机床有限公司。了解到该公司的主打产品——LNX行星式轮碾混合机的性能、产量及适用范围等。根据其销售情况初步了解到公司目标市场主要定在东北三省，而目标行业主要是耐火材料行业、粉煤灰制砖行业、人造大理石行业、铸造行业、陶瓷行业、有机化肥行业、医药行业等。公司推广的方式还驻留在书面杂志推广和电视推广等传统方式上。

根据行业分析及公司现状等方面的分析，我们认为南昌星火机床有限公司存在以下两点主要问题：推广方式过于单一；不注重网络推广。

2．网络推广解决方式

我们根据对企业的各方面调查和分析，了解到企业存在的问题，因而打造以下网络推广解决方式：

（1）设计特色LOGO——为公司赚得开门红

（2）创办专属本公司的电子杂志——畅享无限资源

1）关于企业文化的电子杂志。

2）关于主打产品的电子杂志。

（3）有效利用电子商务平台，增大交易机会

1）中国制造网（中英文网站推广）。

2）阿里巴巴（中英文网站推广）。

3）和讯博客。

4）天助网商机发布引擎。

5）买卖网推广链接。

6）中国耐火材料网推广。

7）机床网推广。

8）世界行中国贸易网推广。

（4）视频教程——企业推广全新视觉

1）播放企业机床运作时的操作流程，更好地指导操作。

2）介绍机床保养方法，以更好实现机床的使用价值及延长机器的使用寿命。

3）让传统的文字介绍宣传变为视频性的动感号召。

4）指导企业正确购买，帮助企业实现资源优化。

5）机床常见问题视频讲解。

（5）人性化服务，用感性打动顾客

1）利用顾客的口碑进行宣传——校内小游戏“种蕃茄”变身大改造。

2）C2C式的反馈模式。

（6）把推广做成公益事件，博得顾客青睐

（7）优化资源配置——“以旧换新”。

（8）新颖的售后服务。

（9）提高企业竞价排名。

（10）加大博客营销推广力度

1）提供新颖的信息来刺激消费者。

2）企业路线在线指导，让顾客轻松抵达。

3．实施绩效展示

（1）公司LOGO设计展示　通过跟南昌星火机床有限公司副总彭仁荣的交流沟通，了解到公司总裁对企业原有的LOGO很不满意，希望可以换一个更具代表性的LOGO，而这次我们团队正好提出寻找公司为依托企业，为公司开拓网络推广的道路，因而彭总提出希望我们可以为公司做出一个特色LOGO，重新塑造公司新形象文化，如图11-1所示。

图11-1　南昌星火机床有限公司LOGO设计方案（左图为原有LOGO，右图为第一次设计方案）

第一次的LOGO方案没有认可，因为公司觉得机床是个传统企业，而且主要做国内贸易，而LOGO是全英文，没有中文体现名字，不是很适合顾客记住与识别。因而第一次设计搁置，我们根据公司提出的需求又展开重新的设计。

我们投入第二次设计，融入公司的实质需求，最终设计了中英文相结合的LOGO，带着两次设计的作品，我们踏入星火公司，在彭总的斟酌下，此次LOGO的设计得到了彭总的认可，并已采用了我们设计的LOGO，在公司改版的网站及制作的电子杂志上都可以体现，如图11-2所示。

图11-2　最终被认可的南昌星火机床有限公司LOGO设计方案

（2）制作的电子杂志展示图　因为电子杂志是一种多媒体的信息表现形式，内容更加生动；它通过网络传播，发行量巨大；它的互动性强，可以第一时间内知道读者对杂志的反馈；而且运营成本降低，节省了印制成本、发行投递的成本、时间成本。这些都是电子杂志的特点，因而我们为公司制作了两种类型的电子杂志，一个是关于企业文化的宣传性电子杂志，用于让顾客了解公司背景及文化，另一个是产品说明书的电子杂志，打破了传统的纸质说明书，使得观看更直观，更形象美观，更有吸引力。

而且在与彭总交流的时候，他曾提到要做电子杂志以想达到的特别推广效果，但没有实施过，因而我们团队为其制作了两个类型的电子杂志，如图 11-3 所示。

图 11-3　电子杂志封面（左为企业文化电子杂志，右为产品说明电子杂志）

（3）为公司建设的新网站　第一次关注到南昌星火机床有限公司，找到公司的网站，发现公司网站没有人打理，更新周期长，与顾客的交互性不强，后与彭总交流讨论后，彭总有意改版公司网站，重新打理及更新网站内容。审阅我们团队的网络推广解决方案后，彭总表示希望我们团队可以为公司建设一个新网站，并加入方案中提及的新型栏目，比如“视频教程”栏目、“点名服务”栏目和“在线培训”栏目等，如图 11-4、图 11-5 所示。

图 11-4　南昌星火机床有限公司原网站

图 11-5　团队为南昌星火机床有限公司制作的新网站

（4）中国制造网上的门户推广效果展示　中国制造网（www．made-in-china.com）是一个汇集中国产品信息的世界。我们分析了中国制造网的推广优势，它具有域名的优势；在制造的门户网站的搜索结果优先排名；它让企业会员第一时间掌握商情；它让不熟悉国际贸易的公司也能学会并顺利地进行贸易洽谈；而且制造网还提供现场视频服务等。

因此我们团队首先利用的电子商务推广平台就是制造网，并且在其英文网站也进行了门户推广，以开拓公司的对外贸易。如图 11-6、图 11-7 所示。

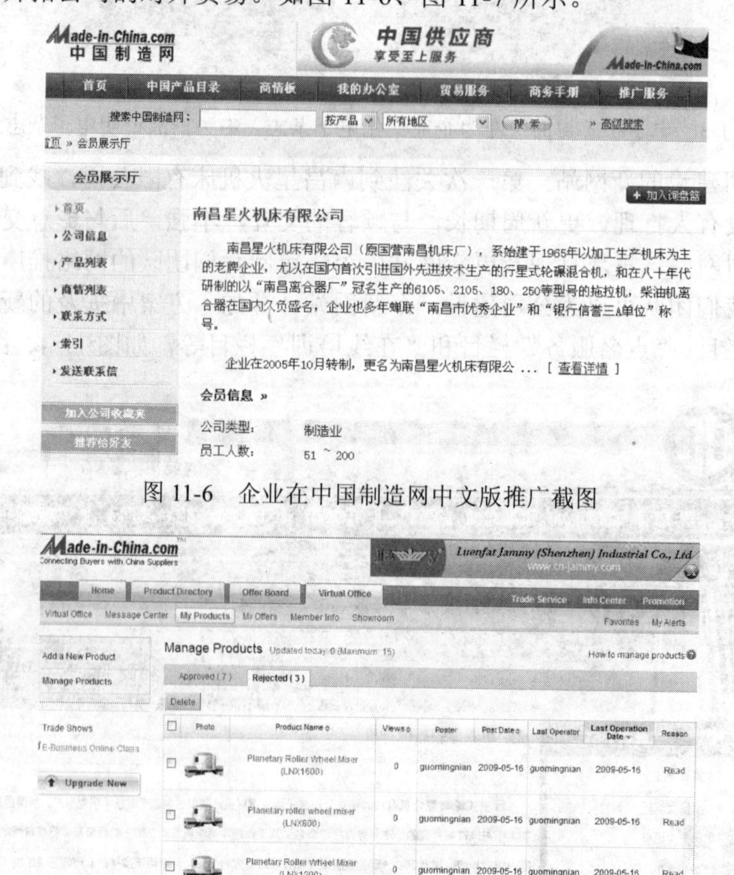

图 11-6　企业在中国制造网中文版推广截图

图 11-7　企业在中国制造网英文版推广截图

通过中国制造网这个 B2B 的电子商务平台，我们可以发布产品商情。经过两个多月的推广，也取得了一定的效果与业绩。通过公司门户网站接到过顾客的询盘（见图 11-8），并通过与顾客的交洽，得到了服务的肯定赞赏。

图 11-8　顾客询盘页面

此询盘我们已发盘，这个与顾客在网上的交洽过程让我们更加了解了网络贸易的一个大概程序，通过公司彭总的帮助，我们顺利完成了发盘。

(5)阿里巴巴网站上的门户推广效果展示　阿里巴巴网是全球领先的 B2B 电子商务网上贸易平台，在制造网推广的同时，我们也加入了阿里巴巴推广的行列，加大推广力度，在阿里巴巴的推广也取得了一定的效果，如图 11-9 所示。

图 11-9　企业在阿里巴巴推广的公司黄页

在阿里巴巴网上推广的同时，我们为公司开通了阿里旺旺，并保证时刻在线，以方便顾客的在线咨询，如图 11-10 所示。

（6）酷 6 网推广效果展示　为公司新推出产品的视频教程，以更好的引导顾客了解产品且知道如何更好的安全操作。视频推出后也得到了良好的反响，如图 11-11、图 11-12 所示。

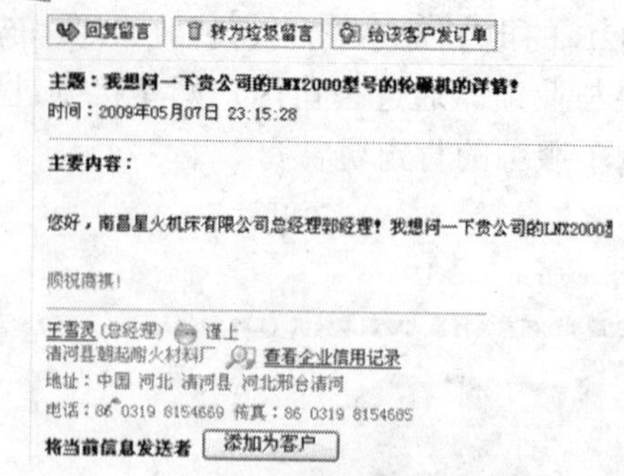

图 11-10　在阿里旺旺上顾客询问产品情况截图

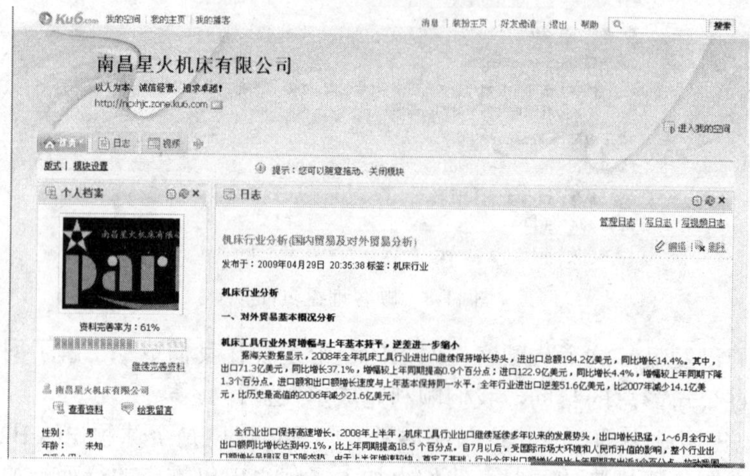

图 11-11　公司在酷 6 网门户博客截图

图 11-12　公司在酷 6 网主打产品的操作及注意事项视频教程截图

（7）和讯博客网上推广效果展示

和讯财经博客是中国最专业、最早而且最大最顶尖的财经博客站点。由于博客营销可以宣传企业的文化及理念，记录企业的成长及发展历程，给访问者一种真实性与感悟性，因此从前期的写作能力到中期的沟通能力，最后到后期的机会捕捉能力，运用好博客营销，企业可以捕捉很多商机，如图 11-13 所示。

图 11-13 和讯博客网上推广效果展示

（8）买卖网上的推广效果展示 买卖网是享负盛名的 B2B 平台，我们要尽可能地利用好这些电子商务平台，以达到更好的推广效果，如图 11-14 所示。

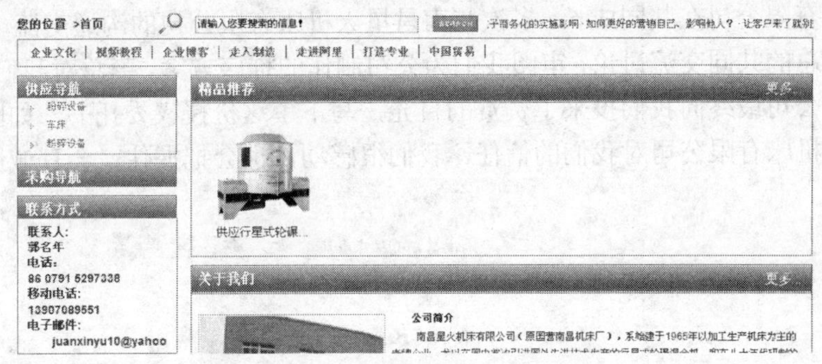

图 11-14 买卖网上推广效果展示

（9）机床网、中国贸易网、中国耐火材料网、天助网推广效果展示 利用各大电子商务平台进行网络推广，我们在机床的专业网站也进行了推广，进行针对性的推广，拓展专业网站的推广之路，如图 11-15、图 11-16 所示。

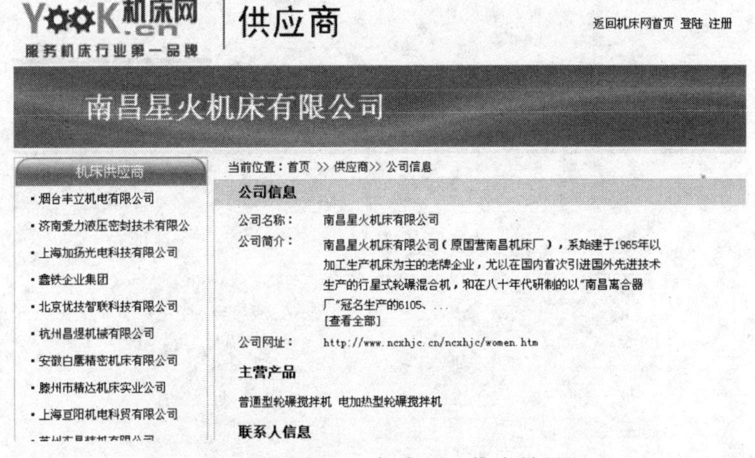

图 11-15 专业网站（机床网）推广效果展示

图 11-16　专业网站（中国贸易网）推广商情

4．效益评价

在与南昌星火机床有限公司的交洽中，从第一次的不信任到现在的认可与赞赏，我们团队与星火机床有限公司在共同成长。多次与南昌星火机床有限公司的沟通交流，与网络方面的负责彭仁荣副总的共同交流讨论，审阅我们为公司制作的推广方案。彭总对我们团队的能力做了一个肯定，公司最终向我们投来了赞赏的目光，写下了这份授权委托书，如图 11-17 所示。这是南昌星火机床有限公司对我们的信任，我们很感动，也会把握住，会真诚地为公司服务。

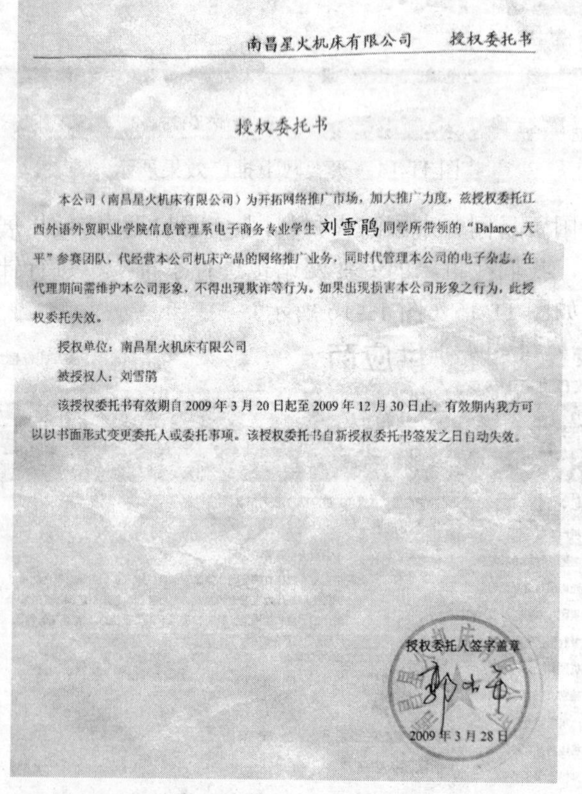

南昌星火机床有限公司　　授权委托书

授权委托书

本公司（南昌星火机床有限公司）为开拓网络推广市场，加大推广力度，兹授权委托江西外语外贸职业学院信息管理系电子商务专业学生刘雪鹛同学所带领的“Balance_天平”参赛团队，代经营本公司机床产品的网络推广业务，同时代管理本公司的电子杂志。在代理期间需维护本公司形象，不得出现欺诈等行为。如果出现损害本公司形象之行为，此授权委托失效。

授权单位：南昌星火机床有限公司

被授权人：刘雪鹛

该授权委托书有效期自 2009 年 3 月 20 日起至 2009 年 12 月 30 日止，有效期内我方可以以书面形式变更委托人或委托事项。该授权委托书自新授权委托书签发之日自动失效。

授权委托人签字盖章

2009 年 3 月 28 日

图 11-17　南昌星火机床有限公司授权委托书

在我们团队进入全国总决赛时，我们向公司汇报了这个喜讯，南昌星火机床有限公司的郭总经理也为我们感到高兴，并对我们表示祝贺。为表示对我们团队两个来月的工作认可与感谢，他特别写了这份致学校与我们团队的感谢信，如图 11-18 所示。

致江西外语外贸职业学院的感谢信

尊敬的饶院长及 Balance_天平团队指导老师及学生：

在此次大赛即将迎来决赛高潮之际，首先对晋级全国决赛的天平团队表示忠心的祝贺！美丽又具有异国风情的江西外语外贸、热情的外语外贸学生给我留下了深刻的印象。感谢你们选择了南昌星火机床有限公司作为合作企业，使我公司有机会将一直以传统营销为主的销售模式向网络营销发展，更从 Balance_天平团队的表现得以一睹江西外语外贸职业学院学生的风采。感谢你们热情、细心、不辞辛劳的帮助，使此次向电子商务进军之战收获颇丰。得知此次推广工作全程有学生负责，而效果又如此之好，使我很吃惊，这充分说明了外语外贸职业学院的学生的综合素质是非常高的。

此次网络推广活动使我对江西外语外贸职业学院有了更加深刻地理解。在此次推广活动中，你们帮公司制作了电子杂志、产品使用说明视频和企业博客等为我们更好的服务客户提供了基础；帮公司注册了中国制造网、阿里巴巴等会员，为我们打开网上国内贸易和国际贸易提高了机会。可以说，这次活动一改我们以前的营销思维，在我公司内部形成了一个较大的冲击，大家都认为电子商务对传统企业是一个非常好的补充。

寥寥数语，难以表达我的感受以及对江西外语外贸职业学院师生的感谢，唯有衷心的祝愿天平团队在决赛中获得佳绩，江西外语外贸职业学院越办越辉煌，饶院长及江西外语外贸职业学院老师们工作顺利，身体健康！同学们学业有成，万事如意！

南昌星火机床有限公司总经理 郭

2009 年 5 月 20 日

图 11-18 南昌星火机床有限公司致团队感谢信

其实，我们要感谢南昌星火机床有限公司，是他们愿意作为我们团队的依托企业，让我们可以把握住这次大赛的锻炼机会，以提高我们的自身能力。

11.4 竞赛结果

11.4.1 实施结果

（1）中国制造网（中英文网站推广）

推广作品链接：http://ncxhjc.cn.made-in-china.com。

（2）阿里巴巴（中英文网站推广）

推广作品链接：http://detail.china.alibaba.com/company/detail/ncxhjcco.html。

（3）建立和讯博客

企业博客推广地址：http://hexun.com/ncxhjc/default.html。

（4）酷 6 视频展示

视频作品链接地址：http://ncxhjc.zone.ku6.com。

http://v.ku6.com/show/06l90SZyQ9ytZeVy.html。

（5）天助网商机发布引擎

（6）买卖网推广

推广作品链接：http://63940313.vip.www.com.cn。

（7）中国耐火材料网推广

（8）机床网推广

推广作品链接：http://www.yook.cn/Supplier/SupplierInfo.aspx?comID=1455。

（9）世界行中国贸易网推广

推广作品链接：http://www.u1d1.com/sell/SellSelInfo.aspx?id=3824745。

11.4.2 名次结果

全国总决赛专科组网络贸易主题赛单项一等奖（终极对决第六名）。

11.5 方案点评

黄冠男（中国建设银行江西省分行）日期：2009-03-29 17:04　评分等级：★★★★

再看方案，与当初看到的初稿相比，完全是一份全新的东西，真的看到了团队的成长，也看到了同学们付出的辛勤努力。建议，适当补充企业目前经营中的优劣势分析，企业现有的营销宣传策略。因为你们的方案主要是谈企业在中国制造网上的营销宣传，在“商业问题”上补充标题；集中用一两天的时间认真分析下中国制造网上同行业的成功案例，从中汲取经验；星火有自己的网站，这个资源要加以应用。

11.6 获奖感言

比赛虽然从这里止步，两个多月的过程也从此画上一个句号，但我们的工作还只是个逗号。在比赛中，评委的点评让我们知道实施工作中还有很多不足的地方，我们还会继续加强网络推广的工作，尽力将南昌星火机床有限公司的网络推广做得更全面、更完善、更有效。

两个月的比赛历程，作为依托企业的南昌星火机床有限公司给予了我们团队很大的支持与帮助，因为有了公司的配合与支持，我们的实施工作进展得很顺利，也取得了良好的效果。当得知我们团队进入全国总决赛时，公司的郭总和彭总都给予了鼓励，并赋一封感谢信致学校，以表达他们诚挚的谢意。在临行之前，特意送给我们每人一件公司服装以更好地参加比赛。

一路前行中，建行的企业教官们也给予了我们很多的帮助与指导，并开展“建行研讨会”活动，特邀参赛团队参加研讨，以便更好地了解我们的赛事进展情况，同时对我们的方案进行点评及指导，为我们寻找实体合作企业给出建议。中国制造网的企业教官们也一直很关注我们的比赛情况，对于这些关心我们每个团队的老师及教官们，我们每个人都会怀着感激、感恩的心情，走向人生之路。

“e 路通”比赛见证了我们的成长，锻炼了我们的胆量，活跃了我们的思维，增强了我们的能力，增加了我们的自信……是这次比赛，让我们真正知道了什么是团队的力量；如何更好地开展团队工作；如何更好融入及运转一个团队；如何去实现自己的价值……现在社会各行各业都呼吁渴求实践性人才，每个企业都不愿意在接收一个人才时还要花费人力、财力和物力去培养，而“e 路通”比赛正是锻炼了我们的实践能力。因为这是一个竞技舞台，在这里，我们看到了山外山，人外人，和强者的较量，更加锻炼了我们的动手能力、思维能力、交际能力及应辨能力。大赛给了我们每个人一个展现自我，成就自我的机会，只要你够勇敢，够胆量，你就可以挑战自己，比赛的历程虽然辛苦，但真正的让我们看到了自己的能力，增加了自己的自信，两个月的历程，我们真的是——成长了！

我们江西外语外贸职业学院也一直是以“行动导向教学法”来培养学生的，也就是我们所学的知识都与实践接轨，学校与多家企业进行合作，即学生在学习的过程中，还可以进入企业实习锻炼，这样“工学交替”的方式更加成就了我们知识的实战性，学以致用，更有利于知识的融会贯通。学校也对我们几个团队取得的成就举行了一次大型的表彰会，以鼓励我们再接再厉，将这种团队合作的精神继续下去，可以更好地让自己成为社会需求的实践性人才。

第12章 新奇特商品市场开拓和营销

作者：吉林大学珠海学院 “广州小字号”团队

12.1 团队介绍

我们吉林大学珠海学院“广州小字号”团队建立于2009年3月，是由5位有想法、有激情、有毅力的年轻人组成。虽然我们来自不同的年级，不同的专业，但是我们拥有一股激情，都想能有一天自己闯一番大事业。

1．成员及分工

队长：肖志豪，19岁，大一，市场营销专业。高一接触淘宝，在淘宝网店有三年运营经验，熟悉新奇特商品行业。10个月内使店铺成功增加交易2 000余笔，卖家信用目前4钻，淘宝珠三角商盟成员。在团队担任各方案总策划，创业主赛事方案及促销方案编写，店铺管理效果实施，协调各队员工作等。

队员：钱颖琪，19岁，大一，信用管理专业。队长肖志豪的重要合作伙伴。熟悉新奇特商品行业，经营的店铺在三个月达到5心信誉。为人认真负责，对事情有自己独特的见解。在团队担任店铺和博客的辅助实施，大赛平台交流。

队员：黄海辉，20岁，大二，计算机专业。一个对科学真理、诗情画意狂热追求的student，一个喜欢挑战困难、勇往直前的warrior，一个对世界充满好奇和激动之情的explorer。在团队负责部分策划书的撰写、视频制作。

队员：冯博，20岁，大二，计算机专业，辅修吉林大学工商管理双学位。生于长春，普通话流利。曾任校社团联合会宣传部副部长。获07届计算机系最佳辩手。大学期间主笔策划20余个方案，擅于运用营销手段，对商业敏感，爱好十分广泛。在团队担任策划，指导方案编写及决赛方案的陈述。

队员：麦科，21岁，大三，电子商务专业，辅修吉林大学金融学双学位。网络营销和管理、电子支付、photoshop和web网站设计等都是专长。有组织团队营销经验，在校是优秀班干部和优秀团员，所以团队合作意识较强。主要负责博客策划和建设，团队作品美工的工作。

2．团队宣言

机会总是留给有准备的人！

12.2 选题经过

首先，我们团队肖志豪和钱颖琪在比赛前已经开设了淘宝店铺而且都是经营新奇特商品，他们在经营上也遇到了不同阶段的瓶颈，所以我们的选题也是围绕这个行业来展开。我们团队 5 个人在队长的号召下走在了一起，各自完成自己的任务，解决淘宝店铺在发展过程中所出现的种种问题。这个比赛是一个难得锻炼我们大学生的机会，我们 5 个人每天都在想怎样才能做好店铺，怎样才能使自己的店铺让更多的人知道。我们利用了各种网络工具尝试解决面对的问题。我们虽然也经常有争执，但是在争执过后我们的思维能够更加开阔。新奇特行业目前处于高速发展阶段，市场前景无限。我们相信，只要努力，就一定能在这个领域创造自己的一片天地。我们的最终目标是要建立自己的品牌，网络和实体双轨道发展，实现规模化经营。队长肖志豪坚持不懈地研究和编写方案，钱颖琪熟悉店铺的管理和博文编写，冯博的独特思维和出色的演讲口才，麦科扎实的博客设计和美化功底，黄海辉的摄影技巧和不厌其烦地做好后勤工作。最终我们拿到了属于自己的不错成绩，为三个月的团队合作写下了一个完美的句号。虽然现阶段我们还处于一个比较初级的阶段，但是随着时间的推移，我们会慢慢发展下去的。大赛虽然结束，但我们不会因此放弃，而是会一直做下去，我们的团队可能就是我们的创业团队，我们相信这个行业的前景。谢谢电子商务给我们一个机遇，谢谢大赛给了我们一个展示才华的平台，希望新奇特商品行业在我们团队手中能实现更好的发展！

12.3 方案

12.3.1 简介

第一部分和第二部分关于网店的章节中，我们深入探讨了新奇特商品市场的现状与发展空间，并切入新奇特礼物细分市场，对网店进行相关的货源管理、店铺布局管理、网上商品管理、销售管理、促销管理、发货管理、物流管理、评价管理、客户管理、宣传管理、品牌管理、渠道管理和淘宝论坛管理等十多个管理模块，各个管理都进行了相关实施并得出相关效果。

第三部分关于博客的章节中我们借助博客来补充淘宝店的不足，搭建一个“创意礼物”的交流平台，用传统的商业博客和个人博客相结合，发挥博客营销创新和客商信息互动的最大作用。

第四部分关于视频的章节中我们借助视频达到图片及文字不可达到的宣传效果。观看视频的消费者一般都可以达到身临其境的效果，尽量做到让消费者没买商品之前就知道商品的真实效果，从而较大的保障了消费者的权益，同时也提升了我们团队商店的影响力。

第五部分介绍我们团队的未来发展方向。

第六部分为我们实施的实际效果。

总方案的最终目的是想整合网店、博客、视频等网络商务工具形成一种“三环相扣”的关系，达到 1+2>3 的效果来扩大网店的经营。最后我们策划了未来的发展，并把各阶段要实现的成果落实到具体时间上，以此达到规模化经营。

12.3.2 正文

第一部分 新奇特和创意家居行业总分析和营销总战略方针

1. 店铺概括

（1）店铺产品简介——新奇特商品 新奇特，顾名思义，就是最新、最奇、最特别的产品。界定这些产品的第一要素就是要够特别够新鲜，以前从来没有。新奇特产品给人的感觉是款式、样式和造型等都非常新鲜，日常生活中不能随意看到或接触到，能够抢人的眼球，有它自己的特色。目前有新奇特玩具、新奇特电子产品和新奇特礼物等。

（2）店铺宗旨：点缀创意，丰富生活

（3）店铺经营时间：2008 年 6 月至今

（4）店铺口号：好酷！好用！好礼！

（5）店铺信誉：四钻（2183 分）

（6）店铺 ID：政治小天皇

（7）店铺地址http://shop34617668.taobao.com/

（8）店铺营销战略目标

1）短期目标：2009 年取得店铺信用 5 000 以上，培养一到两个核心代理。注册自己的品牌，博客能提供一定流量注入店铺。

① 3 月：博客基本建立，店铺按照方案基本完善装修和商品布置。

② 4 月：博客界面优化，店铺销售管理、营销管理等模块管理完成优化。

2）中短期目标：2010 年店铺信用达到 10 000 以上，开始着手建立自己的工作室，发展多个代理。

3）中期目标：2011～2013 年店铺信用达到 20 000 以上，建立阿里巴巴个人诚信通，承接小额批发业务。

4）长期目标：2013 年以后建立实体店，招揽加盟伙伴等，实现规模化经营。

2. 外部环境分析

（1）宏观环境分析

1）物流体系发展跟不上网购的发展，服务和时效有待改善。（劣势）

2）人们对网络购物的意识还有待加强。（劣势）

3）国家及各地政府对电子商务加大力度发展。（优势）

4）网络购物市场前景较好，网络购物人群迅猛增大。（优势）

5）淘宝网的近几年发展迅猛。（优势）

（2）行业环境分析

1）进货问题（劣势）。新奇特商品进货渠道单一，进货风险有时候比较大。这类商品的来源主要是义乌和广州。义乌是中国最大的小商品集中地。广州是中国最大的贸易城市。进货渠道主要有两种，一类是网络进货，包括网站进货和阿里巴巴等平台进货，多数是义乌代发，而且多数要直接汇款或者货到付款。这就给进货带来很多危险的因素。因为是代发，所以是不能看到货物的质量。直接汇款有时候遇到骗子网站就会血本无归。货到付款听着不错，其实是如果你不给快递货钱的话是不能看到商品的。二是去阿里巴巴等网站去拿货。这个比较保障一些，但通常要大额批发。不过现在阿里和淘宝都陆续开展了小额批发业务，相信这个状况会有所改善。第二类是实地去拿货。因为我人在广州，所以我去拿货的时候，经常看到全国各地的卖家到这里拿货。这些卖家一般到广州先实地考察一番，看好货，和批发商沟通好后付定金或者以货到付款的方式来拿货。不过这个方法要去广州或者义乌，需要交通费用，而且换货等问题比较麻烦。

2）质量问题（劣势）。新奇特商品的质量参差不齐。货物种类繁多，由很多小工厂制造，没有一个大工厂能制造大部分商品。一般来说，每个系列的货物是由不同的工厂来制造的。有时候一种商品因为热销，会有很多工厂来制造。在淘宝商城里，有数十家制造创意家居和新奇特商品的企业（好时尚、简家、十度良品等）。这些企业分别制造不同类别的商品，而且他们是交叉经营各种商品。由于经营的种类很广泛，就要接触不同的厂家或者批发商。

通常在淘宝，为了保证足够多的货物上架，就要备很多的货。由于每个工厂生产一个系列商品，没有其他工厂代替生产这个系列的产品。因此在资金不是非常充足的情况下，备的货一旦少的话，遇到热卖时，就会遇到缺货的情况（特别对于这种小额批发）。而且每种商品的质量不是相同的（就是说有的商品制造工艺比较好，有些差，但却是同一个工厂）。

3）品牌问题（劣势）。新奇特商品是仿照外国设计的商品，侵犯别人专利。虽然现在还没有什么专利诉讼的案件，不过始终有些创意家居和新奇特商品是处于不合法的地位。

4）价格问题（劣势）。批发商或者卖家的说价能力比较低，价格一般由工厂主导，特别是热销商品。一般一个新的产品制造出来，一手批发价往往很高。但当这个商品饱和时，这个一手批发会急速降低。就是说工厂是按供求来定价，在卖得差不多时就用成本来定价。

（3）行业环境分析

1）新奇特家居行业发展迅猛，处于高速发展阶段（优势）。据我国权威机构对中国创意家居用品市场的调查，我国创意家居用品市场人均占有率不足5%，而东京78.2%，新加坡68%，香港54%，泰国58%，马来西亚47%，韩国68%。随着我国经济水平的不断发展和人均年收入的高速增长，即将面临创意家居用品需求的高速增长。到2008年中国创意家居用品占有率将至少增长到55%以上。全国33个省会城市，393个地级城市，近3 000个县级城市，创意家居用品的年消费能力高达3 000亿元；一个10万人口的小县城，创意家居用品的年消费能力均不低于1 000万元。这表现出新奇特所突现出强大的发展势头和广阔的市场前景。

2）新奇特行业在传统市场占较少分额，网络市场占据绝大部分分额（优势）。目前新奇特行业在传统市场中仅存在于一线市场，而且数目不多。故传统市场对网络市场影响不大。

3）淘宝网络平台对新奇特产品的直接与间接支持（优势）。开设新奇特官方博客、创意站、礼物等专区，增加了顾客对这类商品的浏览和兴趣，使网络销售业务增加。

3．竞争者分析

（1）外部竞争者分析（传统市场）

1）传统市场的新奇特店铺。这类店铺存在于一线市场。以广州为例，专业贩卖的店铺不超过 5 家。

2）供货商。

① 通过对现有的批发商调查发现：57 间批发商有 5 间在进行网络销售工作。5 间中有 3 间开展 B2B、C2C 业务，2 间是只开展 C2C 业务。

② 现阶段批发商大多数专注于传统渠道，只有少部分开展了网络业务。

3）工厂。

① 工厂普遍专注于批发业务。

② 行业很多工厂都是代加工的小工厂，没有自己的品牌，很少有精力去开辟一块能购网络直销的业务。

③ 注重国外贸易，多数是接海外的订单。

④ 因为经济危机，对于属于开垦内需的网络直销，会加大网络销售力度。其他行业（传统礼物）由于创意家居和新奇特商品的属性特别适合作为礼物，所以无可避免的要与其他礼物行业作竞争。

（2）内部竞争者分析（网络市场）

1）同行竞争者：

① 大卖家数量较少（在淘宝搜店铺关键字“创意家居”，五钻以上有 53 个；关键字“新奇特”的有 31 个，共 80 个大卖家竞争）。

② 中等实力卖家较多。基本上充当经销商角色，由一手批发商供货在淘宝上销售。

2）同类卖家（淘宝商城）。一些工厂企业已经开始向淘宝 C2C 迈步，不仅在阿里巴巴做批发的业务，而且已经将商品直接描向终端，进驻淘宝商城。淘宝商场的质量在消费者心目中有优质的位置，但淘宝商城在我们这个类别的网络购物的消费者群体中其实并没有真正的普及。

因为商场和批发商存在协议，他们并不可以用出厂价或者批发价来直销，基本上商城的零售价属于淘宝 C2C 卖家里的中上水平。

3）内部竞争者店铺营销战略分析。传统的新奇特和创意家具店铺、同类卖家、批发商、工厂和同类卖家（商城）构成了我们销售的竞争对手。而经过分析，我们的主要竞争对手是网络同类卖家，特别是经营销售较好的卖家。

4）内部竞争者店铺市场营销战略模式。

① 低价格战略。使用总成本领先战略，提供比竞争对手成本更低的产品。薄利多销，然后通过进货数量来压制供货商的批发价格，取得更多的利润。

② 高价格正品战略。实行差别化战略，提供一些国外正品或者高质量高价格的商品，目标顾客锁定中等或者以上收入阶层。

5）竞争者店铺的优点：

① 经营销售较好的卖家普遍能提供多样化的商品。

② 经营销售较好的卖家绝大多数加入了消费者保障计划。

③ 经营销售较好的卖家大部分申请了旺铺。

6）竞争者店铺的不足：

① 部分卖家不能把商品很好地归类，令顾客到店铺无所适从。

② 部分卖家虽然申请了旺铺，但没有很好利用，装修仍处于初级阶段。

③ 部分卖家促销形式单一。最常见的是满××送××，满××就包邮等。

④ 部分卖家没有细分目标人群，没有做好店铺定位，对不同类型的顾客采取千篇一律的销售。

4．内部自身分析

（1）自身店铺劣势分析

1）资金不足：作为一个学生，资金不能与大卖家比较。

2）店铺缺乏一定的管理人员：作为一个成熟的店铺，发货量比以往会增加，发货速度会较慢。

3）在线时间不足：作为一个学生，要兼顾学业和店铺，时间不能与全职卖家比较，所以店铺属于兼职性质。

4）与供货商议价能力较弱：虽然掌握充足的货源信息，但是毕竟资金有限，属于小额批发，进货价格比大卖家的要高。

5）销售渠道单一：目前只是零售的形式，没有过多的渠道增加销售。

（2）自身店铺优势分析

1）拥有一个成熟的网络店铺，拥有一定人气和客户基础，可信度较高。店铺于 2006 年 7 月 23 日注册，2006～2007 年底经营虚拟服务，2008 年 6 月高考后参与新奇特和创意家居行业。2008 年 6 月前信誉为 413，2008 年 6 月至今已经增长到 2 150，收藏人气达到 3 360，近 2 000 客户。

2）地理位置优越，掌握较多供货商信息，货源较稳定。店铺位于新奇特和创意家居行业的领先地——广州，拥有众多的批发城和供货商，货源充足稳定。而且经过近 9 个月的接触，已经了解供货商，并和部分供货商形成良好的合作关系，价格在自身实力的合理范围中，较为满意。

3）与物流公司有合作，邮局大客户，物流成本合适。店铺与圆通公司等快递有广泛的合作，快递价格低于淘宝网上下单价格。快递价格优惠，协定的揽收时间符合我店利益。店铺为淘宝珠三角商盟成员，拥有邮局大客户价格，所以不管在普通区域还是偏远区域物流成本都较合适。

4）销售人员对新奇特行业有充分的认识。店铺核心管理人员为广州小字号团队队长，拥有近一年的经营新奇特和创意家居的销售经验，对行业有较为充分的认识。

5）销售人员熟练操作淘宝平台。广州小字号团队队长高一开始接触淘宝，由买家开始逐渐过渡到卖家。拥有三年以上淘宝店铺管理经验，熟悉淘宝规则。每天淘宝在线平均三小时以上，拥有虚拟和实物双重经验，对淘宝平台有较为深刻的认识。

5．SWOT 总结与分析

（1）SWOT 综合分析（见表 12-1）

表 12-1　SWOT 综合分析

外部环境	潜在外部威胁（T） 1. 传统市场竞争者开始用网络进行销售 2. 网络竞争者多样，难以预测。进入门槛低 3. 行业商品质量参差不齐，进货、品牌等一系列问题存在	潜在外部机会（O） 1. 国家对电子商务、电子平台的支持 2. 网络购物市场前景较好 3. 新奇特及创意家居行业发展迅猛 4. 网络市场占据绝大部分份额。 5. 淘宝网络平台对新奇特产品的直接与间接支持
内部环境	潜在内部优势（S） 1. 拥有一个成熟的网络店铺。可信度较高 2. 地理位置优越，掌握较多供货商信息，货源较稳定 3. 与物流公司有合作，邮局大客户，物流成本合适 4. 销售人员对新奇特行业有充分的认识	潜在内部劣势（W） 1. 资金不足 2. 店铺缺乏一定管理人员 3. 销售渠道单一 4. 在线时间不足 5. 与供货商议价能力较弱

（2）SWOT 战略分析　综合上述，基于 SWOT 风险，店铺应该采取的战略是利用外部机会克服内部劣势。

1）针对行业的劣势。加强自己对行业的知识，了解行业的最新动态，增加自身选择货源能力。

2）针对资金不足。利用学生信用卡进行融资。建设银行的信用卡是一款非常适合大学生使用的信用卡。我的第一张信用卡就是建设银行的吉林大学的名校卡。审批时间快，而且已经自动开设网上银行，网络的交易非常方便。建设银行的学生信用卡一般是 1 000～3 000 的额度。利用建设银行等信用卡的额度 2 500，向家人借款 2 500，加上自己的储蓄 3 000，一共 8 000。用支付宝向供货商支付资金，非节假日的销售现金流基本满足。

办一张可以支持淘宝实时提现的储蓄卡。通过实时提现大大缩短资金周转的周期。

3）针对销售渠道单一。寻找代理商，尝试批发业务，让自己店铺的销售量增加。

4）针对在线时间不足，可利用以下方式改进：

① 利用店铺公告、商品描述引导顾客自助购买和用淘宝购物车来完成全部交易，这样可以免去修改邮费的麻烦。

② 利用手机旺旺，随时随地与客户取得联系。

③ 每个区域留下自己的联系方式，方便顾客联系和沟通。

④ 利用子旺旺[㊀]，教会家人或者队员上淘宝旺旺，把一些常用的快捷短语先行设置，把销售管理权限分给家人或者团队成员，增加总体在线时间。

⑤ 利用在线聊天记录系统。每次上线翻查在线聊天记录，查看有哪些客户曾经咨询，再次联系客户，尽量争取有可能的交易。

⑥ 利用自动回复。设置自动回复，引导顾客自助购买和用淘宝购物车来完成全部交易。

5）与供货商议价能力较弱。寻找稳定的供货商，建立长期的友好关系；寻找更多的供货商，让自己有所选择，价格变得更加优惠。

㊀ 淘宝旺旺是淘宝提供的聊天工具，可以有一个主旺旺的账号和其附带的多个子旺旺账号，但这一般是提供给淘宝的大买家的服务。

6）对于竞争者的不足。参照竞争者的不足，改进自己的店铺。明确自己的定位和目标顾客；促销形式多样化，利用淘宝的营销工具，满就送、捆绑促销，增加自己的销售量。重视店铺的装修，使自身店铺装修符合目标人群风格。

6．目标市场战略分析

（1）目标消费者群体

1）消费者按年龄细分。据相关统计所得，淘宝网16～24岁用户占35%，25～32岁占48%，33～40岁占11%，40～50岁占4%，50岁以上占2%。可见淘宝网用户年轻化，16～32岁用户占83%，是网购的绝对主力人群。

2）按收入水平细分。

① 低收入群体。此类群体的消费代表是学生，大部分学生的“收入”都是家庭给的生活费。他们最擅长用最少的资金去购买最实惠的物品来满足自己，展示自己个性的需求。

② 中等收入群体。白领是这个群体的代表，一般比学生更追求名牌，又不喜欢千篇一律。他们喜欢表现自我，但又更关注现在的体验与感受。假如说低收入群体主要关注的是物品的标价，那么中等收入群体则更关注物品的质量。

③ 高收入人群。富人并不是“有钱人”，因为如今不少富人的钱袋子并不面对普通市场，更加不会直接面向我们（面向大众的新奇特产品），所以我们并不将他们列为我们的主要客户。

3）按区域划分。因互联网和物流配送普遍极大的消除了区域的差异性，无论是西藏还是上海，无论是高地还是平原只要有台能连接上互联网的电脑和一个 C2C 网站的账号就能在网上市场遨游。根据网络商店的特点，我们面向整个互联网，而不是特定的某个地区，就好像是经济学中的长尾理论，我们试图所建立的销售范围是针对整体，而不是部分地区的。

4）确定店铺目标市场。

① 目标人群：学生和白领。

② 目标人群年龄：16～32岁为主，10～16岁和32岁以上为辅。

③ 目标人群区域：淘宝平台（全国）。

5）店铺商品市场定位。年轻人喜爱的创意商品集中地。

6）店铺重点销售市场。

（2）目标消费者需求

据调查，一般年轻人购买新奇特和创意家居商品出于以下目的：

1）礼物的需求。

2）作为成人玩具的需求。

3）作为儿童玩具的需求。

4）作为潮流用品的需求。

5）作为展示自我的需求。

6）作为实用家居用品的需求。

7）作为新奇家居用品的需求。

（3）新奇特和创意家居商品结构（见图12-1）

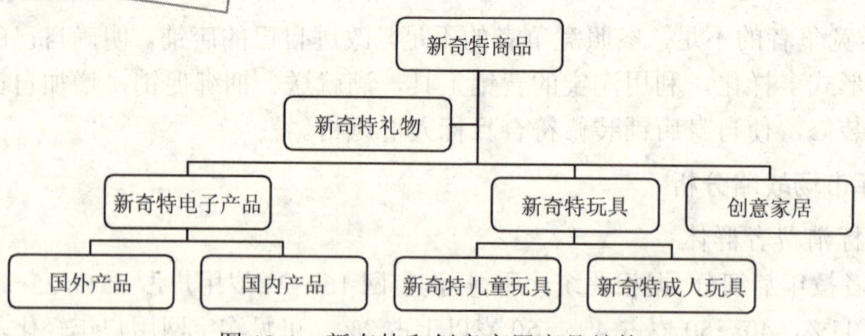

图 12-1 新奇特和创意家居商品结构

（4）确定店铺重点销售市场 以竞争激烈程度及货源等综合情况组成店铺经营能力为纵坐标、消费者需求市场为横坐标，构建重点市场分析表（见表 12-2）。综合各种因素，确定重点细分市场为新奇特礼物。

表 12-2 重点市场分析表

店铺经营能力		低	中	高
	高			
	中	作为儿童玩具的需求	作为成人玩具的需求 作为新奇家居用品的需求	礼物的需求
	低	作为展示自我的用品的需求	作为潮流用品的需求 作为实用家居商品的需求	
		消费者需求市场的大小		

第二部分 网上店铺的具体管理

淘宝网店截图如图 12-2 所示。

图 12-2 淘宝网店截图

1．货源管理

了解新奇特和创意家居行业货源的所在地，不断地总结经验，做新奇特和创意家居商品的专家。这样能给客户带来更专业的购买体验。

接触尽可能多的批发商，了解商品价格行情，与批发商保持良好的合作关系。每个商品不同的批发商有不同的价格，尽可能要找到这个商品的一手批发商（因为很多批发商都是同行拆货），保证自己的批发价格在自己的能力下做到最低。

要和批发商们达成协议，例如有质量差的商品要有更换的权利。

2．店铺布局管理

（1）店铺装修

根据目标顾客青年人的喜好，选择制作的装修如下：

1）主色调淡蓝色。

2）风格：LOMO 系列，贴合 80 后风格。

在定位店铺装修思想的过程中，发现现在的店铺装修一般比较传统，缺乏一种生气。而对于我们的目标人群来说，他们一般喜欢日韩风格，或者是简洁浪漫的风格。因此，我们选定了现在年轻人比较喜欢的 LOMO 风格，贴近他们的喜好，得到良好的反馈，如图 12-3 所示。

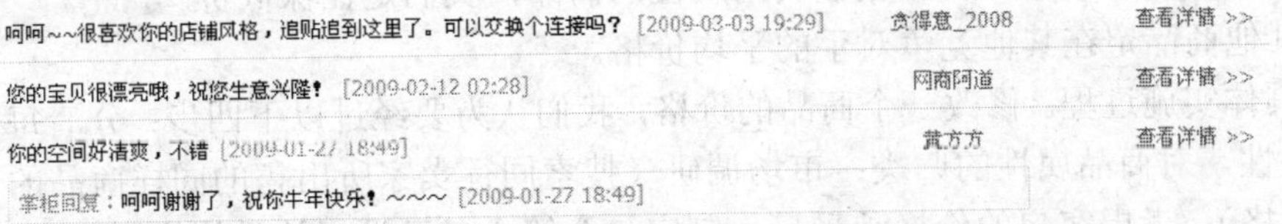

呵呵~~很喜欢你的店铺风格，追贴追到这里了。可以交换个连接吗？ [2009-03-03 19:29]
贪得意_2008
查看详情 >>
您的宝贝很漂亮哦，祝您生意兴隆！ [2009-02-12 02:28]
网商阿道
查看详情 >>
你的空间好清爽，不错 [2009-01-27 18:49]
黄方方
查看详情 >>
掌柜回复：呵呵谢谢了，祝你牛年快乐！~~~ [2009-01-27 18:49]

图 12-3 顾客对店铺装修风格反馈截图

3）店招。

主标题（见图 12-4）：我与礼物有个约会。

我与礼物有个约会
首页
情侣礼物专区
酒吧聚会礼物特区
关于小豪
运费和快递查询
广州支持见面交易
可爱的不织布
go

图 12-4 店铺主标题

（2）商品陈列

根据重点销售商品分析，商品陈列遵循如下规则：

1）店铺最新活动放在招牌的下方，第一个商品陈列区上方。把优惠活动、店铺动态通知放在招牌的下方，能让顾客第一时间知道店铺的最新动态。

2）把最新产品放在第一个商品陈列区。让顾客一进入店铺就能看到这个行业的最新产品，产生对店铺的好感。因为店铺的更新快慢是衡量一个店铺是否用心的标准之一。新产品越早被顾客知道，越容易使顾客购买，因为竞争对手较少。

3）把重点推广三大市场的特色商品放在第二、三、四商品陈列区。一些商品做一个自定义促销区，放在店铺最新产品的下方。

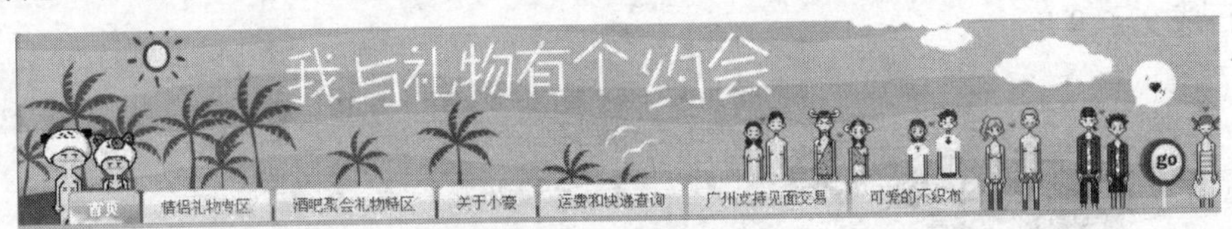

4）把店铺的同属性商品设置在一到两个陈列区，放在第四商品陈列区下方。

5）商品挑选遵循原则：挑选有强烈视觉效应的商品系列在店铺陈列；按照消费热度进行打分，按照分数高低排列摆放；与店铺的装修风格相一致。

（3）店铺分类　一个有条理整齐的分类，会让顾客轻松寻找商品，还直接影响到顾客是否多样购买。根据顾客心理特点和重点销售商品，店铺分类布置如下：首先第一个是店铺特价区，第二个是价格区域，然后是三大主推市场的商品，其他市场的商品和计数器。

（4）标签页设置　为了方便买家知道店铺有关信息，标签页设置如下：促销产品放在第一个标签页；买家必读放在第二个标签页；见面交易区域放在第三个标签页；货到付款区域放在第四个标签页；直接汇款区域放在第五个标签页。

3．网上商品管理

（1）价格定制

1）根据市场定位分析，按照消费者需求设定价格。

① 对于礼物需求，消费者的价格敏感度较低，价格定在店铺商品平均价格的中高等水平。

② 对于新奇特成人玩具，消费者的价格敏感度中等，产品定在比其他竞争对手平均价格稍低的价格。

③ 对于创意家居这种具有较强实用属性的商品，我们定在保低价。

④ 其他商品定在其他竞争对手的平均价格。

2）具体实施过程。修改一个商品的价格，我们认为要经过以下四步：分清每一件商品的具体属性，对商品属性的归类；市场调研（搜索同行卖家所出售的同样商品的价格，参照平均价格）；考虑客户的价格承受量；制定一个符合自己设想效果的价格。

以淘宝现在热卖的一款俄罗斯转盘（大号）为例子，如图12-5所示。俄罗斯转盘是成人玩具，同等卖家的价格平均是75元左右，然后考虑到自己批发价是45元，设定一个低于45元的也有利润，于是就设置价格为52元。设置好价格后，一直没人买的大号转盘就有人买了，截至30日成交了9单。

图12-5　俄罗斯转盘大号价格修改

修改价格的工作一直都在进行中，鉴于店铺的商品多达 630 多种。由于时间限制，复赛期间，先选择部分淘宝热卖和顾客浏览量较高的商品进行价格修改。

（2）商品标题定制

1）关键字要丰富，要把买家想到的词汇思考清楚。

2）加好前缀后缀。以一个我商品的标题为例子：【商盟+包退换】酒桌*喝酒骰子情趣色子【聚会唱 K 必备】创意礼物。关键字是酒桌骰子，淘宝为喝酒骰子、情趣色子，所以主标题就是酒桌*喝酒骰子情趣色子；最新家具类目的关键字排行第二的是创意，所以后缀加创意两个字；因为店铺的核心词是礼物，所以有礼物两个字；在前缀我用上了商盟+包退换，让买家觉得这个商品买得放心；加入【聚会唱 K 必备】令买家在没看到商品描述的时候也能知道这个商品的用途，增加点击商品的几率。

3）复赛期间，我们会把店铺所有商品按方案设置优化商品标题。

① 关键字。在具体实施中，我们发现关键字的个数选定是一个讲究的学问。要顾客能最大几率找到你的商品，关键字必须要齐全。不过关键字太多，淘宝可能会把你的商品视为违规商品。每个商品把最重要的关键字写上 2～3 个就可以了。

② 后缀前缀。店铺所有的商品前缀冠上品牌名称；加上热门的属性词汇；促销商品打上促销口号；不同的商品加上吸引客户眼光的词汇。如图 12-6～图 12-9 所示。

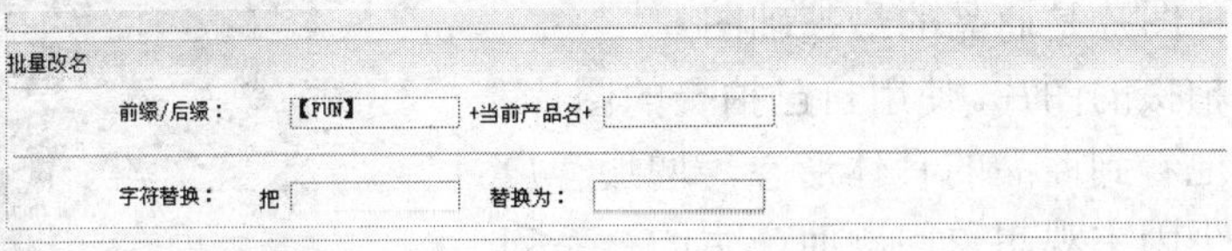

图 12-6　商品冠上品牌名称

图 12-7　加上热门属性“创意礼物”

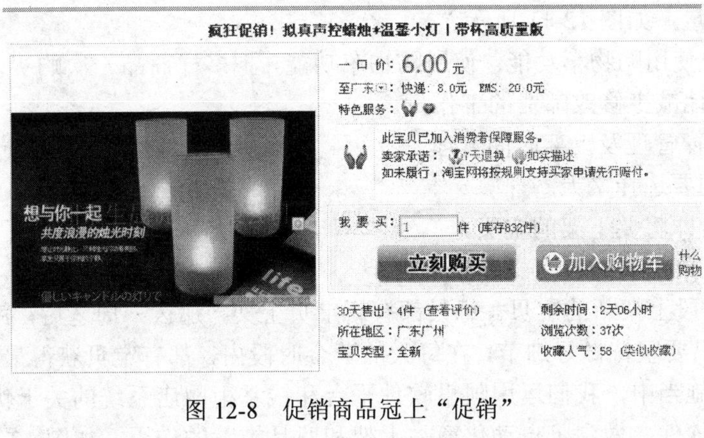

图 12-8　促销商品冠上“促销”

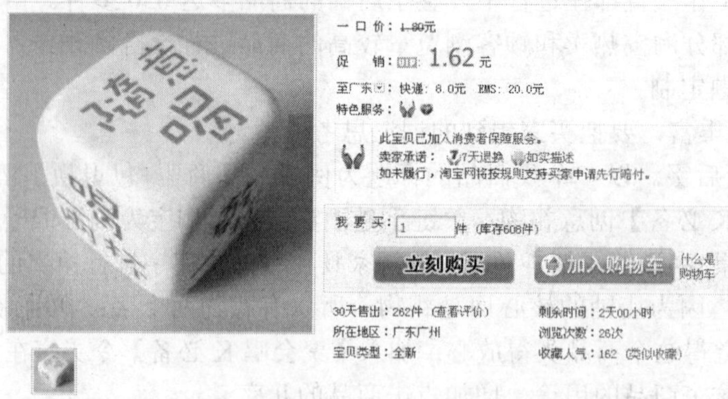

图 12-9 加上吸引眼光的词汇（唱 K 聚会必备）

（3）描述定制 使用专业的宝贝描述模版。介绍商品的背景、用途和新奇特的理念；介绍商品的、颜色、规格大小和厂家等方面属性；介绍商品对客户的利益点；介绍其他同类商品，增加销售几率；说明客户注意事项、快递须知、评价须知、付款须知、联系方式和店铺地址。

（4）图片定制

1）使用行业公用的图片。使用所有同行卖家都使用的图片，这种图片是商品的最基础图片。

2）使用自己拍摄的图片。使用自己拍摄的图片，能让客户更直观地看到商品的具体形态，增加客户购买的几率，减少因主观想象问题而产生的一系列的问题。由于店铺的商品繁多，考虑到工作的繁杂性，我们复赛期间只把主打类别的部分商品进行实物拍摄，以后我们会把商品的照片一一拍成实物的。阳光罐实物拍摄照片如图 12-10 所示。

图 12-10 阳光罐实物拍摄照片

（5）运费定制

1）设置运费模版。针对不同的客户区域，使用不同的运费模版，自动地根据客户的地区来设置快递价格。当客户拍下时快递运费自动调整，无需店主修改运费，有效地减少了修改邮费的工作量，如图 12-11 所示。

2）引导客户使用购物车功能。使用购物车功能，把多样商品一次购买。减少店主修改运费手续，有效地减少修改邮费的工作量。

（6）产品橱窗管理及上架时间管理

1）上架时间要选择 7 天。

2）橱窗要给即将要下架的宝贝。

3）在几个高峰浏览时段交叉上架宝贝。

4）在高峰时段上架新的宝贝。每天都有新宝贝上架，那么一周之后，每天都有宝贝下架，周而复始。只要坚持做好细节，在每天的黄金时段内，都有宝贝获得最佳的宣传位置。

在具体的实施当中，我们运用阿里软件平台和钱掌柜网店系统的关于优化橱窗推荐和上架时间功能的软件，做到了自动化商品上架和商品推荐的作用，如图 12-12 所示。

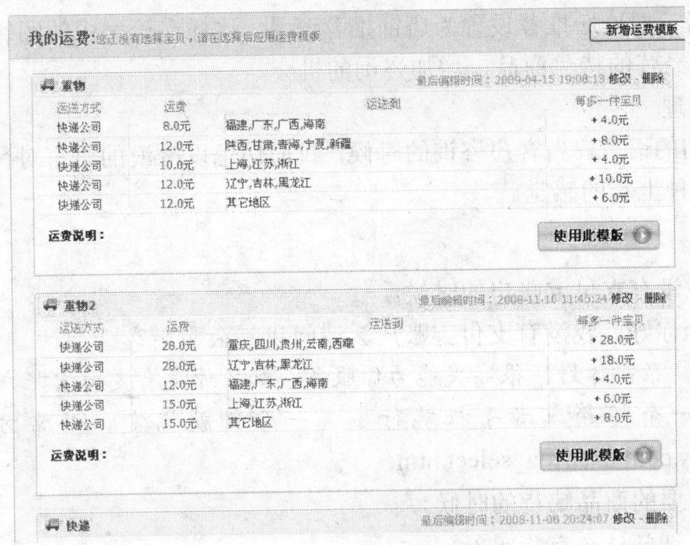

图 12-11　设置运费模板

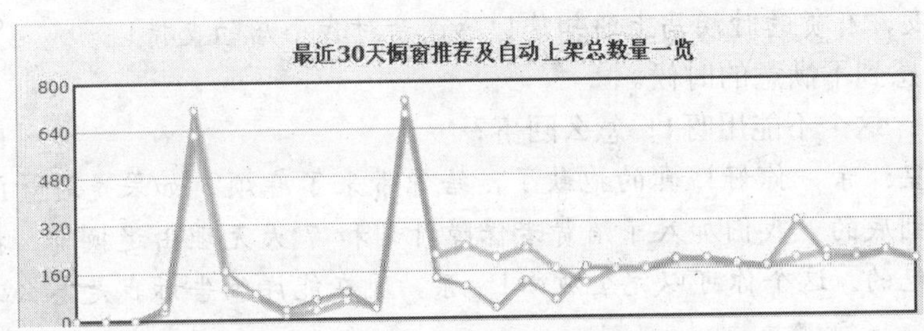

图 12-12　橱窗推荐和自动上架总数量一览表

4．销售管理

（1）售前管理

1）个性签名。把店铺最新优惠、动态和经营种类放在个性签名里，使顾客一连接旺旺就看到，增加客户对店铺的了解。

2）旺旺头像。把店铺的标志、最新消息或者店铺特色商品做成动态头像，使顾客更直观地了解店铺的消息。

3）自动回复。当顾客来我们店的时候，通常会咨询旺旺。如果我们不在的话，会设置一个自动回复，让顾客及时知道我们的动向，留下联系方式等，避免顾客白等或者找其他店铺购买，白白失去销售的机会。

例：客户 XXX：你好，在吗？

政治小天皇：亲，你好！不好意思了！最近工作繁忙，每天固定晚上 8 点到 10 点在线，不便之处请谅解。店里的东东基本有货。店里已经有运费模版，亲喜欢的话请直接拍下。买多件的客户请将商品放进购物车，这样购买可以免去改邮费的麻烦！费满 188 元包邮费！当日拍下次日发货。谢谢亲的光临！~如有急事请联系 13527072392。

4）滚动式状态设置。把店铺最近最热卖的商品放在滚动式状态里面，设置每隔一段时间自动更换，这样可以增加旺旺好友对店铺的关注，增加咨询的机会。

5）论坛推荐。把论坛推荐设置为店铺推荐商品，这样在论坛中的顾客看到我发的帖子时可以看到我店经营的特色商品，增加咨询的机会。

（2）售中管理

1）使用亲切的语言。当客户咨询的时候，我们切忌以冷漠的语言对待，要用温暖的语言，使客户有一种上宾的感觉。

例：

① 当客户说没有支付宝账户的时候。

客户 XXX：你好，我没有支付宝账户。请问我怎么购买？

政治小天皇：亲，你好！很高兴能为你服务。如果你没有支付宝账户的话，可以申请一个，只要有一个邮箱或者手机就行了。一分钟就搞定，非常方便。申请页面 https://www.alipay.com/user/reg_select.htm。

② 当客户想要的商品缺货的时候。

客户 XXX：请问这个有货吗？

政治小天皇：亲，你好！不好意思了，这个最近比较热卖，暂时缺货了。不过不要紧的，我加您好友，有货的时候马上通知您！感谢亲对我小店的支持！

③ 当客户感到不满意的时候。

客户 XXX：这个不能用呀!! 怎么回事？

政治小天皇：亲，你好！真的抱歉了，给你带来了麻烦。如果是质量问题的话，我们一定会负责到底的，我们加入了消费者保障计划和 7 天无理由退换货。换货的邮费双程都是我们全包的。这个你可以完全放心！~亲，现在能详细告诉我是怎么回事呢？谢谢亲了~~

2）实事求是做买卖。当遇到不确定是否有货的时候，不要为了一时的利益，轻易向顾客许诺一定有货；当遇到不确定到货时间，不要轻易向顾客许诺到货时间。如果不能及时发货，店铺的名誉会受到很大的打击，甚至有不好的评价。

3）使用快捷用语或者常见问题文档。

4）特殊情况处理。

① 遇到拍了商品不付款的顾客，我们应及时联系，采用各种方式，看是什么情况。仍需要但因某些原因付款有问题，我们保留商品；如不需要，就关闭交易。但是要注意支付宝使用率低于 50%是要封店的。

② 遇到拍了多件商品付了多个商品邮费的顾客，我们应及时联系，说明应付邮费，多付部分在收到货后退还。

（3）售后管理　出售完商品后，要跟顾客讲清楚有关事项；付完款后，提醒顾客所填地址是否属实，确认地址和电话是否无误；发完货后，要及时填写单号和尽可能告知发货完毕和发货单号。

5．营销工具管理

（1）淘宝网营销工具

1）利用“淘买家”寻找潜在买家，把宝贝推荐给目标买家，让营销更精准。

2）利用“满就送”，设置满一定金额就送礼物、减现金或者免邮。

3）利用“搭配套餐”，将几种商品组合在一起设置成套餐来销售，通过促销套餐可以让买家一次性购买更多的商品。

（2）阿里软件平台营销软件

1）利用“情报通”及时知道同行卖家热卖商品，分析其热卖原因，吸取经验来给自己店铺更新商品，提高商品人气。了解自己的某些商品的行情，及时更新商品的定价或者营销措施。

2）利用“分析宝”了解自己店铺客户购物行为、客户成交高峰时段的软件，为制订营销措施提供一定的数据支持。

3）利用“自动跟踪快递软件”，全自动、免输入单号就可以了解全部快递的情况。当遇到有问题的快递单会马上提醒我们积极跟进，不用等买家咨询才发现问题。一定程度减少了由快递问题引起的纠纷。

（3）计数器　计数器多种多样，我们使用雅虎统计、金牌网店计数器、好生意网店计数器和量子统计四款来统计，综合它们的各自功能，为网店提供更为准确有效的统计数据，为网店的管理带来极大的便利。

（4）淘宝钱掌柜网店管理系统　钱掌柜网店管理系统具有订单管理、顾客管理和财务管理等强大功能，我们利用这个系统为自身店铺的经营带来很大的便利。

6．促销管理

（1）单品促销

1）2元品促销。

2）淘宝网VIP系统促销。

3）淘宝网抵价卷促销。

利用淘宝的各种促销工具，对部分商品制订不同的促销对策，增加销售。

（2）节日促销

根据节日的不同，分析购买人群的心理，选择适当的商品进行节日促销。

（3）具体实例——情人节促销活动（见图12-13）

1）促销对象：需要在情人节送礼的人群。

2）促销商品：许愿精灵。

3）促销时间：2月2日～2月16日。

4）促销策略：低价策略、邮费策略。

5）实施效果：交易笔数增加了4倍以上、交易额增加了2倍以上。

6）注意问题：

① 售后服务跟不上，中差评显著增加。此次活动产生了6个中评（还有两个生效中），一个差评。修改评价的工作，和顾客的沟通跟不上。主要原因是没计算好售后的时间，与上学冲突。客服不在线，顾客没法反馈，得到了很多不好的评价。

② 资金跟不上。预算做得不好，要动用家里的资金，打包材料准备不充分。

③ 不能把许愿精灵持续变成一个人气宝贝。在情人节发挥关键作用的许愿精灵不能继续成为人气宝贝，实在遗憾。现在还未找到原因所在。

④ 发货跟不上。没能及时预见许愿精灵的脱销，以致再次联系批发商补货时不能及时到达，拖了两日，影响店铺的销售。

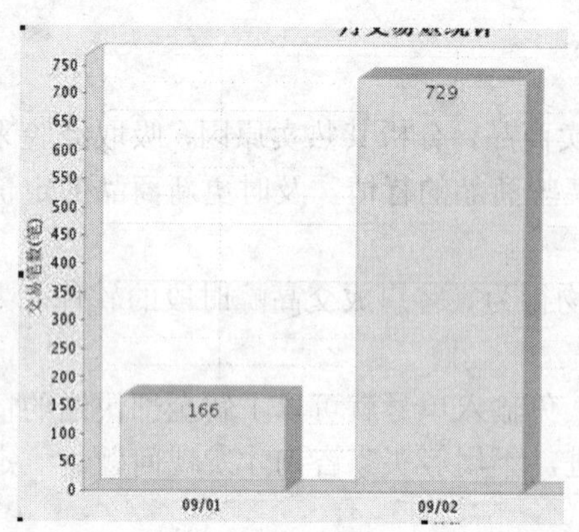

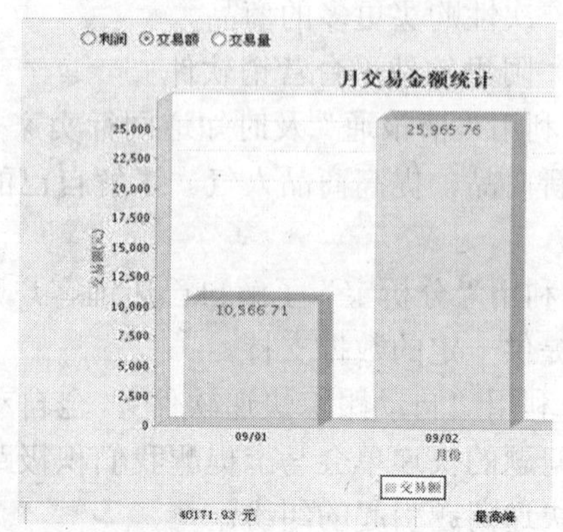

图 12-13　情人节促销活动实施交易笔数和交易金额

7．**发货管理**

（1）购买专业的打包材料

1）胶带。

① 打包普通胶带。最好是黄色胶带，颜色与纸箱颜色相近，这样看起来更美观，而且有一点防水的功能。

② 特制胶带。胶带印制“请查收后再签收”等字样，提醒客户收货留意有关事项。

③ 易碎纸贴。红色和黄色纸贴若干。

2）防垫材料。

① 气泡膜。中泡气泡膜，价格便宜面积大，适合普通商品防震。

② 报纸。家用旧报纸。

3）纸箱：

① 普通纸箱。10 号～3 号各类型纸箱。

② 大型纸箱。家附近收购。

（2）分门别类的发货打包

1）玻璃等易碎物品要在纸箱里面放好气泡膜、报纸等防垫用品，贴上易碎标签，最后在交接处贴上特制胶带。

2）普通小物件用各类型规格纸箱，在纸箱里面垫上报纸。

3）大件物品（超过 3 号纸箱）要特别处理。

（3）发货注意事项　当发货时发现没有客户要求的颜色或者款式，不要理所当然的认为客户不会介意，为了赶时间轻易发货。发货前要联系客户，最好打电话咨询一下，尊重客户的意见才是最重要的。

8．**物流管理**

与快递员沟通、谈价，尽最大可能谈最优惠的价格。用商盟会员的名义取得邮政大客户价格。与货运公司沟通争取最优惠的价格。

遇到货运发易碎物品的时候，需要打木架，及时与货运公司沟通。

了解店铺的实际情况，得到实际打包后的时间，与快递人员协商，提前咨询是否能当天发出，制订上门揽收时间。确保当天发出，避免物流时间过长。留下常用物流人员的手机或者最常用的联系方式，有问题直接联系负责我店区域的物流人员。

尽量使用网上下单，因为网上下单可以获得无保赔偿、旺旺客服在线处理物流纠纷和淘宝网投诉物流等优势，网上下单可以与电话同时运用，互不冲突，以解决网上下单响应迟缓的问题。

当遇到客户收到货后没有验收就损坏的现象，跟客户说明我们的每个宝贝都有的物流注意事项，阐述我们的立场，明确告诉客户这是物流的过错，客户没有错误。但因为客户不留意而导致事故的发生，应尽最大努力向物流公司追回补偿。

当遇到客户受到货后验收发现损坏的现象，跟客户说明不要签字，在物流人员的回单上写上“货物已经损坏，拒收”等字样。

当遇到物流公司迟迟不派送或者迟迟没到货的现象，跟客户说明自己的立场和快递的不确定性，安抚客户的情绪。应立即打电话给客户当地的快递公司咨询情况，尽快处理事件。我店对于超过 7 天尚未到货的单子，不管是谁的责任，一律免去本次交易的快递费用。

当遇到快递单填写错误的情况，应马上联系快递员，马上修改。如赶不上，可及时联系客户协商，用最快的速度补发。

当遇到物流人员临时不能揽收的情况，应及时通知另一间物流公司上门揽收。

9. 评价管理

（1）评价沟通

1）卖家过错的中差评沟通。立即了解事件的全部资料，联系客户说明我店是一个负责任的店铺。了解中差评的原因，质量有问题积极退换，货物漏发马上补发，请求客户的原谅。在取得客户的谅解后，向客户说明有问题应该要联系店主，不要轻易评价。再次感谢客户对我店的意见和支持。

2）买家过错的中差评沟通。立即了解事件的全部资料。联系客户说明我店是一个负责任的店铺。了解中差评的原因。如果是外观问题，跟客户说明我们是加入 7 天无理由退换货的，主观问题不满意可以退换。如果是使用问题，跟客户说明详细的使用方式。具体问题具体分析。强调评价不仅仅是客户一方面的事，而是客户和卖家之间的事情，请他们体谅修改一下评价。

3）快递过错的中差评沟通。立即了解事件的全部资料。联系客户说明我店是一个负责任的店铺。了解中差评的原因。跟客户说明我们不是快递公司、请体谅等这类的言语。尽最大努力向快递公司沟通，帮客户取得应有的利益。

4）恶意中差评。立即了解事件的全部资料。联系客户说明我店是一个负责任的店铺。了解中差评的原因。若是恶意中差评，立即向淘宝留言，积极拿证据证明，努力撤消评价。

（2）评价解释　评价解释是最后一个减少中差评影响的机会，评价解释要得体、大度。要设身处身地为客户着想，说明评价的原因、事件的大致经过和结果。因为解释是给客户看的，要令潜在客户知道店铺的处事方法，知道店铺是一个负责任的店铺。

（3）评价修改　针对现有的中差评，运用有关经验，尽可能修改不好的评价。对不好的评价做出合理的解释。这是所有管理模块最难完成的一个，评价管理是我店的短板。因为发货地的差异，在线时间的不足，与客户沟通的不到位，产生了一些不好的影响。在和咖啡老师的交谈中，我了解到老师对评价管理的看法和做法，使我想通所处的位置和应该要做的事情。沟通是最重要的，特别对于评价管理的实施

最终团队经过努力，将 12 个中评、3 个差评修改为 8 个中评、1 个差评，如图 12-14 所示。

卖家累积信用：2260　好评率：99.34%

	最近1周	最近1个月	最近6个月	6个月前	总计
好评	9	63	1224	1039	2263
中评	2	2	10	2	12
差评	1	2	3	0	3
总计	8	61	1221	1039	2260

卖家累积信用：2499　好评率：99.64%

	最近1周	最近1个月	最近6个月	6个月前	总计
好评	62	163	1018	1482	2500
中评	0	0	5	3	8
差评	0	0	1	0	1
总计	62	163	1017	1482	2499

图 12-14　评价管理前后店铺评价情况比较

10．品牌管理

（1）制定一个自己店铺的品牌

品牌要求：符合店铺总体商品新奇特、创意家居的属性；品牌简洁，容易让客户了解内涵；适合店铺品牌化操作，涵盖所有信息，并成为一种文化传递给消费者。消费者可以不必记得每件产品的生产厂家，但会记得我们的品牌。

（2）制定一个品牌的标志　由 F、U、N 三个字母组成的图标简易明朗，个性时尚。“FUN”有娱乐、乐趣等含义，正贴合新奇特的主题，且具有商标性质，易宣传。（商标注册中）

（3）宣传自己的品牌　在店铺的宣传活动、客户管理活动中加入店铺品牌的宣传，让客户知道并了解我们的店铺品牌。利用一切可用手段加大品牌宣传力度。

（4）实行品牌化操作　把品牌信息融在店铺名称中；把品牌名称加在所有的店铺商品中；把品牌标志加在店铺店标中。后期如有条件，进行更深的操作，如采用统一印有“FUN”的包装袋等。

11．客户管理

把旺旺里各类型客户分类，方便以后对客户识别。对于满足一定消费条件的客户，利用淘宝现有功能，对其实行优惠。建立一个客户档案记录，对客户进行关怀设置。令客户感到我们是一个对客户关心备至的店铺，增加客户二次购买甚至多次购买的兴趣。

12．渠道管理

增加自身的销售渠道，复赛期间，我们会制定一个招收代理计划，尝试发展代理。

除零售外，增加批发的销售。复赛期间，我们会制定一个小额批发计划，尝试发展小额批发业务。

13．宣传管理

（1）目标

短期目标：有效提升店铺的浏览量，增加销售量，提升店铺知名度。

长远目标：最终实现我们品牌价值并占据该行业市场份额第一位。

前期利用网店和博客为品牌创造初期知名度，通过网络广告媒体进行品牌宣传；后期采用广告等一系列手段加大品牌知名度，进入电视广告媒体、广告媒体和平面广告媒体。

（2）现阶段网络宣传实施方案及效果

在淘宝社区发帖，以大家较为关注的为主要探讨话题，内容原创不抄袭。若被版主加精，则会达到意想不到的宣传效果。

在各大门户网站建立连接，提升品牌影响力。

通过竞价排名等一系列手段，使用户在搜索相关内容时，第一时间出现的是我们的信息。

在淘宝店铺添加与自己店铺商品属性不相同的店铺友情链接，增加浏览量。

其他的宣传还有旺旺群、贴吧论坛、门户网站和合理群发等。

淘宝社区网络宣传实施效果图如图 12-15 所示。

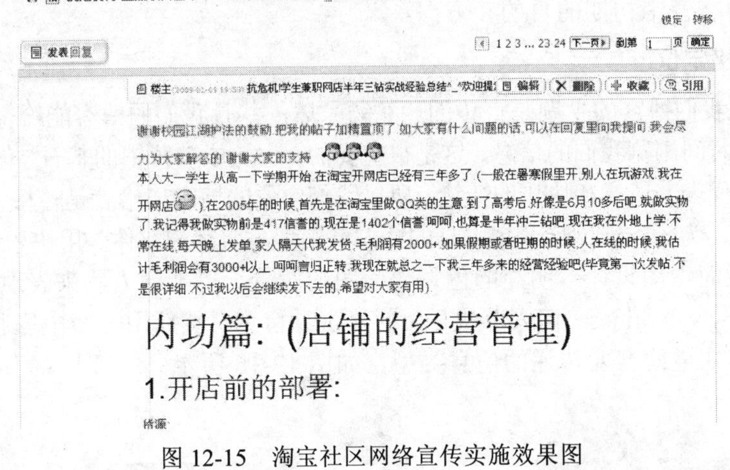

图 12-15　淘宝社区网络宣传实施效果图

14．财务管理

设立账本，记录进货成本、销售金额等数据，规范网店财务。利用钱掌柜网店系统，记录每笔交易成本，得出利润报表。计算除运费和货物成本等其余开支，用利润报表的金额减去其余开支，得出净利润。

15．淘宝论坛管理

论坛的头像我们设置为店铺店标。论坛签名档为宣传店铺的橱窗商品。当别人点击我们的文章时，就会看到我们店铺的商品，增加浏览及销售量。争取在论坛担当一定的职务，并尽职地完成自己的任务。客户进入店铺看到头像下方的头衔，会增加对店铺的好感。

第三部分 博 客 管 理

我们的博客是作为辅赛事，目的是借助它来补充淘宝店的不足，搭建一个“创意礼物”的交流平台，用传统的商业博客和个人博客相结合，发挥博客营销创新和客商信息互动的最大作用。如果用博客作为商品营销渠道，就应该有实用性、商业性，宣传性和信息性等特点，能够体现商店或企业的文化和魅力，突出其应有的服务和发展方向，给客户一个可以咨询和消费导向的平台。

1. 目的方向

打造创意礼物的营销博客，我们主要面对的是有消费能力的群体，大概在高中生以上阶段的上网人群。这是个以年轻化为主导的市场，并且创意礼物是张扬新奇特等的玩物，所以我们的博客设计选择展现年轻、突显个性模式。

其次这个博客不是参赛的主打，只是辅助淘宝网店上的商品营销，为了介绍商品的信息，可为顾客做产品咨询和选购导向等。现在网络上做创意礼物的网站很多，他们的专业性很高，商品的品种多样，服务优惠形式繁多，这些是我们无法比拟的。为了在这个网络市场上抢占份额，我们只能从信息服务上做功课来拉拢消费者。因此，创造一个新颖的服务，和客户互动交流，针对性地踩点解决顾客的需求，以真诚的服务让客户来帮我们拉客户，这是我们博客营销初期的目的和方向。

2. 博客风格定位

让客户知道我们博客的主题是宣传创意礼物家居，并且我们的博客能给客户美好的第一印象，让客户长时间浏览我们的信息，这是很重要的，也是成功营销的基石。创意是新鲜事物的范畴，礼物是代表着情意和快乐的情绪，所以我们定位的博客风格就是轻松、调皮、可爱和温情柔净。另外，为了配合网店营销主打的情人节策划，博客的整体是用快乐情人节做主题。

（1）博客页面主图设计　明净的色调作为图的背景，以卡通人物来表现创意新奇和调皮气氛，用 happy valentines（情人节快乐）彰显主题旨意，然后用一个电影胶卷陈列商品，开门见山让顾客知道博客要传递的信息类型，如图 12-16 所示。

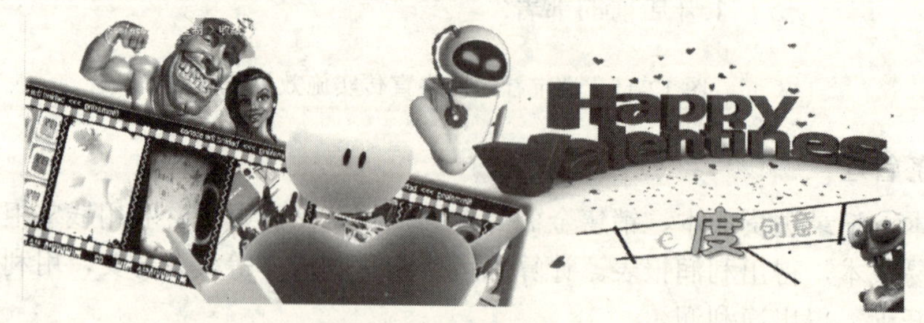

图 12-16　博客页面主图

（2）博客背景色和文本框的布局　选择背景色为浅黄色的目的是为了衬托文本框里面的内容，不容易让顾客感觉视觉疲劳，更能集中注意力在主要内容上，让总体感觉洁净宽敞。由于和讯博客对文本框有一些限制和整体配合上的一些考虑，我们选择归类集中，统一淡紫色的框架，让每个框架里的图片来充实和协调，如图 12-17 所示。

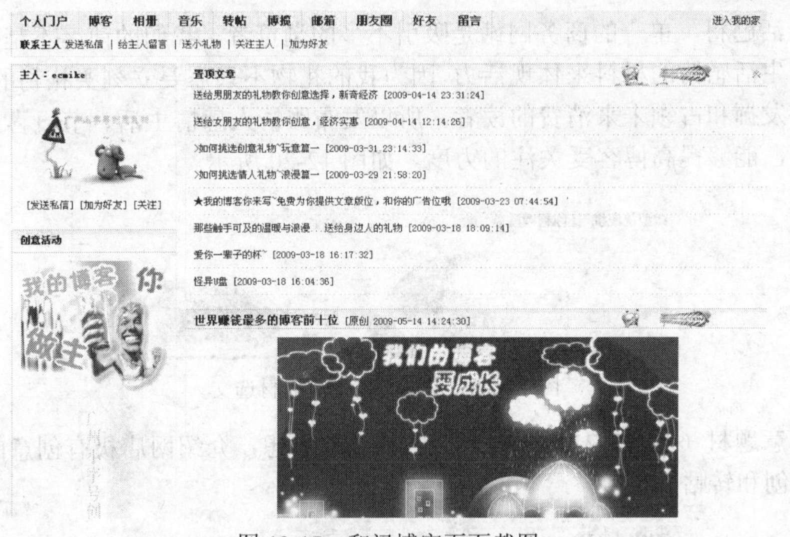

图 12-17 和讯博客页面截图

3．确定信息发布类型

博客的核心部分是给客户传递什么信息、要表达什么内容。我们的主题是情人节，宣传商品是礼物，面对的对象是年轻和中年阶段的消费者，所以我们发布的信息要具有商业性、娱乐性、实用性和引导性。

（1）情人题材　写关于情人题材的博客文章，通过网店上的情人礼物作为引线贯通全文，介绍礼物的用法，男女朋友礼物选购帮助等。编写浪漫故事，营造温馨气氛，让读者在不知不觉的朗读中发现自己购买礼物的冲动，如图 12-18 所示。

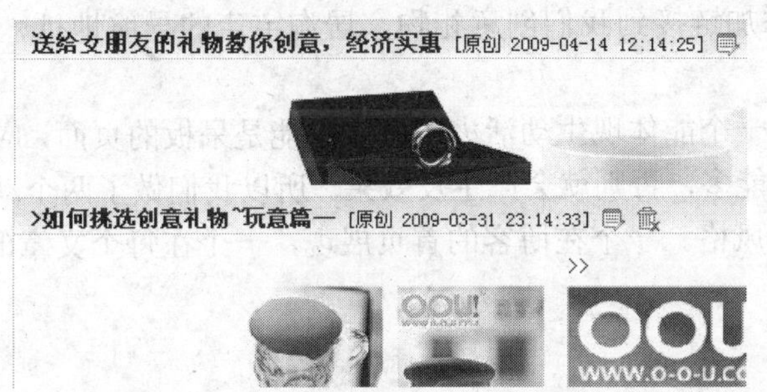

图 12-18 和讯博客情人题材选文

（2）互动题材　很多人都不喜欢读宣传商品方式的文章，因为商业动机明显会让潜在消费时间滞后的读者打消购买欲望。所以不能单纯的宣传商品，我们设定了一些客户互动的文章，比如教读者自己制造礼物，让读者给我们提供创意点子，给读者介绍节日游戏等。读者喜欢上我们的内容，自然会记住我们的创意礼物博客，成为我们未来的消费者。如图 12-19 所示。

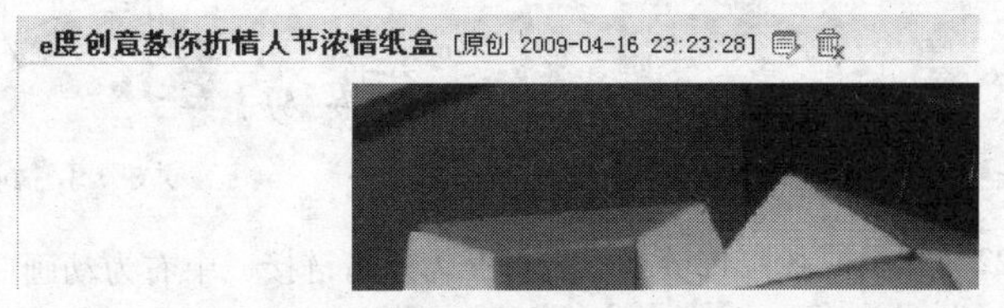

图 12-19 和讯博客互动题材选文

（3）生活题材　单一的商务网站是吸引不多的浏览者，我们的博客不是企业宣传，我们需要添加生活感情的材料来体现活力，因为我的礼物不只需要立刻买礼物的读者来浏览，我们更是要发掘和占领未来消费的读者。所以发布跟情人感情生活、节日喜庆生活等有关的娱乐文章，能够提高博客受关注的力度。如图 12-20 所示。

图 12-20　和讯博客生活题材选文

（4）创意题材（图 12-21）　贴近博客的主要思想，介绍网店极有创意的礼物，这些文章可以原创和转帖。

图 12-21　和讯博客创意题材选文

4．宣传选择

我们设计了一系列链接和版块功能让博客成为营销网店产品的渠道。

（1）导航链接　博客本身固定它自己的导航，我们不能改动，所以在每个文章图片下和文章结束后，都添加链接到我们创意礼物家居淘宝店的导航地址，方便读者了解和购买我们的商品。

（2）动画广告　一个能体现生动活力的博客不能是呆板的页面，应该有些动画来刺激浏览者的眼球，但也不能多，否则就会产生反效果。所以我们做了两个动画宣传广告，广告的设计也融合了博客的风格。一个在博客的首页展现，一个在每个文章的结尾充当链接导航，如图 12-22 所示。

图 12-22　和讯博客宣传链接广告（左为友情链接，中右为动画广告）

(3)平面广告　静态的平面广告配合动态广告达到互补效果，我们设计了宣传创意礼物家居网店的一个广告。如果需要，会设计热销产品的单独广告。如图 12-23 所示。

图 12-23　创意礼物家居网站平面广告

5．设计商业性活动

每个消费者都希望看到商家推出优惠或一些产品的促销活动，而商业活动也是体现商家对消费者服务态度和营销方式的途径之一。我们在博客推出营销活动，以动画广告方式来体现，告诉读者给博客评论或建议会得到一件精美的小礼物，无形中加强他们对网店礼物的关注，让他们享受和了解我们周到的服务。

1）对评论者赠送小礼物，激发其购物欲望。

2）解决评论者提出的问题，可以了解他们的感受，收集有利的信息。

3）提供已经在我们淘宝店购买礼物的顾客发表文章的空间，让他们写下自己的感受，给更多读者了解和分享我们的服务和商品！

活动细节如下：

① 凡在我们淘宝店有消费的客户，我们为你提供博客文章发表版位，你可以尽情地写上你对商品的使用感受。对积极参与博客互动的客户，我们将送上一份精美的礼物，或者给予价格优惠。

② 所有到本博客的浏览者，欢迎你们在评论或留言上写上你们对礼物的咨询或选购礼物的问题，我们将有专人为你解答，并在情人节等节日里给予优惠。

③ 真诚欢迎来者在我们博客写下想得到哪个礼物的愿望。礼物可以是你自己设计的，也可以是市面上有的，在我们这里写博将是实现你梦想的开始！

第四部分　视　　频

1．初衷及分析

鉴于大部分淘宝网店上面的宣传商品方式都是利用图片、文字等传统手段。这样做已经出现一系列的问题：

1）卖家经常利用 photoshop 等修图工具将实物图片进行美化处理，从视觉上加强实物的效果。用一些加工过的图片，在宣传文字上使花招，以次充好。

2）商品图片和文字已经被其他网店抓取，然后在他们自己的网店上展示。这样做的后果往往会对消费者的利益造成伤害。一般消费者从卖家的图片文字上无法鉴别商品好坏，当他们买下商品之后，通常都会发出“货不对版”、“上当受骗”的呼声。

作为一个负责任、具有前瞻性的团队，我们决定启用视频宣传作为我们的主要宣传手段，争取在一年内进行全面的商品视频宣传化。这样做是基于以下两点：

1）实物视频拍摄具有图片及文字不可达到的宣传效果。观看视频的消费者一般都可以达到身临其境，尽量做到让消费者没买商品之前就知道商品的真实效果，从而较大地保障了消费者的权益，同时也提升了我们团队商店的影响力。

2）视频宣传是未来趋势，我们是从事新奇特买卖的团队，更要具有抓住潮流的能力。

2．规范化实践

在每个商品宣传视频的前面加入我们团队的特有标记 logo，同时开场白是“大家好，这里是广州小字号的商品展示”，突显我们的专业化，同时可以有效防止他人盗用视频。

关注消费者最关心的部分——效果展示。每个视频的时间一般在一分钟左右，其中 50%以上的时间用于效果展示。在普遍合适的环境下进行展示，将实物 100%还原给消费者，但同时要突出商品亮点。

在商品买卖的页面中加入我们为这个商品制作的视频连接。

3．后期更新维护

广泛咨询观看视频后的观众关于该视频的建议，以便做出改进。

4．效果展示

发光蜡烛视频酷 6 页面：

http://v.ku6.com/show/oLKW_blNQrR-xsAX.html。

发光蜡烛淘宝页面效果展示：

http://item.taobao.com/auction/item_detail.jhtml?item_id=ceb3f209806d9318a6f2b4027c8a5021&x_id=0db2。

可乐电话视频酷 6 页面：

http://v.ku6.com/show/tZwmX42d4hAe4Nlz.html。

可乐电话淘宝页面效果展示：

http://item.taobao.com/auction/item_detail.jhtml?item_id=d3c724d91753e18d897e36d2bd8ae614&x_id=0db2。

牛奶杯灯视频酷 6 页面：

http://v.ku6.com/show/PRaQi-DYuT4rbHmp.html。

牛奶杯灯淘宝页面效果展示：

http://item.taobao.com/auction/item_detail.jhtml?item_id=58ab4e1aaf536a547a5f4174d9b7358a&x_id=0db2。

第五部分　未来的发展计划

1．独立发展

（1）经营扩大化　如果想做大做强，首先一定要打好基础，网店一定要经营扩大化，起码利润每月要达到 1 万以上。这才可以谈以后的事情，我们现在做的都是围绕网店经营扩大化的方向而做的，硬性指标要达到 1 皇冠以上。

（2）注册品牌　品牌化是一个企业关键的一步，品牌就好像一个灵魂。没有品牌的企业，是没有长远的发展空间的。在比赛期间，我们更加增强品牌的认识。之前的店铺是一直没有品牌的概念的，定位很模糊。我们现在发展定位是像屈臣氏等连锁超市那样，里面卖的商品不一定是自己生产的，要让消费者知道，买新奇特和创意家居商品第一反应想到的就是我们的“FUN”创意用品店。

(3) 建立网站　建立网站是一个网店中长期发展必不可少的一步。建立一个独立的网站，有助于更好的展示自身商品给客户，增加一个渠道让客户知道我们的企业。而且，建立网站和自身网店的功能是互补的。现在最新的旺旺支持在自己的网站上添加旺旺在线聊天功能，这就使得客户支付变得更加安全。因为一般网站购物是直接汇款的，添加旺旺在线聊天功能使我们与客户更加容易联系。

(4) 建造工作室　这个发展步骤是每一个专职的大型卖家必定要做的事情。自己所住的房子一般就是仓库和工作室，但到一定时期就不能满足日益增长的交易需求。所以，建造一个工作室，请一些客服员工是我们网店中长期发展要走的道路。

(5) 加入企业或者个人诚信通　发展网络零售是我们自身发展的第一步。当我们做大做强并有了一定的储蓄资金时，发展上游产业就成了一个新的渠道。现在阿里巴巴在积极地寻找小额批发的商铺做个人诚信通会员。但我们以为，我们的网店加入个人诚信通的时机尚早，因为批发产业要求有一定的资金，而且成本投入高。所以我们认为把零售的这部分做好做透才去做。但涉足批发产品是时间上的问题。

(6) 发展实体铺　发展实体铺是一个网店常有的选择，我们的消费群体是学生或者白领，在学校或者大型公司附近开店是一件不错的事情。发展实体铺是属于长期战略的一步。

(7) 注册企业或者公司　注册公司是我们长期发展的关键一步。不过起步资金大，这需要慢慢的积累或者寻找适当的投资人才可以实现。

(8) 发展加盟店或直销店　当注册公司以后，因为我们的目标是规模化经营，所以发展加盟或直销店是规模化经营的第一步。虽然有些新奇特和创意家居产品的公司已经开始发展加盟店，但是这些公司一般是从实体走向网络，而我们是网络走向实体。我相信，在以后的日子我们会成为网络走向实体的其中一员，这时期预计要8年左右。

2. 成为企业工厂的网络代理商

因为自身没有多少资金，而新奇特行业的高速发展期等到我们做大做强时估计其市场份额已经被其他有先知的企业公司所占领了。因此时机不等人，凭我们的能力是不足以短时间内做到的，我们可以找关于这个行业现有的公司或者企业，帮他们一起开发这个行业市场。网络的市场现阶段尚待开发，是一个快速增长的市场。我们的特长是网络经营，我们可以先做企业公司的网络代理商。这样一来我们不用投入大量的资金，又可以预先接触产业的上游，更紧密的知道行业的发展方向。用我们的知识，我们的营销才能和企业一起分享新奇特和创意家居成长的果实。

12.4 竞赛结果

12.4.1 实施结果

1. 营业利润

(1) 营业金额　由于新奇特和创意家居行业有淡旺季之分，店铺为2008年6月下旬所开，仍在准备阶段。而且比赛时段没有同期数据，不能做同期分析比较。为能更准确的测量，故我们以三个月为一个单位，计算 2008 年 7 月到 2009 年 3 月店铺的营业金额。

（2）毛利润　因为数据的复杂性，不能逐一测量每次交易的净利润。以经验推断，总体毛利润一般为营业金额的 20%。

（3）其余支出（以月为单位）

电脑折旧费：200 元。　　网络费用：120 元

电话费用：150 元左右　　包装费用：150 元左右

旺铺：30 元　　各类营销软件：40 元

问题风险费用：200 元　　交通费用：100 元左右。

总金额：1 040 元。

（4）净利润（见表 12-3）

净利润=毛利润−其余支出

表 12-3　净利润表

	营业金额（元）	毛利润（元）	净利润
2008 年 7 月～2008 年 9 月	34 565.21	10 369.56	7 249.56
2008 年 10 月～2008 年 12 月	20 696.16	6 898.72	3 778.72
2009 年 1 月～2009 年 3 月	42 502.59	14 167.53	11 047.53
2009 年 4 月～2009 年 6 月（预测）	17 000 左右	5 666.67	2 546.67

特别说明：

1）因为毕竟是学生，学业始终是第一位的，而且店主发货地并非在学校所在地，故存在在线时间不足等致命问题在所难免。因此非假期期间，销售量一般会有一定的下滑，所以在 10、11、12 月和 3、4、5、6 月都是店铺总体销售的低峰期，这是属于正常的情况。

2）店铺 3、4、5、6 月是一个完全没有旺期的日子（12 月圣诞节、2 月情人节）。故预测总额应比 10、11、12 月销售量少。2009 年 4～6 月是根据 3 月的数据来预测的。预测数据可以做到 17 000 左右，接近 20 696.16。证明我们的营销是有效的。

2．信誉增长数（见表 12-4）

表 12-4　信誉增长数

	好评数	日　数	日均好评数		好评数	日　数	日均好评数
2008 年 6 月	40	12	3.33	2008 年 12 月	261	31	8.42
2008 年 7 月	120	31	3.87	2009 年 1 月	106	31	4.6
2008 年 8 月	168	31	5.42	2009 年 2 月	524	28	18.71
2008 年 9 月	157	30	5.23	2009 年 3 月	189	31	6.10
2008 年 10 月	62	30	2.06	2009 年 4 月	未出	未出	未出
2008 年 11 月	127	30	4.21	2009 年 5 月	未出	未出	未出

从表格数据可知，信誉增长数呈现稳步上升趋势。在比赛期间，总体信誉更是翻了一倍。

特别说明：

1）总信誉为 2 200，其中经营新奇特和创意家居的信誉为 1 764 个信誉。比赛期间 2009

年 1 月到 3 月达到 819，占店铺总信誉的一半。这说明比赛期间的营销策略有所成效。

2）在比赛期间，我们团队在 2 月份举行了情人节促销活动，收到了非常好的成效。获得好评数 524 个，日均好评达到 18.71 个，创下历史的记录。

3）在比赛期间，我们团队在淡季的 3 月按方案设置进行了一系列的销售和营销，获得好评 189 个，日均好评 6.10 个，是取了圣诞节和情人节的月份外获得最高好评数的月份。证明方案的营销是有效的。

3．客户增长数（见图 12-24）

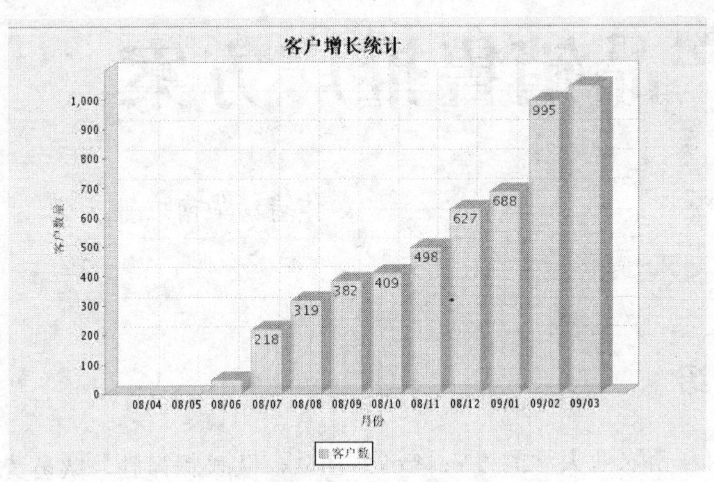

图 12-24　客户增长统计数据

由图 12-24 可以看出，客户增长数呈现稳步上升趋势。

12.4.2　名次结果

全国总赛区网络创业主题赛一等奖第二名。

广东赛区网络商务创新应用一等奖第一名。

12.5　获奖感言

最后，在这里要感谢所有支持我们广州小字号的同学和老师。首先要感谢 e 路通大赛的组委会，你们付出了很多的努力才让我们能更好地参加比赛，特别是李芳和李媛媛老师，给我们团队提供了很多的建议。再次要感谢我们亲爱的指导老师张斌老师，您无时无刻的留意我们，给我们非常多的专业性意见。还有要感谢袁元明和周凤华教官，咖啡淘宝教官。您们的支持和鼓励，让我们的团队看到了前途的光明。我们会更加努力，做出更大的成绩给您们看的，不会令您们失望的！

第13章

种子产品销售推广方案

作者：华南农业大学 “Yes&ok”团队

13.1 团队介绍

我们是来自华南农业大学的“Yes&ok”团队，队长赖祥胜，队员黄达强、马文翰、罗昌裕、吴意，分别来自华南农业大学经济管理学院国际经济与贸易专业与电子商务专业。

“Yes&ok”团队的目标是为华南农业大学自主研发生产的优质种子打造网络销售平台，从传统的销售模式转向新型的电子商务。通过网络渠道，提升华农种子的知名度，增加种子的销量。

1．成员及分工

队长：赖祥胜，主要负责把握方案进度和整体思路，与大赛组委会以及指导老师交流沟通。

队员：黄达强，团队创意总监，主要负责方案的整体规划和撰写，网页以及产品包装的设计。

队员：马文翰，团队营销总监，主要负责方案的撰写，产品的推广，与华南农大种子经营部进行协商沟通。

队员：罗昌裕，团队技术总监，主要负责网页的设计和网站的搭建，图片的美化、Flash、PPT的制作。

队员：吴意，团队方案解说员，主要负责PPT、产品方案的解说，以及资料的收集和整理。

2．团队宣言

Yes ，we are OK !

团队自主设计的LOGO如图13-17所示。

图 13-1　团队自主设计的 LOGO

13.2　选题经过

在筛选初期，候选题目主要包括销售华南农业大学种子产品、网上超市、销售小精品等。这些候选方案都是团队成员通过初步思考提出的。各方案提议者收集相关资料，为自己的方案提供依据。收集完相关资料后，团队成员开始为每个方案进行辩论。在辩论过程中，相互指出候选方案的缺点，充分认识方案的可行性。经过一番辩论，最终通过投票方式选出 Yes&Ok 团队的参赛题目为销售华南农业大学种子产品。前期对方案的分析比较简单，参赛题目确定后需要对参赛题目进行深入地分析调查，以保证参赛题目的可行性。于是，为了给参赛题目提供更有说服力的依据，Yes&Ok 团队与种子经营部接触，对方案进行了深入分析。

作为农科院校的学生，我们 Yes&Ok 团队选择了电子农务研究方向参与网络创新大赛，是一种对专业的热情与对挑战的迎战。作为国家“211 工程”高校，华南农业大学拥有许多先进的科研成果，其校办企业华南农业大学科技实业发展总公司更是生产了众多优质的产品。在选题之时，我们团队就希望能够秉承华农人的精神，选择了华南农业大学各种强势的产品营销方案策划，既能充分利用校内资源，又能宣传母校及其成果。在进入复赛之后，我们团队得到了学校、学院领导老师和华南农业大学科技实业发展总公司种子经营部的大力支持。为了精益求精，我们团队把选题范围缩小至华南农业大学的种子营销。经过不断的努力和修改，我们 Yes&Ok 团队的方案最终定为华南农业大学种子产品销售。藉此，我们 Yes&Ok 团队也取得了优异的成绩。

13.3　方案

13.3.1　简介

本策划创新地将目光从农村转移到城市，利用网络时尚、迅速的营销特点，以酷 6 视频网作为宣传造势平台，淘宝网作为实验性交易平台、和讯博客作为向关注财经类信息的群体推广休闲娱乐种植这一新商机的信息平台，全方位地向城市的消费者推广休闲娱乐式种植健康、绿色、亲子的理念，向商家提供这一合作商机，从而达到挖掘潜在消费群体，抢占城市市场，提高华南农业大学种子部品牌知名度与品牌价值的目的。让更多商家关注华南农业大学种子部，从等待商机变为创造商机！

休闲式种植理念是本设计方案最大的亮点。通过对传统种子产品重新定位和包装，将休闲式种植种子产品面向城市消费者，推广休闲种植的理念，体现城市种植的娱乐。图 13-2 为种子部未来发展的简要思路图。

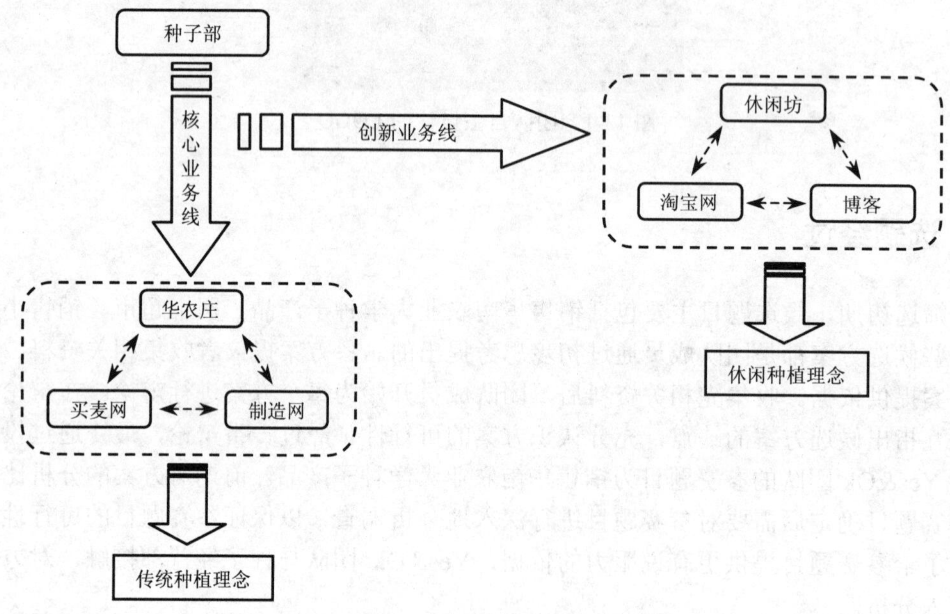

图 13-2　种子部未来发展的简要思路图

13.3.2　正文

方案的内容主要包括目标市场营销、产品策略、网络销售平台和目标展望四大部分。

1. 目标市场营销

（1）传统业务市场（见表 13-1）

表 13-1　传统业务市场分析

消费者类型	群 体 特 征	群 体 分 布	销 售 比 例	购 买 方 式
个体客户	中老年人为主，购买量少	实体店周边地区	4.8%	实体店购买
分销商	长期合作伙伴，定购量稳定	华南地区为主	78.3%	电话订购
企业、公司	种子销售公司为主，存在竞争的关系	全国各个地区	16.9%	电话订购

从表 13-1 可以得知，各级分销商是华南农业大学科技实业发展总公司种子经营部的主要消费对象。因为个体客户的购买量很少，而且客源缺乏，所以他们所占的销售比例最低。而各销售种子产品的企业、公司与很多的种子供应商存在供销关系，因此，华南农业大学科技实业发展总公司种子经营部需要提升自己的竞争力，从而提升市场份额。总结可得，华南农业大学科技实业发展总公司种子经营部对于不同市场的策略应该是：发掘个体客户市场；巩固分销商市场；发展企业、公司市场。而电子商务则是实现这一策略的重要手段之一。

（2）创新业务市场　创新业务的市场主要按照消费者年龄阶段进行划分，见表13-2。

表13-2　创新业务市场分析

年　龄	收入水平	特　征
18～25岁	低	此阶层的消费者主要是学生消费者，对时尚产品的追求度比较高，但由于受到收入水平的限制，对价格反应比较敏感
25～45岁	高	此阶层的消费者主要是白领阶层，已经组建家庭，有一定的事业基础，收入水平在三个阶层中是最高的，消费水平也最高
45岁以上	中	此阶层多为晚婚晚育家庭人士或退休人士，有一定的收入水平，消费水平受到限制

根据实际情况，在原有传统种子价格不变的情况下，对“家庭式休闲娱乐种植”新产品进行市场定价。

1）18～25岁年龄段：该部分群体主要喜欢时尚产品，“家庭式休闲娱乐种植”套装以及“精美包装种子”将会成为他们的喜爱产品，需要在这部分群体里面进行宣传。

2）25~45岁年龄段：该部分群体有足够的购买力，并且基本拥有自己的家庭，健康、绿色、亲子的理念非常适合该部分人群。针对这部分人群，应该在居民小区进行一定的宣传，来吸引他们。

3）45岁以上年龄段：该部分人为晚婚晚育家庭人士或退休人士，他们有可能购买纯种子来进行消遣生活，种出自己的蔬菜来食用。

2．产品策略

（1）传统业务线产品（见表13-3）

表13-3　传统业务线产品简介

产品类型			销售范围
蔬菜种子	果类	番茄等	东部省份
	瓜类	茄子、南瓜等	全国
粮食种子	水稻	培杂青珍等	全国
	玉米	优质高产甜玉米等	除东北三省外的全国范围

（2）创新业务线产品（见表13-4）

表13-4　创新业务产品线简介

产品类型	销售对象	产品层次	产品特色
精品型	18～25岁年龄段消费者	低	包装个性化定制
普通型	45岁以上消费者	中	产品象征意义
套装型	25～45岁年龄段消费者	高	全面的配套产品

现对创新业务线产品介绍如下：

（1）精品型

1）产品规格：7cm×5cm。

2）包装风格：时尚潮流行型：此产品有两层包装，外层包装为小麻袋，主要是为了吸引消费者而设计的；内层包装为密封塑料袋，密封塑料袋针对种子产品特性而设计，目的是为了保证种子产品的质量。

3） 产品特色：个性化产品。如图 13-3 中红色圈内所示，根据客户的需求另行设计，客户可以将自己需要表达的内容印刷在此处，向受礼者传递心声。

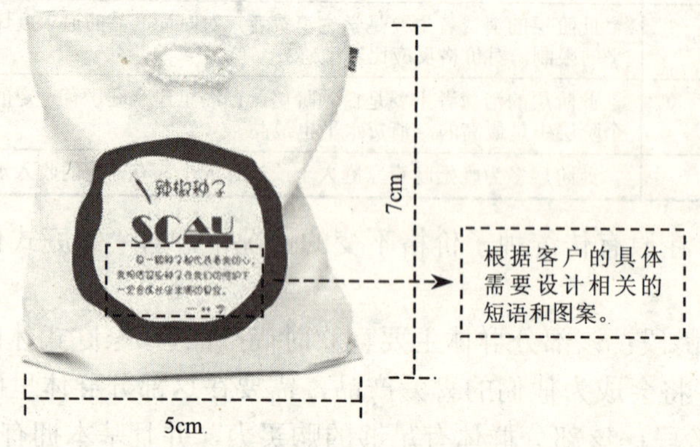

图 13-3　精品型产品示意图

（2）普通型

1）产品规格：8cm×10cm。

2）包装风格：时尚小巧型。此产品有两层包装，外层包装为小麻袋，主要是为了吸引消费者而设计的；内层包装为密封塑料袋，密封塑料袋针对种子产品特性而设计，目的是为了保证种子产品的质量。

3）产品特色。将每一种种子产品赋予一定的含义，提高产品的档次，如图 13-4 所示的茄子种子，它代表了微笑和欢乐；消费者可以在规定的数量范围（不同种子重量差异很大）内自主选择产品的数量，避免由于固定的产品包装引起的不便。

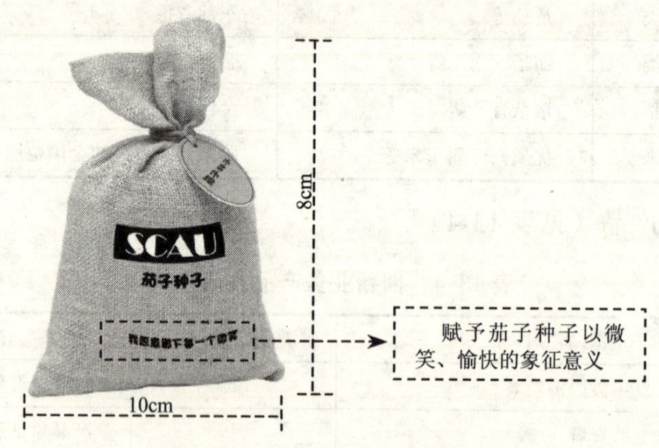

图 13-4　普通型产品示意图

（3）套装型

1）套装产品内容：种子、种植盆、土壤、肥料、小铲和小三钗六种产品，如图 13-5 所示。

2）产品特色：包括了在种植种子过程中的常用工具和产品，为客户提供全面的产品服务。这种销售方式能够方便客户，使客户一次性购买到相关产品。

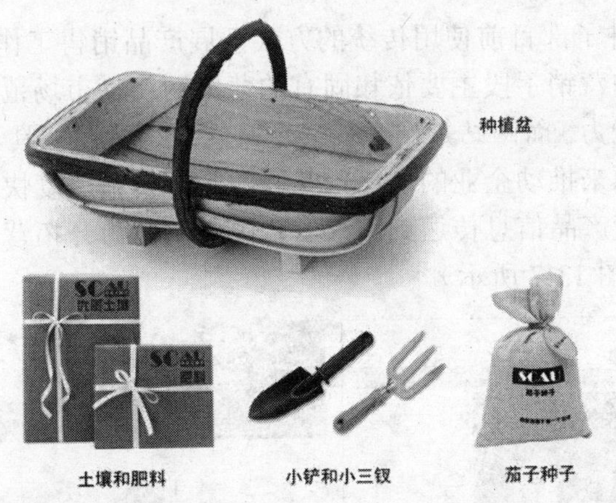

图 13-5　套装型产品组合示意图

3．网络销售平台

（1）自建主网站（见图 13-6）

图 13-6　自建的主网站首页

图 13-6 为自建主网站，其特色是界面简洁明了，提供站内搜索和 5 大相关网站的链接口，包括两个自建的子网站（华农庄、休闲坊）、买麦网、中国制造网和淘宝网。这满足了不同的客户群，如购买休闲式种植产品的客户主要选择进入休闲坊查找相关信息；种子经销则主要通过华农庄、买麦网和制造网获得产品信息。

（2）子网站华农庄和休闲坊　网站建设目标是为了改变华南农业大学科技实业发展总公司蔬菜种子经营部的传统营销模式，通过网站来开拓营销渠道，扩大市场范围，提高销售效益。华农庄官网属产品销售及信息发布平台。

1）网站目标受众。网站的目标受众主要是全国各地的分销商和农产品公司及具备计算机操作能力的个体户。这三种受众群体有一定的计算机操作水平，比较容易接受这种新型的营销工具。通过华农庄来培养他们的网上交易行为。

2）网站特色。以客户为中心，围绕种子产品为客户解决各种难题，满足客户需求，如专家咨询。种子部拥有经验丰富的专家，能够针对不同的产品使用问题提供解决方案，这种知识力量是华农庄的竞争优势之一。

3）网站的作用。种子部目前使用传统的方式开展产品销售工作，如通过客户用电话来定购产品。这种传统的营销手段主要依赖固有的营销网络，市场范围主要集中在广东省，缺乏拓宽市场范围的能力。而网站是当今社会受宠的新型营销工具，其依托互联网的优势，通过运用互联网的资源来推动企业的发展。互联网具有传播速度快、传播范围广等特点，因此利用互联网能够使产品信息传达到惊人的范围，从而为开拓营销渠道和发展网上市场提供重要的条件。（如图 13-7 所示）。

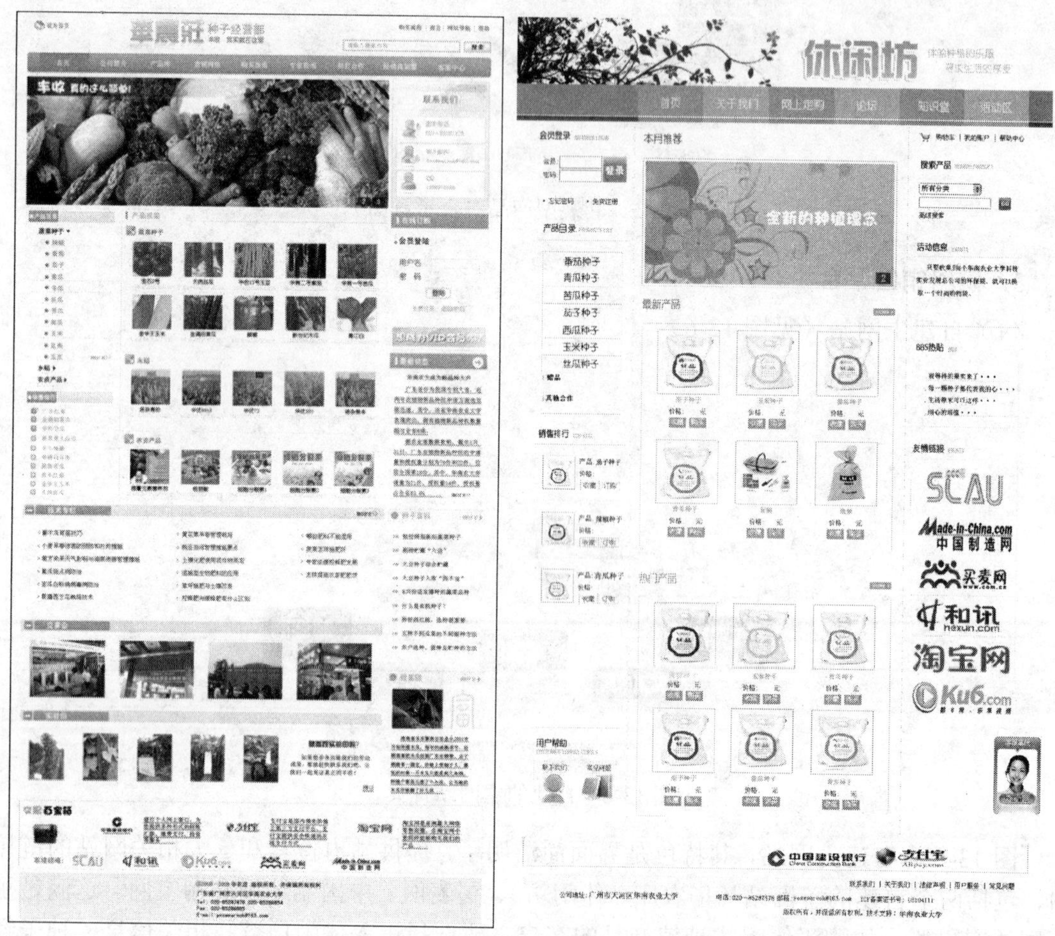

图 13-7　自建的子网站页面（左图为华农庄页面，右图为休闲坊页面）

（3）第三方平台

1）买麦网。利用买麦网平台免费发布各类产品的供求信息、加工合作信息和各类商务信息，使用其劝秀场服务㊀，供企业展示相应的产品。

2）中国制造网。将产品和公司信息加入中国产品目录，通过商情版，搜索全球买家及其采购信息，采用推广服务——名列前茅、产品展台、横幅，从而获得更多买家的关注和信任。

买麦网及中国制造网推广页面如图 13-8 所示。

㊀ 劝秀场服务是买麦网针对其会员推出的一个服务，在买麦网上开辟一个空间供企业展示相应的产品。“劝秀场”是借鉴天津“劝业场”市场的思路和用语的。

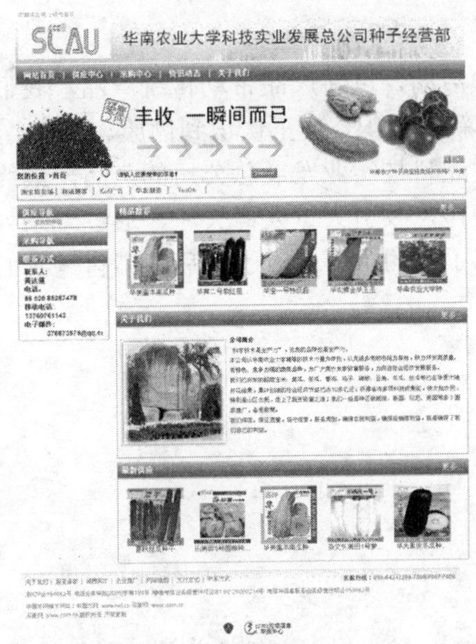

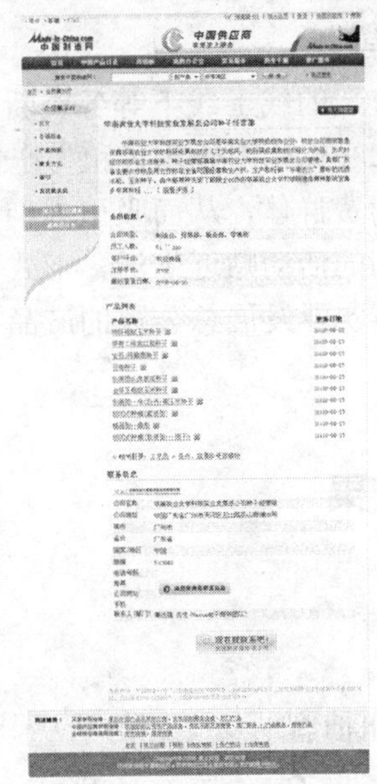

图 13-8　买卖网推广页面（左）和中国制造网推广页面（右）

3）淘宝网。作为一个销售平台，为公司的营销增加渠道，从而可以拓展公司的新顾客，增加收入。而且淘宝店可以增加工作效率，承接更多的业务以及可以更广泛、低成本地宣传公司，使得公司知名度扩展到全国。

4）和讯博客。在博客中添加公司的产品链接、优惠促销、在线咨询等，链接到官方网站，提高访问量。通过博客进行种子的相关调查问卷的派发和收集，及时了解到不同地区的用户的不同种植方式及相关种子问题，如图 13-9 所示。

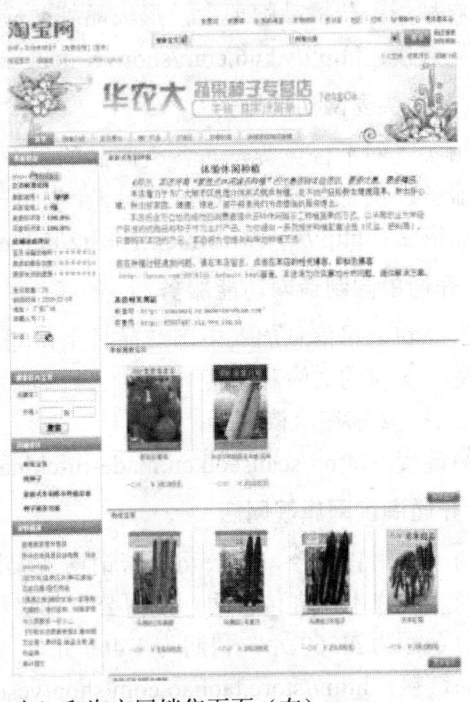

图 13-9　和讯博客推广页面（左）和淘宝网销售页面（右）

4．目标展望

通过配合方案的线上线下等各类新颖活动，以新产品带动传统产品，我们希望达到令消费者对新“家庭式休闲娱乐种植”产生新的认识，真正认识到健康、绿色、亲子的理念，扩大新产品的消费群体，从而吸引人们关注科技实业发展总公司的产品，最终达到增加销售的目的。我们的活动贴近生活，形式多样，吸引大量人群关注，通过一系列的努力，相信消费者对科技实业发展总公司的产品有了新的了解，对于以后的销售量我们有信心能够有新的突破。

13.4 竞赛结果

13.4.1 实施结果

1．建立和讯博客

和讯博客是公司网络平台的其中一部分，通过博客将客户引入到科技实业总公司的官方网站，达到免费网络广告的低成本网站推广方法。在博客中添加公司的产品链接、优惠促销、在线咨询等，链接到官方网站，提高访问量。（2 月中旬至 4 月期间，访问量达 5 560 人）

作品链接：http://hexun.com/9976191/default.html

2．建立酷 6 空间

与淘宝网、和讯博客等网络平台形成协同营销，从而让更多普通民众走进华农校园，认识华农种子，传播品牌理念，形成品牌效应。

作品链接：http://v.ku6.com/show/Xmc2QwJgMANtbhhN.html

3．开通买麦网功能服务

利用买麦网平台免费发布各类产品的供求信息、加工合作信息和各类商务信息，使用劝秀场服务，供企业展示相应的产品。（收到一封询盘邮件和一个询盘电话）

作品链接：http://www.com.cn/vhost2/default.aspx?CustomerId=1882497&showFlash=1

4．开通中国制造网功能服务

将产品和公司信息加入中国产品目录，通过商情版，搜索全球买家及其采购信息，从而获得更多买家的关注和信任（收到三封询盘邮件和三个询盘电话；在询盘咨询中，已达成 1 宗交易，2 宗在洽谈中。）

作品链接：http://scauseed.cn.made-in-china.com/

5．开通淘宝网旗舰网店

作为一个销售平台，为公司的营销增加渠道，拓展公司的新顾客，增加收入，而且可以更广泛、低成本地宣传公司，使得公司知名度扩展到全国。（3～5 月期间，完成了 26 宗交易，总金额为 4 560 元，利润为 1 460 元。）

作品链接：http://store.taobao.com/shop/yesokshop.htm

6．搭建推广平台

设计开发了推广平台网站，对平台网站的内容进行了详细设计，通过平台对休闲式种植理念进行宣传、推广。提供站内搜索和五大相关网站的链接口，包括两个自建的子网站（华农庄、休闲坊）、买麦网、中国制造网和淘宝网。这满足了不同的客户群。

7．开展新产品宣传推广活动

与华南农大种子经营部的经理沟通，结合我们的方案，在线上线下成功开展家庭种植动感相册大赛、休闲式种植博客大赛。

与华南农大种子经营部经理及学校相关领导进行积极沟通交流，并走访了华南农业大学科技实业发展总公司各个部门，如客户部、市场推广部等，对方案的可实施性进行了结合实际情况的考察，利用华南农大种子网络中心的服务器，将自主搭建的推广平台成功上线，并进行百余次测试。

13.4.2 名次结果

全国总决赛本科组网络贸易主题赛一等奖（全国总排名第三名）。

13.5 方案点评

叶丽蓉（大赛组委会）日期：2009-04-10　评分等级：★★★★★

既然选择的是网络贸易主题赛，那就着重了解该主题赛对选手的要求是怎样的，近期我们也会推出每个主题赛在复赛阶段的评分标准。我看了你们的方案觉得思路还是很有新意的，你们选择的主要实施平台是买麦网，那就好好利用买麦网的平台去实施你们的方案。利用和讯、酷6等的宣传平台把你们的买麦网店铺和你们的创意宣传出去，最终的时候把你们的销售额真正提上去，这个是最直观表现你们成功营销的结果。加油吧！

易法敏（华南农业大学）日期：2009-04-28　评分等级：★★★★★

点子不错，看得出你们做了很多的工作，设计包装也很漂亮；不足的是方案需要再做些整理。希望继续努力！

13.6 获奖感言

我们感谢大赛主办方中国互联网协会、中国建设银行以及相关合作网站为我们提供这次机会。感谢华南农业大学的指导老师一直以来给我们的鼓励与指导。感谢您让我们明白：创新，不是为创新而创新，创新的目的是要服务更多有需求的人们。我们希望我们的创新能够服务农村，服务农民，服务农业，服务社会。

第14章 新美包装膜之全方位网络营销方案

作者：电子科技大学中山学院　E路五线谱团队

14.1　团队介绍

电子科技大学中山学院“E路五线谱”团队成立于2009年3月8日，“E路”两字取自本次大赛的题目，“五线谱”代表这个团队的4个成员，我们每一个成员就是其中的一条线，从我们组队的那一刻起我们就坚信自己，只要我们团结合作，就一定可以演奏出E路上最华丽的乐章。我们四名成员全部来自电子商务专业，为了同一梦想而走到了一起，同时每个队员都在系学生会各个部门工作，每个人都有在不同方面较强的能力，就像五线谱上的每一条弦在不同的位置上有其不一样的含义。

1．成员分工

队长：林嘉敏，2008级电子商务学生，负责项目的整体策划，对资料的汇总，同时人际沟通能力较好，负责商家的联系，合作伙伴的洽谈。协调和分配组内成员工作，并定期审核。

队员：冯韵莹，2008级电子商务学生，主要负责方案的撰写，针对方案提出好的创意，并能够及时总结方案中的不足。

队员：曾豪，2008级电子商务学生，主要负责设计LOGO，各种电子版文档及演示方案编写。

队员：苏镜元，2008级电子商务学生，主要负责资料的收集与筛选和视频拍摄。

2．团队宣言

用简朴的五线谱，演奏E路上最华丽的乐章！

14.2　选题经过

在前期的选题过程中，团队选择了很多的题目，但最终选择了包装膜。因为随着全球经济一体化趋势的加快和我国在世贸组织的加入，在现代市场高技术含量和低成本竞争的面前，新型高效、实用的包装技术成为亟待研究的热点。

包装膜能有效地提高与保持果蔬的营养及商品价值，方便运输与贮藏，减少了流通过程的损耗，是有利于销售的必要环节，具有着广阔的市场前景。

14.3 方案

14.3.1 简介

随着国民生活的提高，人们对包装膜的需求有增无减，包装膜市场的发展空间呈现出扩大的趋势。然而，在金融海啸的影响下，很多企业都面临倒闭的危险。企业要想置身于金融危机带来的影响之外，其中一条重要的途径就是改变其营销方法。利用网络资源发展商务，以达到四两拨千斤的效果，让广大的人民群众更好地认识本企业的产品。

方案创新点

1）以 C2B 中国制造网为推广平台。通过加强顾客服务，增强与顾客的关系，达到创造固定顾客和增加销售的目标。

2）以酷 6 网和博客为平台，引进全新的商务营销模式——网络音乐和视频相结合营销，作为我们的特色，贯穿于多层次的网络平台。同时我们在注重创意、将企业文化与网络宣传音乐完美结合的同时，注重各个平台的结合，融为一体，打造不一样的新美包装膜。

3）以 C2C 淘宝网为推广平台。

4）网络推广为主，线下宣传为辅。

5）拓展销售渠道策略，如图 14-1 所示。

6）提高知名度策略，如图产 14-2 所示。

7）拓展客户群体策略，如图产 14-3 所示。

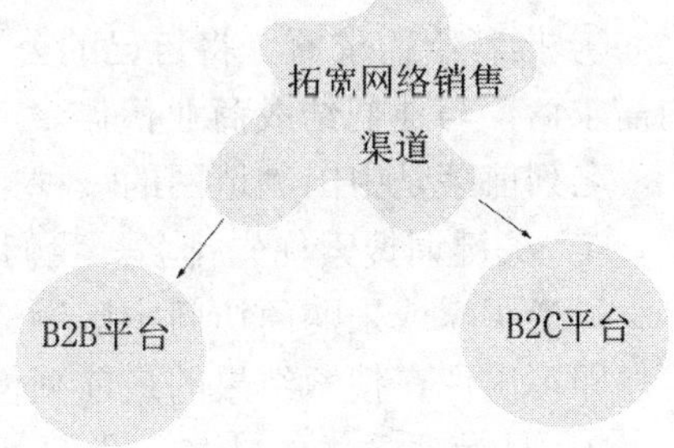

图 14-1　拓展销售渠道策略

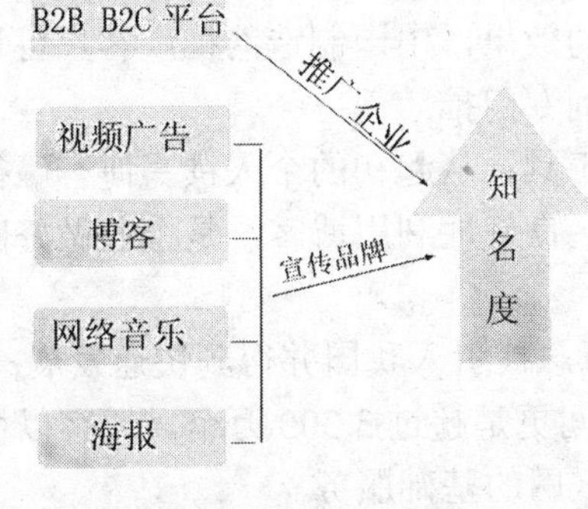

图 14-2　提高知名度策略

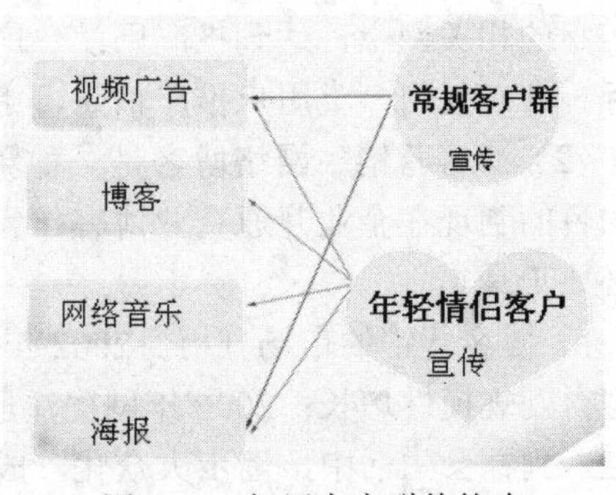

图 14-3　拓展客户群体策略

最大的特点在于通过引入“爱情保鲜”的消费理念，以吸引年轻情侣送赠保鲜膜作为礼物，从而使年轻情侣成为我们推广的目标群体，将爱情保鲜膜的创新点有效地与其联系在一起，通过其广泛的用途和优势，占据顾客的心理，从而达到推广的目的。并通过借助网络商务平台工具为新美包装机械制品有限公司带来全新的推广模式和方法。

14.3.2 正文

1．网络推广

（1）中国制造网

1）策略选择。

① 我们在中国制造网上同时开通中文和英文两个版本。

② 将公司简介、企业文化、联系方式等相关内容进行完善。

③ 我们将新美公司的主打产品传到中国制造网中英文产品展示厅。

④ 时刻关注中国制造网上面的邮箱以及客户的询盘问价等内容，并且及时回复客户的询价。

⑤ 关注中国制造网的相关新闻以及求购信息。

⑥ 通过中国制造网强大的网络平台向国外友人推广我们的产品。

2）中国制造网推广。

① 推荐给需求商。将自己的公司和产品信息用 E-mail 的方式推荐给在中国制造网上的需求商，与他们结成商业伙伴。

名列前茅是中国制造网的一种推广服务，包括以下两项内容：

A．关键词搜索优先排名。我们可以选择特定的产品关键词，如“包装膜”、“保鲜膜”等。每当买家或采购商访问中国制造网，使用该关键词进行搜索时，我们的公司、产品等信息即可出现在搜索结果的最前列位置。

B．目录搜索优先排名。我们可以选择特定的产品目录，如保鲜袋。每当买家或采购商访问中国制造网，在该产品目录进行搜索时，我们的公司、产品等信息即可出现在搜索结果的最前列位置。

② 横幅。横幅是网络媒体中最普遍的推广宣传方法，一般刊登于页面最醒目的开始位置，利用文字、图片或动态效果把推广的信息传递给网站的访问者，同时把推广链接到推广客户的相关网上，达到推广网站、产品或服务的效果。中国制造网推广客户可根据推广目标，针对任何一类用户推广信息，由广泛接触到专门推广。

（2）博客营销　网络博客是一种新兴的宣传工具，从起初的个人撰写博客赢得个人宣传的目的到现在企业开通企业博客作为宣传手段，良好地利用博客，是企业做好网上销售的必要工具。

1）博客营销的市场分析。2002 年，博客的概念被引入我国并得到快速发展；2005 年博客得到规模性增长；2006 年网民注册的博客空间更是超过 3 300 万个。博客以极快的速度融入到社会生活中，逐步大众化，成为基于互联网的基础服务。

2）博客设计。应用博客平台，促进企业营销，创造一个良好的网上营销环境，打响企业网上平台，增加企业竞争力。

3）博客的推广方法。

① 在企业自己的网站上有链接。

② 在销售商品的时候就可以给客户提供这个博客。企业博客经营得好就会对企业产生很高的附加值。

③ 利用各种工具推广博客，将QQ、MSN签名加入博客网址；论坛签名加入博客网址；邮件签名加入博客网址；在个人简介里写上博客网址。

4）博客的内容设计。

① 在原创文章的开头或结尾，加上企业名称和联系方式。

② 在博客讲述一些与包装膜有关的知识，让大家真正学到知识，大家就会非常感兴趣了。

③ 将公司真正的技术实力及服务体现出来。企业的产品品质，很大程度上是由企业的部分优秀技术专家决定的。企业的服务，很大程度上是由售后服务决定的，潜在客户从技术及售后问题解决中可看出公司的真正实力，为产品及服务的提供创造了有利条件。

④ 与B2B、C2C、歌曲广告的兼容性。

在自己的博客上有企业网站的链接（与B2B的兼容）。

在讲知识的时候，涉及自己的产品或服务的关键中的时候，可以做链接到自己的商铺（C2C的兼容性）。

在自己的博客中放入自己的广告歌曲（与网络广告的兼容性）。

（3）淘宝网

1）项目实施。

① 强调实体。在网上购物，安全是个买家首先考虑的问题。根据调查，有实体店铺的网店业绩往往会比较好。我们可以在网店上强调实体的优势，让客户更有购买的信心，把潜在客户转化成现实客户。

② 做好产品分类。企业的产品种类繁多，琳琅满目。对商品做出合理的分类，让客户按照分类列表方便快捷地找到所需商品，能对店铺形象及商品销售做出正面的影响。

③ 定期更新推荐商品。我们把企业的优秀产品和新产品作为推荐商品，放到推荐货架上。让客户可以第一时间知道企业的重点产品信息。

④ 关注店铺的回帖、留言。一般来说，回帖、留言的淘友都是对你的帖子和店铺比较认同的，回帖、留言都代表了对你的支持和认可，关注店铺的回帖及留言，及时作出回应。这样，有利于提升企业形象，将潜在客户转变成现实客户。

（4）音乐推广

1）音乐推广的作用。我们组经过研究发现，音乐对于企业推广产品具有很重要的作用。一首好的音乐总能让人轻易地记在心里，创作一首旋律优美、容易上口的广告音乐，能让人们在听歌的过程中轻而易举地把企业记住。首先，音乐能够影响客户的心理。当一首广告音乐在耳边重复回响时，那么他在选购商品时就会受到歌词里内容的影响，从而在不知不觉中选购本企业的商品。其次，音乐也能够帮助我们更好地把本企业的文化和产品信息传达给客户。因此，客户只需要听这首广告音乐便能清晰地了解到本企业的文化和产品。

2）音乐创作。我们会根据企业的具体情况，为企业创作一首符合企业特色的广告音乐。在曲谱中将企业的文化和产品有效地融合，让客户只需听到这首歌便能清楚了解本企业的具体情况。这对于做好本企业的宣传工作起到了很重要的作用。

3）音乐发布。

① 把音乐用作博客、企业网站、酷 6 网广告视频的背景音乐。

② 利用校园广播台播放企业的音乐，线上线下合作，把音乐宣传得街知巷闻，企业也同时被记住了。

4）链接。在音乐介绍中加入企业的各网店链接、博客链接、视频链接等。

（5）视频推广

1）视频创作。创作符合企业特色而且生动有趣的广告视频，使用企业的主题宣传音乐作背景音乐。

2）视频发布。

① 在优酷上发布，让尽量多的网民欣赏到我们的视频。

② 在博客上贴上我们的视频，让博友们点击欣赏，达到宣传的效果。

3）音乐与视频结合。把音乐和视频结合的方式贯穿于各个网络营销平台，增加宣传力度。

4）链接。在视频介绍中加入企业的各网店链接、博客链接。

2．线下推广

宣传海报

1）投放地点。各大超级市场的门口两旁、批发市场两旁、公交车站牌和各大高校的食堂等。

2）具体方式。

① 在车站牌上粘贴海报。由于坐公交车之前至少要等车 3～4 分钟。因此，我们的宣传海报就会成为他们消磨时间的最好看点。

② 在公交汽车、出租车以及地铁上张贴广告，在座位背后的部分以及车载电视上播放视频广告，这样，乘客很容易就能看到我们的宣传片了。

14.4 竞赛结果

14.4.1 实施结果

1．中国制造网

我们完善了企业原本注册了但只留了联系方式的中文版中国制造网页面，并为企业注册并完善了英文版中国制造网页面，为企业成功提高销售业绩。

作品链接：中文版 http://cn.made-in-china.com/showroom/yancong，如图 14-4 所示。

英文版 http://guizhilee.en.made-in-china.com/，如图 14-5 所示。

图 14-4　中文版中国制造网企业页面截图

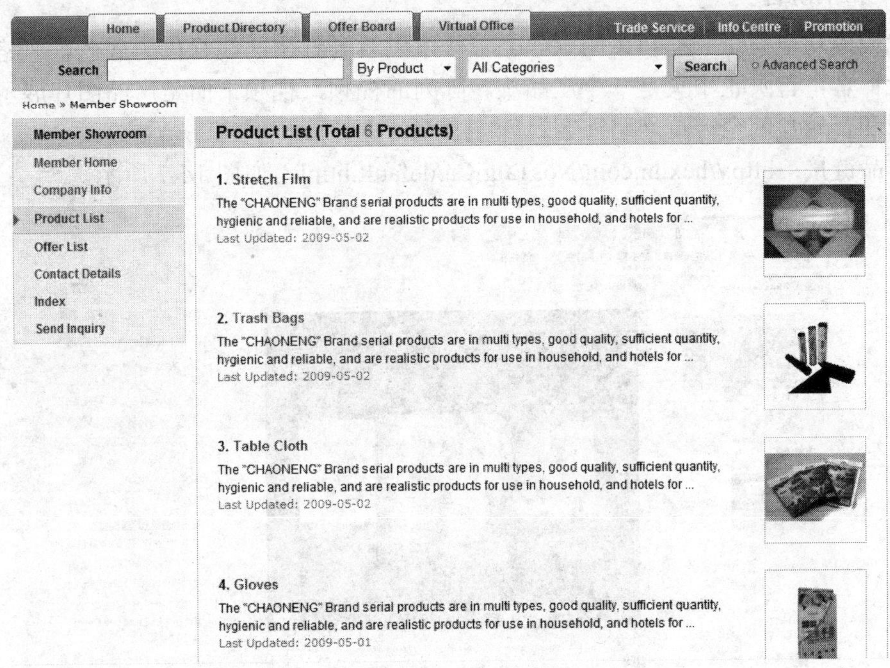

图 14-5　英文版中国制造网企业页面截图

2．淘宝网店

在淘宝网店上，我们以“保鲜爱”为卖点，把企业的自主品牌“超能”和“康能”的主要产品——保鲜袋、保鲜膜、垃圾袋和密实袋等发布到掌柜推荐上，以淘宝网为链接，进而成功地提高企业的知名度。

作品链接：http://shop57158701.taobao.com/

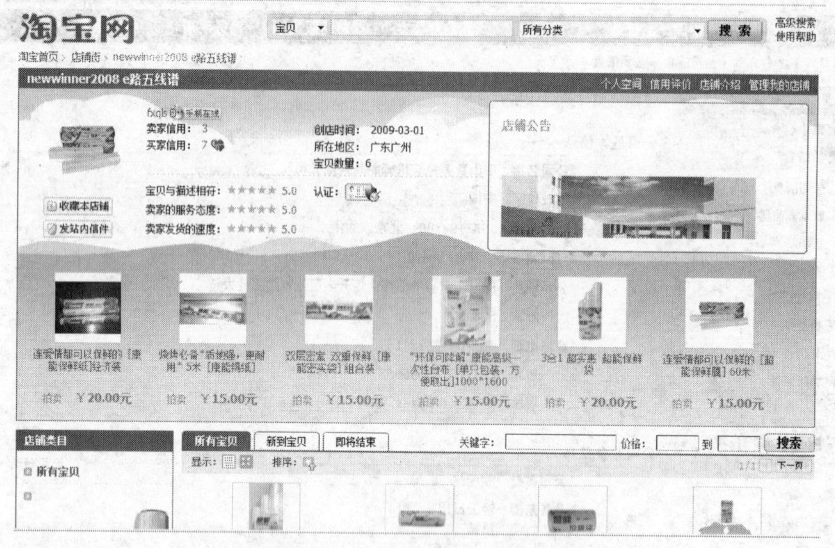

图 14-6　淘宝网站页面截图

3．和讯博客

我们成功地为企业在和讯网上建立了一个以新鲜健康的浅绿色为底色，风格清新自然的企业博客，首页正中央是一个产品旋转陈列的视频，视频下面是产品图片展示，右栏上是文章和音乐盒的全方位网络博客。

作品链接：http://hexun.com/NosTalgiCa/default.html，如图 14-7 所示。

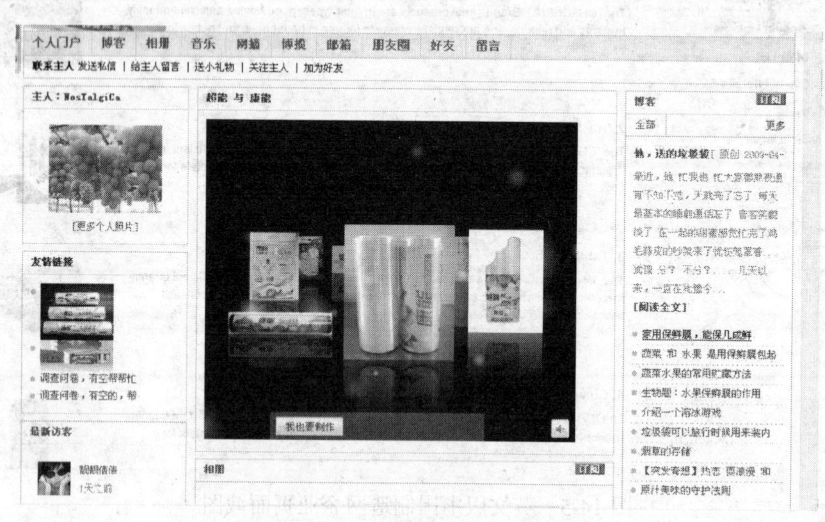

图 14-7　和讯博客首页截图

4．音乐创作

我们成功地为企业创作了一首宣传曲和一首纯音乐宣传曲，宣传曲的演唱有两个版本。

音乐的旋律美妙，歌词积极向上而且包含了企业的产品信息，并把我们创作的宣传曲发布在博客音乐盒和作为宣传视频的背景音乐，如图 14-8 所示。

作品链接：纯音乐 http://nostalgica.music.hexun.com/M4627542.html

音　乐 http://nostalgica.music.hexun.com/M4642640.html

图 14-8　音乐视听

5．酷 6 空间

我们成功地为企业的主打产品——超能保鲜膜、垃圾袋编导并拍摄了一个以保鲜爱情为主题的宣传片，并把我们为企业创作的宣传音乐作为视频的背景音乐，实现了视频与音乐的完美结合，此外，我们团队把链接发到各个 QQ 群，所发之群，无不引起该群成员的长时间讨论。对于保鲜膜的这种特殊用法，他们无不表示惊讶以及从未想过。广告宣传视频截图如图 14-9 所示。

作品链接：http://v.ku6.com/show/Y1gIOtuS7PLg6XNB.html

http://v.ku6.com/show/pFrIJEa6gGbhyn4H.html

图 14-9　广告宣传视频截图

6．海报制作

我们按照宣传的两大方向，分别为企业的两个自主品牌设计了常规主题和爱情主题的海报共四张。此外，我们成功地把设计的海报投放在公共汽车和批发市场等地，如图 14-10 所示。

图 14-10　团队设计的宣传海报（左为家庭版，右为爱情版）

7．市场调查分析

经过把我们设计的调查问卷发布在问卷星㊀上，以及在线下走访各年龄阶段、性别、职业和阶层的人，得出了以下的数据和分析。

（1）保鲜膜的使用率（见图 14-11）

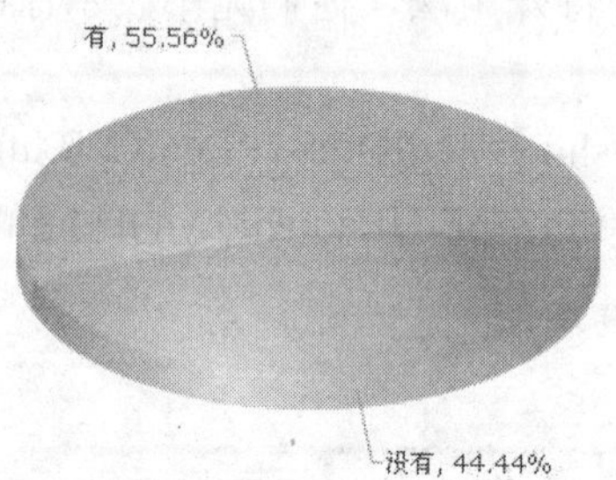

图 14-11　保鲜膜的使用率

由图 14-11 可以看出，有 55.56%的受访者有使用保鲜膜，我们宣传的市场前景很大。

（2）保鲜膜购买价格（见图 14-12）

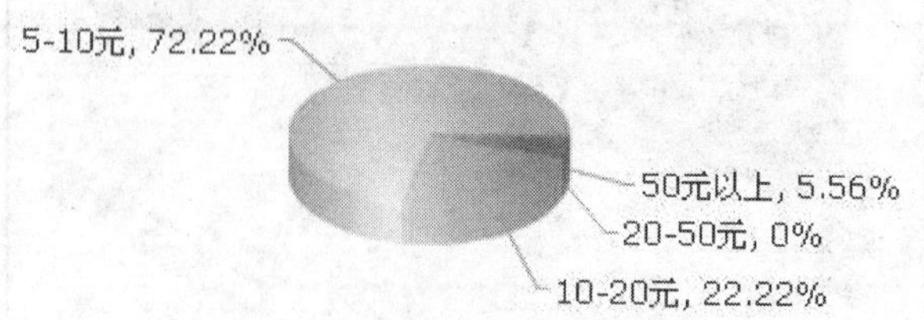

图 14-12　受访者接受保鲜膜的购买价格

㊀ 问卷星是一个提供问卷自动生成的发布的系统，是第三方提供的一个可以帮助别人生成和发布问卷的服务，调查者

由图 14-12 可以看出，普遍受访者购买的保鲜膜的价格都在 5～10 元，与企业的产品价格接近，企业的产品在价格上优势明显。

（3）各品牌保鲜膜的市场占有率（见图 14-13）

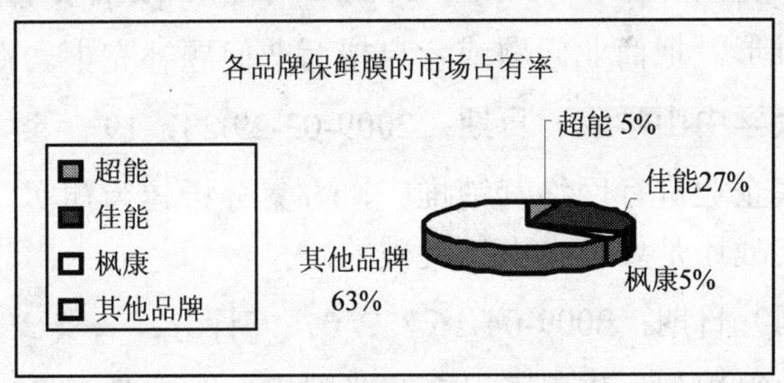

图 14-13 各品牌保鲜膜的市场占有率

由此我们知道，企业的品牌“超能”的占有率只有 5%，有 63%的受访者在购买保鲜膜时没有太注意品牌，这部分人群可以成为我们的重点宣传对象。

8．企业的肯定

在大赛期间，我们团队突出的工作表现，得到了企业的肯定。企业特意为我们团队发来了回馈，以表达对我们团队的谢意与祝福，如图 14-14 所示。

中山市新美包装机械制品有限公司回馈

经过 E 路五线谱团队这段时间的推广和宣传，中山市新美包装机械制品有限公司在品牌营销方面取得了明显的突破，从以往单一的阿里推广转变为多元化的网络推广。公司每天的业务咨询电话比以往增加了 10%，网上询盘也增加了 15%，更重要的是 E 路五线谱团队新颖的创意，让新美公司的产品跟人们最熟悉的话题连结起来，打造了“爱情保鲜”的新理念，为新美公司的产品注入了大量的新活力。

E 路五线谱团队的推广和创新不仅为新美公司日后的发展方向指明了道路，而且为公司提供多个网络营销的平台，在此表示衷心感谢！

希望 E 路五线谱团队在电子商务的发展道路上继续努力，创造更多的辉煌！

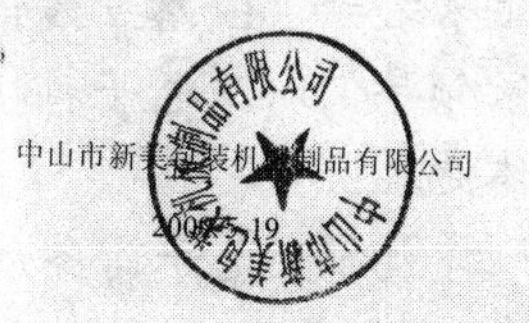

图 14-14 企业回馈书

14.4.2 名次结果

本科组全国总决赛网络贸易主题赛一等奖第四名。

广东赛区综合奖三等奖。

要自己编写问卷调查的程序并建立相应的网站了。

14.5 方案点评

叶丽蓉（组委会）日期：2009-03-31 17：31　评分：★★★★

方案有了基本的雏形，把商业问题或者自拟商业问题补充上。在复赛阶段多去实践。

陈泉（电子科技大学中山学院）日期：2009-03-29 23：19　评分：★★★★★

团队选择为包装膜企业进行网络营销推广，方案分析较为翔实。对于网络营销目标受众的分析以及后续的实战还是要花大力气突破的。

崔双（中国制造网）日期：2009-04-16 23：07　评分：★★★★

方案很完善，考虑很周到，借用了很多互联网平台，真是不易啊！

方案中表示要中英文同步推广，现在中国制造网的中英文版面是完全独立的，企业必须重新在英文版上注册账号才可以进行推广。

14.6 获奖感言

历史将近七个月的“e 路通”杯大学生电子商务创新应用大赛终于落下帷幕了。我们团队“e 路五线谱”在这次大赛中获得了本科组全国总决赛网络贸易主题赛一等奖第四名和广东赛区综合奖三等奖的荣誉，这是组委会对我们团队几个月以来创新实践成果的肯定和鼓励，让我们团队感到无比的自豪与欣喜。大赛虽然已经落下帷幕，但团队将会一起继续把参赛方案“新美包装膜之全方位网络营销方案”坚持做下去。在大赛中，中山新美包装机械制品有限公司对我们团队非常支持，无论精神上还是物资上都给予了很大的帮助与配合。在这里请允许我们向新美公司说声谢谢！其次，本大赛让我们充分地认识到对未来职业的选择以及令我们充分地意识到，我们的职业能力并不只仅仅局限于现在的阶段，我们都拥有着无穷的潜力，让我们对未来实习就业充满信心与希望。另外，电子科技大学中山学院对本大赛非常重视，由初赛的开始到总决赛的结束都有专业的老师在旁指导，学校更为获奖团队举办了表彰会，以激励我们再接再厉。

在此，衷心感谢一路走来给予“E 路五线谱”团队鼓励和支持的大赛组委会领导、大赛评委、中国制造网的专家领导们以及电子科技大学中山学院的指导老师们，祝愿各位领导及老师们工作顺利、身体健康！

最后，祝愿“e 路通”杯大学生电子商务创新应用大赛能够吸引更多的有志大学生参与其中，越办越出色。

第15章 "鑫之源"水晶 DIY 网络贸易推广方案

作者：江西外语外贸职业学院 "行"团队

15.1 团队简介

我们是来自江西外语外贸职业学院的"行"团队，指导老师徐睿，队长余涛，成员杨玲、叶小雁，张锦秀，曾美娟。我们都是来自信息管理系 07（4）班电子商务专业的学生。

"行"团队志愿立足中国水晶产品，通过电子商务平台及其营销方式，帮助中国水晶生产企业解决国内市场销售的现实难题。

"行"团队始终秉承中国水晶的特色，将 DIY 方式注入到水晶营销的理念中，让国内客户感受到水晶 DIY 的魅力，将客户购买体验提升到一个新阶段。

1．成员分工

队长：余涛，男，在团队中负责领导、组织、协调管理、担任团队 CEO 及负责酷 6 网、和讯网平台的搭建与管理。

队员：杨玲，女，负责与企业联系，及制造网平台的创建和管理。

队员：张锦秀，女，技术总监（PS 图片设计，企业网站维护）。

队员：曾美娟，女，技术总管及企业买麦网更新，电子杂志的制作。

队员：叶小雁，女，商务活动的策划组织及淘宝网平台的操作。

2．团队宣言

一路并行，一行到底，"行"就是行！

15.2 选题经过

15.2.1 2007 年网络营销大赛回顾

2007 年 10 月份我校有五支队伍参加了全国大学生网络营销大赛，并到北京参加总决赛，其中有两支队伍取得了优异成绩，一支队伍荣获全国第五名，另一支队伍是全国第十名。看到学姐学长们通过这次比赛，不仅学到了专业知识并应用到实践，而且为他们的就业道路打下良好的基础。比赛期间与相关企业进行沟通联系，通过他们的不断努力与不断学习，他们的能力得到了企业的认可。

15.2.2 参赛激情与参赛主题确定

2009 年 3 月 11 日这是我们团队成员难忘的一天。上午在上企业电子商务管理这门课时，我们的任课老师徐睿告诉我们有一个全国性的比赛项目是建行“e 路通“全国大学生网络商务创新应用大赛。徐老师跟我们讲述了上届他们在参赛中一步一步的成长，他们现在的就业能力都很出色。现在我们也有这个机会去参赛了，我们大家非常激动，参赛的念头直涌心头。北京是我们都向往的地方，进入决赛后可以到北京去参赛，这个梦想一直支撑我们走完比赛历程。徐老师给我们详细介绍了此次大赛的参赛方式和比赛规则。

一个配合默契的团队才是成功的关键，此时我就在思考寻找队员。我脑海里已浮现出两位成员的名字，她们是杨玲和叶小雁。杨玲，她人际沟通能力强，有丰富的社会实践经验，可以作为我们团队的公关部长。叶小雁，她是我们系学生会实践部部长，有较强的活动组织能力，可以作为我们团队的宣传部长。立马我拿出手机向这两个队员发出邀请，两位队员立即回复赞同了我组队的想法。这时我考虑到比赛中会遇到很多技术上的难题，我们三个集合讨论后召集我们班两位技术能手——张锦秀和曾美娟一同加入。这天我们团队成员就这样组建好了。

一个好的选题方案也是成功的关键。我们团队由（4 位）女生+（1 位）男生组合，4 位女生对水晶饰品情有独钟。她们平时喜欢制作一些个性吸引的水晶饰品，参加过我们系里举办的 DIY 活动，曾荣获最佳创意奖。兴趣是最好的老师，大家开始收集水晶资料，并做了市场调研。数据表明水晶 DIY 在国内很有发展潜力。最后大家决定选择具有国内消费群体的水晶市场，用水晶 DIY 特色打开这个市场作为我们对国内贸易（B2B）的实施推广方案。

方案确定了，接下来就是确定我们的队名。看到其他队伍都是以大赛名字‘E’来命名，为了突出我们团队的与众不同选择了既简单又好记的“行“字命名。“行”代表着团队信心十足，代表着我们的成员“一路并行，一行到底”的精神。

我们选择的指导老师是第一时间通知我们大赛消息的徐睿老师，她有着丰富的大赛指导经验，2007 年全国网络营销大赛中曾获得全国第五名的队伍就是由她来带领的。参赛期间，徐老师给予了我们团队所有成员无微不至的关心和指导，同时也给予了很多精神上的鼓励和支持，对我们团队的信心很大。她对我们团队的信心就是对我们团队能力的肯定，让我们有激情一直朝着我们向往的目标前进。

15.3 方案

15.3.1 简介

中国拥有十三亿人口，是一个劳动力密集型的国家，非常适合生产手工产品。水晶 DIY

市场可以充分利用这一优势为人民创造巨大的财富。首先解决了中国失业人口再就业问题；其次充分利用了我国地方资源，最后通过水晶 DIY 方式，让水晶传播到中国的每个角落，提升中国人民的动手动脑能力，给人民的生活带来无限乐趣。我们在南昌联系到了一家实体企业江西鑫之源东升礼品公司，主要在网络上做水晶 DIY 商业运营推广。

我们充分利用互联网开辟了水晶 DIY 销售平台。在 B2B 平台上开设了制造网（www.made-in-china.com）、买麦网㊀（www.com.cn），主要是进行线上推广发布供求信息、线下联系达成批量销售。在 C2C 平台上开设了淘宝网（www.taobao.com）店铺，主要是对水晶 DIY 爱好者做的一个网络推广，达到一定的销售量。酷 6 视频网与和讯网开通的主要目的是发掘潜在的客户，让更多的网民了解水晶 DIY，宣扬 DIY 产品理念。企业网站是公司在 2006 年就建立的，我们与企业达成合作后，后期由我们团队成员负责管理企业网站后台，更新企业产品信息。

15.3.2 正文

1. 水晶介绍

（1）水晶组成介绍 水晶是一种颇受人们喜爱的宝石，在古代，称之为"水精"，即水的精华。古希腊著名哲学家亚里士多德也认为，水晶是由冰逐渐演变而成。其实，水晶是二氧化硅（SiO2）的晶体，与水或冰没有内在联系。它通常为无色透明，但含铁族元素时可具有不同的颜色，如紫色、黄色、烟灰色等。当水晶中含有沿一定方向排列的纤维或针状矿物时，就可加工成"晶猎眼"或"星光水晶"或"发晶"，"水胆水晶"。我国江苏东海水晶产量占全国的二分之一，素有"水晶之乡"的美称。

（2）阐述水晶功效 水晶以其晶莹透明、温润素净而被人们视为圣洁之物，且佩戴后能"御邪魔，拆鬼神"，是吉祥之象征。水晶饰品清凉艳丽，夏天佩戴给人增添凉爽之感，解除炎暑之烦燥。水晶的洁白无瑕（宏观的），也使人们相信其中藏有神灵，将其制成圆球加以凝视，可以预言未来，所以日本人总喜欢把水晶球陈设于家中。水晶之品种尤以紫色水晶（紫晶）最为珍贵，除其色泽高雅之外，我们的祖先一直认为紫晶可以促使相互谅解，保佑万事如意。现在罗马大教堂的主教常佩戴紫晶戒指，典礼上则用水晶制成的高脚酒杯盛酒。此外，天然水晶含有多种对人体有益的元素，不具放射性，因此使得水晶及其制品长期以来倍受人们青睐。

2. 市场分析

2000 年以前，中国市场没有形成真正意义上的水晶工艺行业。当时的水晶工艺品主要是伴随家具行业、礼品业、鲜花、床上用品等产品的分散式销售。2000 年以后随着中国经济的不断升温，广州、上海、北京等地水晶工艺品消费水平开始上升，后期出现了一些小型的水晶工艺品专营店。但他们采用的销售手段还是传统的经营模式，再加上产品过于雷同、缺乏个性、价格混乱、产品质量无保障等，这些原因给企业带来资金周转难，投资风险大的问题。广大的投资者迫切需求一种新的经营模式改变他们的现状。随着互联网的不断完善和不断推进，现在大多数企业开始使用新型的经营模式——网络贸易营销模式。

㊀ 由于买麦网业务目前正处于调整状态，因此该链接暂时不能正常访问。

（1）国外水晶销售成熟　在国外，水晶工艺品是新经济增长点的新兴行业，在发达国家已逐步走向成熟。各种档次的专卖店、销售点星罗棋布，世界四大时尚之都巴黎、纽约、伦敦、米兰以及亚洲的汉城、东京、香港等国际著名的水晶工艺品年贸易总量都近 1 000 亿美元，已形成一个庞大规范的市场化体系。随着全球水晶工艺品行业的潮流与发展，企业在不断成立，水晶产品市场供应量已满足了市场的需求，但中国的水晶市场消费比率所占比重只占 5%，这是一个很有发展潜力的市场。

（2）国内水晶销售潜力大　随着中国与国际社会的全面接轨，国民经济不断提高，人民的生活水平已不在满足简单的追求物质上的需要，追求时尚、追求潮流已成为生活主旋律。中国水晶工艺品行业蕴藏着无限商机。据中国权威机构针对中国女性饰品市场做了一个调查，调查证实女人占据饰品消费市场的最大份额。中国仅 2005 年，女性饰品的消费量在全球超过 1 400 亿人民币。据专家预计，2012 年中国的女性饰品占有率将由现在的 5%增到 55%以上。这一庞大的数字和发展速度令人瞠目。如图 15-1、图 15-2 所示。

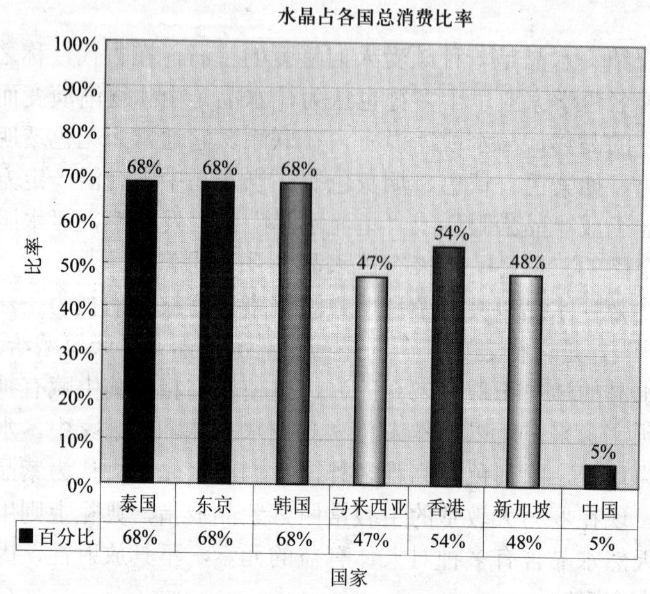

图 15-1　各国水晶市场消费比率

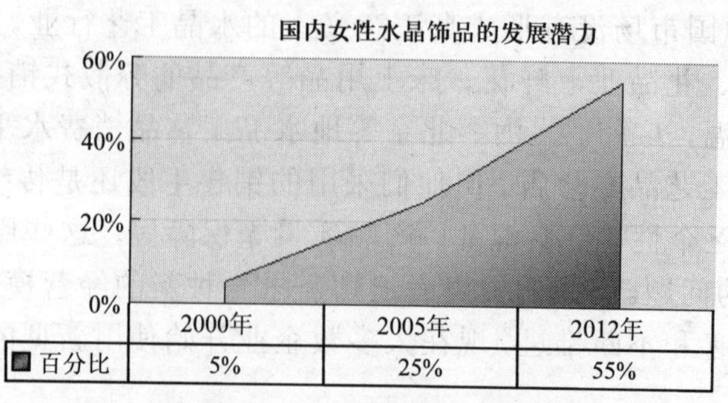

图 15-2　国内女性水晶饰品市场发展潜力

随着经济的持续快速增长、人们的物质文化生活水平的不断提高，水晶工艺品的消费必将更加大跨步地向前发展。

3．企业分析（江西鑫之源东升礼品有限公司）

网络平台推广存在的问题

1）关于它的网页设计，如图 15-3 所示。

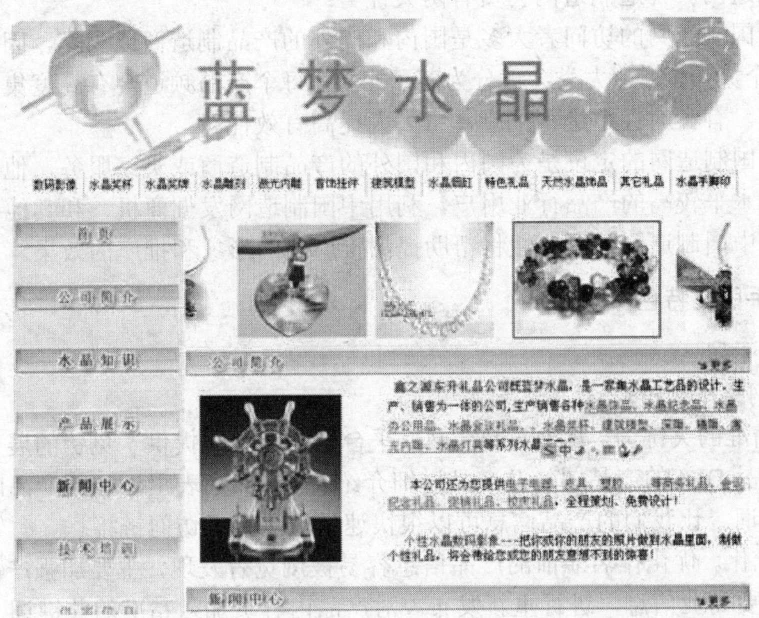

图 15-3 南昌市鑫之源东升礼品 DIY 水晶店原网站

团队分析原网站后认为存在以下问题：

① 鑫之源东升礼品公司企业网站的首页没有突出体现水晶作品的独特性。缺少精致的产品图片来穿透顾客的心，没能第一眼抓住顾客的眼球。企业网站的产品种类过杂显得企业不专业。

② 选择商务模版，进行自定义，让背景颜色与文字搭配合理。

③ Banner 部分上传富有吸引力和特色的产品图片，突出公司的主打产品特色、企业文化及公司对员工的经营理念要求。根据水晶的新颖脱俗感觉加入舒缓的背景音乐让访问者停留脚步，吸引他们的注意力。

④ 图片介绍比较单一化。水晶产品描述可以从多方面进行。

改进以上问题，我队认为可以选择性地上传一些真人穿戴的照片，给客户一种真实感，利用网络平台将图片与 DIY 拍摄过程展示出来，刺激其购买的冲动。不仅是这样，还可以插入多媒体人物让他直接对产品的制作理念进行讲解，让购买者有种面对面的交流。一个企业网站代表着公司的形象，企业应该重视。

2）关于推广方式。企业在网络平台上的推广手段暂时只开设了企业网站，公司并没有安排公司成员去管理企业的网站。网站注册时间是 2006 年，但对网站的更新一直还是停留在原来的基础上。企业网站对大型的商业网站像买卖网、制造网、淘宝网等都没有开通网络平台。企业的推广方式仅停留在传统的营销手段上。面临着严峻的金融危机，企业感到成本压力大，产品的销售量减少。

为了解决现状我们可以提个建议，首先要加强产品的网络推广，加强企业管理、整合企业文化、树立品牌、培养网络技术人员，提高他们的素质与服务意识。我们认为可以充分利用中国制造网。开通制造网会员有两大优势：

第一，中国制造网的访问者大多是国内和国外的产品制造商或买家，因此网站把所有产品分为 24 个大类，每个大类会再分为若干小类，每个产品频道会有高度集中的行业人士或推广受众群。有针对性地进行推广，将大大提高有效性。

第二，中国制造网的定位是为国内和国外的产品制造商或买家服务，他们都是一批比较成熟和知识水平较高的产品行业用户，利用中国制造网发掘商机、和其他行家进行联系或业务交流。中国制造网的专业性将帮助提高推广商的形象和推广的效果。

4．营销手段及特色

（1）营销手段

1）制造网络平台推广。

① 添加精准的关键词。B2B（制造网）平台给普通会员提供了免费的展示厅，展示厅里主要是放水晶 DIY 的产品图片及产品详细介绍。在产品列表里添加新产品时我们填写好了精准的关键词。让我们的产品信息可以很快速地被浏览者访问链接。

② 排名优化。优化排名靠前的产品信息容易被浏览者发现，主要加强产品的排名。对已经发布的重要商业信息，进行重新发布。对产品内容页加入精准的关键词。

③ 站内广告投放。所有 B2B 平台的首页和次级栏目页都有广告位出租。Made-in-China 有个“名列前茅”的服务，可以让水晶商品排在所有同类商品的前 10 位。

④ 抓住客户群的访问时间。首先收集客户资料了解目标市场的客户大概会在什么时候有空在线，在那个时间段要保持客服人员在线，管理好后台及时查看询盘信息。当收到询盘，及时回复客户的请求，并保持客户联系跟踪。抓住好第一时间，让客户有更多的时间去了解我们的产品使我们可以更多地与客户交流沟通，了解客户的需求。根据客户的需要再提供更适合他们的产品，这样通常会带来比较高的成交。

⑤ 及时更新站内信息。及时更新你的产品，让公司产品信息不断完善。同时给客户留下一个好的印象，让他们感觉我们在时刻前进。

⑥ 产品图片优化。上传清晰的水晶产品图片可以让潜在消费者对公司和产品信息有初步好感，在海量水晶产品信息中脱颖而出。产品内容填写标题系上产品关键字，有助于站内搜索。产品详细信息各参数尽量充实，把水晶产品品牌、型号、材料、工艺、品名、规格、产地、寓意等一些参数扩充在信息中，尽量让客户了解产品，了解公司。

2）买麦网平台推广。利用中国另一顶尖的 B2B 网络平台买麦网进行推广，同制造网一样，注册公司信息后，发布企业的基本信息和最新产品的介绍向其潜在的客户群进行产品推广，使客户同样可以了解企业的信息和产品情况。

3）公司网站宣传。公司的企业网站可以用来推广企业文化、水晶产品的效用、交流以及公司的最新产品的发布

4）创办电子杂志。利用电子杂志扩大水晶产品的国内影响，让访问者直接在企业网站上下载，了解当前水晶行业的发展形式和水晶产品的相关资料，增加客户对水晶产品的认识，从中体会到水晶产品确实会为我们带来健康，不光是视觉上的美。

5）DIY 视频宣传。在酷 6 网上传 DIY 水晶视频，让顾客了解如何 DIY，再根据自己的想法设计出自己最喜欢的水晶作品，提高客户的互动性，增强年轻人的动手能力，这样企业在顾客的心中及在同行业的竞争中的地位就会得到大大提升。我们针对在校的学生进行宣传，在校学生有一定消费能力和动手能力。在朋友过生日及各种节日中，同学们可以制作水晶产品进行馈赠。

6）淘宝网开设店铺。在淘宝网上开店，进行网上实体销售，通过促销、降价等手段进行推广，让客户从中得到实惠，使之提升客户购买多种水晶产品的欲望，做出品牌效应，从而推动企业的进一步发展。

7）博客营销。在和讯博客网中撰写博文，让顾客可以更深入地了解水晶产品知识，并利用真人穿戴的图片进行宣传，使顾客了解后产生购买欲望。

（2）营销特色—— 水晶 DIY

1）水晶 DIY 市场。

① 水晶 DIY 市场前景。最初当 DIY 的潮流席卷全球时，它的范围仅局限于家具和电脑，但是随着种类众多、精彩纷呈的水晶广泛运用后，DIY 的潮流才渐渐延伸至时尚首饰、配件和室内摆设等领域。不似黄金或铂金等材料或色彩单一，或质地冷硬，闪烁着迷人色调的水晶往往更能演绎光和影的不同效果，本身就能激发出 DIY 的创作激情。无论是用在项链，耳环或戒指等时尚首饰上；还是在钥匙扣，手机绳等生活小配件中；甚至被用于制作西装，手袋或腰带；或是被设计用于华丽的灯饰和室内摆设，水晶都能无一例外地折射出创作者的特立独行和奇思妙想；而创作者在 DIY 的过程中则可尽情享受天马行空，挥洒自己想象的乐趣。

② DIY 市场优势。

A. 成本低，产品有新意。水晶 DIY 可以通过自己动手做出与别人不一样的东西，可以根据自己的爱好组配好一件产品，小成本的付出可以做出个性奇特的作品。由于规模经营使得工业化生产成本远低于人工生产成本，花费不高还方便。主要是可以体现我们制作的价格，表达不同的含义。

B. 时代潮流的发展。随着时代潮流的发展千篇一律的产品市场已无法满足现代人的追求，看到“Do it yourself”自己动手的念头就油然而生。做你需要的，做你想要的，做市场上绝无仅有、独一无二的自己的作品，成为 DIY 更高层次的追求。DIY 的过程给予人的满足则是最重要的。工业化生产的确已经日臻完美，越来越多的人已不可能也没必要去掌握旧日能工巧匠的手艺了。毋需自己动手做，但仿佛觉得东西的含义并不是很深，缺少自己的理念。DIY 可以贴近自然，需要运动劳作，在运动劳作中可以享受生活的乐趣。

C. 宣扬 DIY 精神。海外市场流行风尚，紧密贴近目标人群的消费心理。不断开发、创新、引进新的 DIY 项目，实现新 DIY、新主张、新营销的品牌定位，让水晶 DIY 成为引领海外流行风尚的风向标。弘扬 DIY 艺术文化，陶冶手工艺术情操。

2）如何打开国内水晶DIY市场。

① DIY前的思想准备。想让你DIY的作品拥有艺术的灵魂和生命力，建议在动手DIY之前先展开丰富的想象，挖掘出更多的设计灵感。灵感会在你浮想联翩或在不经意间不期而至，让人捉摸不定。但只要你有心，自然界的万事万物都可能赋予无尽的想象，一块石头、一片绿叶、一根羽毛，甚至是儿时的梦想，都可能成为你灵感的源泉……当然，拥有奇幻色彩和独特形态的水晶石本身更可能激发我们进行DIY创作的灵感！倾注了自已想象和激情的DIY作品犹如将自己的梦想变成了触手可及的现实，你可以独自品味，也可以与人分享，这也许就是DIY最大的魅力所在。

② 水晶制作的种类。

A．DIY影像定做。首先，我们制作好公司具有的每一款水晶影相标准的基本图框，种类丰富多样，供消费者尽情选购。其次，客户只需要填写好我们提供的图表内容，自己需要制作的水晶影相图片，需要制作的大小、厚度、产品材质用图片的形式表现出来。

B．DIY奖杯定做。我们可以根据客户的具体情况要求进行定做，满足客户的需求。每种奖杯模型都有其意义。

③ DIY水晶产品描述。

我们主要是提供水晶原材料，种类很多，供客户选购。

④ DIY制作过程（视频播放）。首先通过DIY活动大赛，选取制作成功且有吸引力的产品样式，我们用视频的方式把他们的制作过程拍下来，给在线朋友提供一个很直观的学习方法。

⑤ DIY成品展示。

A．爱情重奏。双面水晶，能够同时放置两张不同的图片，包含了更大的信息量，让你的水晶更会说话，让你真正水晶传情。

B．商务礼品。双面水晶，能够同时放置两张不同的图片，让你的水晶更会说话，让你真正水晶传情。

C．友情重奏。水晶里放入任何你所喜欢的图片或者文字，永久保存，高贵大方，送谁都是很好的生日礼物、结婚礼物、纪念品、创意礼品，是任何人都会喜欢的礼物。

5．可操作性分析

纵观全局，我们方案的可实施性还是很强的。主要表现在以下几点：

我们有一个很积极向上的团队，每个人都有很强的责任心，对于工作和生活也都有精心的安排和规划。

针对我们的方案，我们拥有鑫之源东升礼品有限公司这个很好的实践平台，他们的产品正好符合我们这次参赛的要求，他们也很强烈的接受我们新型的营销方式方案的需要，我们也和公司进行多次的活动交流，得到他们的支持和肯定，我们得到企业提供的水晶珠子，感觉像是站在同一个战线上。

我们的实施步骤明确。根据方案中所提供的营销方式和可利用的网络平台一步步地进行实施。

综上所述，我们还是可以进行完善和细分，坚定我们的方案是行之有效的。我们相信团队的力量，更是相信我们的能力，还有积极配合我们的公司，特别庆幸的是还有一群专业的老师指导我们，把我们的推广做到实处。

15.4 竞赛结果

15.4.1 实施结果

（1）获得了企业的授权　2009 年 3 月 12 日，我们团队与鑫之源东升礼品有限公司进行商讨后，企业决定授权我们团队为其公司进行宣传，做好网络推广工作，公司总经理吴衣福与我们团队签署了授权书，如图 15-4 所示。

江西鑫之源东升礼品有限公司 授权委托书

授权委托书

本公司（江西鑫之源东升礼品有限公司）为开拓网络市场，兹授权委托江西外语外贸职业技术学院信息管理系电子商务专业学生 余涛 同学所带领的“行”参赛团队，代理经营我公司水晶、陶瓷产品的网络销售业务，同时代管理本企业的公司网站。在代管理期间需维护本企业形象，不得出现欺诈等行为。如果出现损害本企业形象之行为，此授权委托失效。

授权单位：江西鑫之源东升礼品有限公司

被授权人：余涛

该授权委托书有效期自 2009 年 3 月 12 日起至 2009 年 12 月 30 日止。有效期内我方可以以书面形式变更委托人或委托事项。该授权委托书自新授权委托书签发之日自动失效。

授权委托人签字及盖章

2009 年 3 月 12 日

江西鑫之源东升礼品有限公司　　2009 年 3 月

图 15-4　鑫之源东升礼品有限公司授权委托书

（2）企业网站

1）企业网站访问量的变化。2009 年 3 月到 4 月，江西鑫之源东升礼品公司的企业网站在一个月的时间里其流量从之前的 3 月 38 817 次到 4 月底流量 39 584 次，提升流量为 767 次。每天的浏览人数由原来的 1 个上升到 10 个人数。如图 15-5、图 15-6 所示。

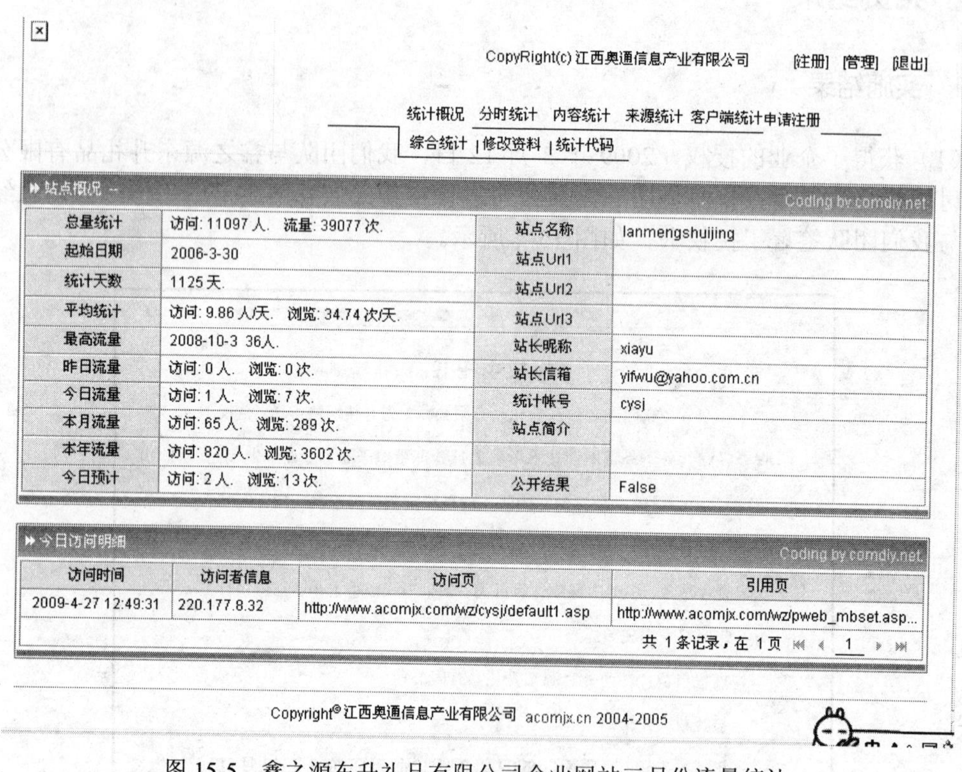
CopyRight(c) 江西奥通信息产业有限公司 [注册] [管理] [退出]

统计概况 分时统计 内容统计 来源统计 客户端统计申请注册

综合统计 | 修改资料 | 统计代码

站点概况 -- Coding by comdiy.net

总量统计	访问: 11097 人. 流量: 39077 次.	站点名称	lanmengshuijing
起始日期	2006-3-30	站点Url1	
统计天数	1125 天.	站点Url2	
平均统计	访问: 9.86 人/天. 浏览: 34.74 次/天.	站点Url3	
最高流量	2008-10-3 36人.	站长昵称	xiayu
昨日流量	访问: 0 人. 浏览: 0 次.	站长信箱	yifwu@yahoo.com.cn
今日流量	访问: 1 人. 浏览: 7 次.	统计帐号	cysj
本月流量	访问: 65 人. 浏览: 289 次.	站点简介	
本年流量	访问: 820 人. 浏览: 3602 次.		
今日预计	访问: 2 人. 浏览: 13 次.	公开结果	False

今日访问明细 Coding by comdiy.net

访问时间	访问者信息	访问页	引用页
2009-4-27 12:49:31	220.177.8.32	http://www.acomjx.com/wz/cysj/default1.asp	http://www.acomjx.com/wz/pweb_mbset.asp...

共 1 条记录，在 1 页 1

Copyright© 江西奥通信息产业有限公司 acomjx.cn 2004-2005

图 15-5　鑫之源东升礼品有限公司企业网站三月份流量统计

站点概况 -- Coding by comdiy.net

总量统计	访问: 11219 人. 流量: 39584 次.	站点名称	lanmengshuijing
起始日期	2006-3-30	站点Url1	
统计天数	1136 天.	站点Url2	
平均统计	访问: 9.88 人/天. 浏览: 34.85 次/天.	站点Url3	
最高流量	2006-8-10 36人.	站长昵称	xiayu
昨日流量	访问: 10 人. 浏览: 33 次.	站长信箱	yifwu@yahoo.com.cn
今日流量	访问: 8 人. 浏览: 33 次.	统计帐号	cysj
本月流量	访问: 77 人. 浏览: 213 次.	站点简介	
本年流量	访问: 942 人. 浏览: 4109 次.		
今日预计	访问: 9 人. 浏览: 36 次.	公开结果	False

图 15-6　鑫之源东升礼品有限公司企业网站四月份流量统计

2）网站页面更新（见图 15-7）。网站滚动条里上传了公司的最新产品图片，主要是公司生产的水晶 DIY 源材料，并加上了我们为公司制作的水晶 DIY 标志，用动态的形式吸引访问者的眼球。

（3）买麦网的询盘量（见图 15-8）　2009 年 3 月到 4 月间，江西鑫之源东升礼品公司在买麦网注册后有一个月的时间已经有来自 10 个不同的企业客户向公司进行了询盘。大多进行询盘的企业客户都是看重我们水晶 DIY 而来的。

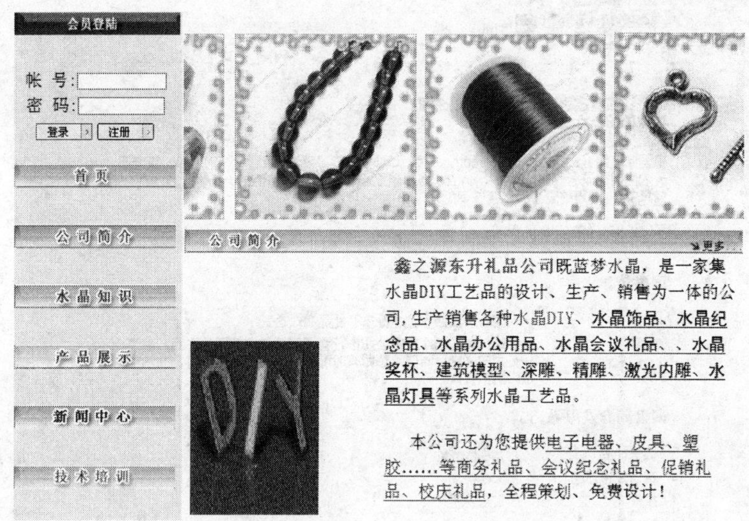

图 15-7 团队更新后的鑫之源东升礼品有限公司企业网站

站内我们把企业相关的平台都连接在买卖网上让客户更多地了解公司的信息，同时也体现了公司在网络平台上的推广。

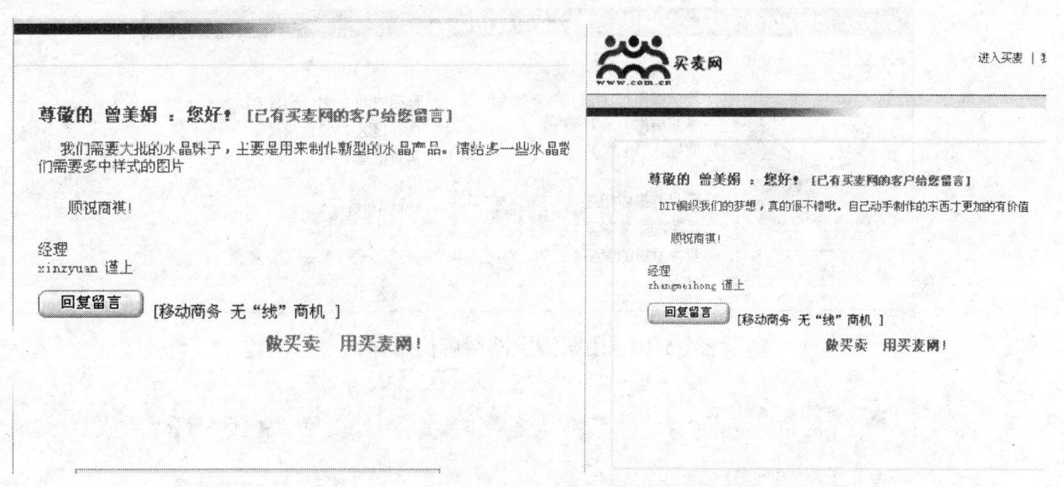

图 15-8 买卖网企业客户询盘截图

（4）中国制造网的询盘量（见图 15-9） 2009 年 3 月到 4 月间，江西鑫之源东升礼品公司在中国制造网为公司注册了相关信息并通过了制造网的审核。现在制造网上发布了公司的产品信息及供求信息。为了确保信息的真实性，产品信息发布要通过制造网审核。

距现在统计已有 8 位客户向公司发出，如询盘的邮件。客户给我们的要求很高，短时间里难以达成这笔交易。

在制造网平台里让我们收集了大量有关水晶产品资料，从中发觉潜在客户群，并向他们发出邮件进行咨询。

（5）淘宝 2009 年 3 月到 4 月底我们团队累计在淘宝店铺中销售水晶产品共计 120 件，店铺收藏量达到 15 人次，卖家对产品评价很高，主要是我们店铺服务很好受到买家好评，如图 15-10，图 15-11 所示。

Made-in-China.com
中国制造网

询盘通知信

致：江西省鑫之源东升礼品有限公司
尊敬的杨玲女士：

中国制造网（Made-in-China.com）很荣幸地通知您，您刚刚收到了一则询盘！请您于 90 天内使用登录名（09wangluoyingxiao）和密码登录至中国制造网的会员区（我的办公室）的信息中心 中直接查看、回复该询盘。

为了方便，我们亦提供了该询盘的副本如下：

询盘信息

主题	询问有关江西省鑫之源东升礼品有限公司
内容	您好，我是浙江新鑫公司的，看了有关你们公司的产品，很符合我公司的需求，希望贵公司有时间商讨一下水晶的价格，非常期待与你们的合作。

询盘简介及联系方式

询盘代码	xSzQcnBkOhWU
询盘发送日期	2009-04-30
发件人	李文东先生

图 15-9　中国制造网客户询盘截图

现在我们的产品图片完全专一化，店铺里的产品只作展示，不作销售。若有的淘客想购买成品可与我们的客服联系。我们在销售水晶原材料及制作工具时，价格应适当且实惠。

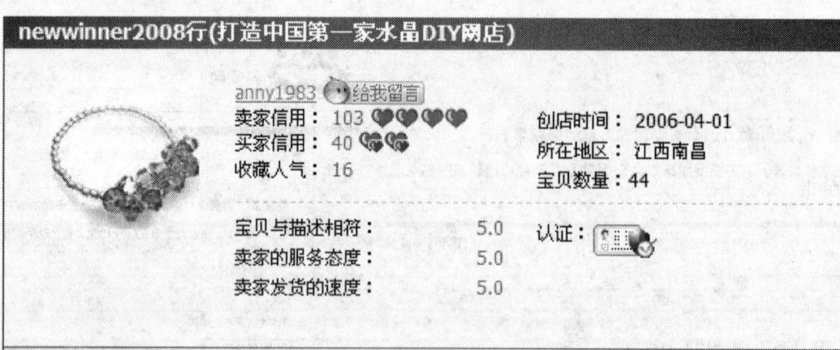

图 15-10　团队淘宝网网店信用评价

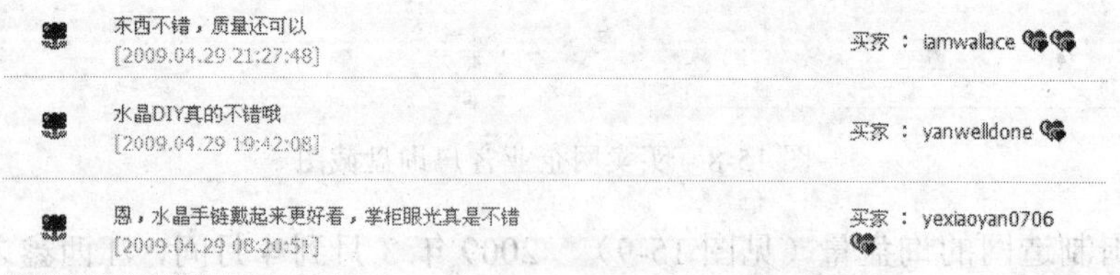

图 15-11　客户对团队产品评价截图

客户在评语中主要提到的是 DIY 水晶产品很有新意，不足的地方是建议产品展示图尽量增加，希望选取的方式更加多样化。淘宝店铺的客服由我们团队 5 人按时坚守在岗位上，随时回复客户的请求。

（6）酷 6 视频的浏览量　2009 年 3 月 25 日到 5 月 21 日，我们团队在酷 6 视频网累计共放置水晶视频 18 个，最高的一个视频浏览量达到 964 次，所有视频共累计播放 7 700 次。

我们邀请了参加水晶 DIY 活动的获奖选手，把他们制作的水晶过程，通过视频的方式展示在观众面前。DIY 水晶视图展示，如九星同心球（见图 15-12），视频上传的时间是在

4 月 29 日，短短的 10 天视频的播放次数达到了 251 次。这个真实的效果给我们起到了很好的宣传作用。可以看出大家对真实的事物比较关心。同时证明了我们的想法是对的。

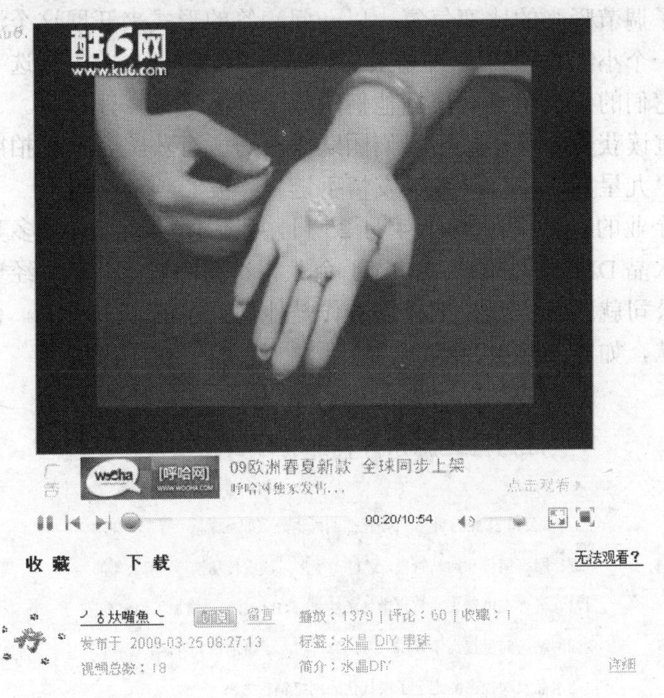

图 15-12 九星同心球制作过程视频

为什么这个视频的浏览量可以在后期突显出来，主要原因体现在视频现场拍摄真实，声音清楚，流程给人的感觉很清晰。加上这款产品很有创新价值。

（7）和讯博客的浏览量 2009 年 4 月 2 日到 5 月 21 日，我们团队在“和讯博客”网上所撰写的博文及上传的水晶图片共被浏览 5 108 次，如图 15-13 所示。

图 15-13 和讯博客首页

（8）DIY 大赛顺利举行 2009 年 4 月 27 日，我们团队顺利举行 DIY 大赛，有 40 到

50多位学生参与比赛。我们邀请了学校“就业与创业协会”的主席来为获奖者颁奖。

现场比赛的主题是发挥自己的创意，在30分钟内完成。主持人在比赛前开展了一个互动的小游戏，为了调节紧张的比赛气氛。以一问一答的形式来开展这个游戏，回答对的同学可以现场获得一个小礼物。30分钟结束后，评委开始点评。首先是选手对自己做的产品做个表述，表达它们的含义。评委根据他们所做的产品进行点评打分。

评委点评后宣读获奖名单，最后我们团队成员与所有获奖者一起拍照留影，这次大赛中的获奖产品有‘九星同心球’，‘双排友情手链’，‘爱心项链’。

（9）获得了企业的认可　2009年4月25日，我们团队经过一个多月的努力，帮助企业很好地进行了水晶DIY产品推广，得到了企业相当高的赞赏。吴总经理表示我们毕业后可以直接去该家公司就职。他现在把我们看作是他们公司的半个职工。企业签署了一份回馈书交予我们团队，如图15-14所示。

江西鑫之源东升礼品有限公司回馈

本公司于2009年3月委托江西外语外贸职业学院“行”参赛团队进行网络销售和网站管理，经过一个多月的宣传和推广，本公司的日常业务咨询电话平均每日增加了约20%、B to B询盘增加了约25%、企业网站访问量提高了60%，为我公司注入了新的销售理念，使我公司的水晶及陶瓷产品走上了现代化的网络销售之路。

“行”参赛团队提出用水晶DIY方式来扩展本公司的国内市场，经过一个多月的努力，达到了一定的成效，使本公司的水晶业务得到了进一步的拓展，为本公司日后的发展提供了一个好途径。

为配合“行”参赛团队的推广，本公司支持“行”参赛团队在江西省南昌市高校做了各种水晶DIY推广商务活动，如水晶DIY现场大赛、以“弘扬中国文化、宣传明间手工艺术、扬我中国文明”为主题的高校水晶作品展。这些活动起到了很好的宣传推广效果，提高了本公司的企业形象。

在此表示衷心的感谢！

祝愿“行”团队在互联网的发展道路上越走越远！

江西鑫之源东升礼品有限公司

2009年4月

图15-14　江西鑫之源东升礼品有限公司回馈书

15.4.2　名次结果

全国总决赛专科组网络贸易一等奖第三名。

15.5 方案点评

吴依福（南昌）日期：2009-04-30 22:45　评分等级：★★★★★

余涛队长跟他们的团队成员第一次来拜访公司时感觉这群孩子很有自己的想法。也被他们的方案深深吸引。由于我们公司在网络这块做得很少，主要还是用传统的销售方式。因此他们提供的方案很合理，对我们公司帮助很大。

徐睿（江西外语外贸职业学院）日期：2009-04-28 21:59　评分等级：★★★★★

这几天为了大赛，每个人都是不眠不休，真的非常努力，看着队员们一个个熟练地制作水晶项链，拍摄视频，我只想说，你们真的很棒！

15.6 获奖感言

从比赛开始，我们就与江西鑫之源东升礼品公司签订了企业授权书，一直到比赛结束后我们也一直在和企业不断地进行交流。现在我们不仅帮公司继续推广水晶产品，还帮助企业推广其他产品。在本次大赛中，我们的企业以及江西建行的领导们对我们的比赛一直很关注，更给予了大力的帮助。大赛虽然结束了，但对我们的影响是极其深远的，从比赛当中我们都懂得了什么叫团结合作，学会了包容和体谅。大赛结束回来后，学校对我们取得的成绩相当高兴，并且当即在全系为我们举办了隆重的表彰大会，给予了各种评优评先的优先考虑资格。

在今后的学习生活里，我们会把这次参赛经验作为人生道路上的宝贵财富。通过这次大赛，我们对电子商务的光明未来更有信心，今后我们将会更加努力地学习电子商务专业知识，用丰富的专业知识走好今后的人生道路。

第16章 互动电视业务制作平台应用与推广营销方案

作者：中国传媒大学　thinkarea 团队

16.1 团队简介

我们是来自中国传媒大学的 thinkarea 团队，队长韩菁菁，成员张佳欣、钱琨、陆音，分别来自中国传媒大学信息工程学院广播与电视工程专业、通信工程专业、电子信息工程专业与电子信息科学专业。

团队名称的创作源泉来自 think，而团队是我们思维风暴的 area，于是产生了 thinkarea。我们致力于将新媒体与互联网融合，力求创造三网融合下的互动电视新业务模式和新盈利模式。

1．成员分工

队长：韩菁菁，带领团队，市场调研与方案策划。

队员：张佳欣，市场调研与方案策划。

队员：钱琨，博客更新维护。

队员：陆音，视频制作与宣传。

2．团队宣言

为中国电视行业的振兴做出自己的努力。

16.2 选题经过

随着数字电视技术的深入发展和电信网、广播电视网、计算机网三网融合的加速进行，互动电视作为数字电视技术的主要应用形式，越来越受到运营商的关注。各种新媒体的技术进展，尤其是数字电视技术和互联网的发展，为互动电视的出现奠定了基础。

互动电视具备观众和播放平台双向交流功能，是新型的电视传输方式。有别于传统电视，互动电视在技术、内容、经营理念等多方面发生了质的变化。互动电视打破了传统电视只能提供单向视频服务的被动模式，以用户为主体，提供以用户为中心的多种交互性业务。用户在一定程度上摆脱了以往传统电视的被动模式，具有定制业务的主动选择权。

互动电视作为一种运营模式已被越来越多的开发商及普通大众所接受，它是数字电视发展的必然。

目前，国内并不具备成形的互动业务制作系统。国内没有出现一个兼容的具备优良人机交互性的开发工具来规范市场、降低成本。由于文化和多媒体标准的地域性差异以及知识产权的问题，国外已有的标准和系统不能够完全地移植成为我国的互动业务制作系统。

从市场角度看，我国互联网、广电网与通信网的用户基数大，可挖掘的潜在的双向互动业务的市场大。而现阶段，互动电视业务制作系统仍几乎属于空白状态，市场亟需成熟的制作系统。

本推广团队所属的中国传媒大学宽带内容技术研究室（BCont Lab，Communication University of China）是隶属于中国传媒大学信息工程学院的信息技术专门研究机构。研究室前身是成立于 2001 年的电视台信息系统研发课题组。自 2005 年研究室组建以来，拥有研发工作场地近百平方米，设备资源 120 万元。目前，研究室现有专职教师 2 名，联合研究人员 10 名，研究生 12 名，参与研发相关工作的本科生 30 余名。

研究团队已在互动业务相关领域进行了大量的研究工作，深入地开展了互动业务产品、技术、服务等各方面的研究，特别是在用户间的互动业务方面具备了充分的研究基础。对于新媒体互动业务所涉及的复杂技术环节与技术层面，以及不同的技术、管理、服务方式，本课题在前期研究中均已进行了深入细致的研究工作，取得了重要的前期研究成果，并对本课题的开展起到重要的保障作用。

目前，包括互动电视业务制作平台等在内的相关新媒体系统已经运行于中国传媒大学新媒体示范基地和宽带内容技术中心，并已经接受了国家发改委有关部门、北京朝阳区有关部门及地方省市有关部门的检查和参观，获得了一致好评。

从研究团队组成了 4 人的推广团队，对此平台进行推广，致力于将新媒体与互联网融合，力求创造三网融合下网络多媒体工具与博客营销、淘宝支付相结合的创新的互动电视业务模式和盈利模式。

16.3 方案

16.3.1 简介

互动电视业务制作平台应用与推广营销方案致力于将新媒体与互联网融合，力求创造三网融合下网络多媒体工具与博客营销、淘宝支付相结合的创新的互动电视业务模式和盈利模式。

初期的目标人群主要是广大的电视用户。其中，尤其重要的是广大数字电视用户。以 15 至 24 岁的互动电视主要用户群作为主要突破点。利用该人群的不同于传统消费模式的准备性消费模式，为产品做好潜在的推广工作，以吸引人数更多、范围更广的消费人群。

在前期，主要利用和讯网博客、调查问卷、酷 6 网视频等多种方式相结合的方式针对电视用户和互联网用户进行的市场评估和平台推广。

支付方式主要采用淘宝支付。用户可以直接使用支付宝或网上银行订购互动业务或购买充值卡进行在线缴费。

16.3.2 正文

方案主要由四个部分组成，包括互动电视业务制作平台介绍、市场调查、盈利分析和企业策略。

1．互动电视业务制作平台介绍

已开发完成的互动电视业务设计制作系统的架构如图 16-1 所示。系统可分为业务管理和资源管理。业务管理主要为用户提供制作互动业务的管理功能，包括创建新业务、打开业务列表、业务编辑、业务删除等业务级的功能实现，资源管理主要为用户提供制作业务时所需的流媒体等资源的管理功能，包括资源上载、打开资源列表、资源删除等。

用户制作的业务将包含众多模块。在业务编辑功能下，用户可以进行模块级的操作，包括创建业务模块、打开业务模块、业务模块编辑、模块删除等。

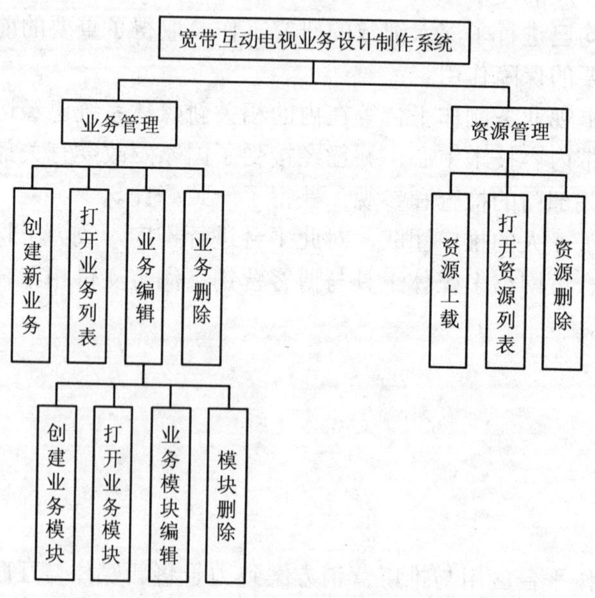

图 16-1　宽带互动电视业务设计制作系统结构图

用户可以在模块中设置一些热区以准确定位。同一业务下的不同模块可以通过热区链接等方式使之联系。通过业务模块编辑，用户可以实现业务的具体功能，如图 16-2 所示业务模块编辑包括模块编辑和热区编辑。前者包括模块监控窗口、模块流媒体链接、模块保存等基于模块的模块级操作，后者包括创建新热区、热区链接（见图 16-4）、热区属性设置、删除热区等基于热区的热区级操作。系统登录界面如图 16-3 所示。

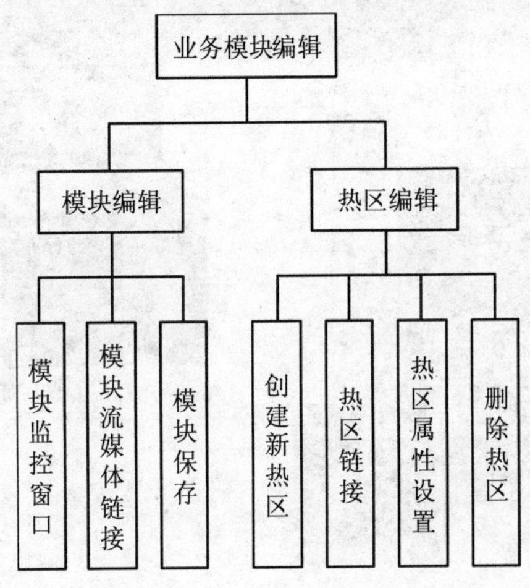

图 16-2　业务模块编辑功能结构图

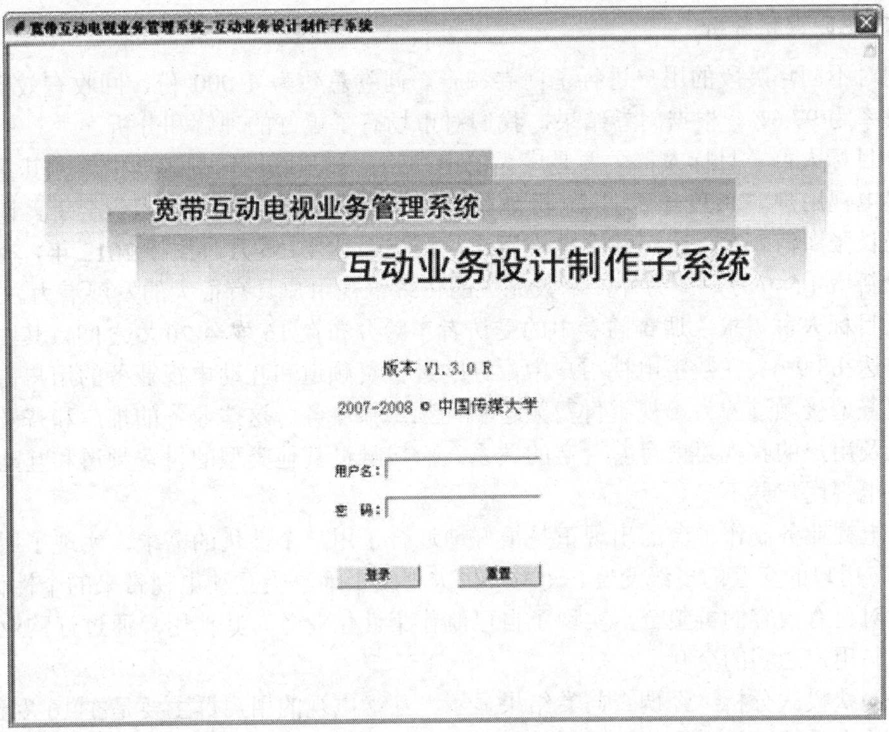

图 16-3　系统登录界面

图 16-4　热区链接界面

2．市场调查和分析

我们对不同年龄段的用户进行了问卷调查。问卷总数为 1 000 份，回收有效问卷 976 份，回收率为 97.6%。根据问卷结果，我们对市场有了更好的理解和分析。

（1）目标人群　目标人群主要是广大的电视用户和互联网用户。其中，尤其重要的是广大数字电视用户。2009 年 3 月 20 日举行的第十七届 CCBN 展主题报告会上，国家广电总局副局长张海涛表示，我国数字电视用户规模已经达 4 766 万。预计 2012 年，有线数字电视用户新增 1 540 万户。另外，基数庞大的传统电视用户具有很大的发展潜力。

（2）目标人群需求　调查问卷中的受访者年龄分布在 16 岁至 70 岁之间，其中，数字电视用户达 68.9%。在数字电视用户中，订购过付费频道和互动电视业务的用户占到绝大部分，但普遍接触过的为影视类付费频道和视频点播业务。这些业务的推广和普及，与现有的政策及用户的收视习惯有着一定的关系。而接触过其他类型的付费频道和互动电视业务的数字电视用户并不多。

互动电视业务制作平台的出现正是很好地迎合了用户个性化的需求，实现了用户与内容、用户与用户的交互的多级交互，使用户更大程度上地享受互动电视带来的个性化模式。用户通过对已有内容的再整合，实现了自己制作个性化业务。其他用户通过订购业务，实现了用户与用户之间的交互。

（3）消费模式分析　经调查问卷结果显示，互动电视的用户群主要是在 16 岁到 30 岁之间。相关人员的评价与推荐成为影响用户收看节目及订购业务的主要因素。

在三网融合的大环境下，人群逐渐已被互联网这种新的消费模式所感染、所培养、所改变。以往的广电消费者，受广告的导向性因素影响较大。而现在的消费者的消费模式是，关注、兴趣、比较，广告已经不再占据主导地位。消费者会去关注已购买此产品或服务的用户的评价以及专家对此产品的评价。这些意见，常常会成为消费者是否购买产品或服务的决定性因素。消费者容易有不满足感。购买完之后，用户更愿意把自己的经验做分享，再去影响新的陌生的消费者。可以看到，新的消费模式是带有准备性的，意味着消费者的消费更为理性了。

目前，传统的单向电视模式，已经难以满足广大电视用户的需求，成为阻碍广电发展的一大瓶颈。以16至30岁的互动电视的主要用户群作为主要突破点。利用该人群的不同于传统消费模式的准备性消费模式，为产品做好潜在的推广工作，以吸引人数更多、范围更广的消费人群。同时，传统的根据习惯收看某个频道和订购某项业务的人群也大量存在。传统的消费观念依然占据着很大的市场。

另外，从用户希望的互动电视业务收费模式仍以收取固定的月租费或年租费用为主，可以看出，传统的有线电视带来的从收视习惯到收费模式的消费习惯仍将存在一段时间。

准备性消费的理性消费模式正在逐渐成为主导。电视，本身作为一种传统文化，在推陈出新的同时，必须适应现有的新旧消费模式共存的现状。在保证传统消费习惯得到尊重的情况下，引导用户从传统的消费习惯向新型消费习惯过渡。

（4）竞争和各自的竞争优势　目前，国内并不具备成形的互动业务制作系统，平台本身还不存在竞争对手。

对于基于互动电视业务制作平台的新型运营模式，主要的竞争一方面来自电信、互联网站等运营商，另一方面来自其他广电运营商。

着眼于广电运营商，可以发现，互动电视运营商一般规模较小，作为互动电视基础的数字电视网络零散，管理平台不完善，一些相关标准也未出台。目前，市场上并没有真正成形的操作简便的互动业务制作平台出现。因此，从平台的角度上说，并没有真正的竞争。从运营模式的角度上说，主要竞争来自全国运营状况较好的杭州华数数字电视有限公司等运营商。华数将互动电视作为数字电视的突破口，已实现多种视频点播、电子商务等多种双向互动业务，走在了数字电视运营商的前列。

另外，传统电视具有收费低廉的特点，很大程度上制约了互动电视的发展。但其基数庞大的用户群，也给互动电视提供了很大的发展空间。

电信运营商具有双向网的天然优势，在技术上也较广电运营商有一定的优势。IPTV也以此开展。但由于其在内容和带宽上受到限制，尤其是广电传统的视音频业务方面，很难满足广大用户的要求。因此以互联网为基础的视频与播客平台，如土豆网、100TV等，因其共享性，受到了很多网民的欢迎。目前，几乎所有的视频分享网站均未提供正规视频。以土豆网为例，网站只提供了上传、下载、制作专辑等功能，并未提供对单个视频文件的在线编辑等，从而对已有的资源更好的加以整合，允许共享的视频图像质量较差。

根据问卷显示，使用过视频与播客平台（如酷6网、土豆网等）分享自己制作的多媒体（如视音频、图片集等）的经验的电视用户占到了三成。可见，用户追求个性化的需求是迫切的。其最吸引用户的优势在于资源丰富，其他的，如可上传个人制作、免费、方便省时等，也占有一定的优势。

相对于其他广电运营商以及电信、互联网等运营商，我们充分考虑了“三网融合”的特点。

一方面，依托广播电视网强大的内容优势和带宽优势，通过与传统广电运营商的合作，为用户提供丰富的高清视音频业务和其他多媒体业务，较之电信、网络运营商，内容更具有时效性，更符合用户的习惯。尤其内容上，丰富的高清视音频及其他多媒体资源显得尤为重要，是吸引用户的关键。

另一方面，充分汲取电信、网络运营商的优势，突破传统互动电视运营商的平台单一、形式单一、内容单一的瓶颈。通过使用支持多平台的自主开发的互动电视业务制作平台，实现在电视、互联网等多种平台上对互动业务的制作，并大大简化互动业务的开发过程，充分调动用户的自主性。

此外，互动新业务模式将在用户的互动形式和体验上进行创新，实现多层级的互动，包括用户与内容的交互、用户与用户的交互。流量统计等辅助功能将有助于平台从架构到内容上的进一步完善和改进。

由此可见，我们的互动电视业务制作平台和相应的运营模式具有更大的优势。

（5）市场潜力　问卷显示，电视用户愿意用于互动电视增值业务的费用普遍偏低。传统的有线电视的低价使互动电视业务的收费额度在现阶段很难被大众所接受。

31 至 45 岁的用户作为家庭经济承担者，有较强的支付能力。在充分宣传平台和相关业务使用户加深对互动电视业务制作平台的了解后，这一部分用户的购买力是可观的。

16 至 30 岁的用户会是未来的市场购买力，且准备性消费更为明显，个性化需求强烈，接受新事物较快，是市场的突破口，具有很大的市场潜力。

必须针对不同的用户群，提出不同的推广策略，市场前景是乐观的。

（6）可行性分析　目前，国内并不具备成形的互动业务制作系统，相关课题大多各自为证，问题的焦点之一在于标准接口和中间件的选择上。国内没有出现一个兼容的具备优良人机交互性的开发工具来规范市场、降低成本。由于文化和多媒体标准的地域性差异以及知识产权的问题，国外已有的标准和系统不能够完全移植而成为我国的互动业务制作系统。互动是三网融合下必然的发展趋势，从市场角度看，我国互联网、广电网与通信网的用户基数大，可挖掘的潜在双向互动业务的市场大。而现阶段，互动电视业务制作系统仍几乎属于空白状态，广大运营商亟需成熟的制作系统。由于中间件技术的应用，使本作品的移植性和灵活性强，很好地适应了互动业务的特点。

综上所述，由对国内外技术现状与趋势的归纳总结可知，本产品在互动业务领域内具有突出的创新性，且在技术实施层面具备充分的可行性基础，故市场预期较为乐观。

另外，作为平台运营商，我们与内容运营商是合作的关系，是双赢策略，平台内容的成本较低，因而风险较小。

3．盈利分析

总的来说，互动电视业务制作平台的运营商（后简称平台运营商）与内容运营商（如广播电视集团）双方相互提供各自已有的资源，经过利益合理分配以达到双赢的目的。平台运营商为广大互联网用户及数字电视用户提供了免费的使用平台。制作平台在为受众提供多样丰富的资源的同时，还着重发展了以满足用户个性化需求的各种技术与服务。我们将这种用户为中心的业务盈利模式定义为“用户中心”盈利模式，如图 16-5 所示。

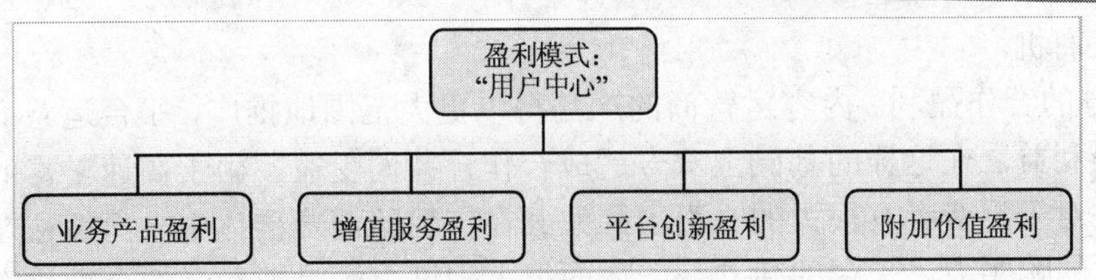

图 16-5　盈利模式示意图

主要交易对象：广大互联网用户及数字电视用户。

交易内容：由内容运营商提供给的具有版权的内容（包括视音频及其他多媒体信息）以及用户制作的多媒体内容。

主要交易方式：提供在线编辑功能，并协助出售用户通过互动制作平台编辑完成的互动业务。

收益方式：通过内容运营商的合作与洽谈，得到由付费收视与业务制作所带来的收益的比例分配。

主要交易渠道：互联网与数字电视机顶盒。

主要交易环境：淘宝网。

（1）业务产品盈利模式（见图 16-6）　业务产品盈利模式是主要的价值链所在。平台运营商提供技术平台，使互动电视业务各个构架得以实现。平台的运行环境是互联网或机顶盒。主要盈利点概括如下：广告收益、用户使用业务素材的收益和代理用户制作的互动业务的收益。

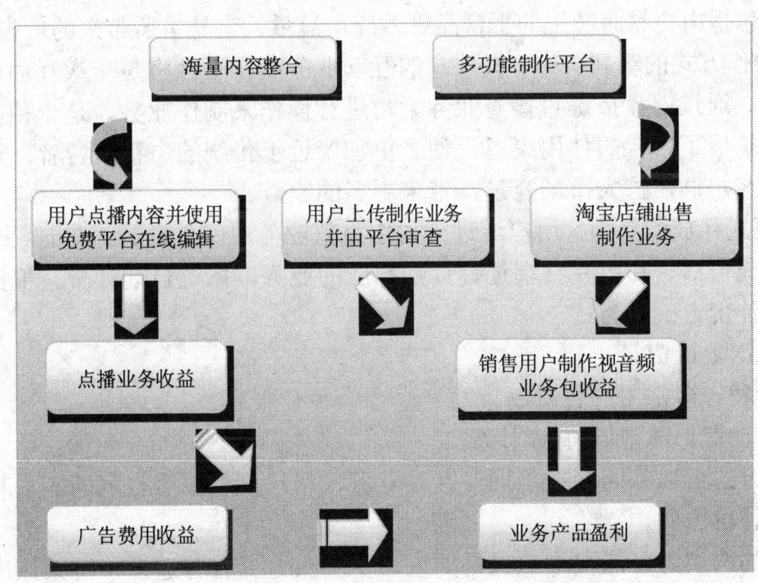

图 16-6　业务产品盈利模式示意图

从前期的推广与初步的市场调研中，我们了解到在新媒体产业强大迅猛发展的今天，国家积极推行“三网融合”的政策，为互动电视业务制作平台的发展提供了良好的土壤。从调查问卷看出，现今，准备性消费的理性消费模式正在消费市场中逐渐成为主导。在传统电视向新兴的媒体时代过渡的时期，既满足大众需求又能潜在改变大众消费习惯的服务将取得巨大商机。

1）多方的合作盈利。内容运营商的产品得以更大范围地推广，平台运营商从个性化的服务中获得利益，在这样的基础上双方达成合作，共同受益。由于高速丰富的多媒体资源与高清画质对于消费者有很大的吸引力，尤其在年轻的消费群体中，而往往在这个消费群体中有强大的购买力。平台的建立，一方面很大程度上满足消费者对个性化资源的需求，另一方面，大大推广了内容运营商的付费频道的订购量。

互动电视业务制作平台是依托强大的、覆盖率高的广电网络上的新型业务模式。平台通过制作试看内容、电子海报及集中其他传媒优势等方式，为内容运营商做好了宣传，同时创造了自身的品牌效应。观众点播内容的付费将形成双方合作的一种主要盈利方式。

2）用户的平台体验。作为消费者，在点播付费内容的同时，可以以一种较低的价格享受个性化的在线编辑功能，并通过平台的淘宝店将其出售。

对于有一定规模与技术的企业而言，专业化地制作视音频业务并通过平台出售，所能得到的最大好处在于快速的推广与低廉的成本。这就会出现一种基于平台的制作团队。凭借他们较为专业的视频音频的处理，使得在平台上出售的业务具备一定的观赏性和前沿性，保障了平台业务的质量，提升了平台的抗风险能力，也使得我们从更多的业务需求中获益。

而对于视音频编辑的爱好者，平台所提供的不仅仅是一种潜在的商业机遇，更是一种新兴的表达个性的方式。消费者在上传的制作业务通过审查后，将可以通过平台的网上销售方式进行出售。每次的交易将被限定在由内容运营商与平台运营商一致通过的相关行业标准之内。交易所产生的价值将由平台运营商与制作者分成。从而平台将从每一笔交易中获得利益。这些利益还会包括由交易而产生的平台品牌效应，流量、交易量所带来的广告效益。

3）一种操作方式的革新。基于机顶盒的互动业务制作平台将是一次互动电视在个性化上的一次革新。通过键盘按键直接对业务素材进行操作来制作业务，是一种新出现的业务模式。它大大扩展了平台的使用渠道，使之更加亲近于传统的电视消费者，这无疑将会吸引更多的潜在客户群，扩大市场容量，带来更多的收益。

4）付费模式释放购买力。用户通过支付宝充值业务或网上银行直接订购业务。也可通过充值卡在线充值后，在电视终端选择订购相应的业务，系统自动计费。根据业务类型的不同，具体的计价方式分为：

① 按浏览次数计费。

② 按月计费，即常用的包月制。

③ 按流量计费，通常以每 M 计费。

以上几种方式可以共同存在于同一互动业务，用户可以按照自己的需求和使用情况自行决定不同的计价方式。

单个受众的购买力可能很小，但是如果这个购买力拥有普适性，再乘以广大互联网民的基数，那将会产生巨大的商机。平台所采用的付费策略是“小额支付、快捷支付、频繁支付、习惯支付”。虽然单次花费不多，但是有需求数量的保证，而且充值方便，因此最后就容易形成习惯性消费行为。这种跨媒介的平台付费模式将支撑受众购买力的释放。

5）多维结合。这里的多维意为多媒体资源平台的多维。互动电视业务制作平台实现了资源的跨平台：

跨媒介平台——与内容运营商，如广电集团的合作。

跨载体平台——互联网与数字电视的交互。

跨时空平台——点播，在线编辑功能，及未来的移动电视等。

互动电视业务制作平台整合各个媒体的优势，从而在多个圆的交集中更容易找到利益点。

（2）增值服务盈利模式　增值服务的主要收益来自于潜在的客户吸引，用更个性化的服务，最大限度满足了客户需求。工作、娱乐、商务等日常行为可以跨平台、跨媒介的无缝连接，使得科技能力最大化发挥效果、社会发展状况充分利用、社会需求极大的扩张。

对于平台型的产品，用户习惯是很难改变的。这是一种规模效应，既有用户越多，潜在用户也就越多，弱者更弱，强者更强，一步领先，步步领先。因此，增值服务更重要的意义在于主动积极地寻找新媒体时代经济战略定位（发现社会需求契合点，如客户的个性化服务），尤其寻找其中具有高需求购买力的创新点，扩大盈利能力（增加需求购买力的潜在客户群，甚至创造客户群），适当缩减运营成本。

目前的互动电视业务制作平台提供的增值业务如图 16-7 所示。

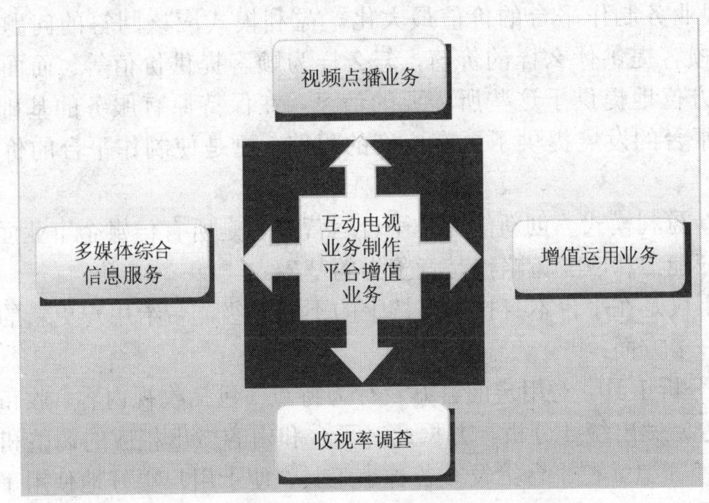

图 16-7　增值业务示意图

增值服务盈利模式基于以下三点：

1）培养用户的使用习惯。视频点播业务为观众提供了海量的多媒体资源。在传统电视领域中，观众往往需要等待漫长的广告才能观看到自己喜爱的节目。视频点播使随心所欲地观看成为今后看电视的方式。不仅可以直接观看自己喜爱的节目，也能控制其播放。

新媒体时代中，电视的功能被大大展宽，包括商务、游戏、娱乐、教育等多种业务内容的增值运用业务与包括公共信息服务、个人定制信息服务、信息检索功能的多媒体信息服务功能，在人们日常生活的方方面面提供了便利。人们在电视上可实时获得各种重要的信息，有用的资源，方便快捷的服务。这些理念将会渐渐渗入人们的头脑中，成为一种生活习惯。

由消费习惯所引起的规模效应，将使得平台在市场地位中逐步稳固优势。其培养了忠实的用户群体，并在相当长的一段时间里扩大了用户规模。因为消费习惯在相当长的一段时间里难以改变，加之平台的推广处于传统电视媒体向新媒体转变的过渡时期，实现规模效应有现实条件与意义。保持原有的客户群，吸引更多潜在用户可以在相当长的时间里实现高额的营利。

2）寻找新媒体时代经济战略定位。深入人们生活的各种人性化、便利化的服务，不仅仅为人们提供了新的生活方式，而且由于面向大众化，各种服务能更好地反映群众与时代的要求。比如在平台上的付费频道的收视率统计，公共信息的定制比例统计，信息检索统计等，可以提供大量对于企业或部门重要的信息。平台方在获取相关统计信息后，就可以针对观众需求，更新或研发令观众满意的产品与服务。同时，通过这些信息，平台运营商可以了解平台在市场中的发展情况，从而能够更快地作出调整与决策。从经济战略定位中，我们得到：一方面，平台技术的不断发展，服务更新，能使平台在市场上保持生命力，在占据原有市场份额的基础上，通过融入更多消费群体，逐步获取更多利益；另一方面，平台可以与优质的企业合作，提供有用的市场信息，使观众的需求得到满足，企业的利益得到实现。这样，平台运营商也可以从合作中，扩大影响力，建立品牌效应，并获取收益。

3）互动电视业务制作平台的价值最大化。盈利模式应该回答的问题是：向什么顾客提供价值，向顾客提供什么样的价值，怎么样为顾客提供价值等。而面向大众的增值业务多角度、多方位地提供了这些所需要的信息。在保持原有服务的基础上，扩大平台的功能，不仅为平台的发展提供了更有广度的思路，更是使制作平台的价值实现了最大化。

（3）平台创新盈利模式　创新能力是平台运营商也是所有传媒企事业面对复杂、多变的传媒市场的适应能力和应变策略，是竞争力的基础。

平台的创新不仅是在平台本身技术支持上的不断升级，带给用户更新的体验和更好的服务，还体现在许多方面：

1）增加统计分析工具。对用户的喜好及行为特点（包括收视内容、收市时段、制作业务的类型、内容等）做出统计分析，并据此对平台和内容做出相应的调整和升级。

2）开发应用小工具。在平台上发布各种小工具，便于用户更好地使用平台。一方面符合年轻大众的娱乐性，个性化需求；另一方面，通过小工具的应用，将使平台的功能更加完善。

3）更新平台外观。不断更新平台外观样式，可以获得更多年轻消费者的认可与喜爱，从而在一定的层面上影响观众的消费行为。

4）更多人性化服务。在平台中加入更多人性化的服务理念，将更好地引领消费者。比如制定更合理的价格策略，吸引消费；使用更方便、更多渠道的交易方式，减少中间繁复程序，降低一次的交易成本。

由于平台的免费使用，从表面上看拿出资金进行一些技术的开发与维护，是增加了开支和运营成本，但是实际上却是缩减成本，提高了未来发展能力，增加了盈利。

平台创新盈利模式，以受众调查为基础，以科技创新为依托，把更新的技术更快更好地应用到平台产业当中，也有利于更好地服务于多元的需求市场，有利于增强自身的竞争力。在当下传统媒体受到冲击时，技术的创新将起到非常关键的作用，平台通过创新才会更好地适应市场。

（4）附加价值盈利模式　附加价值的盈利来自于品牌的推广与宣传。制造品牌效应，在市场中将会有更多的立足空间。

在大力推广互动电视业务制作平台时，详细阐述平台的优势，重点说明通过制作平台带给用户的不同体验，以及对内容供应商提供的这种全新业务模式。

让潜在的用户知道平台提供的资源的全面性、丰富性，来源渠道的正规性。例如，对于咨询类内容，保证并强调其准确性、及时性；对于视频类内容，突出视频的清晰度；对于教育宣传类内容，推送其权威性、实用性等。通过这些方式，使用户对品牌产生依赖性，从而产生了附加价值。

树立品牌，整合一切能够整合的资源，通过与内容供应商良好的合作，我们可以对内容供应商的企业、企业网站、精品内容进行宣传，这种宣传可以加强我们与更多内容供应商之间的合作，拓宽了业务渠道。这也是附加价值的体现。

4．企业策略

（1）市场评估　开设和讯网博客向内容运营商及广大电视用户介绍互动业务制作和发布方法、收费等相关信息。编写调查问卷，针对不同的目标人群，对互动电视、互动业务制作、业务素材等多个方面进行调查，根据调查结果，调整方案及改进平台，以更好地适应用户的需求。制作互动电视业务制作平台的教学视频和宣传视频，在酷6网上发布，让电视用户熟悉此平台的功能和操作方法等。进行试运营，根据用户的反馈信息，对内容、平台架构、平台界面等方面进行改进。

（2）推广策略　充分利用互联网的实时性、互动性的特点，全面推广互动电视业务制作平台（后简称制作平台）。利用互联网推广的优势在于：互联网用户大部分分布在较为发达的地区，而这些地区的数字电视发展也较优于其他地区。地域上的覆盖面广、时间性长、投入成本低等优点，也使得网络推广成为制作平台的主要推广方式。

1）前期的网络推广。

首先，在制作平台的市场调研时期，在和讯网上开设推广博客，并且前期都将和讯博客作为核心的宣传窗口，其主要致力于数字电视、互动电视业务等知识的普及。通过网友的留言与所提出的问题与建议，了解发展趋势与现在的状况。同时，也激发了大众对互动电视增值业务的兴趣，为业务的实施做初步的准备。

通过张贴调查问卷与在线交流的形式，掌握市场概况，对市场容量、市场需求、目标客户群、发展趋势等不断进行深入的了解，获得有用的建议与信息，同时达到双向沟通的目的。

其次，将与数字电视、增值业务和制作平台等相关信息进行分类、汇总，集中构建一个集信息发布与信息共享为一体的平台，便于访客查找与了解推广产品，提出需求意见。建立导航表列，将不同的内容主题划分成模块。如：IPTV的发展，互动电视的相关知识与发展，互动电视增值业务等。

最后，随着平台的开发、应用，逐步完善信息类型，建立起合理的体系。分门别类地介绍数字电视增值业务，全面地发表市场分析结果、数字电视领域的发展概论、最新的研发成果等，吸引潜在的客户与投资者。此外，通过建立朋友圈子，还能进一步推广互动电视，从互联网中获得宝贵建议，在网上扩大影响力。

2）中期的网络推广。在制作平台的推广中期，主要目的是将互动电视业务制作平台品牌具体化，确切说就是商业化，寻求与内容运营商（包括电视台及其他媒体运营商）的合作，进入试运营阶段。前期的准备为其在该领域建立一定的知名度，为品牌造势打好了基础。

软文推广——在和讯博客上开辟有关制作平台的整体介绍，同时在和讯博客的相册中，加入了平台界面图、操作图以及数字电视的技术原理图。通过开辟“互动电视业务制作平台”专版，定时发布制作平台的最新动态，更新消息。并设立一些分支栏目，如电视博客、平台插件、消费指导、应用技巧和反馈信息等。

合作推广——打造互动电视业务制作平台的专业博客。利用前期网络推广已形成的品牌，与一些类似相关联的或大型的专业网站促成合作，赢得更广的宣传渠道。此外，还可与内容运营商达成广告宣传的合作协议，达成初步的合作意向。同时也可请国内外知名的通讯或是文化公司提供赞助。

视频推广——在酷 6 网（http://www.ku6.com）上发布使用互动电视业务制作平台的教学视频和一些宣传视频等。在播客中建立不同专辑，整理不同内容的视频，让电视与网络用户熟悉此平台的功能和操作方法等。

广告推广——用网络常用的广告形式，如主页横幅式、电子邮件式、按钮式等。

3）后期的网络推广。成熟期的制作平台，在保证对这种全新业务模式大力度的推广基础上，更注重宣传；平台构架与平台界面的不断更新，使其更稳定，更美观时尚；内容的选择，扩充和完善；服务项目的创新，功能的扩展；更多便利的消费方式，配套服务；利用平台本身的众多优势，最大程度地争取到更多的内容运营商的互利合作，使平台内容资源更加丰富，以满足观众日趋增长的个性化需求。

采纳的观众的建议与意见将主要通过和讯博客与酷 6 网的观众留言、订阅、来信获取。利用柏拉图理论，通常 80%的利润来自于 20%的客户，抓住重点，可以与内容运营商的主要网站进行捆绑、链接。从大的企业了解对制作平台的一些可取的评价和要求，据此再提供更完善的信息，满足对大客户的要求。建立客户群资源库，用 Email 的形式，加大力度推销制作平台业务，询问对方的反馈信息，提供个性化服务。

（3）营销渠道　应用自主开发的互动电视业务制作平台，为用户打造新的体验模式，同时打造新的业务模式，使电视用户成为内容制作方，实现用户与内容、用户与用户的多层次互动。

对应于平台的运行环境是互联网或机顶盒，营销渠道可以分为互联网渠道和广电网渠道。两者的区别主要在于互动电视业务制作和销售上。

1）互联网渠道。

① 内容运营商为制作平台上的用户提供的海量的收视内容，按频道分类，或者其他方式；制作平台为观众提供搜索引擎或是节目菜单，供其点播。平台运营商提供在线编辑视频的技术支持。由于版权的问题不提供下载服务，因此要维护内容运营商的合法权益。

寻找与各大广电内容运营商的合作，包括电视台等。合作的模式不同于广告模式，是指双方相互交换提供各自已有的资源以达到双赢的目的。在这里，作为广电平台运营商，我们可以为内容运营商提供推广平台。而内容运营商可以为我们提供制作互动业务所需的视音频及其他各种多媒体信息。

可以以各大付费电视频道作为突破口。付费频道不同于其他频道，用户量的多少直接影响着付费频道运营商的盈利，包括用户的订购费用和广告盈利。作为平台运营商，我们同样具有这一特点。因而，如何吸引更多用户是平台运营商和内容运营商的共同利益点。我们与内容运营商的合作正是建立在这一基础上。

平台运营商需要的是内容，互动电视为用户提供个性化服务，大量且涉及面广的业务素材正是吸引用户使用该平台制作互动业务的关键。付费频道运营商需要的是宣传，让用户了解频道。由于现在消费者的消费模式不再以广告为关键影响因素，更多的是基于包括用户甚至专家在内的多种人群对该产品的评价来作出自己的判断，因此，互动业务制作平台作为内容和用户直接交互的中间平台，显得尤为重要。

我们作为平台运营商，可以为付费频道运营商提供的资源有以下几点：

第一，我们通过将付费频道的内容整合至平台，用以作为互动业务素材，并提供试看，吸引用户注意，让用户从该付费频道的内容开始，对该付费频道有一定的了解。

第二，我们让付费电视运营商使用平台，制作业务，并在平台上提供企业文化的展示，并做广告宣传。

第三，提供收视率数据，并对收视人群、收视时段等做出统计分析，协助内容运营商更好地扩展市场。

利用平台本身的优势，最大程度地争取到内容运营商的互利合作，丰富平台的内容资源。

② 用户在制作视频后，上传至制作平台，内容将经过内容运营商与平台运营商的审查。在审查通过后，用户可通过互动制作平台的淘宝店铺将编辑完成的互动业务出售。其他用户则可以通过支付宝充值业务或网上银行直接订购业务。也可通过充值卡在线充值后，在电视终端选择订购相应的业务，系统自动计费。

③ 将所有视音频资源和其他多媒体进行分级管理，由内容运营商和平台运营商共同决定是否限制此内容的收费标准和下载权限，收益由洽谈结果按比例分配。

④ 对于付费内容，互联网用户可以先通过互动电视业务制作平台试看喜爱的内容片段，再决定是否通过互动制作平台付费点播此内容。试看由平台商提供技术制作，这是与内容运营商的合作基础之一。对于制作平台而言，将付费频道的内容整合，用以作为互动业务素材，并提供试看，吸引用户注意，为付费频道及运营商提供了文化的展示，并做了广告宣传。

2）广电网渠道。与互联网渠道基本相同，主要不同点在于互动业务制作平台的运行环境为机顶盒，用户可以通过键盘按键直接对业务素材进行操作，并制作业务。

（4）价格策略

第一，我们与内容供应商洽谈，对提供的内容进行分级，并制定统一的权限和价格，推送给用户，由用户自主选择价格合适的内容。价格和分成比例由内容运营商和平台运营商共同制定。

第二，根据不同用户对于互动制作平台的不同需求，所制定的价格策略不同。通过审查后，根据制作出来的互动业务的性质不同，把使用制作平台的用户分为以下两类：

1）企业级用户。制作的互动业务存在宣传或广告效应的用户为企业级用户。对企业级用户制作的互动业务进行收费，但收费额度根据性质的不同而有一定的差异。考虑的因素包括：宣传内容的性质、业务的性质（包括广告、教学视频）、用户的等级等。

2）个人用户。个人用户对内容进行再编辑后，上传至平台需通过审查，但不会向个人用户收取费用。如果存在类似广告宣传的内容，将不通过审查。

第三，我们在淘宝网上注册店铺，出售大量用户通过互动制作平台编辑完成的内容主题包。内容主题包的价格制定由用户自行决定。主题包价格制定后，将推送给用户，用户可通过主题查找订购自己感兴趣的主题，通过支付宝充值业务或网上银行支付，并获得内容主题包的编号和密码。在电视终端或互联网终端验证主题包，获得订制的业务包。

收取的费用由平台运营商、制作者分成。

（5）品牌策略

1）加大宣传力度。加大宣传力度，详细阐述平台的优势，重点说明，通过互动电视业务制作平台带给用户的不同体验，以及对内容供应商提供的这种全新业务模式。

2）注重内容管理。对于平台所聚合的资源，其丰富程度能否为大众所知也是重中之重。

3）注重配套服务。采用平台运营商总店和各用户分店的形式，在淘宝网上开展业务的办理与缴费工作。

用户可以直接使用支付宝或网上银行订购互动业务。可以直接指定计费方式等。订购后，获得内容主题包的编号和密码。在有线电视终端或互联网终端验证主题包，获得订制的业务包。

用户也可以购买充值卡进行在线缴费，计入账户内。直接通过机顶盒订购互动业务，系统自动从账户中扣除相应费用。机顶盒中会显示所有的互动业务，并做出最热门业务、最新业务、最多业务用户等排行。用户可以按主题、作者、类型、发布时间等多种方式查找想要订制的业务。

为用户订制电视博客，使其能有展现个性、宣传自己的互动业务的平台。同时，用户发布自己对平台的最新体验，吸引更多的用户，实现双赢。

16.4 竞赛结果

16.4.1 实施结果

在比赛期间，主要计划与目标为推广与市场调研，制定和完善计划与策略。以网络推广为主要方式，逐步扩大互动电视业务制作平台的影响，挖掘更多潜在的市场机遇，从而寻求与各大广电网络、内容运营商的合作机会。以和讯网博客和酷 6 网为主要宣传窗口进行网络宣传、信息采集、吸引投资等工作。

1．建立和讯个人门户

和讯个人门户网站（见图 16-8）介绍了相关的背景及知识，加入在线问卷和宣传视频的链接进行市场调研和宣传，展示和推广作品和商业设想，通过在线留言等方式得到网民反馈。由网民的投票和在线留言，我们看到了大众对数字电视业务的热情与信心。网民提出的宝贵意见和建议，对我们正确定位市场很有帮助。随着点击率的迅猛上升和博客、图片等展示的日益完善，我们对市场前景抱以积极乐观的态度。

作品链接：http://hexun.com/Thinkarea/default.html

图 16-8　和讯个人门户首页

2．上传酷 6 视频

发布宣传视频，让观众了解到互动电视业务所带来的全新的个性化体验，如图 16-9 所示。作品链接：http://v.ku6.com/show/tuliJguJcHTrUMTQ.html

图 16-9　酷 6 宣传视频截图

3．开发实施

成功开发及升级互动电视业务制作平台。互动电视业务制作平台是一个可聚合大量电视内容供应商（电视台、节目制作单位等）提供的内容资源的平台。企业级或个人用户，都可以通过制作平台和平台聚合的正规电视内容提供商提供的内容资源，发挥自己的创意，制作自己的电视节目。上传至互动制作平台提供的空间，推荐给其他用户分享。

4．市场调研

在比赛期间，共发放纸质问卷 1 000 份，回收有效问卷 976 份，回收率为 97.6%。截至 5 月 22 日 22 时，收到在线问卷（问道网、和讯链接）总数为 111 份。根据问卷进行目标人群及需求、消费模式、市场潜力等方面的市场分析，并对竞争对手及自身优势进行更为充分的认识，对收费方式、收费额度等问题加以考虑和调整。

16.4.2 名次结果

全国总决赛本科组博客商务主题赛一等奖。

全国总决赛本科组网络商务创新二等奖。

16.5 方案点评

曹三省　中国传媒大学副教授，宽带新媒体研究室主任

数字电视是当前国家信息化与信息网络融合发展过程中的重要应用和重要市场，是利用数字信息技术为全社会提供综合信息服务及其增值服务的重要途径。该项目针对目前国内逐渐普遍开展的数字电视互动业务，在其运营模式层面进行了深入思考和创新性的营销规划，为解决数字电视互动业务当前存在的业务资源欠缺、盈利模式有待创新的问题，提出了相关新技术应用推广和网络化营销的整体策略。推广团队在参与项目技术研究、发表论文和进行应用与市场调研的大量工作基础之上，以中国传媒大学的科研创新环境为依托，通过科学精准的问卷调查分析，提出并实施了面向数字电视互动业务规模化开展的应用技术产业化与营销推广工作，利用互联网、通信网和广电网的不同技术途径，实现了一系列营销推广工作的实施，并取得了初步成效。该项目的研究与产业推广工作，为今后我国数字电视以用户为本的增值业务发展模式，提供了有益的参考价值，具有不可忽视的重要性。

董荣明　和讯网博客频道主编

近年来，三网融合在我国产生了重要进展，数字电视作为依托于广播网络的重要的信息服务方式，成为服务家庭用户、建设信息社会的重要技术途径和发展领域。数字电视业务的开展，是以广播网络面向 IP 网络的融合为基础的，而新一代互联网也为数字电视业务提供了重要的整合营销环境。该项目组工作团队以其在数字电视互动业务领域内的研究工作为基础，提出并开展了成体系的网络化营销策略，具体包括业务产品盈利模式、增值服务盈利模式、平台创新盈利模式和附加价值盈利模式等。在网络推广上，提出并开展了包括博客营销、软文推广、合作推广、视频推广和广告推广在内的综合推广模式，并制定了互联网、广播网等营销渠道中的价格策略与品牌策略。从总体而言，该项目实现了针对数字电视产业化推广的营销模式创新，是一项具有新意的网络商务创新项目。

16.6 获奖感言

在此次比赛中，赛会和学校给予了技术及其他多方面的支持。作为工科生，在传统的技术优势下，拓宽了商业视角，把新技术和新理念真正地投入到商业运作中去。我们会总结经验教训，以此次比赛作为一个好的开头，进一步完善和推广互动电视业务制作平台，并由前期的市场调研结果作为支撑，寻找可能合作的内容商进行洽谈，争取投资，逐步实现试运营。

第17章

根系大地，雕琢九州——福州根雕网络营销

作者：福州大学　excellence 团队

17.1　团队简介

我们 excellence 团队由来自福州大学四个不同专业的 5 个二年级学生组成。以拓荒者的姿态，传承文化，发扬经典是我们团队的口号。我们团队致力于运用现代网络营销方式为根雕这一流传千年的民族工艺注入新的活力，促进传统文化不断传承、发展、创新。通过这次比赛，我们的未来也逐步清晰起来。不管将来身在何方，相信 excellence 每一位成员都会是 excellent。

1. 成员分工

队长：刘慧丽，福州大学管理学院电子商务专业 07 级，主要负责团队工作的统筹，方案的整合，构建和维护团队的博客和酷 6 网等网络平台。

成员：王旭松，福州大学人文学院汉语言文学，主要负责团队文字方面的资料整合，策划线下宣传活动，以及后期 PPT 的制作。

成员：庄育宽，福州大学管理学院会计专业 07 级，主要负责团队和公司的财务，维护中国制造网和买麦网两个网络平台。

成员：肖勤思，福州大学管理学院会计专业 07 级，主要负责公司的产品销售以及淘宝网店的构建和维护。

成员：林国辉，福州大学化学化工学院化学工程与工艺专业 07 级，主要负责公司的市场调研和网络平台的推广。

2. 团队宣言

网络沟通你我，创意丰富生活。一切从“心”开始。

17.2 选题经过

2008 年 12 月，我们决定参加本次大赛，但一直苦于找不到项目，因此搁浅到了 2009 年 2 月底开学。团队成员聚在一起商量了两个晚上，考虑到项目的可行性、调研的便利性和我们对项目的熟悉程度等因素，否决了客家土楼、角梳等一个又一个提议。正郁闷的时候，有队友提到我们学校附近有一条远近闻名的“根雕一条街”，我们顿时来了精神。来大学一年多了，每次路过根雕一条街，都被根雕这神奇的艺术折服：本来丑陋的木头，经过根雕艺人的匠心独运，就变成了一件件造型各异、栩栩如生的艺术品！那时，根雕行业受到金融危机的冲击，整个行业正在走下坡路。因此，我们考虑做根雕网络营销。后来与指导老师骆念蓓教授沟通后，她也很赞赏我们这个项目，极大促进了我们的信心。项目定下来后，我们就开始了实施、写方案、去根雕厂了解根雕状况、去居民区做市场调查、去企业拉赞助等一系列的行动。

17.3 方案

17.3.1 简介

根雕是一门古老的艺术，始于远古，历经汉唐、宋元，绵延千年、生生不息。它利用自然界的根材塑造美的艺术，其主要手法是在自然美的基础上开拓一种天人合一的形象和意境。

近年来，随着亲近自然、追求个性的生活理念的兴起，根雕市场逐渐升温。但由于落后的生产经营模式，根雕市场实际成交量远小于其市场容量。加之金融危机的到来，根雕市场并没有想象中的乐观。鉴于此，我们 excellence 团队应运而生，致力于运用全新的市场营销理念和先进的电子商务模式为根雕市场注入活力和生机。我们成立了雕琢九州文化传播有限公司使得根雕销售实现专业化、规模化。我们把市场定位在 25 岁～35 岁的家庭消费者、年轻的白领和海外华侨华人，并采用集中性市场策略针对性地开发目标市场。

我们运用大赛提供的一系列网络平台实施方案：和讯博客和酷 6 网是我们的主要宣传平台，用于对根雕艺术进行宣传与弘扬，从而促进根雕的销售。借助和讯博客，我们成功地引导博友进入我们的销售平台——淘宝网店、今日特价商铺。同时，我们也开通了买麦网平台和中国制造网平台。其中买麦网面向全国批发商使我们的根雕艺术品辐射全国，而中国制造网则是面向全球让根雕艺术迈出中国走向世界。在线下，我们更是不断努力，积极宣传我们的各大网络平台。

17.3.2 正文

方案包括福州市根雕企业营销现状和问题分析、雕琢九州文化传播公司根雕项目营销方案、根雕项目推广策略、财务分析四个部分。

1．福州市根雕企业营销现状及问题分析

福州市根雕产业具有传统品牌优势、交通优势、人才优势、廉价的劳动力优势、根雕品质保障优势和强大的产业聚合力等优势。

福州市根雕企业营销存在的问题是：整个行业以家庭作坊式生产销售为主、宣传力度严重不足、以生产为中心的销售理念忽视了消费者的需求、根雕所蕴含的文化精髓没有得到开发利用、原材料越来越稀少等。

福州市根雕营销的对策如下：

1）根雕具有很高的艺术价值，集观赏性、实用性于一身，兼有传统和现代气息，与现代人追求个性、自然、高雅的心态正相吻合，在营销过程中要以宣传根雕文化为基调，吸引消费者注意。根雕和传统的书法、家居装饰、茶艺相结合，潜在市场十分具大。加强与这些传统文化的联系，可以拓宽根雕市场。

2）当前正逢网络信息时代，科技高速发展，信息飞速传递，应充分利用各种网络平台进行营销。特别是我国加入世贸组织之后，众多国外消费者加深了对中国产品的认识，可通过网络扩大海外市场。

3）金融危机横扫全球，却给根雕的发展带来了机遇。根雕作为工艺品，具有收藏的价值。这也是网络营销突出的主题之一。

4）台湾一直是大陆根雕的主要销售地之一，与台湾实现“三通”后，随着两岸关系的缓和，会在很大程度上带动根雕产业的发展。由于根雕同时具有带动两岸文化交流的作用，因此会得到政府的大力支持。

2．雕琢九州文化传播公司根雕项目营销方案

（1）雕琢九州文化传播公司简介　基于上述分析，我团队拟成立雕琢九州文化传播公司。公司将充分发挥网络平台的优势，解决现存在的问题。

公司名称：福建雕琢九州文化传播有限公司。

公司性质：有限责任公司。

公司经营范围：批发零售各种根雕木雕工艺，自主设计根雕木雕工艺品，商务咨询服务。

公司法人代表：刘慧丽。

公司简介：福建雕琢九州文化传播有限公司，是一家集策划、营销、宣传、实施为一体的综合性文化传播公司。公司实力雄厚，拥有一支经验丰富，充满创意、热情、敬业的设计制作和策划的团队，周密而有效的市场调研机构，成套系列现代设备，完善的客户服务体系，秉持努力不懈、精益求精的态度，最大限度地发挥公司敏锐的市场洞察力和高效的传播力，以帮助客户从容应对须臾万变的现代的中国市场，致力于为企业及个人提供专业化、个性化、国际化的视觉营销服务。

公司经营目标：本公司以“宣传根雕艺术，弘扬民族文化”为己任，志在推广福州根雕艺术，带动当地根雕产业的发展，通过互联网为古老的根雕艺术找到新的出路。

（2）根雕市场 STP 分析

1）市场细分（market segmenting）。按年龄段细分：15～25 岁学生、白领，25～45 岁家庭，45～55 岁家庭，55 岁以上老年人。

按消费者心理细分：根雕收藏爱好者，根雕欣赏者，旅游购买者，被带动者。

2）目标市场选择（market targeting）。集中性市场策略。

3）目标市场定位（market positioning），如图 17-1、图 17-2 所示。

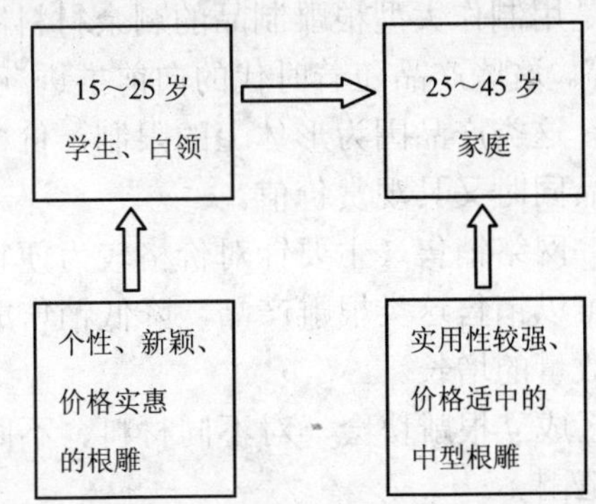

图 17-1　目标市场定位（按照年龄细分的市场）

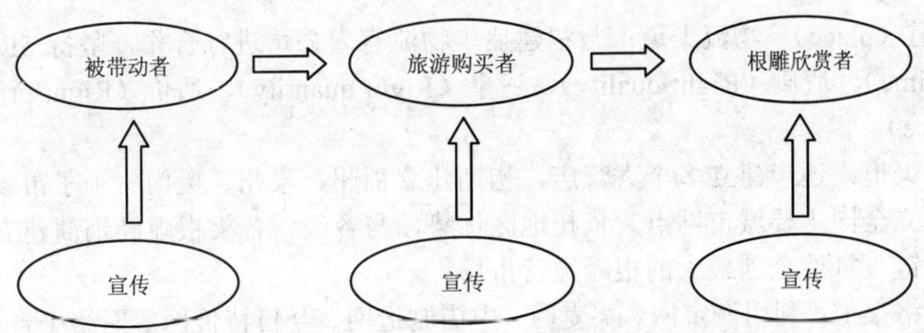

图 17-2　目标市场定位（按照消费者心理细分的市场）

（3）4P 分析

1）产品（product）。福州闽侯是国内较为知名的根雕出产地，其产品主要分为家具用品和艺术摆设两大类。产品细分图表见表 17-1。

表 17-1　产品细分图表

产品类型	目标客户群	产品特性及价值
茶几茶盘	大众消费群体、茶庄、企事业单位	具有使用价值、欣赏价值
大型根雕产品	企事业单位、贵族群体、机关团体	欣赏价值，具有增值空间，展示传统文化精髓
小型根雕摆件	大众消费群体、企事业单位、机关团体	家居办公场所的美化用品，有保健作用，馈赠亲友的极佳礼品

茶几因为其自身的实用性和消费者长久的消费习惯，目前是根雕产业的主打产品，也是在市场份额中所占比重最大的产品。制作茶几的材料主要有花梨木、杉木、香樟等。茶盘、椅子作为茶几的配套产品和茶几具有相似的特征，它们的销量是相辅相成的。其中茶盘有一定的独立性，更受家庭等小型消费群体的青睐。

大型根雕艺术摆件是根雕创作的最好体现，它极具艺术感染力，是艺术家对树材天然美的诠释。它们占用空间比较大、笨重而且价格昂贵，在一定程度上只能适用于公司、单位、商场等较为宽敞的场所，因此造成它的推广具有一定的局限性。另外，我国不规范的物流行业也制约着这类产品的发展，由于运输过程中一不小心就容易对根雕产品造成损伤，而每一件根雕艺术品都具有不可复制性。因此，大型根雕艺术摆件的市场有限。

小型根雕艺术摆件主要是用制作大型根雕制品的剩余材料制成，主要有笔筒、花瓶、香炉、箱盒、烟灰缸、佛链等。这些产品随着时代的向前推进渐渐失去了原先的使用价值，而被赋予了更多的观赏价值。这类产品因为形体上的限制，价格比较便宜，且做工较为精细，是很好的根雕家居摆设品同时又具观赏价值。

由于这类产品价格较低，网络销售（主要针对价格较为便宜的商品）可以成为它销售推广的有效方式。这样不仅可以销售这类根雕产品，降低销售成本，还可以在年轻群体中宣传根雕，带动潜在消费者数量的增长。

2）价格（price）。在地区成立根雕协会，对不同材料、不同造型、不同制作水准的根雕制定一个较为规范的定价范围。

宣传根雕价值，让价格得到消费者认可。在直营店销售的根雕，定价合理，不过度炒作抬高艺术品价格。

3）渠道（place）。物流渠道：与福建盛丰物流有限公司进行合作，坚持 5R 原则：适时（Right time）、适质（Right quality）、适量（Right quantity）、适价（Right price）、适地（Right place）。

经销商渠道：逐步建立多个直营店，初期建立福州、泉州、厦门三个子市场；之后跨出福建，建立全国主要城市网点。依托地区优势，与各级、各类根雕经销商建立根雕经销紧密型产销链，打造全国最大的根雕经营市场。

自建网络渠道：利用淘宝网、买麦网、中国制造网、今日特价网等网络平台开办网店，推广网络根雕销售，同时进行各个网页之间的相互链接。

特定渠道：与室内装修设计公司、家具公司合作，与精品屋建立合作关系，推广根雕产品。并与闽侯根雕一条街建立长期伙伴关系，整合根雕一条街市场资源。

4）促销（promotion）。广告促销：选择消费者较为集中的报纸和电台等媒体，在媒体宣传频率上选择较为温和的渗透方式。

旅游促销：与福州的旅游业合作，在旅游项目中加入宣扬根雕文化的部分，隐性的在全国宣传福州闽侯的根雕，强化福州闽侯根雕品牌。

网络促销：搭建与顾客相互交流、沟通的信息平台，建立行业内的相关信息库，为消费者提供本行业及相关行业的动态信息。

人员推销：用店铺直销的方式与顾客直接接触，通过人员介绍推广；在与根雕相关的各大场所设置专职推销员，与消费者建立联系，向其介绍产品。

公共关系：将公益营销化，开展如“根雕文化列车”等大型公益主题活动，以流动列车的宣传媒介到各大城市宣传根雕的文化和产品，推进精神文明建设与企业盈利的双赢。

3．根雕项目网络推广策略

（1）总体策略　以根雕产品本身具有的广阔发展前景为基础，以福州根雕在生产、宣传和销售方面继续发展与完善做支撑，依靠便利的交通、产品销售一条龙的服务、合理的价格机制和科学充分的理论支持，以福州根雕的合理的价格机制、全面的质量保证、完善的售后服务、产品独特性与多样化化为优势，全面开展推广战略。营销推广策略图如图 17-3 所示。

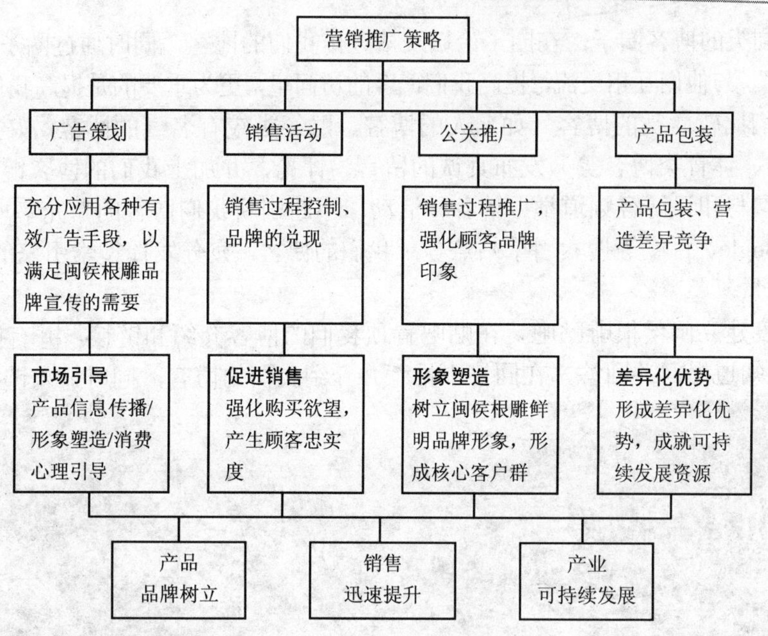

图 17-3　营销推广策略图

（2）网络营销实施　我们选择以博客营销为主，淘宝旺铺为辅，多种网络渠道相结合，共同作用的立体式营销渠道。

网络整合营销=bbs、贴吧、qq 群发+和讯博客、酷 6 空间宣传+淘宝网销售+中国制造网销售+买麦网销售（每一个环节都由链接相连，每个部分都有明确分工，都具有宣传的共同作用）。团队海报和商品海报如图 17-4 所示。

图 17-4　团队海报（左）和商品海报（右）

（3）网络平台效果

1）和讯博客推广策略，如图 17-5 所示。

① 通过团队成员及亲朋好友利用 qq 群发，qq 空间链接，校内网，占座网等方式进行宣传和推广。

② 与同类型的博客（如创业、营销类博客）互加好友，建立链接。

③ 加入同类的博客圈子，在圈子论坛发帖宣传我们的博客，同时通过圈子平台认识更多的“同道中人”，与他们互相交流，提高我们博客的访问量，更为重要的是提高我们博客的质量。

④ 到我们比较欣赏的博客（如名人的博客、财经类较有名气的博客，好友，我们比较喜欢的情感类、体育类博客等）发布真诚的留言、评论，并加上我们的博客链接。

⑤ 积极参与和讯博客频道举办的各种活动，不断刷新我们博客的曝光率。

⑥ 到Google、百度等搜索引擎站点登录我们的博客，充分发挥搜索引擎的关键词作用，提高博客访问量。

⑦ 在百度建立闽侯根雕贴吧，在贴吧置顶我们的博客介绍和链接，并有团队成员管理贴吧。在百度知道提问并回答，在回答中推荐并介绍我们的博客，同时加入链接。

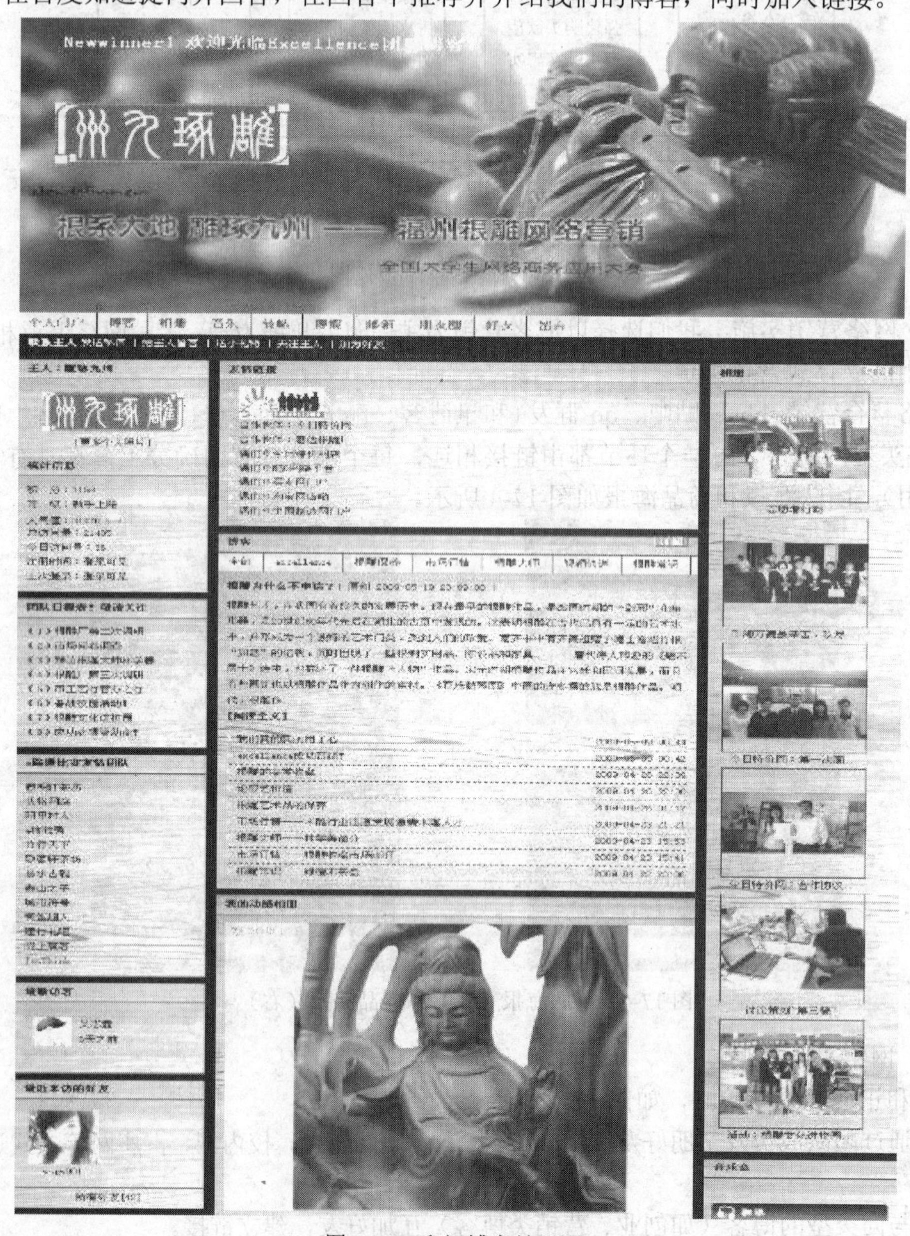

图 17-5 和讯博客效果图

2）淘宝旺铺，如图 17-6 所示。淘宝网店在订购淘宝旺铺后，可以有更多可选择的模板，自定义功能更加强大。可以充分利用旺铺提供的资源，展示我们的产品，同时在自定义模块中突出根雕传统文化，使淘宝不仅带有商业气息，还有文化气息。根据需要，淘宝分区如下：首页、宝贝展台、隐魂于天然、显灵在精工、店家公告、义卖活动、交流区 7 个板块。

隐魂于天然、显灵在精工两个板块和后面的板块承接，显示我们店铺的文化特色。

图 17-6　淘宝旺铺效果图

3）中国制造网，如图 17-7 所示。

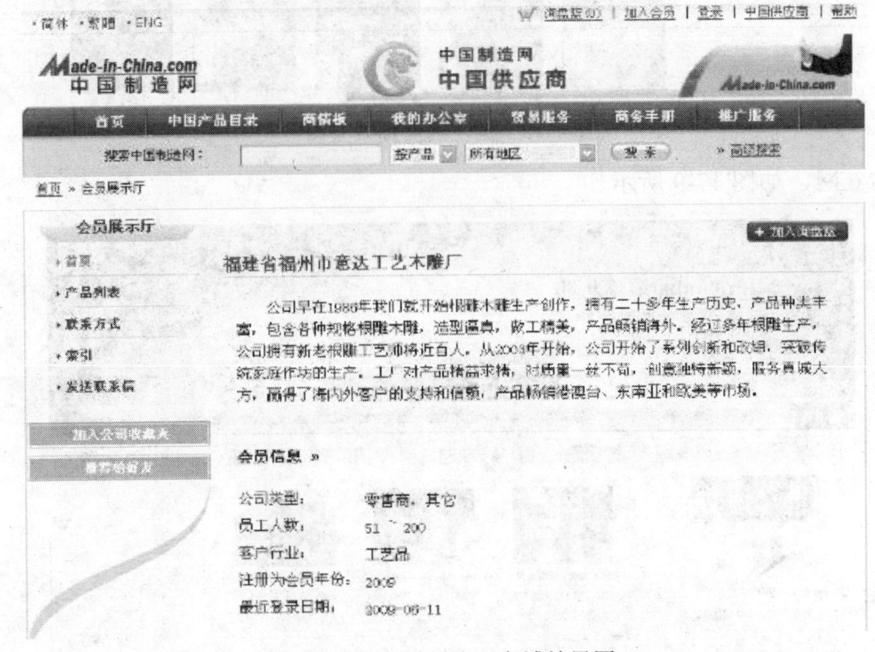

图 17-7　中国制造网商铺效果图

4）买麦网，如图 17-8 所示。

图 17-8　买麦网商铺效果图

5）酷 6 网，如图 17-9 所示。

图 17-9　酷 6 网空间效果图

图 17-9　酷 6 网空间效果图（续）

4．财务分析

（1）投资分析　公司注册资本 50 万，股本结构和规模见表 17-2。

表 17-2　股本结构和规模

股本来源	excellence 团队	今日特价网络有限公司	意达工艺木雕厂
股本规模	主要是技术入股	主要是资金入股	资金入股
金额（万元）	22（办公设备）	12（网络平台）	16
比例	44%	24%	32%

股本结构中，excellence 团队技术入股 22 万（包括以福州大学管理学院创业中心办公室设备作价 2 万的资金），今日特价网络有限公司出资 12 万（包括今日特价平台作价 2 万），意达工艺木雕厂出资 16 万，占总股权的 32%。

（2）财务分析报表（见表 17-3、表 17-4）

表 17-3　未来五年利润表

编报单位：福建雕琢九州文化传播公司　（单位：万元）

项　目	第一年	第二年	第三年	第四年	第五年
一、营业总收入	35	70	135	170	220
二、营业总成本	31.296	54.562	103.555	126.99	159.18
其中：营业成本	19.25	38.5	74.25	93.5	120
营业税金及附加	2.015	4.031	7.774	9.79	12.68
销售费用	1.5	3	8.5	10.2	12.5
管理费用	8	8.5	12.5	13.5	14
财务费用	0.531	0.531	0.531		
三、营业利润	3.704	15.438	31.455	43.01	60.82
加：营业外收入					
减：营业外支出					
四、利润总和	3.704	15.438	31.455	43.01	60.82
减：所得税费用	0	3.859	7.861	10.752	15.205
五、净利润	3.704	11.579	23.594	32.258	45.615
减：盈余公积	0.37	1.157	2.36	3.226	4.561
利润分配				5	15
六、可供投资者分配利润	3.334	10.422	21.234	24.032	26.054

表 17-4　未来五年资产负债表

编报单位：福建雕琢九州文化传播有限公司　　　　单位：万元

资　产	第一年初	第一年	第二年	第三年	第四年	第五年	负债及所有者权益	第一年初	第一年	第二年	第三年	第四年	第五年
流动资产							负债						
货币资金	23	27.104	33.713	37.55	45.73	55.237	短期借款	5	5	5			
交易性金融资产							应付账款						
应收票据							预收账款						
应收账款							其他应付款						
预付账款	10	10	15	20	40	60	负债合计	5	5	5			
其他应收款													
存货				5	2.5	2							
其他流动资产													
流动资产合计	33	37.104	48.713	62.55	88.23	117.237	所有者权益						
非流动资产							实收资本	30	30	30	30	30	30
固定资产	2	1.6	1.2	4.8	3.6	2.4	盈余公积		0.37	1.157	2.36	3.226	4.561
无形资产							未分配利润		3.334	13.756	34.99	59.022	85.076
长期待摊费用							所有者权益合计	30	33.704	44.913	67.35	92.248	119.637
非流动资产合计	2	1.6	1.2	4.8	3.6	2.4							
资产合计	35	38.704	49.913	67.35	91.83	119.637	负债及所有者权益合计	35	38.704	49.913	67.35	92.248	119.637

注：1．excellence 以管理技术作价投资 20 万，加上固定资产作价投资 2 万，共投资 22 万，占股本总额 44%；今日特价平台作价 2 万，投资 10 万，占股本总额 24%；意达投资 16 万，占股本总额 32%。

2．由于行业特殊性，公司所需要的注册资金远少于一般企业。

3．根据大学生创业优惠政策，大学生新办从事公用事业、商业、物资业、对外贸易业、旅游业、物流业、仓储业、居民服务业、饮食业、教育文化事业、卫生事业的企业或经营单位，经税务部门批准，免征企业所得税一年。公司符合以上商业的规定，因此公司第一年免交所得税。

4．由于公司处于创业阶段，资金比较缺乏，因此公司成立前三年不分股利，从第四年开始给股东分发股利。

17.4 竞赛结果

17.4.1 实施结果

（1）建立和讯博客　对福州根雕进行推广，充分利用和讯博客提供的各项功能，将博客分为日志、相册、动感影集、友情链接等栏目，通过丰富多彩的内容来吸引网友关注我们的博客，进而关注福州根雕的相关内容。

作品链接：http://hexun.com/diaozhuojiuzhou/default.html

（2）开设淘宝旺铺　三个月中销售产品 50 余件，销售额超过 5000 元。

作品链接：http://shop57658254.taobao.com/

（3）建立酷 6 空间　作品链接：http://excellence.zone.ku6.com/

（4）买麦网商铺

作品链接：http://www.com.cn/vhost2/default.aspx?customerId=1891295&

（5）中国制造网商铺

作品链接：http://excellence2009.cn.made-in-china.com/#page4

（6）今日特价网商铺　作品链接：http://tbs.jrtj.com/NewShop.aspx?ShopId=323

（7）校园活动　通过与根雕厂家协商，在福州大学举行“根雕文化进校园”活动，宣传福州根雕和我们团队的各个网络平台，取得良好的效果。

17.4.2 名次结果

全国总决赛博客商务创新主题赛一等奖（第三名）；华南赛区网络商务创新一等奖（第一名），博客商务创新主题赛一等奖，网络营销与策划主题赛一等奖。

17.5 方案点评

骆念蓓（福州大学）日期：2009-03-30 11:09　评分等级：★★★★

这支团队根据福建在我国有着广泛制材产品开发的情况，选择具有中国特色产品、企业和行业为主题，从中国实际情况出发，在选题前就进行了调研，对福州大学城周边的一些企业进行初步了解，从企业经理们的谈话中获知他们要将企业、品牌、产品、独有的文化通过网络方式尝试着营销出去，他们积极动手，几经方案讨论，几易其稿，把方案提交，我认为这样扎实的工作，及在这个领域努力，这样的方案进行实践后会对我国相类似企业有着积极的可拓展性意义。希望更好地从具体运作中多学习，学会更为独到的工作经验为企业、品牌、产品、中国的文化做更好、更精彩的推展！

苏玲（和讯网）日期：2009-04-20 17:04　评分等级：★★★★

在同学的方案里，看到博客的专门 logo 以及对和讯博客 html 语言的充分发挥及利用，构思非常好。同时从“曝光率”这点小细节也看得出同学为更好地进行博客推广，对平台的研究也非常到位。当然有一点要指出，留言和评论是必要的，如何做到又推广了产品又不使得对方厌恶，这点可以多加思考。

17.6 获奖感言

通过这次大赛，我们团队5位成员从互不相识变成相知相扶的好朋友，三个月的朝夕相处和共同面对，我们建立了深厚的友谊。三个月的磨炼，也使得我们的配合越来越默契。回到学校后，我们继续参加了学院的创业大赛，不负众望地以第一名的成绩获得项目资金，使项目得以延续下去，学院和老师也都将对我们的项目给予大力支持。

在个人方面，下个学期我们团队每人可以获得学分奖励和奖金，更重要的是，在参赛的过程中，word、ppt、电子杂志、财务、管理等方面的技能得以实践和提升。通过和企业的接触，我们对企业的运作流程有了更直观的认识，对于未来，我们也有了更清晰的目标。

第18章 工艺品网络营销策划方案

作者：呼和浩特职业学院 “E键钟情”

18.1 团队简介

我们是来自内蒙古呼和浩特职业学院的“E 键钟情”团队，队长张楠，成员李慧、魏芝燕、李瑞芳、韩鑫，均来自呼和浩特职业学院计算机信息学院电子商务专业。

团队名称“E 键钟情”的来源是我们有个共同的愿望，就是人们可以通过网络快捷、方便地做自己想做的事情，和实现自己的梦想，将网络与现实有机结合的同时提高每个人的创新能力。

1. 成员分工

队长：张楠，主要负责团队的沟通与协调、网站的管理和建设。

队员：李慧，主要负责方案的修改与阐述。

队员：魏之燕，主要负责方案策划及细节的修改。

队员：李瑞芳，主要负责 PPT 的制作和博客的更新。

队员：韩鑫，主要负责博客的管理与维护。

2. 团队宣言

“E 路通达成功，E 路先锋向前冲，钟情家族加油加油加油！”

18.2 选题经过

我们生长在辽阔的内蒙古大草原上，深受草原文化熏陶，热爱内蒙古文化，更爱内蒙古的民族工艺品。由于现在内蒙古民族工艺品市场竞争无序，网络渠道接近空白，且工艺品销售利润丰厚，因此我们选择蒙古族工艺品作为我们参加 e 路通网络营销比赛的主题。从网络切入打造蒙古族工艺品品牌。

18.3 方案

18.3.1 简介

嘟利雅工艺吧，是一家集订制、销售为一体的网络工艺品销售中心。我们与内蒙古几家大型的工艺品工厂（例如蒙亮、华地宝、苏鲁等）强强联合，坚决保证产品质量，主要经营以天然材质为主的各类装饰品、礼品，产品涵盖牛角梳、蒙古刀、镀银酒具、皮画、毡画等多个类别。

公司秉着“与创新同行，以顾客为中心”的经营理念，本网络销售中心还可以让您成为自己的设计师，满足您个性化需求，提供个性定制服务。

方案的闪光点：

1）通过网店的开设，对内蒙工艺品进行网络营销，与传统营销进行了鲜明的对比。

2）利用名片、传单、海报等成本低、效率高的方法对网点进行前期宣传。

3）通过博客照片的展示，可以使消费者从多个渠道了解工艺品。

4）通过博客日记的撰写介绍内蒙的特色、民族风情、风俗习惯，使更多的人了解内蒙及内蒙的文化。

18.3.2 正文

方案主要分为四个部分：绪言、营销策略、客户管理和可行性分析，如图 18-1 所示。

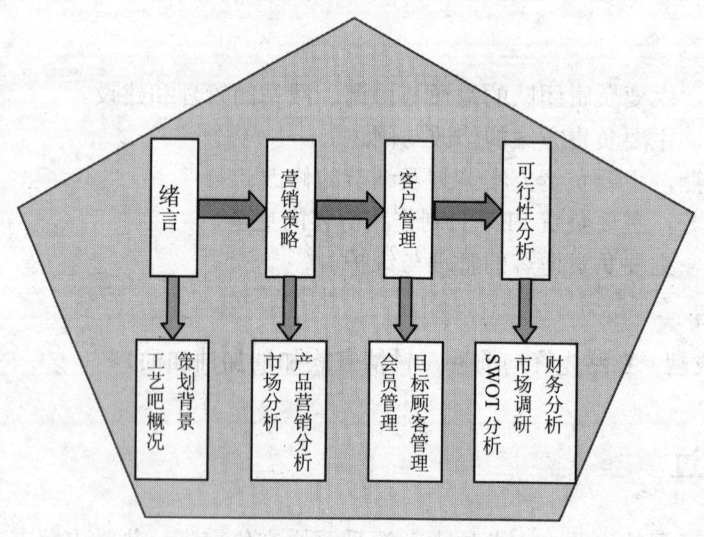

图 18-1 方案框架

1．营销设计思路

通过对文化产业尤其是工艺品行业的分析后，进行市场定位，针对目标顾客，利用现代信息技术，构建网络销售中心，整合产品供应、传统与网络营销资源，以网络为基础，进行民族工艺品的宣传和销售，充分发挥网络作用，为拓展市场份额奠定基础，为民族工艺品在网购时代利用网商的力量寻求新的发展机遇。

人类正步入网络经济时代，未来经济发展的一大特点就是网络化。当今世界，由于网络技术的进步，带动了网络经济的迅猛发展。特别是互联网的出现，深刻地影响了人类生活的方方面面。然而民族工艺品的网络市场发展尚未成熟，因此可以通过对工艺品的销售传承与内蒙古草原文化的推广，开拓内蒙古礼品网络营销市场。

我们的宗旨是“提供绿色商品，传播草原文化”。

2. 营销策略

（1）主打产品（见图 18-2）

图 18-2 蒙古工艺品（大汗图和狼图腾）

根据调查与分析将图 18-2 所示产品作为我们的主打产品。

消费者网购的主要优势：首先，由于互联网的日益发展，使更多的消费群体都集中于网上购物，同时网购拓展消费者购物的时间和空间。内蒙的工艺品具有民族特色，是蒙古文化的发源地。再次，没有传统销售的各种费用（如店面租用费、导游提成等）使产品具有价格优势，一般可以优惠 50%～70%，还可在线订制，满足消费者个性化的需求。最后，消费者网购具有较大程度的可诱导性，受网络销售产品及广告宣传影响较大。

游客选择原因：通过我们的调查与总结，得出以下几点：游客外出旅游=观光+购物，而传统购物=饮食品。然而随着社会经济的不断发展，人们收入不断增加，游客越来越注重商品的文化内涵。

高档写字间装潢选择原因：高档写字间面向的多是企业家和有志之士，然而蒙古工艺品是内蒙古物质精神文化的集中体现，代表作（狼图腾、成吉思汗征战图、大汗图等），体现了一种坚毅勇敢、奋发图强的精神。

还有大众工艺品爱好者，随着社会的不断发展，人们的思想也不断更新，因此民族工艺品能满足大众工艺品爱好者个性的需求。送礼群体是为满足节日及日常送礼需求。

（2）网络营销策略分析

1）营销平台。

① 博客。和讯博客截图如图 18-3 所示。链接地址：http://hexun.com/zlw1014/default.html。

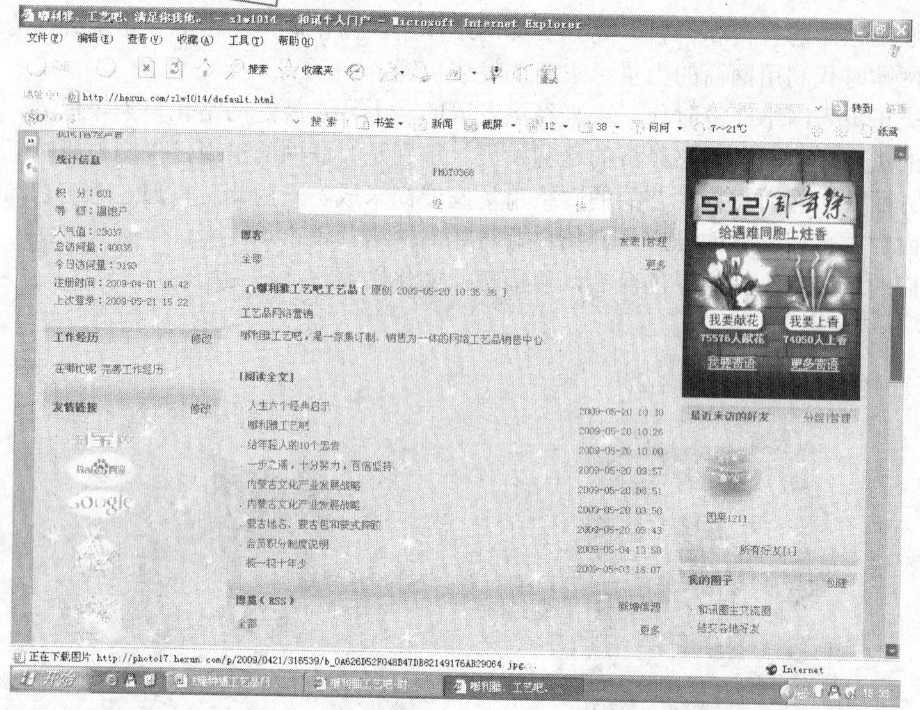

图 18-3　和讯博客截图

模块 1—— 蒙古歌舞（筷子舞、盅碗舞、育呼尔舞等）

模块 2——传统（祭火神、祭敖包）

模块 3——风俗（白节、那达慕、马奶节等）

模块 4——蒙古族文化遗产（长调、呼麦等）

模块 5——产品原料（精选牛皮、上等羊毛、天然牛角等）

模块 6——产品性能（家居装潢、日常佩戴、馈赠亲友等）

模块 7——产品生产技术（手工描绘、人工烫烙等）等因素说明

② 网店。现在市场上工艺品均为成品，无法满足顾客个性需求，我们在网络上提供个性定制服务，顾客可以根据个人需求（尺寸、图案、工艺等）在网店或博客里留言进行个性设置。淘宝网店截图如图 18-4 所示。

2）网络辅助营销策略。

① 旗帜广告。在各大网站打旗帜广告，网站包括：国旅www.ctsho.com、中青旅www.cytsonline.com、中华英才网www.chinahr.com、内蒙人事人才网www.nmgrst.com等。

② 内蒙古各大酒店、饭店营销。我们采用代销的方式。因为内蒙古拥有多家中、高档的蒙餐酒店和饭店，通过与他们的合作把本店的工艺品以优惠的价格出售给他们，让去蒙餐饭店吃饭的顾客可以免费获得我们的工艺品。刺激消费，增加酒店消费量，达到双赢。

根据消费者的市场细分，我们初定产品宣传的主体方向。通过在旅游客车里悬挂小型海报，让导游和大巴司机给游客、各学校的旅游专业的学生、游客常去的购物景点、游客常去的旅游景点等地方发放名片，最后在导游考试期间在考点门口张贴广告、发放名片等多种方式进行宣传。团队宣传名片如图 18-5 所示。

图 18-4　淘宝网店截图

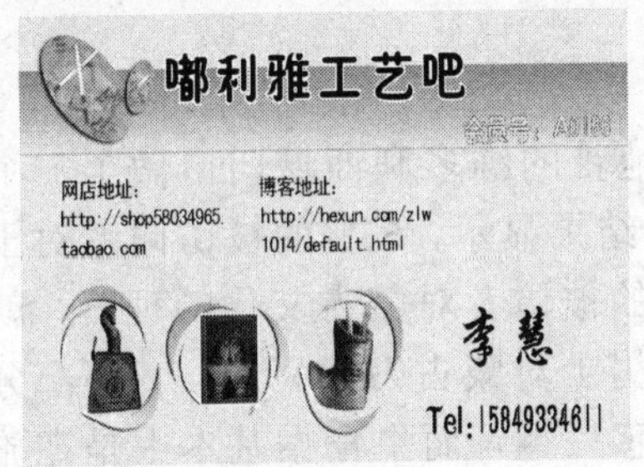

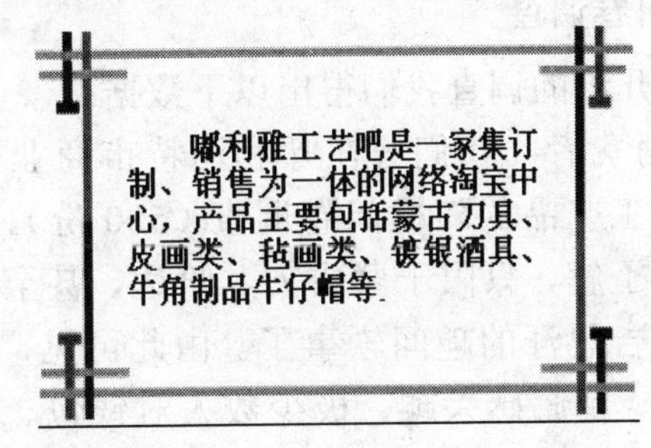

图 18-5　团队宣传名片

（3）遇到的问题及解决方法

名片发放初期效果并不理想，为了增加销售量，展开系列有奖促销活动，提高民族工艺品知名度，刺激人们的购买欲望，增加了博客点击率、网店交易次数。

在初期与蒙亮民贸有限公司的合作中，由于货源单一，导致产品品项不够齐全、质量良莠不齐，后期通过与多家工艺品生产厂商（永兴昌荣、华地宝、苏鲁锭等）合作，拓宽供货渠道，保证了产品品项及质量。

（4）方案实施效果评估

方案实施至今天博客点击率已达到 3 万余次，且连续一周保持每天 3 000 人次的点击率平稳上升，网店交易次数已达 15 次，顾客满意度为 100%。

（5）长远计划及目标

第一计划：利用线下宣传，提高网店、博客知名度，加大销售管理力度，进行工艺品的网络营销，填补后旅游季节的市场空白。

第二计划：通过初期销售，积累资金，展开大规模宣传活动，刺激消费。

第三计划：提高内蒙古民族工艺品的市场地位，打造知名工艺品品牌，与区外大型工艺品公司合作，拓宽区外工艺品销售市场。

目标：以呼和浩特为中心，做好华北地区销售。网络覆盖经济发达和消费水平高的华东、华南、东北地区，积极拓展港、澳、台的市场。

3．可行性分析

民族工艺品是民族文化的代表和艺术结晶，表现出鲜明的民族特色、高档，有很好的竞争优势。

质量对于相对稀缺和富有收藏价值的民族工艺品来说尤为重要。从材料的加工来看大多为原始的手工艺，具有古朴典雅、造型新奇的特点；从色彩的形式来看，它是蒙古民族世代相传的，具有鲜明的艺术代表性。

广阔市场空间：中国投资咨询网有数据表明：2006 年 1～12 月中国全部工艺品企业实现累计工业总产值 175 088 236 千元，比 2005 年同期增长 21.76%；全年实现累计产品销售收入 168 483 841 千元，比 2005 年同期增长 23.27%；全年实现累计利润总 7 743 791 千元，比上年同期增长 30.66%。而民族工艺品累计产品销售收入占产品销售总额的 35.82%，比上年同比增长 3 个百分点。

在我们抓住此机会发展工艺品市场的同时，也许还有大量销售商也在做。

4．问卷调查

经过几天的调查我们得出以下数据：

1）消费者。我们曾在呼和浩特市商业中心地带的维多利商城门口做了一个关于蒙古族特色工艺品的随机问卷调查（500 份）。统计结果显示，63%的被访问者对于蒙古族工艺品的了解，只限于蒙古刀、哈达，甚至还有的被访者对蒙古文化的理解，就只有一代天骄成吉思汗的趣闻轶事了。由此可见，部分男士对蒙古刀感兴趣，一小部分人对奶酒、皮画、毡画感兴趣，极少数人对钱包、笔筒感兴趣，而牛仔帽基本上是在旅游的时候在景区才戴，5.9%的人会购买镀银酒具送礼及家中摆放，女士多对牛角制品感兴趣，25.4%的人会购买钥匙链，受众范围较广泛的是牛角梳子（因为它有保健功效受到人们的亲睐）。

2）销售商。大部分销售面对的是旅游的人，一小部分是政府官员和公司高层的礼品赠送和勉励奖品及工艺品爱好者的消费，而单纯的个人消费很少，商品都是基于民族特色的工艺品，选择经营工艺品多是因为空间广阔、可发展性强，销售的旺季是 5～7 月和 10～1 月，消费人群多是 35～50 岁的男士，销售旺季多是以家庭为单位的消费或批量消费。

18.4 竞赛结果

18.4.1 实施结果

方案实施效果评估主要有以下三个方面：

1）建立和讯博客，上传大量工艺品的照片和视频，对其进行推广和宣传。撰写关于内蒙文化的文章，使消费者通过内蒙的文化更加了解工艺品和喜欢工艺品。从参赛至今博客点击率持续增加，且有许多访客与我们联系并有意购买。

作品链接：http://hexun.com/zlw1014/default.html

2）在淘宝网开设网店：上传的大量工艺品为实拍照片，并进行了详细的介绍和说明，网店交易次数增加了15次，顾客满意度为100%。

作品链接：http://shop58034965.taobao.com

3）与企业合作初步成果介绍评估，我们已经与生产厂家达成协议，确保了供货与配送渠道。

4）已实施的方案。旅游旺季在旅游客车里悬挂小型海报并通过导游和大巴司机及各个学校的旅游专业的学生在游客常去的购物景点和旅游景点发放名片推广活动，已成功发出1000余份的名片和海报。

团队与企业合作意向书如图18-6所示。

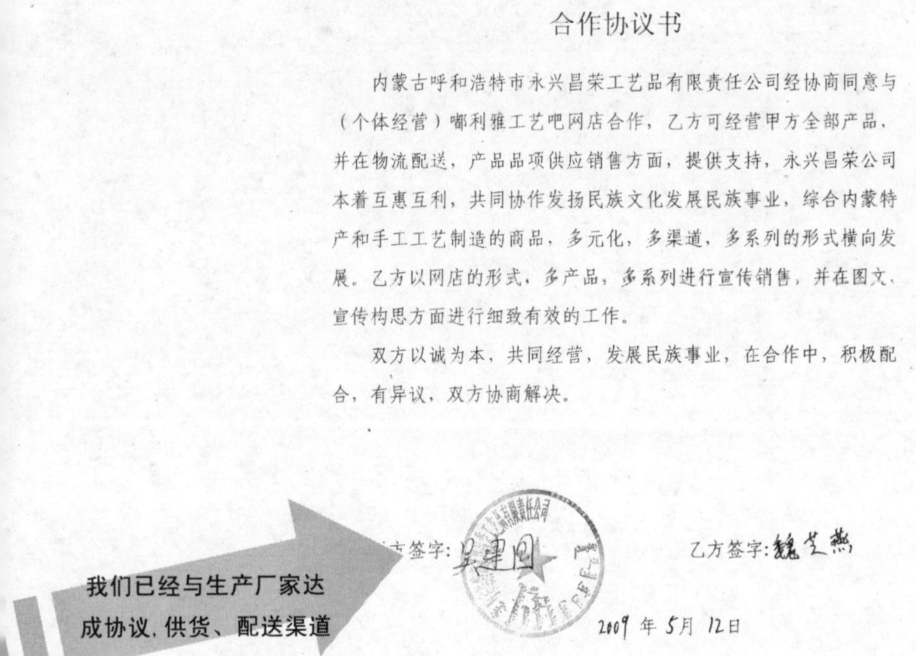

合作协议书

内蒙古呼和浩特市永兴昌荣工艺品有限责任公司经协商同意与（个体经营）嘟利雅工艺吧网店合作，乙方可经营甲方全部产品，并在物流配送，产品品项供应销售方面，提供支持，永兴昌荣公司本着互惠互利，共同协作发扬民族文化发展民族事业，综合内蒙特产和手工工艺制造的商品，多元化，多渠道，多系列的形式横向发展。乙方以网店的形式，多产品，多系列进行宣传销售，并在图文、宣传构思方面进行细致有效的工作。

双方以诚为本，共同经营，发展民族事业，在合作中，积极配合，有异议，双方协商解决。

甲方签字：吴建国　　　　乙方签字：魏艾燕

2009年5月12日

我们已经与生产厂家达成协议，供货、配送渠道

图18-6　团队与企业合作意向书

18.4.2　名次结果

全国总决赛专科组博客商务主题赛一等奖（第一名）。

18.5　获奖感言

通过本次建行及各大企业组织的网络商务创新比赛，使我们懂得了什么是团队的力量，

增加了我们每个人的集体荣誉感，所以我们将继续将参赛的项目做下去，永不放弃，并对我们的网店不断地完善和更新。

内蒙古永兴昌荣有限责任公司和蒙亮、华帝宝等公司的经理和负责人给予了我们大力的支持，并提供了网络销售的商品。这次比赛，增强了我们的动手能力和实践的能力，让我们更有自信为以后的事业奋斗。

此次比赛的组委会老师还为我们申请到了建行实习的机会。比赛结束后，学校给予了我们荣誉证书、奖金和加学分等奖励，并为我们开庆功宴和表彰大会。

我们非常感谢建行、淘宝、和讯、酷6等各大知名公司和网站为我们提供一个可以展翅高飞的舞台，让我们飞得更高更远。最后也感谢我们的学校在此次比赛中对我们的大力支持。以后我们会更努力，回报学校及社会。

第19章 建行手机银行校园营销方案

作者：北京联合大学　聚能团

19.1 团队介绍

这是一支聚满能量的队伍，他们昂首走在“e 路通”杯网络商务创新大赛的路上，他们来自北京联合大学，他们就是聚能团。

09 年，我们并肩而行，为着共同的梦想，五颗强劲的心，一个聚能的团。

队标图案简洁明了，意义明确。设计灵感源自于化学原子模型图。强大的能量环绕并聚集中心。寓意团结、协作、力量集中。中心的“e”代表电子商务 e-business。象征聚能团成员齐心协力、团结 e 心、聚集能量，努力打造一次成功的建行手机银行校园营销方案，为电子商务领域贡献我们队伍的能量。

团队制定了详细明确的运行标准。规定全员一切以方案和比赛的大局出发，多交流、多沟通、民主评定、有时间观念、保质保量完成任务。做到团队的利益高于一切。

1．成员及分工

队长：王鹏，21 岁，电子商务专业，负责主持参与各项工作，制定方向，完成方案撰写等。

队员：杨硕，21 岁，电子商务专业，负责媒体支持、Flash 动画制作。

队员：朱昊，21 岁，计算机科学与技术专业，负责公关支持、视频材料制作。

队员：王帆，21 岁，电子商务专业，负责网络支持、博客网站维护。

队员：王玥，21 岁，工商管理专业，负责技术支持、素材影像创作。

2．团队宣言

聚集创意，无所不能。

团队核心思想：智者不惑、仁者不忧、勇者不惧。

团队宣言视频链接：http://v.ku6.com/show/XbM78ZQjibPMTVNl.html

19.2 选题经过

建行手机银行的问世，开辟了国内移动商务的新方向。在数字化时代的当今社会，移动商务正以迅猛的势头发展，建设银行也在移动商务快速发展的今天，走在大潮的前沿。未来，移动商务必将在成为另一种主流模式引领中国经济快速发展。当代的大学生，将在未来几十年成为投身社会、建设祖国、振兴中华的中坚力量。大学生是建行的优质潜在客户。如果能让大学生们加深对建行手机银行业务的认识和了解，并选择试用手机银行业务，无疑是给建行的未来增加了更多优质客户。

聚能团看到了高校手机银行的广阔市场，看到了手机银行在高校的潜力及发展空间，并作为大学生切身体会到手机银行对同学们的需要，经与老师的研讨和前期的市场调研后，最后确定了此选题。

19.3 方案

19.3.1 简介

聚能团深度剖析了建行在高校市场面临的问题，即怎样发展、扩大手机银行在大学生中间的潜在市场。所以我们要做的，就是根据建行手机银行的现状、高校市场及大学生们手机使用的情况，为建行手机银行高校营销策略做一个具体、独特、新颖的策划并得到最有效的实施。并提出 four win 策略配合方案实施。

聚能团运用 SWOT 矩阵和市场调研等分析方法，分析了建行手机银行的现状和发展趋势；运用统计软件、项目管理软件等计算机辅助工具对时间和进度安排进行细致管理；分析了时间、成本、费用和预计效果，并进行了宣传及活动的财务预算。

在营销环节中，聚能团从两个层面将建行手机银行深入到广大高校学生中。一是精神层面的认识和渗透。并将通过团队赋予手机银行这项业务生命—— 吉祥物福牛 LuLu 一家，编排制作福牛一家使用手机银行的故事，并将告诉每一位观看者什么是建行手机银行、建行手机银行的使用方法以及其安全性、便捷性、及时性等优质特征，并制作了方便大众学习和观看的教学视频，将国内其他商行没有的思维创意集于建行手机银行的业务介绍中，实现“一对一”自主互动教学演示，让用户更了解建行手机银行这个产品的同时，能更快、更便捷的上手操作。二是实体宣传，通过在校园内开展建行手机银行杯广告设计大赛、冠名学生活动社团活动、建行手机银行进课堂等活动充分调动校内资源，覆盖式地宣传建行手机银行。在这些活动中，我们不仅得到了建行北京分行、城建支行、朝阳支行的大力支持，还得到了学校、学院、教研室的大力协助，进而使队伍的方案实施落实到位、宣传有力、进程合理。

团队得到大赛组委会、建行北京分行、城建支行的许可后，自筹、自备、自制了多种营销附属品，完成了宣传品的印制、队伍及吉祥物素材的搜集、活动场地的租用、材料的购买和发放等，同时得到了建行北京分行下面网点部门的合作书面证明。

19.3.2 正文

1．建行手机银行在大学生高校市场的分析

（1）通过调查问卷进行市场分析　聚能团依托网络，利用4名成员的朋友资源，在短期内进行了为期一周的大学生对建行手机银行认知和使用的调查问卷，如图19-1所示。

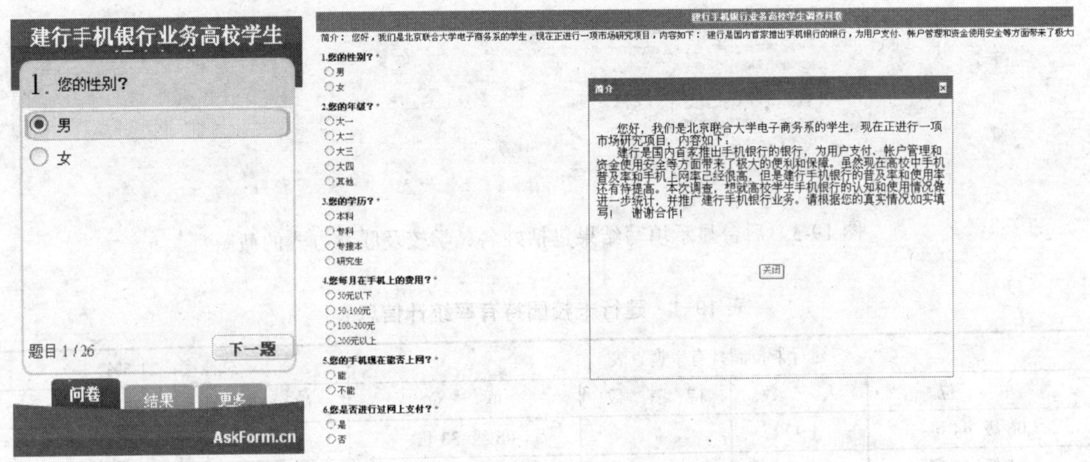
建行手机银行业务高校学生
1. 您的性别？
男
女
题目 1 / 26
下一题
问卷
结果
更多
AskForm.cn

建行手机银行业务高校学生调查问卷

简介： 您好，我们是北京联合大学电子商务系的学生，现在正进行一项市场研究项目，内容如下： 建行是国内首家推出手机银行的银行，为用户支付、帐户管理和资金使用安全等方面带来了极大

1.您的性别？*
○男
○女

2.您的年级？*
○大一
○大二
○大三
○大四
○其他

3.您的学历？*
○本科
○专科
○专接本
○研究生

4.您每月在手机上的费用？*
○50元以下
○50-100元
○100-200元
○200元以上

5.您的手机现在能否上网？*
○能
○不能

6.您是否进行过网上支付？*
○是
○否

简介

您好，我们是北京联合大学电子商务系的学生，现在正进行一项市场研究项目，内容如下：

建行是国内首家推出手机银行的银行，为用户支付、帐户管理和资金使用安全等方面带来了极大的便利和保障。虽然现在高校中手机普及率和手机上网率已经很高，但是建行手机银行的普及率和使用率还有待提高。本次调查，想就高校学生手机银行的认知和使用情况做进一步统计，并推广建行手机银行业务。请根据您的真实情况如实填写！　谢谢合作！

关闭

图19-1　调查部卷Flash版本和网页版本

第16题. 您在哪里看过关于建行手机银行的广告吗？

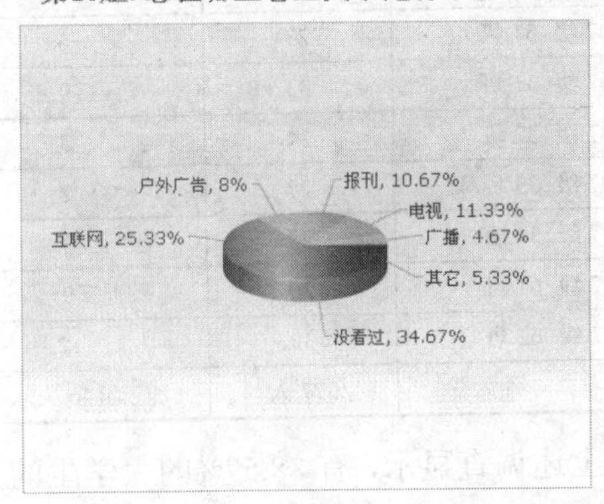

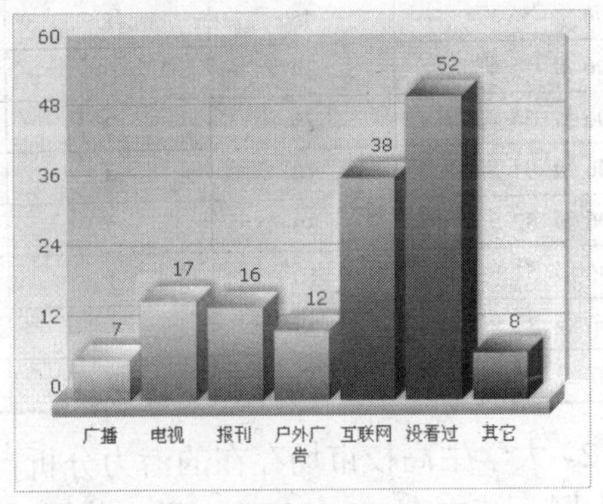

图19-2　问卷结果饼状图和柱状图（以16题为例）

根据问卷调查结果（见图19-2），大学生群体容易接受新事物，拥有手机并能上网者占大部分，用过网络支付者占总样本的62.86%，并且愿意尝试手机银行者占多数。这些说明大学生手机银行市场前景相当广阔，发掘优质潜在客户，在大学生中打响品牌，树立建行手机银行旗帜方案可行，如图19-3所示。

与此同时，我们对建行卡校园持有率进行实际调查，共对677名在校大学生进行了抽样调查，调查方式为下达通知，由各班班长、团支书进行统计。结果显示平均五人中有一人持有建行卡。具体数据见表19-1。

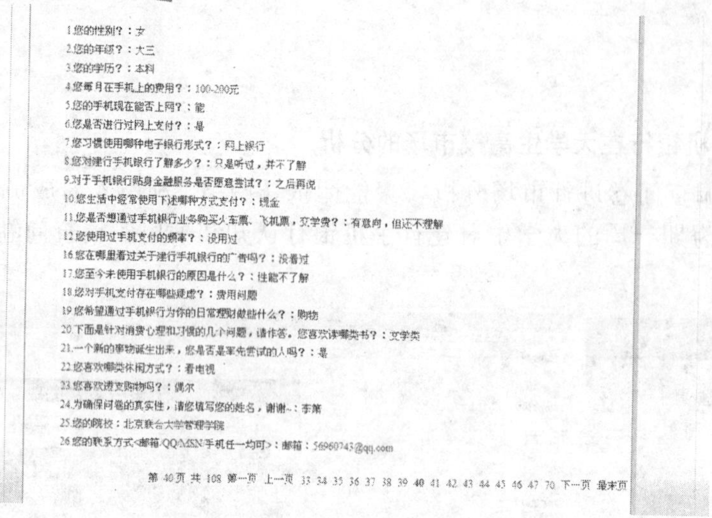

1.您的性别？：女
2.您的年级？：大三
3.您的学历？：本科
4.您每月在手机上的费用？：100-200元
5.您的手机现在能否上网？：能
6.您是否进行过网上支付？：是
7.您习惯使用哪种电子银行形式？：网上银行
8.您对建行手机银行了解多少？：只是听过，并不了解
9.对于手机银行贴身金融服务是否愿意尝试？：之后再说
10.您生活中经常使用下述哪种方式支付？：现金
11.您是否想通过手机银行业务购买火车票、飞机票，交学费？：有意向，但还不理解
12.您使用过手机支付的频率？：没用过
16.您在哪里看过关于建行手机银行的广告吗？：没看过
17.您至今未使用手机银行的原因是什么？：性能不了解
18.您对手机支付存在哪些疑虑？：费用问题
19.您希望通过手机银行为你的日常理财做些什么？：购物
20.下面是针对消费心理和习惯的几个问题，请作答。您喜欢读哪类书？：文学类
21.一个新的事物诞生出来，您是否是率先尝试的人吗？：是
22.您喜欢哪类休闲方式？：看电视
23.您喜欢透支购物吗？：偶尔
24.为确保问卷的真实性，请您填写您的姓名，谢谢~：李箫
25.您的院校：北京联合大学管理学院
26.您的联系方式<邮箱/QQ/MSN/手机任一均可>：邮箱：56960743@qq.com

第 40页 共 108 第一页 上一页 33 34 35 36 37 38 39 40 41 42 43 44 45 46 47 70 下一页 最末页

图 19-3　后台显示填写结果包括姓名、学校及联系方式的截图

表 19-1　建行卡校园持有率统计信息表

建行卡校园持有率调查表					总概率：21.6%
单　　位	人　　数	持 有 数	单　　位	人　　数	持 有 数
06 级 44 班	9	7	06 级 33 班	25	9
06 级 43 班	27	12	06 级 93 班	37	2
06 级 42 班	30	3	06 级 21 班	38	5
06 级 41 班	34	0	06 级 56 班	34	4
06 级 56 班	45	8	07 级 51 班	23	6
06 级 55 班	34	19	07 级 31 班	33	9
06 级 54 班	29	3	07 级 32 班	34	7
06 级 91 班	30	4	07 级 33 班	27	2
06 级 32 班	30	7	07 级 34 班	28	3
06 级 51 班	10	1	07 级 61 班	20	9
06 级 31 班	28	6	07 级 62 班	30	12
07 级 21 班	32	8	总　　计	677 人	146 人

（2）大学生高校市场存在的潜力分析　根据上述调查显示，有 88.57%的大学生的手机可以上网，其中有 62.86%的大学生使用过网上支付；有 61.11%的大学生更倾向于网络银行作为现代银行的首选。这些都说明了网络银行在大学生心中逐步地根深蒂固。特别是随着奥运会的成功召开，给中国，尤其是北京带来了大量的外资，并使各种产业进一步蓬勃发展，与世界接轨。

有 82.86%的大学生没有使用过手机支付；76.19%的大学生声称，没有听说过或对手机银行的业务不了解；有 72.65%没有使用过手机银行，其原因是对其功能的不了解；有 46.36%的大学生对手机银行的安全性产生质疑；但有 61.91%的大学生打算或者了解手机银行业务之后使用手机银行购买火车票等其他业务。并有 98.1%的人表示：手机银行作为新生事物，会或者也许会去尝试。

由此可见，不论从银行发展的趋势，社会前进的大环境，还是从大学生的内心来看，手机银行市场都是潜力无穷的，大学生对建行手机银行的需求是巨大的。

（3）适合大学生高校市场需要的服务分析　建行手机银行为广大客户提供了“手机股市”、“投资理财”、“查询服务”、“转账汇款”、“缴费支付”、“信用卡”、“外汇买卖”、“本地服务”、“万易通商城”等九大类近百种的服务。身处异地的大学生，交付学费和生活费可利用手机银行的跨地域性、即时性代替比较传统的汇款方式或取现方式。大学生的思维意识活跃、超前，生活节奏快速、高效。利用手机银行的快速性、随时性、便捷性，来帮助大学生群体解决诸多生活资金问题和理财问题，是非常必要的。

（4）双向营销策略　基于上述对整体环境和高校条件的分析，我队提出了针对提高手机银行认知率，扩大宣传效果，消除安全疑虑等问题的营销策略。一方面利用手机银行的多种服务完成转账、缴费、证券交易等金融服务，这种贴身便捷和极具亲和力的服务将给大学生手机银行使用群体一个质量的保障。用品牌和功能说话，这是建行⟶高校的单向营销。

利用校园的开放，人与人之间的真诚、融合，信息的流通速度快，易于开展口碑营销的特点，在校园的各种平台，依托网络等媒介，通过学生社团、各学生队伍组织活动将建行手机银行宣传推广出去。这是高校⟶建行的单向营销。如此，利用双方自身优势完成的建行⟷高校的双向营销。

2．项目解决方案

（1）项目策略——“four win”策略　在确定方案主题之后，由队长发起组队，经过队员选定至短期磨合后，集体商定完成基于建行手机银行校园营销方案的队伍策略。围绕着如何在高校这个特定市场将建行手机银行成功营销出去，策略共分四个内容，简称 four win 策略。具体内容如下：

1）为建行手机银行赢得最佳的宣传效果。

2）为建行手机银行赢得更多的使用客户。

3）为高校学生赢得更好的消费理财经验。

4）为高校学生赢得更加方便的支付生活。

“four win”策略的核心竞争力主要体现于团队将手机银行产品赋予“生命”，利用听觉、视觉等感官介入消费者和客户的精神层面，让高校学生对手机银行有直观且深刻的印象。与此同时，团队将在校园营销活动中达到一定数额的建行手机银行业务实签量，为高校学生带来金融服务便利的同时，增加建行的业务成交量，从而实现短期效果的“双赢”。

（2）SWOT 分析（见图 19-4）

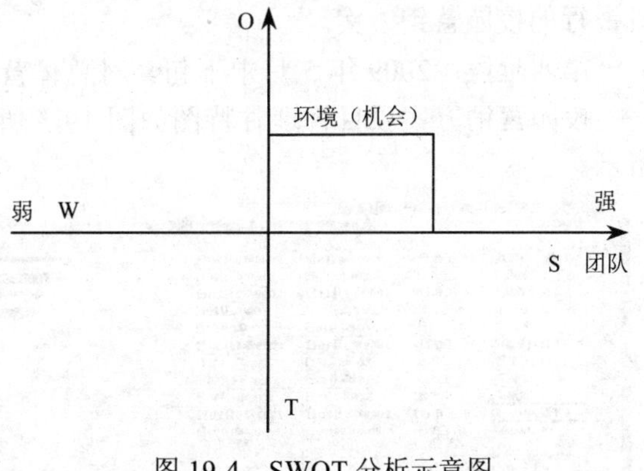

图 19-4　SWOT 分析示意图

使用 SWOT 分析该方案如下：

1）S（优势）。

- 团队方案的开展拥有学校、学院及专业组的大力支持；
- 团队成员在校有工作职位以便开

展校园活动；

- 团队成员熟悉学校大小活动举办的流程；
- 团队制作的视频和 Flash 作品新颖独特，使得广大学生和观众印象深刻；
- 团队在营销过程中为广大高校生准备了精致的礼物。

2）W（劣势）。

- 团队所在的大学是走读住宿于一体的学校，人流虽大但放学后不好集中；
- 团队所在学校是方案实施的初始点，但由点向面扩展难度较大；
- 团队所在高校合作银行为招商银行，通用卡是招商银行的葵花卡，学生用来支付学费、提取补助等，使用率 100%。学生对招行卡了解，使用起来方便。从而对其他银行卡的使用度大大降低。
- 团队成员都是大三学生，课业繁重；
- 团队身处首都，受环境条件影响限制较大。建行制度严格，需在全国起到表率作用。所以有些可以开“绿灯”可提供便利开通条件的渠道目前无法顺利完成；

3）O（机会）：

- 在众多高校建行手机银行未被开发或强力宣传；
- 大学校园人流密集；
- 大学生易接受、尝试新鲜事物；
- 网络化信息化在学生中发达，网络媒体易被学生所接触和接受。

4）T（威胁）。

- 同竞赛队伍之间的竞争及方案的“撞衫”；
- 建行自我品牌的客户使用率，安全性能不被接受的可能；
- 电话银行、网络银行宣传效果好，在同学中“先入为主”。

（3）项目时间安排

本次方案实施分为四个阶段：

第一阶段：2009 年 2 月。完成问卷的调查和方案的整体策划。

第二阶段：2009 年 3 月初至四月上旬。完成视频教学制作和吉祥物故事的制作并配合少量宣传活动。

第三阶段：2009 年 4 月上旬至 5 月中旬。结合我队设计的宣传品和方案大规模开展手机银行的校园营销方案。

第四阶段：2009 年 5 月中下旬。对总体营销做汇总和分析，制作报告。

校园营销方案项目管理甘特图如图 19-5 所示；建行进校园室内外活动甘特图如图 19-6 所示。

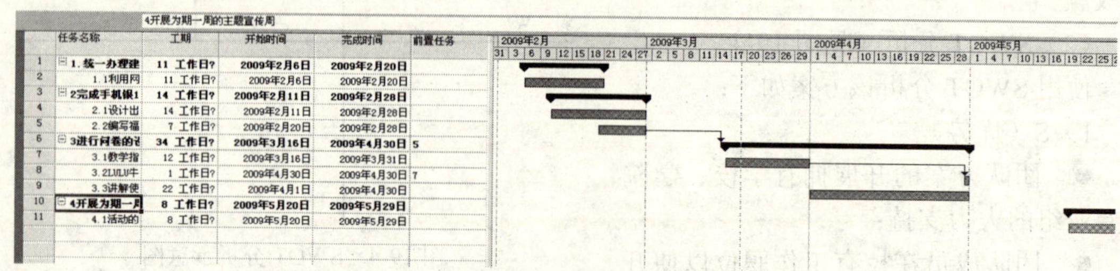

4开展为期一周的主题宣传周

	任务名称	工期	开始时间	完成时间	前置任务
1	1. 统一办理建	11 工作日?	2009年2月6日	2009年2月20日	
2	1.1利用网	11 工作日?	2009年2月6日	2009年2月20日	
3	2完成手机银1	14 工作日?	2009年2月11日	2009年2月28日	
4	2.1设计出	14 工作日?	2009年2月11日	2009年2月28日	
5	2.2编写福	7 工作日?	2009年2月20日	2009年2月28日	
6	3进行问卷的调	34 工作日?	2009年3月16日	2009年4月30日	5
7	3.1教学指	12 工作日?	2009年3月16日	2009年3月31日	
8	3.2LULU牛	1 工作日?	2009年4月30日	2009年4月30日	7
9	3.3讲解使	22 工作日?	2009年4月1日	2009年4月30日	
10	4开展为期一周	8 工作日?	2009年5月20日	2009年5月29日	
11	4.1活动的	8 工作日?	2009年5月20日	2009年5月29日	

图 19-5　校园营销方案项目管理甘特图

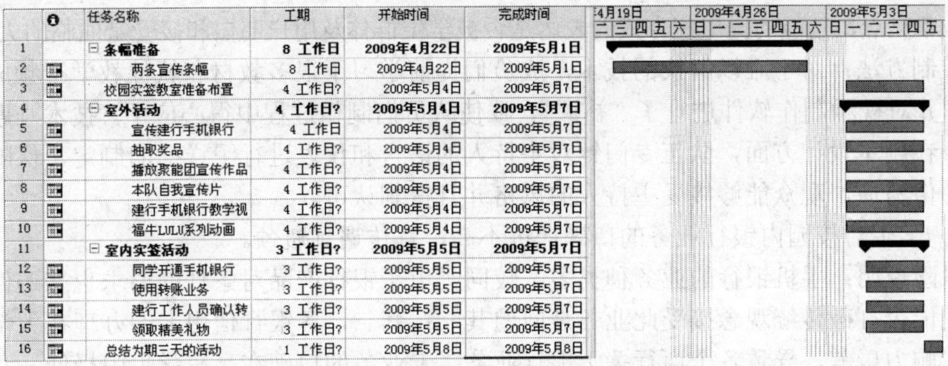

	任务名称	工期	开始时间	完成时间
1	**条幅准备**	**8 工作日**	**2009年4月22日**	**2009年5月1日**
2	两条宣传条幅	8 工作日	2009年4月22日	2009年5月1日
3	校园实签教室准备布置	4 工作日?	2009年5月4日	2009年5月7日
4	**室外活动**	**4 工作日?**	**2009年5月4日**	**2009年5月7日**
5	宣传建行手机银行	4 工作日	2009年5月4日	2009年5月7日
6	抽取奖品	4 工作日?	2009年5月4日	2009年5月7日
7	播放聚能团宣传作品	4 工作日?	2009年5月4日	2009年5月7日
8	本队自我宣传片	4 工作日?	2009年5月4日	2009年5月7日
9	建行手机银行教学视	4 工作日?	2009年5月4日	2009年5月7日
10	福牛LULU系列动画	4 工作日?	2009年5月4日	2009年5月7日
11	**室内实签活动**	**3 工作日?**	**2009年5月5日**	**2009年5月7日**
12	同学开通手机银行	3 工作日?	2009年5月5日	2009年5月7日
13	使用转账业务	3 工作日?	2009年5月5日	2009年5月7日
14	建行工作人员确认转	3 工作日?	2009年5月5日	2009年5月7日
15	领取精美礼物	3 工作日?	2009年5月5日	2009年5月7日
16	总结为期三天的活动	1 工作日?	2009年5月8日	2009年5月8日

图 19-6　建行进校园室内外活动甘特图

（4）项目成本（见表 19-2）

表 19-2　项目费用统计

项　目	费 用 名 称	金　额
宣传品费用	喷绘海报	300 元
	10m 横幅×2	200 元
	易拉宝	300 元
	宣传单	100 元
	问卷校园版印制	100 元
	宣传附属品（胸牌、挂饰、贴纸）	400 元
小　计		1 400 元
礼品	登山包	600 元
	多功能壶	300 元
	邮册	200 元
	电子钟	15 元
	磁力相框	15 元

注：电子钟、磁力相框按实签量赠送

介于活动资金有限，营销宣传需要投入很大力度，我队将合理地、最大限度地分配建行提供的奖品，共用于三个方面：

1）建行手机银行杯广告设计大赛。

2）校园抽奖活动。

3）冠名赞助学生活动。

以保证做到节约力度最强、宣传效果最好、获得利润最大的营销原则。

（5）项目风险及控制

1）学生对建行手机银行的安全性有疑虑。

风险说明：安全问题始终是理财领域最值得关注的问题，在学生群体不了解手机银行及其特性之前对手机银行的安全疑虑是肯定存在的。

控制方法：宣传过程中的材料普及，包括建行宣传单的发放，校园内喷绘海报的讲解，团队制作 Flash 故事中剧情的涵盖等。

2）制作的教学视频不够新颖、技术含量要求高。

风险说明：视频制作过程中的技术含量过高很有可能导致队员的能力无法实现设计样本

中的技术亮点，功能的提出和方式的表达是否被学生群体及用户明白和接受是面临的大问题。

控制方法：对于难以解决的技术，成员们提前学习了很多教材和软件教学视频成功的案例，并对视频制作软件进行了“补课”，致使队员们制作过程中得心应手，技术难题迎刃而解；在剧本设计方面，队伍专门针对主持人的语言和仪表进行了详细的制定，保障了语言的通俗易懂，观众能够接受主持人的风格并且得到认可。

3）学生对校园内银行业务的口碑评价不高，宣传遇到瓶颈。

风险说明：手机银行的业务种类多，较同类电子银行产品对条件的要求也普遍偏高，同学们能否打破传统观念接受此业务是问题其一；其二，各银行信用卡的办理在大学生群体中影响力极差，导致各个商行关于银行业务、卡业务的口碑在高校学生中极低，我们能否在大学生对银行业务领域冷寂的态度下成功宣传，则是另一重要问题。

控制方法：宣传过程中着重向同学们说明手机银行的业务优势，以及一机一卡绑定的单纯性和单一性，强调同学们手机银行的办理是免费的，并没有信用卡业务那样复杂的机制。

4）手机银行故事制作过程复杂，不易被观众接受。

风险说明：剧本的制定要符合常理，并易被广大高校学生接受。Flash 的制作要保证其直观性、搞笑性和商业性。队员们不是广告设计专业出身，无法准确拿捏作品展现的程度及掌握观众理解的角度。队伍没有专业的画板设备，没有接受过动作脚本辅导，画面的粗糙和画图的成败将直接影响 Flash 故事的效果和质量。

控制方法：大量观看成功商业动画广告，充分修改完善动画内容中的角色和背景；充分了解建行手机银行的业务知识以便做到在故事中有的放矢；Flash 中的动作设计均要尽队员最大能力，直至无法改进为止；采取多剧本筛选制，团队民主评议选出合适剧本，再加以制作并细致修改，5 人均通过才算视频完成。

5）校园通卡不是建行卡，开通手机银行业务需先开通建行借记卡并存入少许金额，学生积极性受到打击。

风险说明：队伍所在校区为走读住宿混合校区，住宿人数不足 50%，人员不集中，放学甚至下课后人员大量流失将是宣传过程中一大客观问题；与学生学费、补贴绑定的卡是招行葵花卡，即人手一张招行卡为校园通用银行卡，众多电子银行业务均已经在招行卡上办理开通过，建行卡的持有量是否有空间增长，学生能否接受建行储蓄卡并且办理手机银行业务将是实签过程中最为艰巨的难题；开通建行卡需当事人亲临网点办理开卡业务，学生的积极性、个人时间、对传统开卡缴纳开卡费等观点都将影响开卡数量。校园内禁止一切商业活动，商家进校园需和校方协商，协商过程复杂，需申请和等待审批，一定程度上影响宣传活动。

控制方法：宣传过程中强调建行手机银行对个人理财的帮助、其自身的优点和安全性，让学生对建行手机银行有直观的认识；着重声明办理开卡业务是免费的，并已经和建行网点协商达成一致：凡本校学生开卡、存金，均免排队，即到即开即存；凡开通建行手机银行的同学均可当场获赠建行提供的精美小礼品一份，此外还将获赠本队自行设计的时尚靓丽福牛 LuLu 胸牌，进而提高学生们开卡及办理业务的热情。

（6）项目前景　北京联合大学作为校园第一试点，争取在聚能团宣传之下，完成在小营校区的成功营销，并达成长期合作，为建行增加新的手机银行客户。希望通过聚能团提出的新点子，增加手机银行新的业务，或给建行未来的业务做一个很好的试行，为建行手机银行的发展提速。

3．具体实施流程

方案进程监控表见表19-3。

表19-3 方案进程监控表

时 间	任务内容	负责人	预计完成时间	实际完成时间	备 注
2009.1	团队logo设计	硕、鹏	2009.1.11	2009.1.10	
2009.2	设计调查问卷	鹏	2009.2.1	2009.2.1	
2009.2	一周内网络调查	全员	2009.2.13	2009.2.12	
2009.2	问卷结果分析和报告生成	帆	2009.2.14	2009.2.13	
2009.2	整体策划编写	鹏	2009.2.18	2009.2.18	
2009.2	方案时间流程图	昊	2009.2.16	2009.2.16	
2009.2	吉祥物设计	硕、玥	2009.2.21	2009.2.22	修改
2009.2	导航条设计及说明书	硕	2009.2.25	2009.2.25	
2009.2	吉祥物剧本编写	全员	2009.2.27	2009.2.28	讨论
2009.2	大赛网站队伍间交流	帆、全员	2009.2	2009.2	
2009.3	实体调查问卷制作和印制	帆	2009.3.3	2009.3.3	
2009.3	问卷的发放回收统计和报告	帆	2009.3.12	2009.3.13	修改
2009.3	国内各大银行手机银行分析	昊	2009.3.13	2009.3.13	
2009.3	大赛和讯博客等级到4	帆、昊	2009.3.15	2009.3.14	
2009.3	校园实体营销方案制定	鹏	2009.3.16	2009.3.16	
2009.3	视频教学方案制定	昊、鹏	2009.3.17	2009.3.16	
2009.3	Flash LuLu儿子表情制作	玥	2009.3.18	2009.3.19	修改
2009.3	Flash LuLu儿子故事完成	硕	2009.3.22	2009.3.23	修改
2009.3	与建行朝阳支行联络商讨方案	鹏、昊	2009.3.23	2009.3.23	
2009.3	与建行城建支行联络商讨方案	鹏、昊	2009.3.23	2009.3.23	
2009.3	主题周方案改进	鹏	2009.3.25	2009.3.25	
2009.3	视频教学版方案素材准备	昊、鹏	2009.3.27	2009.3.27	
2009.3	与建行北京分行经理商讨方案	昊、鹏	2009.3.28	2009.3.28	
2009.3	Flash LuLu儿子改进版完成	玥、硕	2009.3.31	2009.3.31	
2009.4	视频教学版第一部分完成	昊	2009.4.1	2009.4.1	
2009.4	与建行北京分行经理第二次会面	昊、鹏	2009.4.2	2009.4.2	
2009.4	校园营销喷绘海报图设计	玥	2009.4.2	2009.4.2	
2009.4	建行广告设计赛通知印制发放	鹏、全员	2009.4.8	2009.4.9	修改
2009.4	Flash LuLu爸爸剧本设计整理	硕、昊	2009.4.10	2009.4.10	
2009.4	Flash LuLu爸爸素材设计整理	硕、玥	2009.4.12	2009.4.12	
2009.4	和讯博客banner的设计和修改	玥	2009.4.13	2009.4.13	
2009.4	视频教学版第二部分完成	昊、鹏	2009.4.14	2009.4.14	
2009.4	头脑风暴解决校园营销活动问题	全员	2009.4.15	2009.4.15	
2009.4	建行广告设计大赛启动	玥	2009.4.15	2009.4.15	
2009.4	抽样统计校园建行卡持有人比率	全员	2009.4.16	2009.4.16	
2009.4	与建行城建支行经理会面	全员	2009.4.16	2009.4.16	
2009.4	商讨Flash LuLu爸爸故事成品	全员	2009.4.17	2009.4.17	

（续）

时　间	任务内容	负责人	预计完成时间	实际完成时间	备　注
2009.4	在官网上汇报本队目前情况	鹏	2009.4.18	2009.4.18	
2009.4	和讯博客及酷 6 网博客的设计	帆	2009.4.19	2009.4.19	
2009.4	视频教学版第三期制作	鹏、昊	2009.4.20	2009.4.20	
2009.4	视频教学版后期修改	鹏、昊	2009.4.21	2009.4.21	
2009.4	聚能团周边产品定制	帆	2009.4.22	2009.4.22	
2009.4	与辅导老师和学长详谈方案	全员	2009.4.23	2009.4.23	
2009.4	Flash LuLu 妈妈素材准备	玥、硕	2009.4.23	2009.4.24	修改
2009.4	与分行、支行及网点经理会晤	鹏、昊	2009.4.24	2009.4.24	
2009.4	Flash LuLu 妈妈动作设计	玥	2009.4.25	2009.4.25	
2009.4	聚能团 MV《在路上》素材收集	全员	2009.4.26	2009.4.26	
2009.4	与学校预约活动场地	鹏	2009.4.27	2009.4.27	
2009.4	聚能团 MV《在路上》制作	昊	2009.4.28	2009.4.29	修改
2009.4	收集持有建行卡同学信息	全员	2009.4.29	2009.4.29	
2009.4	带领部分同学办理建行卡	全员	2009.4.30	2009.4.30	
2009.5	制作新传单并印制	鹏	2009.5.3	2009.5.3	
2009.5	Flash LuLu 妈妈设计完成	硕	2009.5.4	2009.5.4	
2009.5	队伍宣传视频剧本编排	鹏	2009.5.4	2009.5.4	
2009.5	校园主题周海报设计	玥	2009.5.4	2009.5.4	
2009.5	完成第一天 50 的量	全员	2009.5.5	2009.5.5	
2009.5	完成第二天 50 的量	全员	2009.5.6	2009.5.6	
2009.5	完成第三天 50 的量	全员	2009.5.7	2009.5.7	
2009.5	团队宣传视频制作完成	昊、鹏	2009.5.6	2009.5.7	修改
2009.5	网络宣传队伍宣传视频	全员	2009.5.7	2009.5.x	保持
2009.5	队伍三天实签总结报告	昊、鹏	2009.5.8	2009.5.8	
2009.5	实签现场视频制作	昊	2009.5.8	2009.5.8	
2009.5	广告大赛作品结束	玥	2009.5.8	2009.5.9	审核
2009.5	广告大赛作品评选	玥	2009.5.8	2009.5.9	审核
2009.5	与建行经理协商证明事宜	昊、鹏	2009.5.10	2009.5.10	
2009.5	复赛方案修改	鹏	2009.5.11	2009.5.11	
2009.5	给组委会发宣传邮件	鹏	2009.5.13	2009.5.13	
2009.5	聚能团上交作品的修改	全员	2009.5.14	2009.5.14	
2009.5	总决赛答辩材料准备	全员	2009.5.15	2009.5.15	
2009.5	总决赛答辩演讲准备	全员	2009.5.16	2009.5.16	
2009.5	总决赛答辩彩排	全员	2009.5.18	2009.5.18	

（1）项目作品——实现网络营销

1）吉祥物出品，建行手机银行融入卡通元素，如图 19-7 所示。卡通形象已不仅是为孩子们提供娱乐的一个简单事物，现今一个成功的卡通形象已经代表一个成功的商业运作，其含金量不言而喻。因此聚能团大胆创想，借着 2009 年是牛年之际，我们特意设计出福牛噜噜（LuLu）卡通人物，将手机银行业务赋予生命，并设计出一系列围绕着建行手机银行展开的故事。

此形象一推出便受到同学们的好评，可爱淘气的样子受到了不少女孩子的喜欢，同时福牛 LuLu 身穿印有建行 Logo 的衣服也让同学们很容易联想到了建行。再通过有趣的设计，贴切生活的故事将福牛 LuLu 系列打入同学的生活中，在联大的试推行，取得了成功的效果。不少同学不但记住了福牛 LuLu 的样子也记住了建行手机银行，而非其他手机银行，这得益于我们的卡通商业化思想。

福牛 LuLu 形象现有三个确定形象：第一个为福牛 LuLu，即主人公，是一只跟我们一样年轻有朝气的正在上大学的小伙子；第二个为福牛 LuLu 爸爸，角色设计为一个上班族，每天的工作很辛苦，生意往来频繁，理财之事不可或缺；第三个是福牛 LuLu 妈妈，她是一个典型的家庭主妇，平时酷爱炒股，手机银行对其帮助不小。共设计三个故事短片，都以建行手机银行的业务使用介绍为主，并投放在酷 6 视频网站、和讯博客和校内网上，效果很不错，同学们纷纷留言，这种把相对枯燥繁琐的金融业务用卡通故事展现的方式，更容易让人记住和接受。同时我们分析过大学生的心理，大学生需要一些更具创意并贴近他们生活的元素，并不只是简简单单地告诉他们所推广的业务有多完善、有多少优惠，要在他们的脑子注入建行的元素，那最优方式无异于使用卡通形象，亲切地贴近大学生。

图 19-7　吉祥物 LuLu（噜噜）全家福

通过我们设计的卡通形象先入为主地渗透到大学生的市场里，为今后建行的各项业务铺垫了基础。福牛 LuLu 形象的诞生是一次聚能团卡通商业化运作创意的实践，一定是一次成功的运作！

2）Flash 动画故事。我们将手机银行的实际操作融入生活中的故事，自己创作动作设计和剧本，让同学们更易看懂。以下是三个剧本大纲：

① LuLu 通过他的故事展示建行手机银行的购买 QQ 币功能。年轻的福牛 LuLu 的行为映射了年轻人群的消费观念，广大的 QQ 用户群，每天大量的 QQ 充值，用建行手机银行能轻松完成，从而把建行手机银行推向年轻群体。

② 下班后，福牛 LuLu 爸和路人甲一起在公车站等车，这时两个人的手机都响了。他们打开手机一看，短信写着：“紧急情况！马上给 XX 公司转账”接下来就是使用建行手机银行的步骤。路人甲却神情紧张，并立刻冲向银行，因为心急被车撞到了，最后到了银行因关门没有及时转账。而牛爸爸那边动动手指就搞定了业务，轻松地等到公车，很早回到家了。

③ 福牛 LuLu 妈去海边度假，远离了都市的喧闹和繁忙的家务，享受着轻松的假期。但

是瞬息万变的股市可不会休息，福牛 LuLu 妈在故事里定位为股民，而身处金沙滩上的她却突然通过手机短信得到消息：此时抛售手里的股票会有丰厚的收益。但是在海滩上，周围没有电脑，没有银行，怎么样去卖股票呢？这时福牛 LuLu 妈想到了建行手机银行，动动手指在海边就完成了股票的买卖，如此轻松，使得福牛 LuLu 妈的假期更为精彩。这充分证明了手机银行的随时随地性。

详细作品可点击酷 6 网络链接，如图 19-8、图 19-9 所示。

http://v.ku6.com/show/XA8j8sKXtgTLj_VZ.html（LuLu 版）

http://v.ku6.com/show/ueQKIJYe7QBa_m73.html（LuLu 爸爸版）

http://v.ku6.com/show/NcuuJGHXh6HVfB9G.html（LuLu 妈妈版）

图 19-8　作品在酷 6 网截图和 LuLu 动画

图 19-9　LuLu 爸爸版与 LuLu 妈妈版

3）视频教学指南。根据策划的工作进程，聚能团目前已设计并制作了“建设银行手机银行教学视频”。我们的初衷是想做成一个用户可以在网络上自己进行使用的软件，可由于资源、人力、时间的限制，我们只能做成视频，来体现我们的概念。本团队致力于制作一个目前国内所有银行都没有的教学视频，打破目前国内所有银行在“教学指导”方面，只是单纯依靠用户自己读文字、自己理解、自己使用这种枯燥、低效率的模式。这种枯燥的方式有时会让用户理解不充分，只要不懂就询问建行咨询台，无形中也给建行造成了不必要的人力、物力、财力上的浪费。所以团队成员想出了这个点子，力求把“教学指导”做成简单易懂、方便使用、效率高的软件，达到资源的有效利用。

在“建设银行教学视频”中，我们为用户提供了5个选项，即手机银行介绍、安全问题、用户体验、网络注册和疑问查询，并分别以5个图标代替。

在手机银行介绍中，我们以书的图标代表了手机银行介绍，并分别安排了即需即用、贴身服务、功能丰富、交易快捷、技术先进、安全可靠、申办快捷、手续简便等选项，供用户选择。

在使用体验中，因为建设银行网站上，使用体验页面已经做得足够出色了，所以我们在此直接用上面的连接进行使用体验。让用户亲身感受使用手机银行的快感。

在此我们也是使用了建行网页上的注册画面，进行演示。通过用户网上注册的视频，传达注册手机银行也是同样的方便快捷的概念。

详细文件请点击酷6网址链接：如图19-10所示。

第一集 http://v.ku6.com/show/JAnpJ2KWIhLHrmqp.html

第二集 http://v.ku6.com/show/gwSCt4Fm5W1Rs7jO.html

第三集 http://v.ku6.com/show/OJDqj_2f9BS9rBR8.html

第四集 http://v.ku6.com/show/S7F8YxFD7t56jmGK.html

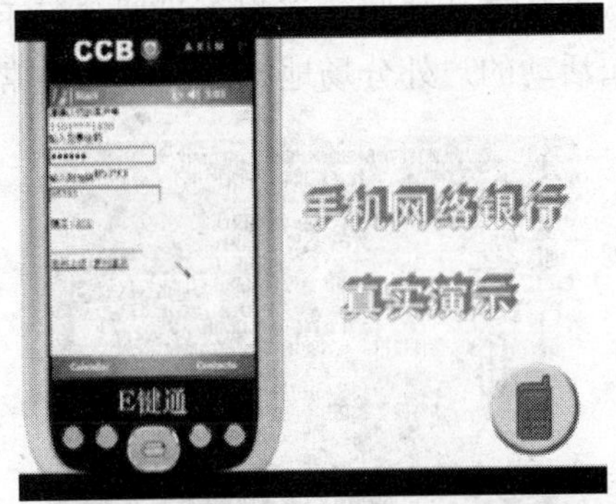

图19-10　视频教学截图

4）聚能团团队宣言。聚能团5名队员用自己出色的发挥在大赛的道路上从初赛走到了现在。本作品既要喊出队伍的参赛宣言，又要将队伍的特点、队员的风采一一展示出来。最终呈现给全国专家、企业教官、大赛组委会一个出色的，具有强大能量的参赛队伍。聚集创意，无所不能是我们的参赛宣言，响亮，又深扣队名。

详细文件点击链接：http://v.ku6.com/show/XbM78ZQjibPMTVNl.html。

（2）校园宣传

1）问卷（300 人），如图 19-11 所示。聚能团在学校内共对 300 名同学进行了调查问卷，在问卷调查的过程中，调查员用口述方式对同学们进行了简单的宣传，并且使用少量篇幅对建行手机银行的功能和业务做了简单介绍。调查为期一周，被访者班级分散，学院分散，力求做到平均。

图 19-11　调查问卷实体版

2）海报和宿舍宣传，如图 19-12 所示。在主题宣传周前期，聚能团自行设计了两块 3m×3m 的喷绘海报，悬挂于学校醒目的宣传长廊处，为来往的同学们做最直观的校园宣传。一幅为建行手机银行杯广告设计大赛的宣传画，另一幅是以吉祥物 Lulu 为主角的建行手机银行宣传广告海报。我队准备在两块喷绘海报下设置建行手机银行进校园活动的户外分场地。因同学们经常驻足观看，从而起到了良好的宣传效果。

图 19-12　大赛喷绘海报和手机银行宣传海报样图

3）网络宣传（酷 6 网和校内网）。

① 聚能团设计制作了独特的导航条辅助客户了解认识建行手机银行，如图 19-13 所示。为建行提供了一个易于打开手机银行链接的思路。

图 19-13　聚能团设计的建行手机银行业务导航条

② 吉祥物 Flash 制作完成并在校园网，酷 6 网上进行试播，邀请好友观看，并继续加

以改进。

③ 视频教学版制作完成并在校园网，酷 6 网上进行试播，邀请好友观看，并继续加以改进。

④ 聚能团各类宣传片制作完成并在酷 6 网上进行试播，邀请好友观看，并继续加以改进。

⑤ 继续维护大赛网站，及时更新链接，做好队伍与队伍之间的交流，相互学习、鼓励。

（3）校园活动——建行手机银行主题宣传周

1）“建行杯”广告设计大赛。本次大赛由聚能团发起，依托电子商务教研室，管理学院团委等部门支持，在学校内开展为期 20 天的校园活动。活动主旨意在宣传建行、宣传建行手机银行、为建行提供更多优秀的方案和素材，并且扩大聚能团在校的影响力。

比赛涉及 logo 图标设计、宣传口号设计和广告方案设计。设置一等奖、二等奖、三等奖和优秀奖若干名。

2）牵手建行网点三天实签。以增加建行手机银行签约用户为目的，完成校企合作。经过前期调研，北京联合大学小营校区学生持建行储蓄卡率只有 20%。在先天环境不利于开通手机银行业务的情况下，聚能团和阳明网点、花家地网点建行员工克服重重困难，最终出色地完成了合作任务。实签活动中同学们反响热烈，计划 2 天的实签活动（每天一小时，12:00—13:00），增加了一天的活动时间。最终实签量不但远超预期目标，还为建行增加了更多的业务量。

3）手机银行进课堂。聚能团带着 Lulu 一家 Flash 作品、视频教学指南、团队挑战宣言和 MV 走进了学校课堂，为同学们带去了先进的手机银行理财知识和新颖的手机银行宣传作品。课堂上同学们观看认真仔细，提问咨询者众多。并当场发送聚能团自制的印有建行手机银行标识的胸牌和 LuLu 形象的胸牌，如图 19-14 所示。本次进课堂活动，涉及小营校区 20 多个班级近千名学生。反响极其热烈，这也是对聚能团给予的极大的肯定。

图 19-14　聚能团设计的胸牌效果图

（4）校园活动收尾

1）我队经过 4 个月的努力，在北京联合大学校本部小营校区成功宣传，覆盖范围广、宣传方式多渠道、宣传作品多元化。为了验证本队的宣传效果，聚能团在方案收尾时，制作了反馈问卷，对整体宣传营销活动做最后的回放调查，共回收 500 份回访。结果证明，本队在长达近一个学期的宣传中，对建行手机银行的校园宣传还是起到了至关重要的作用。成功开通手机银行客户 150 余户，其他附属业务 300 余项。在问卷中，我们特设关于吉祥物 LuLu 牛的问题，LuLu 牛得到了大家的认可和喜爱。

2）与此同时，我们对“建行杯”广告大赛进行评选和颁奖，如图 19-15 所示。

3）由于本次校企合作十分顺利和愉快，还达成了今后继续合作的协议，协议中着重指出了要在下学期以及今后更长远的时间与我校合作，将手机银行乃至更多建行的业务推荐给在校学生，服务于在校生，就以下发展方向达成共识：

图 19-15　城建支行阳明所张森经理为一、二等奖同学颁奖

① 以学生创业社团为第一条纽带，长期向学生群体宣传建行理财业务，培养一批建行自己的类似校园兼职的队伍，带动建行业务的开展。

② 以学生会等学生组织为第二条纽带，与建行有关部门协商，定期在学校开展理财知识讲座，由学生会等学生组织定期牵头举办建行进校园活动。

③ 以校园学生活动、知识比赛、文化娱乐活动、竞技赛为第三条纽带，在学校内以一定规模冠名活动为契机，将建行品牌在每次活动中充分展现，再次达成校企合作。

4）北京联合大学在北京学院众多，充分利用多校区联合营销的方式，将其他学院的"建行氛围"带动起来，将会起到更加成功的宣传效果。

为此，聚能团特地在有限的时间内成功走访了四个学院，开展建行手机银行（LuLu 牛）进课堂的宣传活动，学院涉及北京联合大学管理学院、北京联合大学信息学院、北京联合大学自动化学院、北京联合大学旅游学院。巡展过程中不但带着建行的宣传品、建行的理财业务知识、自制的宣传品，还带着聚能团精心制作的作品，包括 LuLu 牛 Flash 广告系列、视频教学指南、聚能团校园实签现场录像、聚能团 MV《在路上》、聚能团大赛团队宣传视频等。

（5）项目实施效果

1）回访问卷结果。通过这次的调查回访，我们不仅确认了宣传效果，也得到了一些改进措施，例如 LuLu 牛的改进，宣传力度的加强等。结果分析让我们也有了更深一步的想法，品牌效应是我们所追求的。另外做好宣传需要讲究策略，首先要选好宣传的位置，也就是黄金地段；其次要突出主题，增加吸引力；再次要做好全方位的宣传，争取利用一切可能的宣传方式进行宣传；最后要主动出击，不能坐以待毙。

2）网上作品受到极大欢迎——点击率高、评论多。

3）广告设计大赛作品出众，参与积极性高。

广告设计大赛得到在校学生积极的响应。先后有数百名同学报名参加。在比赛期间也有同学们纷纷致电聚能团负责人电话，详细了解建行手机银行的一些业务情况，成功地完成了依托于广告大赛间接宣传建行手机银行的目的和效益。

在百名报名者及上交作品的同学中，最终评选出 33 名获奖选手，得到了分行负责人的认可和表扬。优秀参赛作品如图 19-16 所示。

画面	音效	时间	语言说明	备注
	校园广播站、同学们嬉戏的声音	2s		大学校园
	校园背景音乐	5s	一个穿着很潮的男生边走边玩弄着手机，表情很兴奋，周围同学目光诧异。	
	女生议论声音音乐	20s	两个女生走过来，很好奇地问了问这位男生在玩什么这么开心？男生说我在看建行的手机银行呀。女生表情诧异，问道什么是手机银行呢？男生向她们解释建行最近推出了手机银行，只要拥有手机，立即满足您投资理财、缴费支付等急迫的需求，拥有建行手机银行，享用建行 7×24 小时随身服务。，并且声音很大。	
	女生及周围同学惊讶的声音	4s	男生的声音很大，引来了众多同学，同学都很认真地听着男生解释，并且表情很惊讶，而且很兴奋、很期待。	
	女生及周围同学惊讶的声音	4s	同上	
		4s	出现建行手机银行的标志，解说道：[illegible]，[illegible]。	

图 19-16　图为优秀参赛作品（左为 Logo 设计图，右为广告宣传方案）

4）实签完成任务，效果明显。连续 3 天共 3 小时的实签活动完成了预期的目标，得到了阳明所及支行、分行领导的认可，并且双方已经达成继续合作的共识，打算在下学期继续开展进校园的活动，如图 19-17 所示。

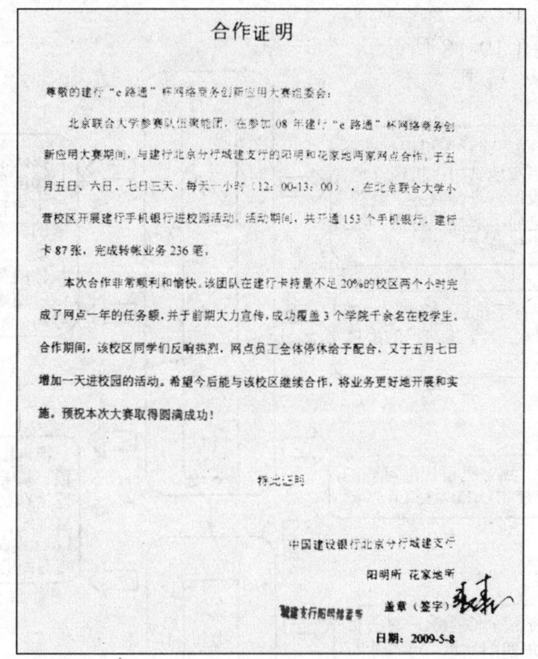

合作证明

尊敬的建行“e 路通”杯网络商务创新应用大赛组委会：

北京联合大学参赛队伍聚能团，在参加 08 年建行“e 路通”杯网络商务创新应用大赛期间，与建行北京分行城建支行的阳明和花家地两家网点合作，于五月五日、六日、七日三天，每天一小时（12：00-13：00），在北京联合大学小营校区开展建行手机银行进校园活动。活动期间，共开通 153 个手机银行，建行卡 87 张，完成转账业务 236 笔。

本次合作非常顺利和愉快，该团队在建行卡持量不足 20%的校区两个小时完成了网点一年的任务额，并于前期大力宣传，成功覆盖 3 个学院千余名在校学生。合作期间，该校区同学们反响热烈，网点员工全体停休给予配合，又于五月七日增加一天进校园的活动。希望今后能与该校区继续合作，将业务更好地开展和实施。预祝本次大赛取得圆满成功！

特此证明

中国建设银行北京分行城建支行

阳明所　花家地所

盖章（签字）

日期：2009-5-8

图 19-17　中国建设银行城建支行开具的合作证明

（6）管理收尾

1）作品的修改和完善。团队作品投放在各类媒体上一段时间后，得到了认可的同时，也暴露了很多不足，有的是可以修改和提高的，有的是能力局限完成不了的。本队针对能力所及可以完成的作品在此进行了细致的修改，如 LuLu 牛 Flash 系列广告画面的细化、视频教学作品中出现的解说重音、病句等问题，均在收尾期间做了再次的修改。

2）队伍各类活动的总结报告。聚能团以校园为平台，为达到宣传建行手机银行的效果，在校园内举办了很多大小活动。活动效果均在方案各个活动总结中有详细的体现。

3）队员的参赛心得总结及感想。聚能团 5 位成员肩负联大使命，在本次大赛欲续创联大电子商务的辉煌。5 个多月的路程历练了队员们的能力、素质。无论专业技能，还是理论知识、再到实战经验，都有了长足的进步。队员们纷纷在大赛初赛、复赛、决赛过程中记录下自己心中最真实的文字，作为自己在大赛道路上的纪念和总结。

4）落实 four win 策略。聚能团在小营校区的成功营销的方式、方法和步骤，都严格按照队伍制定的时间轴和进程规划前进，始终围绕方案的“four win”策略展开。从方案最终交付成功中可以看到：聚能团不但最大范围地宣传了建行手机银行业务，短时间内增加了建行客户，完成了网点的年任务量，给校园在校生提供了便捷的金融理财服务——为同学们免费开通建行手机银行，方便了同学们的支付生活，增加了同学们的金融理财知识，最终达到了聚能团制定的 four win 策略。

19.4 竞赛结果

19.4.1 实施结果

团队方案进度图如图 19-18 所示。

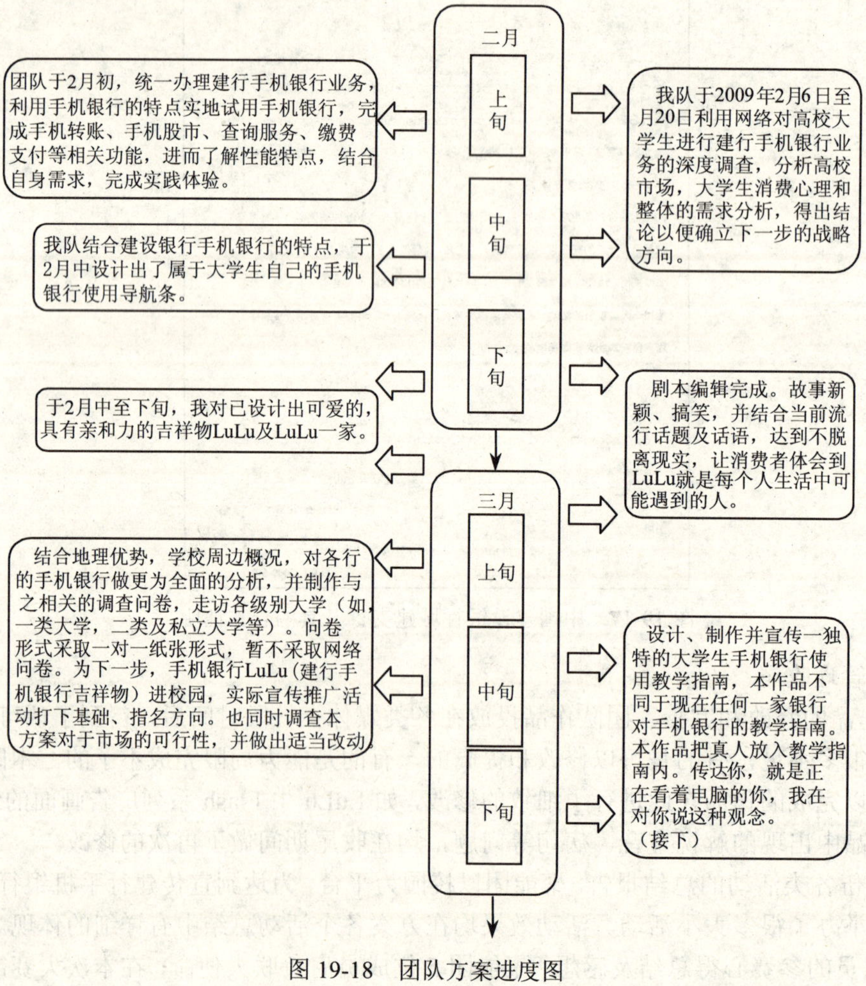

二月

上旬

团队于2月初，统一办理建行手机银行业务，利用手机银行的特点实地试用手机银行，完成手机转账、手机股市、查询服务、缴费支付等相关功能，进而了解性能特点，结合自身需求，完成实践体验。

我队于2009年2月6日至月20日利用网络对高校大学生进行建行手机银行业务的深度调查，分析高校市场，大学生消费心理和整体的需求分析，得出结论以便确立下一步的战略方向。

中旬

我队结合建设银行手机银行的特点，于2月中设计出了属于大学生自己的手机银行使用导航条。

下旬

于2月中至下旬，我对已设计出可爱的，具有亲和力的吉祥物LuLu及LuLu一家。

剧本编辑完成。故事新颖、搞笑，并结合当前流行话题及话语，达到不脱离现实，让消费者体会到LuLu就是每个人生活中可能遇到的人。

三月

上旬

结合地理优势，学校周边概况，对各行的手机银行做更为全面的分析，并制作与之相关的调查问卷，走访各级别大学（如，一类大学，二类及私立大学等）。问卷形式采取一对一纸张形式，暂不采取网络问卷。为下一步，手机银行LuLu（建行手机银行吉祥物）进校园，实际宣传推广活动打下基础、指名方向。也同时调查本方案对于市场的可行性，并做出适当改动。

中旬

设计、制作并宣传一独特的大学生手机银行使用教学指南，本作品不同于现在任何一家银行对手机银行的教学指南。本作品把真人放入教学指南内。传达你，就是正在看着电脑的你，我在对你说这种观念。（接下）

下旬

图 19-18 团队方案进度图

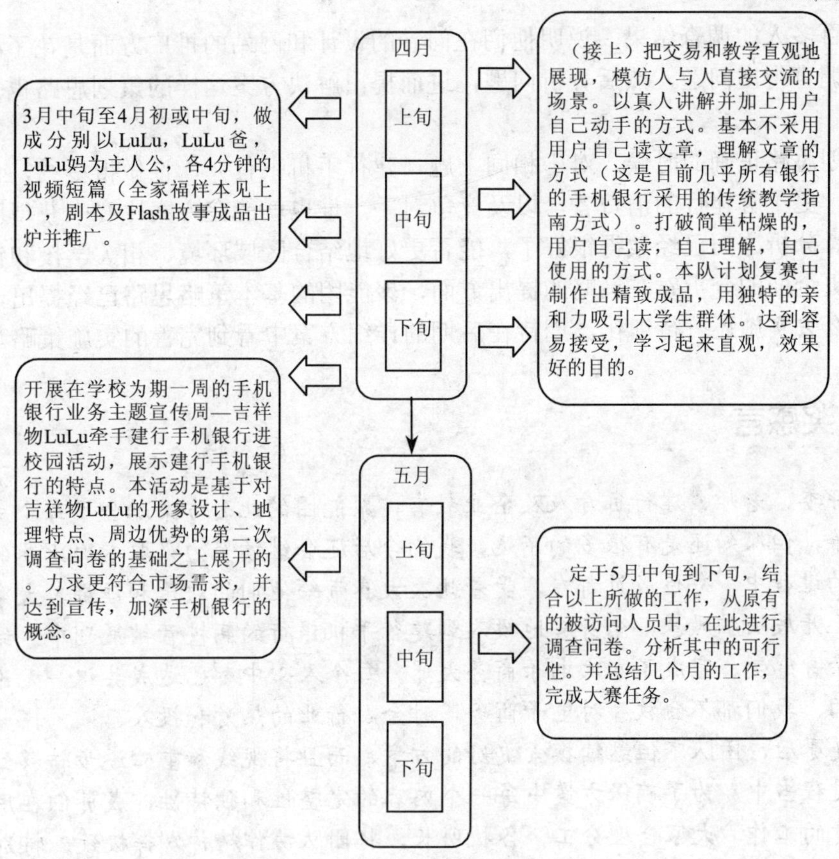

图 19-18　团队方案进度图（续）

19.4.2　名次结果

北京赛区网络营销主题策划赛第一名。

全国总决赛网络营销主题策划赛本科组第一名。

19.5　方案点评

陈道志（北京联合大学）日期：2009-02-26 17:34　　评分等级：★★★★★

通过这次比赛，我看到了你们坚韧不拔的毅力和奋起直追的精神。这次看到的方案与你们最初的初稿简直有天壤之别，你们的领悟能力很强，方案在一步一步完善。建议你们能够进一步补充“将北京地区的学校、银行竞争状况分析提出更加具有竞争力的策略”。

此外，校园宣传方案建议与北京建行取得联系，邀请他们指导和参与，在宣传的过程中最好是有客户的签约。

继续努力，你们一定行！

方能（大赛组委会）日期：2009-02-24 14:43　　评分等级：★★★★

该方案中对大学生这个受众群里的调查设计是本方案中的出彩部分，你们在短时间内收集了一百多人的调查结果，说明他们在问卷的设计和网站的推广方面是花了心思的。该团队通过调查得出问题，然后分析问题，进而提出解决方案这样的策划思路也是值得大家所学习的。

在策划思路正确的时候，对于相同主题（建行手机银行），谁做得更细，谁比建行更了解建行，更了解建行的消费者，以及竞争对手，谁也就能在方案比赛中获得胜利。聚能团在消费者分析方面已经做得很好了，能否更好地结合区域环境、相关学校和银行的竞争状况做出更全面的分析？在策略的提出方面，聚能团的基本策略思路已经提出，但具体是什么，怎么去实施还有待细化。期待在后期的详细方案中看到完善的实施策略。

19.6 获奖感言

各位评委、老师、建行负责人及企业教官，聚能团的此套方案融合了每个成员的营销创意和思维，但深知还是有很多的不足，我们今后还会继续努力吸取本次比赛的经验和教训。初赛的过程中，每位成员都在享受着此次大赛带给他们的欢乐和锤炼，大家在一起，集思广益，开展头脑风暴，全身心地投入到建行手机银行的高校营销策划中。结合自己是大学生的亲身感受，完成了本次电子商务大赛。每个人心中都已达成共识，无论比赛的结果是怎样的，我们都不会放弃对电子商务，对金融行业的热爱和投入。

进入复赛后，团队不但继续摸索更好的方案，而且将视线和重心逐步转移到方案的实施和监控过程当中。为了确保方案中每一个内容的完整性和独特性，成员们在用心地做着自己所负责的工作。大家合理分工，各执所长，将团队协作精神发挥极致。特别要感谢的是一路上陪伴在队伍左右的辅导教师陈道志老师，还有给予团队大力支持的校级、院级领导和各级学生组织，有了你们的帮助，聚能团才能顺利地实施方案。

在与建行合作的环节上，团队要感谢建行北京分行电子银行部的闫勇经理和孙坚经理、城建支行王雪军经理、阳明网点张森经理及网点员工们对聚能团方案和活动实施的大力支持和帮助，没有贵行的响应和参与、贵行员工的大力支持，聚能团的方案是进行不下去的。在此对建行北京分行、城建支行，阳明网点表示最诚挚的感谢！

最后要感谢大赛组委会，感谢刘芳老师、媛媛老师、小末老师、叶子老师、文鹏老师、郑刚老师、方能老师等组委会老师们对聚能团的关怀及方案做出的点评和指导；感谢大赛组委会给予聚能团珍贵的晋级决赛机会，聚能团抓住了这次机会，在全国决赛的赛场上将我们的作品和成果展示给了建行和大赛评委，最终获得了优异的成绩。虽然比赛已经结束，但是聚能团前进的步伐不会停止，聚能团五颗强劲的心会继续跳动，去迎接下一个半年，下下个半年……在今后的道路上，勇敢前进。

祝各位专家、老师、企业教官及组委会工作人员身体健康，家庭和睦，工作顺利！

为电子商务大赛喝彩！为青春喝彩！为大家喝彩！为聚能团喝彩！

第20章 缸头香油主视频和主形象的设计与推广

作者：泰山学院 “风雨兼程”团队

20.1 团队介绍

我们是来自泰山学院的“风雨兼程”团队。我们始终坚信，虽然我们前进的步伐很慢，但既然选择了远方，便只顾风雨兼程。一路走来我们失败过，伤心过，但我们从未放弃过。通过努力，我们设计出了符合企业要求的香油产品的主视频和主形象，并实现了其在网络上的推广，真正实现了电子商务的推动传统企业发展的价值。

1. 成员及分工

团队成员分别来自泰山学院信息科学技术学院电子商务专业和计算机教育专业。具体介绍如下：

队长：赵伟，负责确定方案大体的框架结构，与企业的沟通交流、协调团队和网络推广。

队员：刘晓晖，负责图片的处理、博客的管理及其在网络的推广和方案的修订，并参与幻灯片的制作和幻灯片的讲解。

队员：边海燕，负责 Flash 的制作及其在网络的推广和方案的修订，并参与幻灯片的制作和幻灯片的播放。

队员：张丽，主要负责方案的撰写和线下推广。

队员：冯俊平，主要负责方案的撰写和线下推广。

2. 团队宣言

我们也许前进的步伐很慢，但既然选择了远方，便只顾风雨兼程。

20.2 选题经过

WHO（世界卫生组织，引领全球人民健康生活的权威组织）公布的三大最佳食用油是芝麻油、玉米油、米糠油。芝麻油也就是香油，排名第一位，可见香油价值作用之大。

虽然有着价值的优势但由于它的制作工艺的讲究和市场上充斥的伪劣产品，再加上人们对香油这种生活用品定位的不足（只把它当作调料品，没有意识到它的保健作用），使得香油的销量不是很好。

而潍坊瑞福调料有限公司的主导产品——“崔字牌”小磨香油，是中华老字号、绿色食品、中国驰名商标，这是全国唯一一个集国家三大最高荣誉于一身的香油品牌。公司特有的石磨生产流程和水代法提取香油方式，既保证了香油的营养，又保证了香油大规模的生产，使得香油的普及成为可能。所以我们选择了潍坊瑞福调料有限公司的“设计缸头香油推广的主形象及其视频，突出其珍贵和营养”的商业问题作为我们研究的课题。

我们都喜欢 Flash 而且公司的产品值得信赖值得推广，再加上公司重视网络营销（瑞福公司是华东赛区主要的赞助商之一），这对我们下一步的网上推广，奠定了坚实的基础，在一致认可的情况下便开始了我们的大赛之旅。

20.3 方案

20.3.1 简介

我们主要是通过线上和线下双管齐下推广产品。在线上的推广主要通过制作广告、综合利用搜索引擎和博客营销等多种方式进行网络推广；在线下主要通过张贴广告、发放传单和社区营销等多种方式进行推广。

20.3.2 正文

1. 视频及其主形象

（1）视频概述

1）三基色版（见图 20-1）。主要采用对比的方法来展现缸头香油的价值。

首先，我们运用古老的卷轴来展现画面，画中翠绿的芝麻，勤劳的蜜蜂，突显香油的“绿色”，苏东坡印章的出现更为香油增添了独特的古典气息；紧接着爆破出现，使上下衔接连贯。随着背景的变换，继而香油出现，随后出现我们的口号——用“崔字”香油每天健康。这句话主要是从顾客的角度来考虑的，并能突出它的营养价值。最后画面以清明上河图为背景，“崔字牌”商标、老字号、绿色食品”逐渐显现，三者形成一个稳定的三角形，衬托出深厚的文化底蕴，进一步加深人们的印象。

图 20-1　三基色版视频截图

2）青铜版（见图 20-2）。我们以被誉为“知己”的代表——《高山流水》为背景音乐，结合我们广告的宣传语，用颜色单调的古老青铜器与色彩丰富的缸头香油图片作对比，强化视觉冲击。

在典雅氛围下，“崔字牌”缸头香油缓缓出现。上下微颤的缸头，就像在缓缓地走过历史；随即出现的是缸头的特写，“瑞福香油”四个字紧随其后，紧接着出现一幅以黄色为基调的图片，酷似一份丰盛佳肴，引起消费者的食欲。

该视频以黑色为基调，更显香油的古典和浓郁的文化气息。

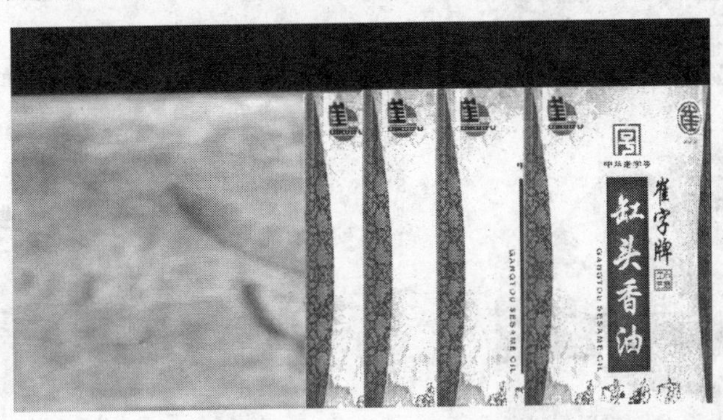

图 20-2　青铜版视频截图

3）贝壳版（见图 20-3）。首先，从古老的卷轴开始展现，古铜色的卷轴、翠绿的芝麻，辛勤的蜜蜂、苏东坡的印章、古人对芝麻的评说等构成一幅和谐的画面，给人以宁静的感觉。接着出现的云纹瓦当拓片烘托出古老的沧桑美。我们用漂亮的含珍珠的贝壳来衬托香油的珍贵，“‘崔字’香油每天健康”表现香油的健康，Flash 的特效大大增强了吸引力。随后以清明上河图为背景，“崔字牌”商标、老字号、绿色食品出现，三者形成一个稳固的三角形，浓重的文化气息进一步加深人们的印象。

图 20-3　贝壳版视频截图

（2）主形象概述

1）珍珠版（见图 20-4）。在古色古香背景的烘托下，两只手缓缓托起饱含珍贵缸头香油的贝壳；几滴明亮的水珠给人以晨的气息、海的宁静，同时也暗示了贝壳是一只刚刚出水的新鲜贝壳。淡淡的色彩自由洒落，充满了诗一般的梦幻。

典雅的贝壳与现代工艺包装的缸头香油彼此默契；细腻的双手托起漂亮的贝壳和富有现代气息的缸头香油，那么优雅，那么宁静；渐变的色彩，那么流畅，那么自然。这一切无一不透漏着缸头香油的珍贵与稀有。

2）油滴版。油滴版共有两个版本：

版本一：我们赋予了香油青春的活力与激情，两个充满活力的香油滴聚在一起似乎在诉说着昔日的友谊，给人以亲切的感觉，非常符合作为礼品的香油的定位。相拥的油滴，开怀的欢笑，无处不透露着深厚的感情，极大地增强了广告宣传的亲和力。如图20-5所示。

图20-4　珍珠版主形象

图20-5　油滴版主形象（一）

版本二：首先映入我们眼帘的是一个硕大无比的香油滴，它寓意瑞福公司在行业竞争中的优势地位。它作为超市、专卖店的门头牌，堆头端架及形象都非常醒目。中华老字号和绿色食品商标在香油滴的下部（根据商场的堆头端架高度和宽度比例，将其放在下方便于消费者的发现与识别）。绿色食品商标、中华老字号、缸头香油三者组成一个三角形，并且两个图标与油滴形成一个大的三角，给人以稳重感。红红的崔字商标就像个喜庆的灯笼，充溢着节日的气息，喜悦之感油然而生。大量的留白既给人轻松的感觉，又能表现出一定的活力。如果页面上充满了图片和文字，不留一点空隙，那根本体现不出美。利用留白来平衡页面布局，在不平衡中营造平衡的感觉，这样就使得形象更显生动。通过留白的作用，使整幅画面布局松弛有度，给人以跌宕起伏之感。如图20-6所示。

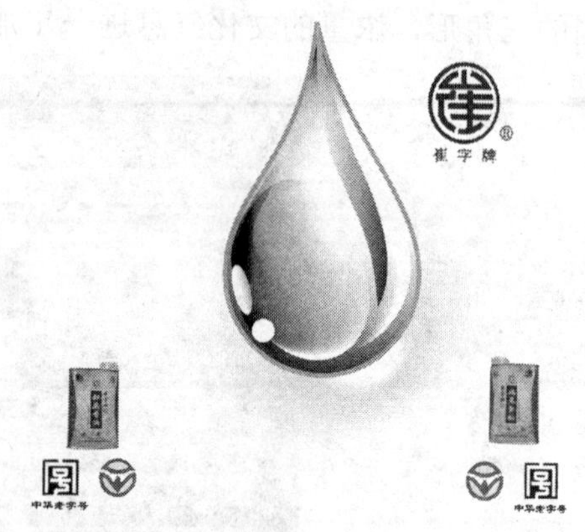

图20-6　油滴版主形象（二）

2．网络推广

（1）利用“和讯博客”推广　链接地址：http://hexun.com/fyjctd/default.html

我们主要通过以下方面进行推广：

1）上传图片和视频。我们把酷6网上的视频挂在我们的博客首页上，装饰了博客的页面，加强了公司的宣传力度，推动了产品的推广。

2）发表文章。深度丰富的博客内容，扩大了企业文化宣传的力度和产品的推广范围。

上传一些与这次电子商务大赛有关的题目供参赛团队参考，让非参赛人员认识到我们的真实性，同时也可以推广相关的支持企业和本次大赛。引用现行的热点话题，可提高读者对“博客”的阅读兴趣，避免商业气息太浓的缺点。发表一些与我们产品相关的文章，以加深消费者对我们产品的了解。包括：

- 介绍潍坊瑞福油脂调料有限公司，使读者对公司有一个很好的了解；
- 介绍“崔字牌”缸头香油的营养与价值，提高读者的兴趣，同时刺激消费者购买产品的欲望；
- 提供芝麻的相关信息，如芝麻的取材、营养以及各种功能等；
- 搜集大量的相关历史和传说，丰富了“博客”的内容，提高了博客的质量，并从侧面宣传了公司文化，实现了全方位宣传。如石嬷嬷的传说，小磨香油的历史；
- 将我们的广告宣传语作为打开我们“博客”的默认播放声音，让更多的网友了解“崔字”，让更多的人知道“崔字”，可增强企业的文化氛围，提升企业的知名度，进一步巩固公司在香油界的突出地位。

3）与其他“博客”建立相关的链接。在“和讯博客”上建立多个链接，如产品的视频链接、公司的总站链接、网友的“博客”链接以及相关网页的链接等，使博客内容更加充实，使消费者对我们的产品有更加全面的了解。和讯博客截图如图20-7所示。

图20-7　和讯博客截图

4）提炼关键字。关键词的研究和选择是搜索引擎营销活动中至关重要的一步。众所周知，大多数人在网上寻找信息都是从搜索引擎开始的。我们可以通过关键字的设置提高在搜索引擎中的排名。

5） 将博客地址作为百度知道回答问题的资料来源。这样让更多的人来浏览我们的博客，提高了针对性和可信度，宣传了博客，推广了企业。

（2）利用校内网和 QQ 推广　我们不仅在校内网上写一些相关的日志，上传相关的图片，还把我们在酷 6 网上的日志上传到校内网和腾讯校友网上。通过分享使得更多的人了解大赛，了解崔字牌香油，培养潜在的消费者，起到了很好的宣传作用；并且我们还通过群发邮件的形式，极大地宣传了公司的文化及公司的产品。

（3）利用百度 hi 推广　利用百度 hi 我们可以编辑百度知道和百度百科，通过提问题和完善百度词条以及百度博客，可以很好地提高在搜索引擎中的排名。例如我们给出了“什么香油好点”的提问，并让队员来回答，使得现在只要一搜“香油 好点”，就会出现我们提问的问题及我们自己回答的结果。

（4）线下的推广　我们做过多次市场调研，根据调查报告和商场的销售量得知人们仅仅是发现了香油的调料价值，而香油真正的保健价值很少被人们知道。并且大多数消费者为中老年人鲜见青少年。另外，很多人只认可当地的香油品牌，对外来的香油持有怀疑甚至抵触的情绪，所以崔字牌香油的销量远远没有达到预期的设想。

我们针对以上情况发放大批彩页之类的宣传品并进行了几天的社区推广。我们不仅在市政广场、东湖公园等大的场所发放了海报彩页，而且还在人流较大的火车站等地方发放了彩页和海报；并在超市和社区进行了线下的推广。如图 20-8 所示。

图 20-8　线下推广

通过这几天的宣传和实践虽不能在全市范围内实现较大的影响，但这种方法很好地实现了公司产品的推广。发放的彩页将近七万份，销售额突破千元。

3．支付

我们提供了多种支付方式：

1）手机银行支付。只要登录后选择转账转到中国建设银行的 6227002220404234135 账户即可。

2）支付宝支付。通过淘宝支付给我们即可。

3）网上银行支付。登录后可以直接转到我们的建设银行的账号 6227002220404234135 中即可。

4）现金支付。消费者可以使用现金直接来购买我们的产品，我们提供方便快捷的服务，尽量减少消费者的时间。例如在社区推广时就采用现金结算的方式。

20.4 竞赛结果

20.4.1 实施结果

1．百度搜索

只要你搜索“香油 好点”，在百度知道中就可看到我们的作品排在第一位。

当你搜索“最好的香油”时我们的作品是排在第一位的。

当搜索“缸头香油”时我们的作品是排在第一位。

我们创建了“缸头香油”、“潍坊瑞福油脂调料有限公司”、“全国大学生网络商务创新应用大赛” 等多个百度词条，并完善了“麻汁、“麻油”、“机制香油”、“芝麻盐”、“香油”、“麻汁”等多个百度词条，添加了“崔字”香油的链接及图片。

百度搜索截图如图 20-9 所示；百度词条如图 20-10 所示。

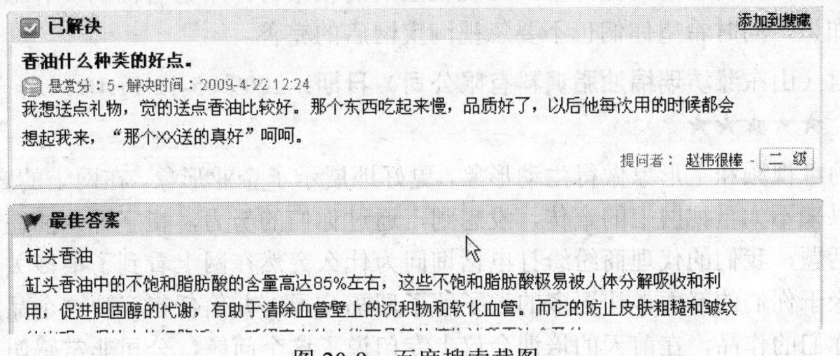

图 20-9 百度搜索截图

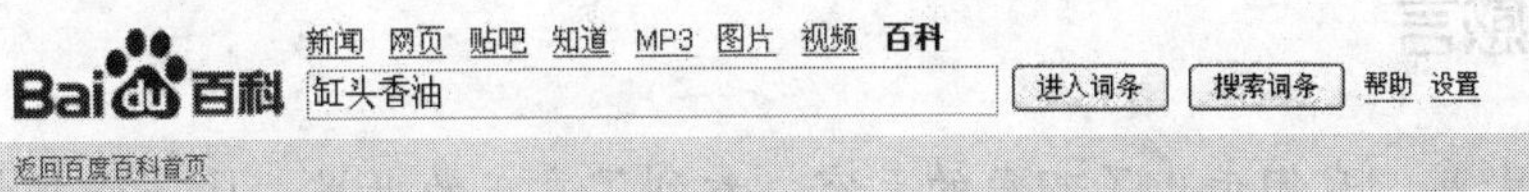

缸头香油

编辑词条

缸头香油，是最高端的香油品种，选取中国珍稀名贵芝麻，承袭崔氏香油家族600年祖传经典工艺，纯手工磨制，取珍稀芝麻之精华，聚醇香营养于缸头，只取开缸第一瓢，滴滴拔萃，长期以来仅仅是香油世家在春节招待贵婿时才舍得一用，普通人家是可望而不可及的。缸头香油中的不饱和脂肪酸的含量高达85%左右，这些不饱和脂肪酸极易被人体分解吸收和利用，促进胆固醇的代谢，有助于清除血管壁上的沉积物和软化血管。而它的防止皮肤粗糙和皱纹的出现、保持人体细胞活力，延缓衰老的功能更是其他植物油所无法企及的。

缸头香油图片

小磨香油所用的生产工艺有着600多年的历史，是名符其实的中华老字号。从明朝初年，这里就有了小磨香油的生产。芝麻油最初是照明用的燃料，是通过挤压压榨出来的，已经有几千年的历史，现在的机榨技术也非常成熟，每天一台小小的榨油机就可以出一吨甚至几吨的产量，而小磨香油则出现的比较晚且工艺相对复杂，但由于其制作过程的无污染而深受人们的喜爱。

图 20-10 百度词条

2．和讯网

我们做出了靓丽的博客图面和充实的内容，获得了 144 543 的人气值和 133 538 的访问量，并提高了在搜索引擎中的排名。

3．线下推广

发放的彩页将近七万份，销售额突破千元。

20.4.2 名次结果

全国赛区网络营销一等奖、华东赛区网络营销一等奖。

20.5 方案点评

李媛媛（大赛组委会）日期：2009-04-15 11:20 评分等级：★★★★

你们的重点是博客商务创新应用，建议你们在博客中开设一些吸引浏览者的博文出来，比如小磨香油一些传统的文化介绍，与现代生活的相结合，小磨香油的美容效果等，别人不知道的知识，同时希望你们也不要忽视淘宝网店的完善。

陈秀君（山东潍坊瑞福油脂调料有限公司）日期：2009-05-12 17:18 评分等级：★★★★★

你们的主视频和主形象做得生动形象，更好地展示了企业形象，在网上的宣传很到位，公司一直以来不太重视网上的宣传，没想到，通过你们的努力，崔字牌香油在网上一下子成了热门话题，我们的代理商纷纷打电话询问为什么突然在网上看到了很多关于崔字牌的宣传！这缘于你们的努力，让更多的人了解了瑞福公司，并信任崔字牌这个品牌，公司领导很重视你们的作品，在前天的培训会议上专门说了这个问题，公司非常感谢你们！

20.6 获奖感言

通过这次大赛，我们走出了四角的天空，看到了真正的世界。从一个书生到今天从事小磨香油网络营销的兼职，我要感谢企业教官陈经理和组委会老师所给予的关心与支持。在学院领导给我们开表彰会时，在校报记者的采访时，我们深刻地体会到今天成功的可贵；回首过去的不眠之夜，我们体会到的更多的是欣慰。

在这里请允许我真诚地说声：“谢谢”。没有企业的支持和团队的努力，也就没有今天的风雨兼程。

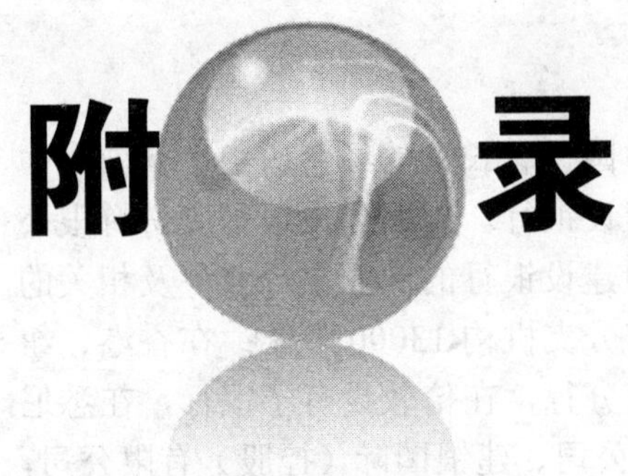

附录

附录一　大赛协办机构说明

1．赛主办方——中国互联网协会

中国互联网协会成立于2001年5月25日，由国内从事互联网行业的网络运营商、服务提供商、设备制造商、系统集成商以及科研、教育机构等70多家互联网从业者共同发起成立。中国互联网协会现任理事长为中国科协副主席胡启恒院士，现有会员300多家，大部分为团体成员，协会的业务主管单位是工业与信息化部，办公地点设在北京市。

中国互联网协会的团体成员是从事有关互联网活动的企事业单位、研究院所、高等院校、学术协会以及其他各类组织，他们具有合法的地位并且愿意加入中国互联网协会，遵守协会章程。此外，中国互联网协会还吸纳了一些在中国互联网界有较高影响的个人成员。

中国互联网协会的宗旨是：团结互联网行业的相关企业、事业单位和学术团体，组织制定行约、行规，维护行业整体利益，保护互联网用户的合法权益，加强企业与政府的交流与合作，促进相关政策与法规的实施，提高互联网应用水平，普及互联网知识，积极参与国际互联网领域的合作、交流，促进中国互联网的健康发展。

中国互联网协会的基本任务是：宣传国家政策、法律、法规，向政府部门反映会员和行业的愿望、要求；提出互联网发展政策的意见和建议；协助政府有关部门制定有关政策、法规及国家和行业标准；制订并实施互联网行业自律公约；协调会员之间的关系，促进会员间的交流与沟通，加强会员之间、会员与政府之间的协作；维护国家、行业和用户的利益，反不正当竞争和侵权行为，提高行业服务质量；开展行业调查和信息搜集、整理、统计与分析工作，向会员及政府部门提供互联网的发展状况、市场发展趋势、经济预测等信息，做好信息咨询服务和政策、技术、产业、市场导向工作；开展互联网学术交流、教育普及和技能培训；积极参与国际互联网组织的活动和事务，加强国际合作与交流，为互联网在全球的健康发展做出贡献；承担会员单位及其他社会团体或政府部门委托的事项。

作为本届大赛的主办方，中国互联网协会希望通过大赛，可以有效推进网络商务在中国的发展、提升大学生的网络应用层次、培养网络商务人才。

2．大赛主协办方——中国建设银行介绍

中国建设银行股份有限公司（以下简称建行）在中国拥有长期的经营历史。其前身中国人民建设银行于 1954 年成立，1996 年更名为中国建设银行。中国建设银行股份有限公司由原中国建设银行于 2004 年 9 月成立，继承了原中国建设银行的商业银行业务及相关的资产和负债。建行总部设在北京。建行在中国内地设有分支机构 13000 多家；在香港、纽约、新加坡、法兰克福、约翰内斯堡、东京、首尔设有分行，在伦敦设有子银行，在悉尼设有代表处；全资拥有中国建设银行（亚洲）股份有限公司、建银国际（控股）有限公司，控股中德住房储蓄银行有限责任公司、建信基金管理有限责任公司、建信金融租赁股份有限公司。现有员工约 30 万人。

建行在四大国有银行中率先完成股份制改造、实现海外成功上市，并致力于完善公司治理结构，深化经营管理体制改革，建立现代金融企业制度，朝着建设成为世界一流银行的目标努力进取。经过股改上市后的不断发展，建行已成为盈利能力最强、资产质量最好、综合服务水平最高的大型国有控股商业银行之一，主营业务包括公司银行业务、个人银行业务、金融市场业务；截至 2009 年 6 月 30 日，资产总额突破 9 万亿，其规模位居中国银行业第二位，同时也是全球市值第二大银行；资产回报率（ROA）、股本回报率（ROE）在全球大银行中名列第一，净利润名列第二。建行是中国最大的基本建设贷款银行和最大的个人住房按揭贷款银行，银行卡、电子银行、个人理财等业务均居中国金融市场领先地位，拥有广泛的客户基础和覆盖全国的营销网络。不良贷款率多年保持中国大型商业银行的最低水平。在不断推进各项业务稳健发展的同时，建行还积极承担全面的企业公民责任，在国有大型商业银行中率先发布《企业社会责任报告》。

建行的经营管理业绩得到境内外媒体和机构的充分肯定，被国际权威媒体《欧洲货币》、《亚洲货币》杂志评为“中国最佳银行”；被《福布斯》杂志评为亚太地区最佳上市公司 50 强；连年被《亚洲周刊》评为“中国最赚钱的银行之一”；获得香港上市公司商会颁发的“公司管治卓越奖”；获得美国《环球金融》杂志、新加坡《亚洲银行家》杂志、香港《资本》杂志、《上海证券报》、《21 世纪经济报道》、中国扶贫基金会、中国妇女发展基金会等媒体和机构授予的“最佳公司贷款银行”、“中国风险管理成就奖”、“中国杰出零售银行”、“最佳理财品牌”、“亚洲银行竞争力排名第 3 位”、“中国扶贫基金会 20 年特别贡献奖”、“最具社会责任企业奖”等多项荣誉。

建行 H 股于 2005 年 10 月 27 日在香港联合交易所上市交易，股票代号为 0939；A 股于 2007 年 9 月 25 日在上海证券交易所上市交易，股票代号为 601939。

3．协办单位介绍

淘宝网

淘宝成立于 2003 年 5 月 10 日，由阿里巴巴集团投资创办。经过 6 年的发展，截至 2009 年 6 月淘宝拥有注册会员 1.45 亿，2008 年实现年交易额 999.6 亿人民币，是亚洲最大的网络零售商圈。截至 2008 年底，已经有 57 万人通过在淘宝开店实现了就业（国内第三方机构艾瑞统计），带动的物流、支付、营销等产业链上间接就业机会达到162万个（国际第三方机构IDC统计）。

2008年，“大淘宝战略”应运而生。秉承“开放、协同、繁荣”的理念，通过开放平台，发挥产业链协同效应，大淘宝致力于成为电子商务的基础服务提供商，为电子商务参与者提供水、电、煤等基础设施，繁荣整个网络购物市场。

推动“货真价实、物美价廉、按需定制”网货的普及是大淘宝的使命。通过压缩渠道成本、时间成本等综合购物成本，淘宝帮助更多的人享用网货，获得更高的生活品质；通过提供销售平台、营销、支付、技术等全套服务，大淘宝帮助更多的企业开拓内销市场、建立品牌，实现产业升级。

在本届大赛中，淘宝网提供C2C网络商务平台的支持，并为选手提供点评与指导意见。

中国制造网

中国制造网（Made-in-China.com）是一个中国产品信息荟萃的网上世界，面向全球提供中国产品的电子商务服务，旨在利用互联网将中国制造的产品介绍给全球采购商。中国制造网独有的“Made in China”域名对中外商家而言非常直观形象，具有很强的亲和力和天生的知名度；而它的信息平台和优质商业服务更为中国对内对外贸易的发展提供了强有力的支持。

中国制造网现已成为中国产品供应商和全球采购商共通共享的网上商务平台。在国际贸易和商务活动中，供应商希望自己的产品尽可能被众多采购商熟知，而采购商则希望多多结识和了解产品供应商从而找到最适合的供应商和合作伙伴。中国制造网关注中国企业特别是众多中小企业的发展，因为我们深信，只有在中小企业发展的基础上全球经济才能更健康地成长。凭借巨大而翔实的商业信息数据库，便捷而高效的功能和服务，中国制造网成功地帮助了众多供应商和采购商建立联系、提供商业机会，为中国产品进入国内和国际市场开启了一扇方便的电子商务之门。

在本届大赛中，中国制造网为参赛选手提供了2 000多家企业的实践机会，并提供了500多个就业岗位。

买麦网

买麦网（http://www.com.cn）致力于服务国内企业，为国内企业提供买卖信息的B2S（Buyer to Seller）交易信息平台。买麦网总投资一亿元，由中国万网投资并管理，2004年11月12日创立并运营。

买麦网的目标是建立采购商和供应商之间的互动信息交流平台，使企业在采购和销售活动中能够节省时间，降低成本，同时最大限度的增加企业营销的机会。作为企业采购和营销的助推力，买麦网在供应商和采购商之间建立了一条快捷方便的信息及交流通道，方便供应商和采购商相互之间建立联系、提供更多的商业机会。

买麦网为采购商和供应商开通了交易信息的发布和查询，企业和产品信息的发布和查询，我的买卖会员个性化设置以及买卖双方在线沟通交流等服务功能，为中国企业的发展和进入网络营销时代开启了一扇方便的电子商务之门。

2009年9月，中国万网被阿里巴巴收购，买麦网也随之被停止运营，相关服务被关闭。

在本届大赛中，买麦网为大学生提供了 1 000 家企业，并提供 B2B 平台的知识竞赛与真实商业案例比赛题目。指派专家评委参与对大学生方案的点评与评分。

和讯网

和讯（www.hexun.com）创立于 1996 年，从中国早期金融证券资讯服务脱颖而出，建立了第一个财经资讯垂直网站。经过 10 年的发展，和讯网逐步确立了自己在业内的优势地位和品牌影响，在各类调查与评选中屡屡获奖；目前和讯网日独立访问用户超过 350 万，日页面浏览量超过 5000 万，成为中国深受投资者和金融机构信赖、具有广泛市场影响力的中国财经网络领袖和中产阶级网络家园。

和讯网将始终坚守自己的核心理念，扩大品牌优势，努力构建拥有中国最广大中产阶级用户、享有良好信誉、讲求服务质量、具有国际影响力的投资理财和品质生活的财经服务平台。

在本届大赛中，和讯提供博客商务应用主题赛的平台，为选手提供了大量丰富的奖品和礼品。和讯博客将对优秀选手的博客作品与网络广告作品予以展示和推荐。和讯还将为优秀的选手提供实习就业的机会。

酷 6 网

酷 6 网（www.ku6.com）是国内最大的视频分享网站，也是中国最大的视频媒体平台，凭借“全”、“快”、“清”的三大视频特色，在国内网络视频领域独树一帜。酷 6 网是由中国网络视频行业第一专家李善友先生在 2006 年 6 月创立。酷 6 网是第一家获得广电牌照的民营视频网站，也是唯一一家奥运点播视频分享类合作伙伴，为中国的新媒体在奥运期间得到全方面的认可做出了卓越的贡献，目前覆盖网民已超过 4.6 亿人次，被业界评为全球上升速度最快的互联网公司。2008 年，酷 6 网俨然已经成为中国新媒体的代表。

酷 6 网始终保持着高速发展的步调向前迈进，以视频媒体为平台，结合 UGA 运营模式配合中国原创视频联盟的鼎力支持，为广大网民奉献一流的视频饕餮大餐。酷 6 网愿与所有中国网民同行，见证中国网络视频发展历程。

2009 年 11 月，酷 6 网被盛大公司旗下的华友控股集团收购。

酷 6 网将以视频的方式，全面展示参赛选手与志愿者的创意、实践历程。指派企业专家与高校师生展开交流。酷 6 网还将为大赛中表现优秀的选手及大赛志愿者提供实习实践与就业机会。

附录二　分赛区承办院校

北京赛区：

承办院校：北京理工大学、中央财经大学

华东赛区

承办院校：潍坊学院、中国石油大学

联合承办院校：山东建筑大学、山东理工大学、济南大学、青岛农业大学、青岛大学、泰山学院、威海职业（技术）学院

华中赛区

承办院校：湖南农业大学

东北赛区

承办院校：哈尔滨商业大学、东北大学东软信息学院

联合承办院校：东北财经大学、哈尔滨职业技术学院、哈尔滨工业大学华德学院、辽宁信息职业技术学院

华南赛区

承办院校：福州大学、江西理工大学应用科学学院

广东赛区

承办院校：广东商学院

上海赛区

承办院校：上海外贸学院

华北赛区

承办院校：天津大学、河北软件职业学院、山西大学商务学院

西北赛区

承办院校：西安邮电学院

西南赛区

承办院校：云南大学、贵州大学